"十二五"国家重点图书出版规划项目

2012年度国家出版基金项目

西方教育史
经典名著
译丛

单中惠 徐小洲/主编

国家出版基金项目
NATIONAL PUBLICATION FOUNDATION

Educational Historiography:Tradition,Theory,and Technique

教育史学：传统、理论和方法

〔美〕威廉·W·布里克曼/著

许建美/译

山东教育出版社

图书在版编目(CIP)数据

教育史学:传统、理论和方法/(美)布里克曼著;
许建美译.—济南:山东教育出版社,2013(2017重印)
(西方教育史经典名著译丛/单中惠,徐小洲主编)
ISBN 978-7-5328-6309-9

Ⅰ.①教…　Ⅱ.①布…②许…　Ⅲ.①教育史—
研究—西方国家　Ⅳ.①G519

中国版本图书馆CIP数据核字(2013)第216645号

西方教育史经典名著译丛
单中惠　徐小洲　主编

教育史学:传统、理论和方法
[美]威廉·W·布里克曼　著
许建美　译

主　　管:	山东出版传媒股份有限公司
出 版 者:	山东教育出版社
	(济南市纬一路321号　邮编:250001)
电　　话:	(0531)82092664　传真:(0531)82092625
网　　址:	www.sjs.com.cn
发 行 者:	山东教育出版社
印　　刷:	山东临沂新华印刷物流集团有限责任公司
版　　次:	2017年3月第1版第2次印刷
规　　格:	710mm×1000mm　16开本
印　　张:	24.75印张
字　　数:	335千字
书　　号:	ISBN 978-7-5328-6309-9
定　　价:	49.00元

(如印装质量有问题,请与印刷厂联系调换)
印厂电话:0539—2925659

"西方教育史经典名著译丛" 总序

　　教育史蕴藏着教育智慧，教育史名著闪耀着人类教育智慧的光辉，因此，从教育史中可以寻找教育智慧的宝藏。教育是人类社会的一个永恒课题，在教育发展的过程中，不同历史时期不同国家的思想家和教育家，或在自己教育实践的基础上，或在总结前人教育经验的前提下，提出各具特点的教育主张、教育理论和教育方法。毋庸置疑，在数千年的历史长河中，古今教育家通过他们的实践探索和理论思考给后人留下很多教育智慧。从事教育的人，研究教育的人，管理教育的人，以及学习教育的人，如果不了解教育的历史，那不仅与自己的崇高称号不相匹配，而且是令人难以想象的。不了解教育历史的人往往对教育限于感性，在教育实践中会走弯路。不了解教育的历史，不知道教育上的巨人是谁以及他的肩膀在哪里，就无法在历史传承的基础上谈教育创新。

　　法国教育社会学家涂尔干（Emile Durkheim）在《教育思想的演进》（The Evolution of Educational Thought）一书中曾这样说过："历史的研究不仅将会使我们有能力与我们自己的原则交流，而且也会使我们时不时从我们的前辈那里，发现我们必须纳入考虑的一些至关重要的东西，因为他们是我们的先辈，而我们是他们的传人。"概括起来，教育史研究的意义主要在于：一是拓展教育视野。教育既是一种历史现象，又是一种永恒现象。通过教育史，可以了解古今教育家是如何对教育问题进行实践探索和理论思考的，从而拓展教育视野。二是增长教育智慧。教育问题的解决需要教育智慧。通过教育史，可以拥有前辈的经验和智慧，从而既能对过去和现在的事情作出合理的解释，也能对将来的事情作出合理的推测。三是寻求教育思想支撑。从历史传承的意义上来讲，教育史上教育家的一些思想并没有过时。通过教育史，可以从历史上的教育家那里借鉴一些有益的东西，得到一些有益的启迪。四是获得教育方法。在教育发展历史上，很多教育家都是有长期教育实践经验的教师。通过教育史，可以了解其有特色的教育理论，获得其有启示的教育方法。

20 世纪以来，在西方教育史学界，美国、英国和法国等国教育史学家撰著了很多在学术上造诣很深和影响很广的教育史著作。这些著作既对西方教育史学的发展起了很大的推动作用，也在西方教育史学界确立了重要的学术地位。这次，我们策划翻译出版"西方教育史经典名著译丛"，其目的在于向我国教育界尤其是教育史学界推介一些西方教育史经典名著。通过这些西方教育史经典名著，教育学者尤其是教育史学者不仅能在教育理论素养上有所提高，而且能在教育史学观念上有所感悟，还有能在教育史研究方法上有所启迪。

在确定"西方教育史经典名著译丛"的入选书目时，我们主要考虑了三条原则：一是经典性。入选的书目在西方教育史学界应是流传较广和影响较大的著作。由于它们具有形成智慧的教育价值，因而凸现出经典性。二是代表性。入选的书目在西方教育史领域的不同学术研究方向和研究视角应有一定的代表性。其中，既有通史，又有问题史；既有制度史，又有思想史；既有古代史，又有近现代史。三是独特性。入选的书目在西方教育史领域应能体现不同的史学理论和研究方法，同时应能体现西方不同国家教育史学家的学术成果和学术思想。其中，既有体现传统史学研究的著作，又有体现当代史学研究的著作。在确定"西方教育史经典名著译丛"入选书目的过程中，我们还征求了国内外一些学者的意见，在此表示衷心的感谢。

据此，"西方教育史经典名著译丛"精选了十本西方教育史经典名著。其中有：

〔美〕布里克曼（William W. Brickman）：《教育史学：传统、理论和方法》（Educational Historiography：Tradition，Theory，and Technique）。

〔英〕弗里曼（Kenneth J. Freeman）：《希腊的学校》（Schools of Hellas）。

〔英〕科班（A. B. Cobban）：《中世纪大学：发展与组织》（The Medieval Universities：Their Development and Organization）。

〔英〕伍德沃德（William Harrison Woodward）：《文艺复兴时期教育研究》（Studies in Education During the Age of the Renaissance，1400－1600）。

〔法〕孔佩雷（Gabriel Compayré）：《教育学史》（The History of Pedagogy）。

〔美〕伯茨（R. F. Butts）：《西方教育文化史》（A Cultural History of Western Education）。

〔美〕布鲁巴克（John S. Brubacher）：《教育问题史》（A History of the Problems of Education）。

〔英〕拉斯克（Robert R. Rusk）、斯科特兰（James Scotland）：《伟大教育家的学说》（Doctrines of the Great Educators）。

〔美〕克雷明（Lawrence Arthur Cremin）：《学校的变革》（The Transformation of the School）。

〔美〕托里斯（Carlos Alberto Torres）：《教育、权力与个人经历：当代西方批判教育家访谈录》（Education，Power，and Personal Biography，Dialogues with Critical Educators）。

改革开放以来，由于山东教育出版社领导的精心打造，教育史著作出版已成为山东教育出版社的特色品牌。这次"西方教育史经典名著译丛"的翻译出版，得到了山东教育出版社领导的高度重视和大力支持，在此谨致最诚挚的敬意。还必须感谢的是，在翻译出版的过程中，教育理论编辑室主任蒋伟编审做了大量的指导和协调工作，付出了辛勤的努力。

我们希望"西方教育史经典名著译丛"的翻译出版，不仅能推动我国西方教育史的学术研究和学术积累，而且能为我国教育界提供一些具有重要学术价值的西方教育史经典读物。

单中惠　徐小洲
浙江大学教育学院
2009 年 2 月

目　录

解　读

许建美

　　《教育史学：传统、理论和方法》(*Educational Historiography*：
Tradition，*Theory*，*and Technique*)是美国著名教育史学家和比较教
育家威廉·W·布里克曼(William W. Brickman，1913—1986)的代表
作，1982 年出版。第一版以《教育史研究指南》(*Guide to Research in*
Educational History)为书名，于 1949 年在美国纽约出版。在此后的
20 年左右时间里，虽然教育史领域的研究进展迅速，但仍然没有出现一
本与《教育史研究指南》研究范围相似的著作。该书脱销后，从美国、欧
洲、南非、日本和世界其他地区不断传来重印的要求。于是，布里克曼
于 1973 年将内容拓展后的修订版题名为《教育史研究》(*Research in*
Educational History)，在宾夕法尼亚州诺伍德出版。1982 年，他又出
版了增加了在《教育学史》(*Peadagogica Historica*)上发表的 4 篇论文
的新版本，并更改为现书名。

　　威廉·W·布里克曼 1913 年生于美国纽约曼哈顿的一个来自波
兰的犹太移民家庭。由于家庭笃信犹太教，他先后在拉比·雅各布·
约瑟夫学校(Rabbi Jacob Joseph School)、塔木德中学(Talmudic
Academy)接受小学和中学教育。1934 年，布里克曼在纽约市立大学获
得德语专业的学士学位。1938 年，在纽约大学获得教育学博士学位。
第二次世界大战期间，布里克曼应征入伍，因熟练地掌握德语被选入作
为美国中央情报局前身的战略情报局(Office of Strategic Service)，从
事反间谍工作。根据布里克曼的儿子钱姆·W·布里克曼(Chaim M.
Brickman)的回忆，布里克曼一生恪守犹太教规，并善于通过生动的例

子给子女讲解犹太教经典。此外，"父亲不断地给我们阅读世俗报纸、杂志、手稿以及律法和犹太法典。当我说话的时候，他纠正我的语法错误，并指出该说法的来源或逻辑。当别人站着跟他说话的时候，他就会站起来；当有女士经过的时候，他就会脱帽致意；他还会为妇女和老人开门；当老人或学者进入房间时，他也会站起来。他尊重所有人，即使是反对者；他丝毫不能容忍种族主义和对其他宗教与国家的不尊重。"①可以说，这是布里克曼严谨的学术态度在日常生活中的自然体现。

布里克曼的学术生涯主要是在纽约大学（1940—1962）和宾夕法尼亚大学（1962—1981）度过的。在 40 多年的教学和研究中，他为美国的比较教育和教育史领域做了许多开创性工作。"布里克曼是美国比较教育学会（Comparative Education Society）的'建筑师'，该组织源于1954—1959 年间他在纽约大学组织的每年一度的比较教育会议。"②他担任了美国比较教育学会的第一任主席。深受坎德尔的影响，布里克曼也认为比较教育是教育史向当代的延伸，因此，在研究中一直坚守着传统而严格的史学方法。布里克曼在本书中要求教育史学者每天应该花一二个小时时间学习新外语的阅读。实际上，他自己就是这方面的典范。他不仅熟悉掌握包括英语、希伯来语、俄语、法语、波兰语、德语、意第绪语、荷兰语和南非荷兰语（Afrikaans）在内的 20 种语言，而且能够阅读和理解阿拉姆语（Aramaic）③。"这种广博的语言背景，成就了本书中最详尽且注解恰切的教育史研究资料清单。"④否则，布里克曼不可能对涉及语言如此广泛的著作有如此精辟的解释。布里克曼的儿子在回忆文章中写道，父亲的书房里有一万多本藏书，他每天 6 点半起床，

---

① 钱姆·W·布里克曼（Chaim W. Brickman）：《威廉·W·布里克曼生活一瞥》（*A Glimpse into the Life of William W. Brickman*），《欧洲教育》（*Europe Education*），2010 年夏季号，第 42 卷，第 14 页。

② 伊丽莎白·舍曼·斯温（Elizabeth Sherman Swing）：《回忆威廉·W·布里克曼》（*In memoriam：William W. Brickman*），《比较教育评论》（*Comparative Education Review*），第 31 期（1987 年 2 月），No. 1。

③ 阿拉姆语，古代西南亚的通用语言。

④ 钱姆·W·布里克曼：《威廉·W·布里克曼生活一瞥》，第 15 页。

一直工作到晚上 11 点。1981 年从宾夕法尼亚大学退休后,布里克曼仍笔耕不辍。在 1984 年第一次采访中,他直言道:"只要可能,我尽量保持每天工作 10 个小时……晚年的杜威和格黑布是我的榜样,他们都工作到 90 多岁。"①说这段话的两年后,1986 年布里克曼去世。布里克曼在他自己的学术生涯中表现出广泛的研究兴趣。因此,他的著述涉及法国教育、德国教育、比较学前教育、比较教师教育、比较高等教育、教育家思想、女子教育、教育史学等领域。这种广泛的兴趣给了他看待当前教育问题的独特视野,正如他在担任《学校与社会》(*School and Society*)杂志主编时所说的:"必须通过历史的和国际的视野来阐明当前的问题。"除《教育史学:传统、理论和方法》外,布里克曼的学术著作还有:与斯坦利·莱勒(Stanley Lehrer)合著的《约翰·杜威:教育大师》(*John Dewey:Master Educator*,1961)、《约翰·杜威对苏维埃俄罗斯和革命世界墨西哥—中国—土耳其的印象》(*John Dewey's Impressions of Soviet Russia and the Revolutionary World mexico — china — Turkey*,1964)等。

《教育史学:传统、理论和方法》一书除"前言"外,包括 8 章以及由 4 篇论文组成的附录。当教育史学科在整个学术研究领域和教师教育课程中的地位受到质疑的时候,布里克曼在"前言"中坚持教育史学科的学术性与职业准备的双重本质。他认为,从长远来看,对教育史双重本质的强调将有助于把这个领域建设成教师教育中一个有意义的和有兴趣的部分,并且被接纳进学术学科的名册中。②

第一章:"教育史的研究学习"。主要讨论教育史研究的价值、影响选题的因素、研究课题的类型和报告提纲的准备四个问题。布里克曼认为,教育史研究的独特价值体现在可以使学生获得教育史的专门知识,把学生培养成对历史文献进行独立思考的读者,提高评价不同观点

① 伊丽莎白·舍曼·斯温(Elizabeth Sherman Swing):《回忆威廉·W·布里克曼》(*In memoriam:William W. Brickman*),《比较教育评论》(*Comparative Education Review*),第 31 期(1987 年 2 月),No. 1。

② William W. Brickman, *Educational Historiography:Tradition, Theory, and Technique*, Cherry Hill, N. J., Emeritus Inc., Publisher, p. iii.

的能力,以及掌握教育史研究的方法。在选题时,最好让学生自己去选择,因为只有当研究题目是他们自己的"孩子"(baby)时,他们才会更有热情去进行研究。① 但是,选题应该考虑到兴趣、原始资料、时间因素、与课程的相关性以及专业知识等。在对资料有了初步了解后,学生可以拟定写作大纲,大纲应该包括研究报告的题目、主要内容和主要参考书目。

第二章:"资料的初步搜集"。主要列出了有助于学生初步查阅资料的 32 本教科书、10 本美国教育史著作和 207 本教育史专著论文。此外,还论述了有助于学生寻找资料的图书馆卡片目录的使用方法,以及百科全书和索引。其语言涉及英文、德文、法文等。更重要的是,布里克曼简明扼要地介绍了每本书目的主要内容,并进行了切中肯綮的评价。

第三章:"寻找原始资料"。在第二章已经讨论的大量一般参考书目的基础上,集中介绍了对教育史研究学习特别有价值的参考书目。其中包括 22 本一般参考书、大量传记百科全书和词典、68 本教育史参考书、16 本关于教育家的传记资料、120 本原始资料选、29 本包括教育史专章的著作。此外,还列出了经常刊登教育史论文的各个语种的教育类期刊。布里克曼对每本书的评介都相当精到。

第四章:"教育史写作的辅助资料"。评介一些关于通史和教育史的本质与写作的著作,以有助于学生理解教育史研究方法。其中包括 26 本关于通史的著作、40 本历史哲学、19 本史学史、19 本教育史和 24 本关于教育史的历史与价值的著作。总体来看,布里克曼用了 3 章篇幅(第二章至第四章)列出了六百多本资料,足见资料搜集对于教育史研究的重要性。

第五章:"史学方法在教育研究中的运用"。这是本书的核心章节。在简单描述史学方法的程序后,通过教育史研究中的案例深入剖析了将史学方法运用于教育史研究的一些特殊问题。布里克曼指出,历史研究的程序包括:(1) 选择和界定要研究的问题;(2) 收集原始资料并

---

① *Educational Historiography*：Tradition，Theory，and Technique，p.3.

进行分类和评价;(3) 确定事实;(4) 形成解释事实的临时性假设;(5)
对事实进行综合并合乎逻辑地呈现。① 资料一般可以分为一手资料和
二手资料,但"原始资料"并非"一手资料"的同义词。完成资料的收集
和分类后,还要对资料进行内部和外部的考证。紧随考证之后的步骤
就是对事实的确定,但不能假设陈述的可信性与数量成正比。在讨论
如何将史学方法运用到教育史研究时,布里克曼运用了大量教育史研
究中的案例具体说明和层层剖析,探讨了教育史研究中可能会出现的
各种问题,例如,日期的确定、教育思想或著作的来源、有关"第一"的确
定、机构的起源、影响的确定、作者身份的确定、讽刺以及教育史中的统
计数据等。在教育史研究中的阐释阶段,布里克曼着重讨论了类比、概
括、假设、沉默推论、演绎论证等。该章最后的结论言简意赅,明确指出
史学方法实际上是一个整体,学习者随着不断的实践将会越来越有效
地运用它,以能够搜集资料时全面彻底,评价时小心谨慎,阐释时慎重
公正,综合时游刃有余。总之,应该记住"资料沉默时,智者也无言"。②

第六章:"做笔记和文献标记"。简要论述了阅读、做笔记和文献标
记的一些通行做法。在很大程度上,成功的历史写作依靠学习者有目
的地阅读并准确记录资料的能力。在掌握史学理论和方法的同时,必
须重视资料的收集、评价和阐释的整个阶段。布里克曼特别提醒,学习
者在引用别人文献的时候要谨慎注明,避免剽窃的危险。对于剽窃来
说,重要的是其中所包含的伦理原则。在论及剽窃动机的时候,布里克
曼一针见血地指出:"隐藏在这些情况中的是大多数高等教育机构中盛
行的评级狂热。"③

第七章:"陈述的方法"。简短论述如何从研究者转变为写作者,将
搜集的资料和阐释付诸笔端。但是,这个角色的转换是很困难的,因为
有的学生可能看到几页白纸"盯着他"就恐慌,也因为有的学生一天天
地推迟写作任务直到最后期限越来越近。基于丰富的教学经验和对教

---

① *Educational Historiography: Tradition, Theory, and Technique*, p. 91.

② *Educational Historiography: Tradition, Theory, and Technique*, p. 189.

③ *Educational Historiography: Tradition, Theory, and Technique*, p. 195.

育史初学者的了解，布里克曼提醒说："初学者往往误以为写作就是将引用的段落拼凑在一起，就像将珠子穿起来一样。"因此，在陈述时，应该尽量少用很长的引文，养成谨慎改述所运用资料的习惯，表达对所讨论问题的想法，尽量避免插入个人偏见，把研究报告作为一个整体进行考虑。总之，"好的历史著作就像一幅精良的地图。上面会有许多细节，但是重要的特征总会以大号字体突出出来。"①

第八章："教育史研究报告的评价"。讨论学期报告以及硕士和博士学位论文的评价标准，并阐述了高水平历史学者应具备的品质。面对当时美国教育史专业硕士和博士学位论文选题与指导中的问题，布里克曼认为，许多教育机构偏离了对硕士学位论文的要求，在博士学位论文中不能坚持科学的史学研究方法。对于高水平教育史学者应该具备的素质，布里克曼明确指出，其包括探究和呈现真理的热诚、正确的判断能力和客观的态度、非比寻常的耐性和毅力、理智上的警觉、可靠的记忆力和良好的建构性想象力、追求完美精确和透彻的热情、从外语文献中提取资料的能力以及学者最真实的品质谦虚和谦卑。

附录中的 4 篇论文是布里克曼曾在《教育史季刊》（*History of Education Quarterly*）和《教育史》上发表的论文。第一篇论文《修正主义与教育史研究》，在简单梳理了教育史研究发展史的基础上，布里克曼不仅批驳了修正主义者对教育史学者的轻慢态度，还列举了大量修正主义者在其著作中广泛引用教育史学者著作的例子进行了雄辩的驳斥。第二篇论文《布朗大学教授的免税特权》，是一篇非常独特的论文，布里克曼运用这个教育史的研究案例，证明那些关于教育史不实用的指控是极端的夸大其词。其通过大量的证据，对"教授"一词进行了清晰的历史考察。第三篇论文《教育史学的理论视角和批判视角》，主要探究"历史"和"教育"的词源与意义、教育史学研究的范围与内容、与其他历史领域的关系、与社会科学和人文学科的关系、与其他教育领域的关系、教育史的价值与用途、教育史学者必须具备的素质、关于教育史的批评和论争等问题。最后一篇论文《美国教育史学研究与著述的早

---

① *Educational Historiography: Tradition, Theory, and Technique*, p. 204.

期发展》,对教育史的学科起源和早期发展历史进行考证研究,对教育史学科特别是美国教育史学科的发展作了清晰详尽的脉络梳理。

纵观全书,《教育史学:传统、理论和方法》具有以下鲜明的特点:

第一,文献资料特别丰富,为教育史研究者提供了一个宝贵的资料库。在本书中,作者用了三个章节专门讨论教育史研究中资料搜集的各种问题。而且,分门别类地列出了在当时能够搜集到的涉及英文、德文、法文、拉丁文、西班牙文、意大利文、葡萄牙文等语言的几乎所有重要的历史和教育史文献。尽管作者自称不懂中文,但其中还是包括了中国明朝涂时相的《蒙养图说》和钟鲁斋的《现代中国的民主教育史》。更令人赞叹的是,作者不仅列出了642本文献书目,而且对每一本文献书目的内容和特点加以简明评价。

第二,分析论述清楚明晰,使得整本著作的论述具有很强的说服力。作为一本研究指南性质的教育史学著作,作者在论述教育史研究方法和提供相关建议的时候,思路清晰,逻辑严密,并运用书目清单的形式,使读者易于理解和实践运用。此外,在论述过程中,作者大量运用了教育史研究中的案例来说明史学方法的具体运用。这不仅体现了作者扎实的史学理论和方法功底,而且也给学习者提供了史学方法运用的示范。

第三,学术观点鲜明独特,凸现出作者的知识渊博和思想睿智。由于作者从事了40多年的教育史和比较教育教学和研究工作,具有厚实的学术素养和丰富的学术经验,因此,在本书中提出的许多观点具有极大冲击力和给人深刻的启迪。例如,"对过去无知的人注定要重蹈覆辙";"对一个研究领域真正感兴趣是成功的前提";"范围宽泛的题目特别容易陷入肤浅之中";"在选择资料的时候要尽量将个人的偏见降到最低";"变成一只在图书馆寻踪的警犬、一位名副其实追踪文献资料的侦探";"不能简单地用今天的实践来评价过去的教育家";"教育史、比较教育和国际教育的价值的结合就形成了立体的教育图景",等等。

第四,表现出提高教育史学科学术地位和学科尊严的强烈愿望与感情。在本书中,作者反复强调,教师教育课程中压缩甚至取消教育史课程的做法并不是不可逆转的趋势。因为在教育领域的分支学科中,没有几个能像教育史一样符合学术研究要求的。因此，必须强调教育史学科职业性和学术性的双重本质，才能更好地推进教育史学科的发展和提升教育史学科的地位。可以说，整本著作体现了作者为之而做的卓越努力。

从最早的《教育史研究指南》至现今的《教育史学：传统、理论和方法》，布里克曼的这本教育史学著作已经出版了 63 年。期间，它在世界各国的图书馆和高等教育机构稳定地流通和使用。按照布里克曼所提出的标准，"一本书的总体影响可以通过彻底探究其传播的程度来追踪。也就是说，你必须确定再版和重印的频率、原版和译本销售的册数。"[①]应该说，该书在西方教育史学界产生了重大的影响。特别值得指出的是，在教育史学领域至今没有一本类似的著作与其匹敌，这恰恰注解了其原创性的学术价值和无以取代的学术地位。

---

① *Educational Historiography: Tradition, Theory, and Technique*, p. 138

前　言

　　30 多年前,我的著作《教育史研究指南》(*Guide to Research in Educational History*,1949)在纽约大学书店出版。它有幸在高等教育机构和各图书馆稳定地流通。该书脱销后,从很多国家不断传来再版的要求。由于大学职务和各种研究与出版计划缠身,使我无暇考虑出新的版本。在宾夕法尼亚州诺伍德出版社的负责人杰罗姆·S·韦曼(Jerome S. Weiman)的建议下,我决定增加原先发表在《教育史季刊》(*History of Education Quarterly*)上的两章内容。1973 年的新版本用了一个更加简洁的书名《教育史研究》(*Research in Educational History*)。

　　现在这个版本《教育史学:传统、理论和方法》(*Educational Historiodraphy:Tradition,Theory,and Technique*)又增加了过去十年间我发表在《教育史》(*Peadagogica Historica*)杂志上的两篇论文。《教育史》杂志是比利时根特大学 K·德·克拉克(K. De. Clerck)教授主编的、使用多种语言的国际期刊。这个新版本代表着我们力求平衡教育史研究和写作中历史、理论与实践诸方面的努力。

　　本书中运用的是古典历史学(classical historiography)的方法。我并不遵循伯纳德·贝林(Bernard Bailyn)和劳伦斯·A·克雷明(Lawrence A. Cremin)的修正主义学派(revisionist school)的原则,或者极端修正主义者(ultra-revisionists),亦称激进修正主义者(radical revisionsts)所倡导的原则与实践。我不赞同贝林—克雷明假说的原因,已经在附录中做了说明。作为从多元框架思考社会、政治、经济和

1

教育问题的人，我不能接受激进修正主义者的主张。如果有机会重写本书，我将会对这个教育史学派的思想做出更细致的评价。谈到量化的历史学研究(quantitative historical writing)，我不相信它比传统的分析提供了更精确的历史图景。

《教育史学：传统、理论和方法》一书可以看作是原来那本《教育史研究指南》的第三个版本，适合于学者和高年级学生。本书努力使读者确信，教育史研究应该超越地域和语言上的狭隘界限，而在更广阔的背景上展开。在追求精确性、透彻性和客观性的理想之外，还应该增加关注其他国家或语言中的思想和发展的意识。

感谢杰罗姆·S·韦曼的一些善意而实用的建议；感谢K·德·克拉克教授允许我重印我的几篇文章。尤其要感谢我的妻子西尔维亚(Sylvia)对我珍贵的鼓励和帮助。

威廉姆·W·布里克曼

于新泽西州樱桃山

1982 年 6 月 30 日

《教育史研究》(1973 年版)前言

　　从《教育史研究指南》出版至今近四分之一个世纪过去了。其间，教育的所有分支学科都发生了许多变化，教育的专业领域也同样如此。就教育文献学而言，给我们留下深刻印象的是它急剧偏离了 1949 年版本中提到的"独断、肤浅、重复和夸大的长期趋势"。教育中的这些言论和著作所体现出的有趣的、可喜的特征是重要的和富有启迪的，同时并不是教育家所独有的财富。这些财富被各级政府官员、"知识分子"、作家、思想家、管理者和劳工领袖，以及社会的其他代言人所分享。

　　没有一个学术领域免于这一趋势。尽管学术性的教育著作在阐释教育时经常包含着符合逻辑的观念和严格鉴别的事实，但是，它们无论如何也不能消除那些引起批评的言论。人文学者和社会学者，还有那些受过最严格训练的科学家和技术专家同样如此。在这里，我想起了这样一些可以作为例证的名字：罗伯特·M·赫钦斯（Robert M. Hutchins）、阿瑟·E·贝斯特（Arthur E. Bestor）、J·罗伯特·奥本海默（J. Robert Oppenheimer）、詹姆斯·B·科南特（James B. Conant）和海曼·G·里科弗（Hyman G. Rickover）。

　　这并不是否定非教育专业人士表达教育观点的合法性。相反，我的观点是，进行教育问题著述或向公众表达教育思想的人应该发挥他们的全部潜能，追求一些基本要素，例如，透彻性、对事实的忠诚和保持冷静。这些就是我们在教育领域应该对自己提出的要求。同时，也希望我们的同行在他们自谦的学术实质训练方面也毫不逊色。

　　简而言之，我呼吁所有致力于教育文献学的学者能够贯彻学术标准。接下来,我将努力说明学生、教师、管理者和研究者如何在一个领域——教育史(the history of education)领域中运用学术研究的规则和方法。尽管训练的迁移思想已经不再时髦,但我们仍然可以大胆地希望通过有意识的规划,一个人能够将他在一个分支中学到的经验运用到整个学科。

在过去的 20 年左右的时间里,教育史领域发生了一些变化。个人、机构和群体都为改进教学内容、教学方法和阅读材料付出了努力。也有人谨慎地尝试增加成为教师和研究者应具有的准备的深度和广度。在这些明确的变化中,或者说是充满希望的进步中,就包括教育史协会(History of Education Society)的成立及其刊物《教育史杂志》(*History of Education Journal*),即现在的《教育史季刊》(*History of Education Quarterly*)的发行;《英国教育研究杂志》(*British Journal of Educational Studies*)、《教育学史》(*Paedagogica Historica*)、《教育史》(*History of Education*)等刊物的发行;比较与国际教育协会(Comparative and International Education Society)的成立(1956 年),促进了在国际背景下进行教育史研究;劳伦斯·A·克雷明在美国主编了"教育经典丛书"(Classics in Education),意大利、德国和其他一些国家也有类似著作的出版;教育史研究领域的拓展,非欧洲和美国的地区被纳入研究的视野;美国的历史专业学者对教育史研究越来越感兴趣。这些似乎说明人们获得了共识——不管是从学术的目的还是从专业的目的来看,教育史是一门值得进行教学和研究的学科。

尽管迹象表明教育史作为一个学习和研究的领域获得了良好的成长和发展,尽管有关教育史的著作不断增加,但是,仍然没有出现一本与《教育史研究指南》研究范围相似的著作。该书脱销后,从美国、欧洲、南非、日本和世界其他地区不断传来重印的要求。这促使我考虑出一个修订版。进一步的考虑使我想到能够大大拓展该书的内容那会更好。这将是我在未来一年内要完成的工作。

我想将内容增加后的新版本题名为《教育史研究》(*Research in Educational History*)。本书将着重分析将历史研究运用到教育领域应该遵循的原则和程序。因此,书中的例证主要来自教育史领域。书中的参考书目代表着英语和其他语言中过去和现在的历史文献。在这里，我必须为书中缺少了来自中文、日文、阿拉伯文、印度语和其他语言的文献表示抱歉，在这些地方肯定有着相当数量的教育史文献。或许，当我关于教育史学的更宏大的著作付梓的时候，我可能已经掌握了关于其中一种或几种语言的基础阅读能力，或者我幸运地获得比我受过更充分教育的人的帮助。

不用过多考虑就必须承认，我在教育史学方面受惠于小约翰·W·亚当森（John W. Adamson）、托马斯·伍迪（Thomas Woody）和哈里·G·古德（Harry G. Good））以及普通历史学方面前辈的研究。我努力在本书中做的是，为那些对教育历史研究感兴趣的人——例如学位候选人、大学教学人员、专业教育家——提供具体的建议，以便使他们能够享用各种各样的丰富文献以及那些曾经和正在教育史领域劳作的人积累的经验。我坚信，随着教育史的全面改进，教育史研究和著述的水平会不断提高。我相信，本书或将成为实现这一目的的有用工具。

感谢对于本版本的出版提供帮助的人：诺伍德版本的责任编辑杰罗姆·S·韦曼先生，以及韦曼先生的助手玛丽·安·普里洛（Mary Ann Priolo），她将原来发表在《教育史季刊》上的文章附加在了本书中。

威廉姆·W·布里克曼
于宾夕法尼亚州费城
宾夕法尼亚大学教育研究生院
1973 年 10 月

《教育史研究指南》(1949 年版)前言

　　一些观察家早就对教育文献中多年来所存在的独断、肤浅、重复和夸大的趋势提出了批评。无疑,学术界对教育领域的怀疑(用一个温和的词)态度很大程度上都来自于这种状况。许多教育家似乎不赞同这个事实:专业的尊敬只能在学术的自由市场上赢得。只有在教育领域越多地运用公认的学术探究方法,才能越会有更多的机会获得学术界一等公民(first—class citizen)的身份。

　　在当前的教育系统中,有明显可能跻身学术领域的少数学科之一就是教育史。几十年来,这门学科都是由那些在历史科学方面几乎没有训练的人来教授。这些教师喜欢完全依赖于教科书,而这些教科书在大多数情况下都是汇集以前出版的教科书中的资料而成的。因此,教育史成为教师教育课程中最不受欢迎的学科之一也就不足为奇了。在许多机构中,这门学科要么被完全从课程中删除,要么与哲学和社会学"合并"成名为"教育的基础"(foundations of education)的混合体。即使是像孟禄(Paul Monroe)这样的学者坚决而令人赞赏的努力,也未能阻止教育史的衰落。如果哪位教授胆敢让学术传统的余灰复燃,那注定会被人划成反动派,或至少被认为不可救药地与未来的潮流脱节。

　　潮流和趋势并非不可避免。对那些渴望提高他们的专业标准的教育学者来说,有充分理由坚持运用学院和大学中所有学科都普遍运用的研究程序。必须教给未来的教师令人满意的科学方法以及教学方法。我知道,在教育领域的分支学科中,没有几个能像教育史一样符合学术研究的要求。从根本而言,教育史是历史学的一个分支学科,它和基督教会史、经济史、科学史、音乐史与母学科的关系是同样的。过去，人们过分关注教育史的职业方面，也就是它在教师职业准备中的作用。这个功能无疑是重要的，但是，教育史作为一个科学学科的相关功能也是同样重要的。对教育史双重本质的强调，从长远来看这将有助于把这个领域建设成教师教育中一个有意义的和有趣的部分，并且被接纳进学术学科的名册中。

《教育史研究指南》(*Guide to Research in Educational History*)一书旨在使教育院系的师生相信通过公认的、科学的历史研究原则和实践进行教育史研究，是一个比仅仅关注教科书中的材料更令人兴奋的过程。这并不是说，在此前没有这种尝试：约翰·W·亚当森(John W. Adamson)教授、哈里·G·古德(Harry G. Good)教授和托马斯·伍迪(Thomas Woody)教授已经在这方面付出了努力。然而，除了他们的努力和教育研究教科书中的简略介绍之外，很少有研究关注将教育史研究沿着历史研究的规则进行。而且，除了古德和伍迪几篇短文外，几乎没有人关注如何将历史研究方法运用到教育领域的具体案例和问题。因此，目前这本书要做的，就是给学生提供将史学研究程序应用到教育研究中的具体例证。作者希望能够借此为提高教育史教学和整个教育领域的水平献出绵薄之力。

这本研究指南是在作者所教班级中以教育中的历史研究程序大纲的油印本进行了几年实验的结果。大纲设计的目的是，为了满足学生撰写本科和研究生的期末研究报告，以及文学士、哲学博士和教育学博士候选人的需要。其中，有些材料乍看起来对于撰写期末报告而言太难了。然而，历史学的本科学生早就在运用这些方法，因此，教师没有什么抱怨的理由。毕竟，他可以利用书中的内容指导学生更崇尚独立思考，这是当今高等教育的基本目标之一。本书中尽可能地增加了带注释的参考书目，为了方便高年级学生和研究者，还收入了几种外文中的大量参考文献。因为有详细的内容目录和主题索引，所以，就没有必要附录完整的文献索引。

由于《教育史研究指南》是教育史领域的第一次尝试，缺乏一个全面而系统的方法论，因此，作者期待着教授和学生们的回应，特别是指

V

出本书中的讹误和疏漏之处。这些建议将吸收到本书的修订版中。

　　感谢以下这些在本书准备过程中提供帮助的人：《学校与社会》(*School and Society*)的主编 I·L·坎德尔(I. L. Kandel)博士、纽约大学教育学教授阿道夫·E·迈耶(Adolph E. Meyer)博士、纽约大学图书馆的克莱尔·W·罗斯(Claire W. Roth)夫人阅读了部分手稿；纽约大学教育学教授欧内斯特·R·伍德(Ernest R. Wood)博士则将部分材料提供给他的研修班讨论；《学校与社会》的责任编辑 L·R·拜尔(Louellen Remmy Beyer)夫人提供了许多有益的建议；纽约城市学院学生生活系的教师戴维·牛顿(David Newton)先生帮忙准备了主题索引。

威廉·W·布里克曼

于纽约城

1949 年 9 月 1 日

第一章 教育史的研究学习

　　研究报告(期末报告、课程报告或期末论文)是呈现对某一主题进行系统研究结果的文本。大部分的本科生课程和几乎所有的研究生课程都要求这种研究报告。因此,重要的是那些态度认真的学生试图在这种要求中尽力获得最大的教育价值。

教育史研究的价值

　　教育史研究报告的价值在某种程度上是与其他学科一致的。通过研究,学生改进了规划研究方案,收集和组织数据,阐释研究发现,呈现逻辑综合的方法。通过独立的研究,学生逐渐提高了作为独立的知识寻求者的技能。他的期末报告或许成为毕业论文、文献工作、专业和职业报告或其他以对数据进行清晰可信的阐释为基础的文字表达的序幕。而且,学生将能够更轻松地撰写未来课程的论文。然后,随着成功的完成了一份研究报告,一种理智成长和自我满足感将油然而生。

　　除了这些一般价值之外,历史研究报告还具有一些特别的优点。学生可以获得一定时期的教育史专门知识。毫无疑问,这种知识优于教育史教科书中常见的基本资料。从本质上来看,历史教科书倾向于特别简明或肤浅地处理某些有趣的主题。而通过研究过程而获得的知识比从教科书和百科全书中获得的知识更为准确、完全、精密和牢固。

　　只有有机会在小范围内运用后,人们才能更好地领会教育史研究的科学方法。太多的人容易将历史著作看作是理所当然的,并对所有内容不加批判地接受。理解通过历史数据而形成鉴别和推论的方法,将有助于把学生培养成对历史文献进行独立思考的读者。

同时，学生培养了评价历史上和当前有争议的问题中不同观点的能力。对支持对立观点的证据进行细致的分析是得出自己结论的理性方式。教育史学家对某一教育思想和实践的起源、发展或意义形成了不同的判断。能鉴别这些证据经验的人可以明智地选择立场而支持某一方。

对教育问题的根源理解得越深入，对历史力量以及学校与社会相互关系的概念就会越清晰。这并不是说，仅仅是历史知识就可以提供教育问题的答案。然而，它可以为更好地理解当前思考的教育问题提供基础。

最后，学生将掌握编排所选择的重要书目的方法。期末报告的准备包括对大量的出版物进行考查和评价。随着有关当前所研究的教育问题的知识不断拓展，他开始对所考查的阅读材料作出自己的判断。同时，他能确定在这些材料中哪些材料对理解他的教育问题具有价值。

影响选题的因素

面对期末报告的任务，学生脑海中出现的第一个问题是应该选择什么题目。许多教师给学生提供适合研究的题目列表。有些教师则给那些前来请教的学生提供一些建议。然而，作为一条原则，最好让学生自己选择研究题目，因为当研究题目是他们自己的"孩子"(baby)时，他们才会更有热情去进行研究。

在决定研究选题之前，学生应该考虑下列因素：

兴趣。对一个研究领域真正感兴趣是成功的前提。一个学生或许会希望撰写某一时期的中等教育史，因为他是一位中学教师，要不然就是特别关注青少年。那些主修或辅修数学的人，可能希望撰写数学教育史。好奇心是教育史兴趣的一个真正来源。那些希望知道一个世纪以前的妇女教育的人，可以在这方面作研究。其他形式的兴趣可能来自于其他的愿望，比如离开自己从事的习惯性研究、探索家庭教育的传统，更多地了解一个业余爱好（儿童文学、儿童实例等），促进自己的专业进步。

　　原始资料。很明显,最好的研究选题是那些能够在充分的相关原始资料基础上展开研究的题目。波士顿教育史对于在波士顿附近教育机构就学的学生比在芝加哥学习的学生就是一个更好的选题。如果一所学院关于某国的藏书甚少,这个地方就不适合开展有关该国教育史的研究计划。因此,在最终选择一个题目之前,学生必需对他可以获得的资料类型有一个清晰的认识。

　　时间因素。因为大多数教师把学期结束前的几个周作为提交研究报告的最终期限,所以,最好集中精力做一个能在规定期限内完成的课题。如果学生想要在一个学期内完成他的论文,那么,与能够在学院图书馆或通过馆际互借收集到资料的课题相比,应该避免那些需要经常外出访学收集资料的课题。

　　与课程的相关性。没有必要再强调研究报告的主题应该与课程内容有直接关系。因此,提交给美国教育史课程的所有论文,都应该与课程内容有一定的相关性。研究一位美国教育家对一位欧洲教育家影响的报告就是一个适当的选题,反之亦然。19世纪英格兰的星期日学校(主日学校)史就是现代教育史课程的一个适宜的题目。对古代埃及医学发展的研究(在作者的班上确实有个学生打算选这个题目),对于上面所提到的两门课程都不合适。由于教育的概念特别宽泛,因此,存在着一种将任何事情都看作属于教育史的倾向。所以,当对课题的适当性不能确定的时候,建议咨询任课教师。

　　专业知识。有些题目,如医学教育史或残疾人教育的发展,拥有一些背景知识将有助于学生更好地理解这些专业领域的复杂性。然而,这并不意味着阻止学生进行这种研究。如果他们真正对自己的工作感兴趣,那么他们将千方百计地获得关于技术要点的资料。不过,缺乏运用外语的能力,那是一个几乎无法逾越的障碍。任何人都不应该选择需要大量运用自己不能阅读的外语文献的研究课题。

研究题目的类型

作为一个普遍原则，最好选择具体的题目，如"殖民地时期纽约的初等教育"，而不是宽泛的题目，如"新英格兰教育的发展"。研究一个范围宽泛的题目太复杂，往往需要学生无力承担的大量的时间和空间。而且，范围宽泛的题目特别容易陷入肤浅之中，并往往以教科书和百科全书为基础。

下面所列研究课题的分类和例证适合作为期末报告的选题：

1. 时期："15 世纪前半期的教育"。

2. 地域："腓特烈大帝时期德国的教育"。

3. 教育水平："古罗马的中等学校"。

4. 机构："19 世纪时期的阿姆斯特学院"。

5. 传记："作为教育家的布朗森·奥尔科特（Bronson Alcott）①"。
从撰写期末报告的目的来看，与传记细节相比，某人的教育思想、实践和影响更重要。

6. 创新："视听教育三十年"。

7. 哲学："19 世纪美国高等教育观念的变迁"。

8. 方法论："美国教育实践中的赫尔巴特主义"。

9. 课程："古希腊的修辞学科"。

10. 人员："文艺复兴时期教师的角色"。

11. 儿童："美国对体罚儿童态度的变化"。

12. 立法："18 世纪普鲁士的义务教育法"。

13. 教材："美国学校读物的演变，1700—1830"。

14. 非学校机构："19 世纪美国图书馆的发展"。

15. 组织："纽约的公立学校协会史"。

16. 财政："宾夕法尼亚州学校税的征收方法，1820—1880"。

---

① 阿莫斯·布朗森·奥尔科特（1799—1888），19 世纪美国教育家、改革家和新英格兰先验论哲学家。——译者注

17. 建筑:"伊利诺斯州学校建筑的演变"。

18. 管理:"州对学校监督的兴起"。

19. 文献:"一个世纪以来的美国教育期刊"。

20. 影响:"卢梭对裴斯泰洛齐的影响"。

21. 声誉:"拉美国家对贺拉斯·曼教育思想的接受"。

22. 比较:"文艺复兴时期君主教育理论的比较研究"。

23. 教科书分析:"教育史教科书中关于原始社会教育的论述研究"。

需要指出的是,以上所列举的题目有些是几种题目类型的结合。接下来,将就如何选题和界定研究范围提出简明的建议。

报告提纲的准备

选题的第一步是浏览教育史课程中所运用的基础教科书。考虑了选题的各种标准后,应该通过对教科书和工具性参考书,如保罗·孟禄(Paul Monroe)的《教育百科全书》(*A Cyclopedia of Education*)的初步阅读,熟悉所选择的题目。对于其中包含的建议应该做笔记,以便进一步阅读。这标志着编排参考书目的第一步。通过检索和研究计划主标题相关的卡片目录,将产生更多的参考书目。在有些情况下,我们建议学生阅读与自己所选题目相近的专著或其他形式的专门论述。

此时,学生拥有了与课题有关的范围广泛的笔记和充分的背景材料。他现在可以判断所选的题目是太狭隘还是太宽泛。当然,随着研究的进展,或许有必要对题目作进一步修改,这取决于能否获得原始资料。

现在,学生就能够列出研究计划的提纲。提纲应该包括研究计划的完整题目、主要部分和所选择的参考书目。如果教师需要的话,那就应该将完整的提纲提交给他提建议,反馈回来的提纲就可以作为学生研究工作的指导。研究报告完成后,提纲还可以用作内容目录。

下面是一个课程报告的提纲样本:

1840 年前美国的教师培训

1. 一般的历史与教育背景

（1）产生教师培训需求的社会及其他因素

（2）殖民地美国的教师

（3）欧洲先例及其影响

2. 早期的教师培训努力

（1）杂志的建议

（2）从欧洲返回的旅行者报告

（3）私立的师范学校

（4）学院里的教师训练班

（5）教师的教科书

3. 19 世纪 30 年代建立师范学校的呼声

（1）查尔斯·布鲁克斯（Charles Brooks）

（2）盖姆斯·G·卡特（Games G. Carter）

（3）贺拉斯·曼（Horace Mann）

4. 第一所州立师范学校的开办

（1）导致师范学校成立的环境

（2）管理与课程

5. 美国早期教师培训的结果

（1）其他的州立师范学校

（2）教师地位的变化

（3）教师培训的变化

6. 概要与结论

（1）要点重述

（2）在现时的背景中评价早期的努力

（3）与后来发展的关系

主要参考文献：

J·S·布鲁巴克（John S. Brubacher）：《教育问题史》（*A History of the Problems of Education*），纽约：麦格劳—希尔图书公司公司 1947 年版。

W·S·埃尔斯布里（Willard S. Elsbree）：《美国教师》（*The American Teacher*），纽约：美国图书公司 1939 年版。

J·P·戈迪(J. P. Gordy)：《美国师范学校思想的兴起与发展》(*Rise and Growth of the Normal School Idea in the United States*)，《美国教育局第 8 号信息通报》，华盛顿特区：美国政府出版局，1891 年。

查尔斯·A·哈珀(Charles A. Harper)：《美国公立师范教育一百年》(*A Century of Public Teacher Education*)，华盛顿特区：美国师范学院协会，1939 年。

E·W·奈特(Edgar W. Knight)：《美国教育》(*Education in the United States*)，波士顿：吉恩图书公司 1941 年第二次修订版。

V·L·曼根(Vernon L. Mangun)：《美国师范学校》(*The American Normal School*)，巴尔的摩：沃里克约克图书公司 1928 年版。

A·O·诺顿(Arthur O. Norton)主编：《美国的第一所州立师范学校》(*The First State Normal School in America*)，坎布里奇：哈佛大学出版社 1926 年版。

第二章 资料的初步搜集

9 　　如前所述，教科书、图书馆的卡片目录和百科全书通常会产生第一批参考文献。本章将对这些资料进行更深入的讨论和评价。

教科书

　　教育史教科书覆盖的范围非常广泛，从原始社会或至少从古希腊一直到当代。它们通常包括法国、德国和俄罗斯等国家教育的发展。很明显，内容如此多样，我们不能认为所有方面都具有权威性。然而，认真阅读一个主题，有助于我们进行更广泛的研究。每个章节或书末附录的参考文献，不仅可以提示我们进一步阅读，而且有助于学生寻找新的参考文献。

　　由于学生往往对大量能够获得的教科书不熟悉，下面带注释的目录提供了英文和其他语言著作的题目，学生可以节省寻找的时间。

教育通史

　　1. 约翰·W·亚当森：《教育简史》，坎布里奇：剑桥大学出版社1919 年版。（Adamson, John W. *A Short History of Education.* Cambridge: University Press, 1919.）时间跨度从中世纪早期到 20 世纪初。重点是英国教育的发展。论证充分，并经常运用一手资料。没有参考书目。

10 　　2. 保罗·巴斯：《社会学家和思想史学家阐述中的教育史》，莱比锡：赖斯兰，1911 年版。（Barth, Paul. *Die Geschichte der Erziehung in*

soziologischer und geistesgeschitchtlicher Beleuchtung. Leipzig：Reisland，1911.）社会学和思想史视野中的教育史。

3. 威廉·博伊德：《西方教育史》（第四版），伦敦：布莱克，1947 年版。（Boyd，William. *The History of Western Education.* Fourth edition. London：Black，1947.）从古希腊教育开始。对 20 世纪的教育思想和事件没有充分论述。每个章节和参考书目都非常好。

4. 约翰·S·布鲁巴克：《教育问题史》①，纽约：麦格劳—希尔，1947 年版。（Brubacher，John S. *A History of the Problems of Education.* New York：McGraw－Hill，1947.）对教育许多方面的历史发展进行了精深阐述，例如，课程、教学方法、教育哲学等。附有分类明确并加了评论性注释的参考书目。

5. R·弗里曼·伯茨：《教育文化史》，纽约：麦格劳—希尔，1947 年版。（Butts，R. Freeman. *A Cultural History of Education.* New York：McGraw－Hill，1947.）特别强调文化、理智、社会、政治和经济因素与教育的关系。按编年进行论述。注重美国教育。附有最新的参考书目。

6. 珀西瓦尔·R·科尔：《教育思想史》，伦敦：牛津大学出版社 1931 年版。（Cole，Percival R. *A History of Educational Thought.* London：Oxford University Press，1931.）关于从古希腊到 19 世纪末教育的一系列教育史论文。有些论题在其他教科书中很少见到。提出了大量的阅读建议，但书目资料不完整。

7. 加布里埃尔·孔佩雷：《教育学史》，W·H·佩恩译，波士顿：希斯，1885 年版。（Compayre，Gabriel. *The History of Pedagogy.* Translated by W. H. Payne. Boston：Heath，1885.）比较陈旧的教科书，但对于了解法国教育仍然有用。

8. 弗里德里克·伊比、查尔斯·F·阿罗伍德：《现代教育发展》，纽约：普伦蒂斯—霍尔，1934 年版。（Eby，Frederick，and Arrowood，

---

① 《教育问题史》有两个中译本：一是吴元训主译，合肥：安徽教育出版社 1991 年版；一是单中惠、王强译，济南：山东教育出版社 2012 年版。——译者注

Charles F. *The Development of Modern Education*. New York: Prentice－Hall, 1934.)从文艺复兴和宗教改革时期开始,对许多论题进行了相当充分的论述。没有特别强调 20 世纪。经常运用原始资料。每章后都附有参考书目。

9. 弗里德里克·伊比、查尔斯·F·阿罗伍德:《教育的历史与哲学:古代和中世纪》,纽约:普伦蒂斯－霍尔,1940 年版。(Eby, Frederick, and Arrowood, Charles F. *The History and Philosophy of Education: Ancient and Medieval*. New York: Prentice － Hall, 1940.)该领域最全面透彻的教科书。包括关于原始社会、古代埃及和希伯来教育的篇幅较长的章节。该书自始至终一丝不苟。只是每章的参考书目没有很好地校对。

10. H·G·古德:《西方教育史》,纽约:麦克米伦,1947 年版。(Good, H. G. *A History of Western Education*. New York: Macmillan, 1947.)简要介绍 17 世纪至今教育的慎重探究的教科书。对于了解 19 和 20 世纪的教育特别有用。每章都附有参考书目。

11. 弗兰克·P·格莱夫斯:《中世纪之前的教育史》(纽约:麦克米伦,1909 年版);《中世纪教育史》(纽约:麦克米伦,1910 年版);《现代教育史》(纽约:麦克米伦,1913 年版)。(Graves, Frank P. *A History of Education Before the Middle Ages*. New York: Macmillan, 1909; *A History of Education During the Middle Ages*. New York: Macmillan, 1910; *A History of Education in Modern Times* · New York: Macmillan, 1913.)有些陈旧和主观,但对于其他教科书中没有提及的一些论题进行了充分的论述,因此仍然有用。

12. 弗兰克·P·格莱夫斯:《写给学生的教育史》(修订版),纽约:麦克米伦,1936 年版。(Graves, Frank P. *A Student's History of Education*. Revised edition. New York: Macmillan, 1936.)前面三本书的缩写本。包括关于当前美国和其他地方教育发展趋势的一个新章节。每章后的参考书目都作了注释。

13. 弗朗索瓦·盖克斯:《教育和教学史》,洛桑:阿尔坎,1906 年版。(Guex, Francois. *Histoire de l'instruction et de l'education*.

Lausanne：Alcan，1906.）一本布局均衡和内容综合的教育通史教科书。包括对美国教育的论述。

14. 弗里德里希·希曼，威利·穆格：《近代教育史》（第六版），哈茨：齐克菲尔特，1921 年版。（Heman，Friederich，and Moog Willy. *Geschithte der neueren Pādagogike*. Six edition. Harz：Zickfeldt，1921.）自文艺复兴开始的教育史,特别关注德国教育。

15. W·凯恩：《教育史论》,芝加哥：罗耀拉大学出版社 1935 年版。（Kane，W. *An Essay Toward a History of Education*. Chicago：Loyola University Press，1935.）很好地展示了天主教的观点。每一章后都有评价性的参考书目。

16. 埃德加·W·奈特：《20 世纪的教育》,波士顿：吉恩,1940 年版。（Knight，Edgar W. *Twenty Centuries of Education*. Boston：Ginn，1940.）着重于美国教育。每一个论题都过于简略。有许多关于日本、丹麦、瑞典、瑞士、捷克、中国和伊拉克教育史的资料。每一章都有注释详尽的参考书目。

17. 帕特里克·J·麦考密克、弗兰克·P·卡西迪：《教育史》（修订版）,华盛顿特区：天主教教育出版社 1946 年版。（McCormick，Patrick J.，and Cassidy，Frank P. *History of Education*. Revised edition. Washington，D. C.：Catholic Education Press，1946.）包括许多古代国家。主要强调了基督教教育的崛起。含有文艺复兴和宗教改革教育领导者的详细资料。现代教育史部分比较薄弱。这是初步了解天主教教育的很好的且文献丰富的资料。每章都附有参考书目。

18. 阿道夫·E·迈耶：《现代教育》,纽约：埃文,1930 年版。（Meyer，Adolph E. *Education in Modern Times*. New York：Avon，1930.）有关于卢梭、巴泽多、裴斯泰洛齐、赫尔巴特、福禄培尔和斯宾塞的章节。德国、法国、英国、美国、意大利和俄国现代教育的历史发展。有篇幅不长的分类书目。

19. 保罗·孟禄：《教育史教科书》,纽约：麦克米伦,1905 年版。（Monroe，Paul. *A Text－book in the History of Education*. New York：Macmillan，1905.）因其对于教育运动的详细解释而仍然不失实

用价值。该教科书影响了许多教科书的撰写。

20. 威利·穆格：《教育史》，2 卷本，奥斯特维克：齐克费尔特，1928—1933 年版。(Moog, Willy. *Geschichte der Padagogik*. 2 vols. Osterwieck：Zickfeldt，1928－33.)这是公认的德国关于教育通史的上乘之作。第一卷关于古代和中世纪教育，未面世。第二卷时间跨度从文艺复兴到 18 世纪末，最后一卷则直至当代。虽然没有加脚注，但作者显然在准备写作的过程中运用了大量的一手资料。该书中德国教育家占有压倒性多数。附有参考书目。

21. 欧内斯特·C·穆尔：《教学的故事：开端》，纽约：麦克米伦，1936 年版（Moore, Ernest C. *The Story of Instruction：The Beginnings*，New York：Macmillan,1936.)；《教学的故事：教会、文艺复兴和宗教改革》，纽约：麦克米伦，1938 年版。*The Story of Instruction：The Church，the Renaissances，and the Reformations*，New York：Macmillan, 1938.)第一卷讨论古希腊和罗马的教育。引用了大量的一手资料，包括一些学生不易见到的资料。虽然没有参考书目，但脚注已经表明了资料来源。

22. 詹姆斯·马尔赫恩：《教育史》，纽约：罗纳德，1946 年版。(Mulhern, James. *A History of Education*. New York：Ronald，1946.)关于原始教育、埃及和印度教育，以及现代的章节较详尽。其中的其他章节则不理想。每章都附有参考书目。

23. 朱尔斯·帕罗佐：《教育通史》（第八版），巴黎：杜拉格哈夫，1883 年版。(Paroz, Jules. *Histoire universelle de la pédagaogie*. Eighth edition. Paris：Delagrave，1883.)简要考察了从原始社会到 19 世纪的教育。关于 19 世纪法国教育的部分比较详细。

24. 罗伯特·H·奎克：《论教育改革家》，纽约：阿普尔顿，1890 年版。(Quick, Robert H. *Essays on Educational Reformers*. New York：Appleton，1890.)讨论了文艺复兴后的教育家，其中许多内容在其他教科书中很少提及。

25. 卡尔·冯·劳默尔：《教育史》，5 卷本，古特斯洛：贝塔斯曼，1880—1897 年版。(Raumer, Karl von. *Geschichte der Padagogik*. 5

vols. Gütersloh：Bertelsmann，1880－1897.）从文艺复兴到 19 世纪早期的教育史，特别强调德国。有原始资料。

26．爱德华·H·赖斯纳：《现代教育的历史基础》，纽约：麦克米伦，1927 年版（Reisner，Edward H. *Historical Foundation of Modern Education*，New York：Macmillan，1927.）；《1789 年以来的国家主义与教育》（纽约：麦克米伦，1922 年版）。*Nationalism and Education since* 1789，New York：Macmillan，1922.）第 1 卷从古希腊到文艺复兴时期。每章都有加注释的参考书目。第 2 卷对法国、普鲁士、英国和美国的现代教育进行了详尽论述。每章都有简明的参考书目。

27．罗伯特·R·拉斯克：《伟大教育家的学说》，伦敦：麦克米伦，1926 年版。（Rusk，Robert R. *The Doctrines of Great Educators*. London：Macmillan，1926.）对从柏拉图到蒙台梭利的教育家思想进行了史料丰富的分析。没有参考书目。

28．H·谢勒：《裴斯泰洛齐的教育学》，莱比锡：布朗德斯泰特出版社 1897 年版。（Scherer，H. *Die Padagogik vor Pestalozzi*. Leipzig：Brandstetter，1897.）从古希腊到 18 世纪末期的教育史，特别重视文化哲学对教育的影响。

29．K·A·施密特主编：《教育史》，5 卷本，斯图加特：科达，1884—1901 年版。）（Schmid，K. A. editor. *Geschichte der Erziehung*. 5 vols. Stuttgart：Cotta，1884－1901.）从古代到 19 世纪末的教育史。

30．卡尔·施密特：《教育史》（第三版），4 卷本，科腾：舍特勒，1873—1876 年版。（Schmidt，Karl. *Geschichte der Padagogik*. Third edition. 4 vols. Cothen：Schettler，1873－1876.）从古代开始的内容详尽的教育史。讨论了中国、印度、波斯、埃及、犹太，以及古希腊、罗马和基督教的教育。第四卷几乎全部都是对德国教育的论述。

31．罗伯特·乌利奇：《教育思想史》，纽约：美国图书公司 1945 年版。（Ulich，Robert. *History of Educational Thought*. New York：American Book Co.，1945.）该书主要以原始资料为主，精细地论述了从柏拉图至今的教育家的哲学。其中有些人物并不常在教科书中见到，例如，普鲁塔克（Plutarch）、富兰克林（Franklin）、杰斐逊（Jefferson）

和爱默生(Emerson)。附有 50 多页分类参考书目。

32. 埃尔默·H·怀尔兹：《现代教育的基础》(新版)，纽约：法勒和莱茵哈特，1942 年版。(Wilds, Elmer H. *The foundations of Modern Education*. New edition. New York：Farrar and Rinehart, 1942.)虽然比较初级，但是比较有条理。关于 20 世纪教育的部分较详细。每章的参考书目没有精选。

美国教育史

33. 理查德·G·布恩：《美国的教育》，纽约：阿普尔顿，1889 年版。(Boone, Richard G. *Education in the United States*. New York：Appleton, 1889.)虽然较陈旧，但包括事实数据和大量值得进一步研究的线索。

34. 埃尔伍德·P·卡伯莱：《美国公共教育》(修订版)，波士顿：霍夫顿—米夫林，1934 年版。(Cubberley, Ellwood P. *Public Education in the United States*. Revised edition. Boston：Houghton Mifflin, 1934.)论述详尽，并着重于教育行政和组织的发展。每章的参考书目都作了非常有帮助的注释。

35. 默尔·柯蒂：《美国教育家的社会观念》，纽约：斯克里布纳，1935 年版。(Curti, Merle. *The Social Ideas of American Educators*. New York：Scribner, 1935.)主要探讨从美国殖民地时期至今，在社会变革影响下的教育哲学的变化。教育家主要包括 B·T·华盛顿(Booker T. Washington)、威廉·T·哈里斯(William T. Harris)、约翰·L·斯波尔丁主教(Bishop John L. Spalding)、弗朗西斯·W·帕克(Francis W. Parker)、G·斯坦利·霍尔(G. Stanley Hall)、威廉·詹姆斯(William James)和爱德华·L·桑代克(Edward L. Thorndike)，以及那些经常在其他教科书中提到的人物。主要运用原始资料。附有评论性的参考书目。

36. 爱德华·G·德克斯特：《美国教育史》，纽约：麦克米伦，1904 年版。(Dexter, Edward G. *A History of Education in the United States*. New York：Macmillan, 1904.)论述实事求是，按主题组织。包括职业教育、图书馆、残疾人教育和其他专题的章节。每章都附有参考书目。

37. 牛顿·爱德华兹,赫尔曼·G·里奇:《美国社会秩序中的学校》,波士顿:霍夫顿－米夫林,1947 年版。(Edwards, Newton, and Richey, Herman G. *The School in the American Social Order*. Boston:Houghton Mifflin, 1947.)从殖民地时期至今的美国教育史。对内战前时期的学校,在社会、经济和政治背景上进行了丰富详尽的呈现。该书后半部分过多地运用了经济数据。每章都附有参考书目。

38. 罗斯·L·芬尼:《美国公立学校》,纽约:麦克米伦,1921 年版。(Finney, Ross L. *The American Public School*. New York:Macmillan, 1921.)从殖民地时期至第一次世界大战结束时期的美国教育史,特别关注欧洲教育家的影响。没有参考书目。

39. 埃德加·W·奈特:《美国教育》(第二版),波士顿:吉恩,1941 年版。(Knight, Edgar W. *Education in the United States*. Second revised edition. Boston:Ginn, 1941.)17 世纪以来的美国教育史,特别注重南部教育的发展。每章参考书目都作了精良的注释。

40. 保罗·孟禄:《美国公立学校制度的创立》,纽约:麦克米伦,1940 年版。(Monroe, Paul. *Founding of the American Public School System*. New York:Macmillan, 1940.)对从殖民地时期到内战结束期间的美国教育史进行了最详尽的论述。以来自于缩微胶片的原始资料为基础(在全国的大学和公共图书馆中都可找到)。没有参考书目。

41. 斯图亚特·G·诺布尔:《美国教育史》,纽约:法勒和莱茵哈特,1938 年版。(Noble, Stuart G. *A History of American Education*. New York:Farrar and Rinehart, 1938.)侧重于课程和教学方法。略显简略。每章后面都附有参考书目。

42. 埃德温·E·斯洛森:《教育中的美国精神》,康涅狄格州,纽黑文:耶鲁大学出版社 1921 年版。(Slosson, Edwin E. *The American Spirit in Education*. New Haven, Conn.:Yale University Press, 1921.)在简明的论述中,提供了通常在其他著作中很少包括的资料——华盛顿(Washington)、德威特·克林顿(DeWitt Clinton)以及天主教教育。书末列有参考书目。

教育史专著和论文

43. 保罗·埃布尔森：《七艺》，《教育贡献》，第 11 期，纽约：哥伦比亚大学师范学院，1906 年。(Belson, Paul. *The Seven Liberal Arts. Contributions to education*, No. 11. New York: Teachers College, Columbia University, 1906.) 对中世纪课程发展的研究。

44. 赫伯特·B·亚当斯主编：《对美国教育史的贡献》，《美国教育局信息通报》，华盛顿特区：美国政府印刷局，1887—1903 年。(Adams, Herbert B., editor. *Contributions to American Educational History. Circulars of Information*, U. S. Bureau of Education. Washington, D. C.: Government Printing Office, 1887—1903.) 关于教育史的一系列论文，包括几个州关于高等教育史的研究。

45. 詹姆斯·T·亚当斯：《美国文化前沿》，纽约：斯克里布纳，1944 年版。(Adams, James T. *Frontiers of American Culture*. New York: Scribner, 1944.) 关于美国成人教育的不为人知的历史。选择的参考书目限于近代史。

46. 约翰·W·亚当森：《英国教育：1789—1902》，坎布里奇：剑桥大学出版社，1930 年版。(Adamson, John W. *English Education*: 1789—1902. Cambridge: University Press, 1930.) 该领域知名专家的详尽之作。没有参考书目。

47. 约翰·W·亚当森：《现代教育的先驱：1600—1700》，坎布里奇：剑桥大学出版社，1905 年版。(Adamson, John W. *Pioneers of Modern Education*, 1600—1700. Cambridge: University Press, 1905.) 学术性著作。

48. 约翰·W·亚当森：《未开化的盎格鲁—撒克逊》，坎布里奇：剑桥大学出版社，1946 年版。(Adamson, John W. "*The illiterate Anglo—Saxon.*" Cambridge: University Press, 1946.) 关于中世纪和早期近代教育几个时期的论证充分的论文。

49. A·S·阿尔特卡：《古代印度的教育》(第三版)，贝拿勒斯：南德·基舍尔，1948 年版。(Altekar, A. S. *Education in Ancient India.*

Third edition. Benares：Nand Kishore，1948.）对远至公元前 1800 年的印度教育进行的专题研究。建立在引自梵语的一手印度资料的基础上。

50.莱维斯·F·安德森:《手工教育与技工学校教育史》,纽约:阿普尔顿,1926 年版。（Anderson, Lewis F. *History of Manual and Industrial School Education*. New York：Appleton，1926.）关于教育史特定时期的教科书。

51. 克拉伦斯·R·奥尔纳:《衣阿华州教育史》,5 卷本。衣阿华:衣阿华州历史协会,1914—1920 年。（Aurner, Clarence R. *History of Education in Iowa*. 5 vols. Iowa City：Iowa State Historical Society，1914—1920.）建立在一手资料上的详尽之作。

52. E·W·巴格斯特—科林斯:《美国的现代语言教学史》,载 W·W·巴格斯特—科林斯等主编:《现代语言教学研究》,纽约:麦克米伦,1930 年版。（Bagster — Collins, E. W. "History of Modern Language Teaching in the United States," pp. 3 — 96. in W. W. Bagster—Collins et al. , *Studies in Modern Language Teaching*. New York：Macmillan，1930.）对各级学校的现代语言教学发展进行了如实的阐述。主要依靠二手资料进行论证。

53. T·威廉·鲍德温:《威廉·莎士比亚的拉丁语很少与希腊语更少》,2 卷本,厄巴纳:伊利诺斯大学出版社,1944 年版。（Baldwin, T. *William Shakspere's Small Latine & Lesse Greeke*. 2 vols. Urbana：University of Illinois Press，1944.）关于 16 世纪英国的中等教育和莎士比亚自身所受教育的学术研究。绝大部分运用的是一手资料。

54. H·C·巴纳德:《英国教育简史》,伦敦:伦敦大学出版社,1947 年版。（Barnard, H. C. *A Short History of English Education*. London：University of London Press，1947.）研究了 1760—1944 年间的英国教育。

55. H·C·巴纳德:《波尔—罗亚尔的小学校》,坎布里奇:剑桥大学出版社,1913 年版。（Barnard, H. C. *The Little Schools of Port — Royal*. Cambridge：University Press，1913.）对 17 世纪法国教育的某

一时期进行了卓越的研究。

56．W•J•巴特斯比：《德•拉•赛尔：现代教育的先驱》，伦敦：朗曼和格林，1949 年版。(Battersby, W. J. *De La Salle: A Pioneer of Modern Education*. London: Longmans, Green, 1949.)对基督教学校兄弟会创建者的生平和著作进行了详细研究。

57．霍华德•K•比尔：《美国学校的教学自由史》，纽约：斯克里布纳，1941 版。(Beale, Howard K. *A History of Freedom of Teaching in American Schools*. New York: Scribner, 1941.)论述独特而富有学术性。

58．赛迪•贝尔：《教会、州与弗吉尼亚的教育》，宾夕法尼亚州，兰卡斯特：科学出版社 1930 年版。(Bell, Sadie. *The Church, the State, and Education in Virginia*. Lancaster, Pa.: Science Press, 1930.)关于弗吉尼亚州宗教教育史的详尽论文。

59．弗兰克•W•布莱克曼：《美国联邦和州资助高等教育的历史》，《美国教育局 1890 年第一号信息通告》，华盛顿特区：美国政府印刷局，1890 年。(Blackman, Frank W. *History of Federal and State Aid to Higher Education in the United States. U. S. Bureau of Education Circular of Information*, 1890. No. 1, Washington, D. C.: Government Printing Office, 1890.)一部有功力的著作，可惜有些陈旧。

60．弗里德里克•E•博尔顿，托马斯•W•比博：《华盛顿教育史》，《美国教育局 1934 年第 9 号公报》，华盛顿特区：美国政府印刷局，1935 年。(Bolton, Frederick E., and Bibb, Thomas W. *History of Education in Washington. U. S. Office of Education, Bulletin* 1934, No. 9. Washington, D. C.: U. S. Government Printing Office, 1935.)关于公共教育和私立教育史的上乘之作。

61．约翰•M•布鲁尔等：《职业指导史》，纽约：哈珀，1942 年版。(Brewer, John M., et al. *History of Vocational Guidance*. New York: Harper, 1942.)从 19 世纪至今的论述。

62．H•布雷曼，G•施坦穆勒：《1876—1909 年间的新语言改革文献》,4 卷本。莱比锡：戴歇特,1895—1909 年版。(Breymann, H., and Steinmuller, G. *Die neusprachliche Reform-Literatur von 1876— 1909. 4 vols. Leipzig: Deichert, 1895—1909.*)关于 19 和 20 世纪语言教学"方法改革"的分类的著作清单。附有评论性注释。

63. 埃尔默·E·布朗：《我国中等学校的形成》,纽约：朗曼和格林,1902 年版。(Brown, Elmer E. *The Making of Our Middle Schools. New York: Longmans, Green, 1902.*)美国中等教育史。

64. 塞缪尔·W·布朗：《美国教育的世俗化》,《教育贡献》,第 49 期。纽约：哥伦比亚大学师范学院,1912 年。(Brown, Samuel W. *The Secularization of American Education. Contributions to Education, No. 49. New York: Teachers College, Columbia University, 1912.*)对 18 世纪和 19 世纪早期美国教育精神的变化进行了深入且引证广泛的研究。

65. J·A·伯恩斯：《美国的天主教学校系统：它的原则、起源和建立》,纽约：本齐格,1908 年版。(Burns, J. A. *The Catholic School System in the United States：Its Principle , Origin, and Establishment. New York: Benziger, 1908.*)对殖民地时期以来美国的天主教教育史进行了史料丰富的呈现。

66. 薇拉·M·巴特勒：《1850 年以前新英格兰报纸中呈现的教育》,坦普尔大学博士学位论文,1935 年。(Butler, Vera M. *Education as Revealed by New England Newspapers Prior to 1850. Ed. D. dissertation, Temple University, 1935.*)一个充分的、分析性的研究。

67. R·弗里曼·伯茨：《学院的发展历程》,纽约：麦格劳—希尔,1939 年版。(Butts, R. Freeman. *The College Charts Its Course. New York: MaGraw-Hill, 1939.*)美国高等教育史。

68. 让·卡尔维特：《法国文学中的儿童》,第 1 卷,1870 年前；第 2 卷,1870 年至今。巴黎：拉诺,1930 年版。(Calvet, Jean. *L' Enfant dans la literature francaise. Vol. I, Des Origines a 1870; Vol. II, De 1870 a nos jours. Paris: Lanore, 1930.*)20 世纪前法国文学中对待儿童的历史。堪称典范之作。

16

69. 弗兰克·T·卡尔顿：《美国经济对教育进步的影响：1820—1850 年》，麦迪逊：威斯康星大学，1908 年版。（Carlton, Frank T. *Economic Influences Upon Education Progress in the United States*, 1820—1850. Madison：University of Wisconsin, 1908.）就变革时代社会力量对教育的影响进行了很好的研究。

70. 莫尔·A·卡特赖特：《成人教育十年》，纽约：麦克米伦，1935 年版。（Cartwright, More A. *Ten Years of Adult Education*. New York：Macmillan, 1935.）提供了 20 世纪美国成人教育的有用资料。这并不是关于该论题的科学的历史。

71. 奥斯卡·克里斯曼：《历史上的儿童》，波士顿：巴杰，1920 年版。（Chrisman, Oscar. *The Historical Child*. Boston：Badger, 1920.）关于墨西哥、秘鲁、埃及、印度、中国、日本、波斯、犹太、希腊、罗马、中世纪欧洲和殖民地美国儿童早期教育的论述。

72. M·L·克拉克：《1700—1830 年英格兰的希腊研究》，坎布里奇：剑桥大学出版社 1945 年版。（Clarke, M. L. *Greek Studies in England*, 1700—1830. Cambridge：University Press, 1945.）关于英格兰希腊学术研究发展的资料翔实的论文。

73. G·孔佩雷：《法国教育历史评论》，2 卷本，巴黎：阿歇特，1884 年版。（Compayre, Gabriel. *Histoire Critique de l'education en France*. 2 vols. Paris：Hachette, 1884.）虽然内容稍显陈旧，仍不失为关于法国教育史的典范之作。

74. T·科科伦：《爱尔兰与欧洲大陆的经典训练史研究：1500—1700》，伦敦：朗曼和格林，1911 年版。（Corcoran, T. *Studies in the History of Classical Training, Irish and Continental*：1500—1700. London：Longmans, Green, 1911.）关于拉丁语教学的历史研究。

75. G·G·库尔顿：《中世纪的僧侣学校》，《中世纪研究》，第 10 期。伦敦：辛普金、马歇尔、汉密尔顿和肯特图书有限公司，1913 年。（Coulton, G. G. *Monastic Schools in the Middle Ages*. (Medieval Studies, No. X) London：Simpkin, Marshall, Hamilton, Kent & Co., 1913.）一个资料丰富的、"有争议"的研究。复印自《当代评论》，

1913 年 6 月。

76. 雷蒙德・B・卡尔弗：《贺拉斯・曼与马萨诸塞州公立学校中的宗教》，康涅迪格州，纽黑文：耶鲁大学出版社，1929 年版。（Culver, Raymond B. *Horace Mann and Religion in the Massachusetts Public Schools*. New Heaven, Conn：Yale University Press，1929.）对这一意义重大主题的深入研究。

77. 菲利普・R・V・丘罗：《美国劳工组织的教育态度和政策》，《教育贡献》，第 201 期，纽约：哥伦比亚大学师范学院，1926 年。（Curoe, Philip R. V. *Educational Attitudes and Policies of Organized Labor in the United States*. *Contributions to Education*，No. 201. New York：Bureau of Publication, Teachers College, Columbia University，1926.）一个全面的研究，不过需要补充更新近的研究。

78. 默尔・柯蒂、弗农・卡斯藤森：《威斯康星大学史：1848—1925》，2 卷本。麦迪逊：威斯康星大学出版社，1949 年版。（Curti, Merle, and Carstensen, Vernon. *The University of Wisconsin*：*A History*，1848—1925. 2 vols. Madison：University of Wisconsin Press，1949.）机构史研究最好的成果之一。引证全部来自一手资料。

79. S・J・柯蒂斯：《大不列颠教育史》，伦敦：大学辅导出版社，1948 年版。（Curtis, S. J. *History of Education in Great Britain*. London：University Tutorial Press，1948.）关于中世纪到 1947 年英国教育的最新教科书。部分参考书目加了注释。

80. 范・B・达尔顿：《美国牙医教育的起源》，辛辛那提：作者出版社，1946 年版。（Dalton, Van B. *The Genesis of Dental Education in the United States*. Cincinnati：The Author，1946.）包含大量数据和长篇幅的引文。结构组织欠佳。

81. J・E・G・德・蒙莫朗西：《英国教育中的国家干预》，坎布里奇：剑桥大学出版社，1902 年版。（De Montmorency, J. E. G. *State Intervention in English Education*. Cambridge：University Press，1902.）1833 年以前英国政府与教育关系的历史，特别关注教育立法。

82. 斯蒂芬·德·伊尔赛：《法国大学史》，2 卷本，巴黎：皮卡德，1933—1935 年版。（D'Irsay, Stephen. *Histoire des universities francaises et etrangeres*. 2 vols. Paris：Picard，1933—1935.）关于中世纪到 1860 年法国大学史的卓越之作。包括很长的综合性书目和实用的索引。

83. 悉尼·艾特蔡恩：《民主文化的宝库》，芝加哥：美国图书馆协会，1947 年版。（Eitzion, Sidney. *Arsenals of a Democratic Culture*. Chicago：American Library Association，1947.）对 1850—1900 年美国新英格兰和中部各州公共图书馆运动的社会发展进行了资料翔实的研究。

84. 钟鲁斋①：《现代中国的民主教育史》，上海：商务印书馆，1934 年版。（Djung, Lu-Dzai. *A History of Democratic Education in Modern China*. Shanghai：Commercial Press，1934.）关于 20 世纪中国教育的研究。

85. J·F·多布森：《古代教育及其对我们的意义》，纽约：朗曼和格林，1932 年版。（Dobson, J. F. *Ancient Education and Its Meaning to Us*. New York：Longmans，Green，1932.）对古希腊和罗马教育理论的论述。以希腊文和拉丁文资料为基础。

86. 内森·德拉津：《犹太教育史：公元前 515 年—公元 220 年》，巴尔的摩：约翰斯·霍普金斯大学出版社 1940 年版。（Drazin, Nathan. *History of Jewish Education from* 515 *B. C. E to* 220 *C. E*. Baltimore：Johns Hopkins Press，1940.）主要根据翻译成英文的希伯来文或阿拉米文的《塔木德》资料。所运用的史学研究方法合理。参考书目主要是二手资料。

87. 弗里德里克·伊比：《德克萨斯州教育的发展》，纽约：麦克米伦，1925 年版。（Eby, Frederick. *The Development of Education in Texas*. New York：Macmillan，1925.）一位公认的学者对德克萨斯州教育发展问题进行的深入研究。

---

① 钟鲁斋（1899—1956），中国教育史学家。——译者注

88. R・H・埃克尔贝里:《美国城市大学史》,《美国教育局 1937 年第 2 号公报》,华盛顿特区:美国政府印刷局,1932 年。(Eckelberry, R. H. *The History of the Municipal University in the United States*. U. S. Office of Education; *Bulletin* 1937, No. 2. Washington, D. C.: U. S. Government Printing Office, 1932.)分析研究了美国 9 所市属学院的发展。主要运用一手资料。

89. 阿尔伯特・埃姆:《论教育革新》,巴黎大学博士学位论文,塞勒斯塔特:阿尔塞西,1937 年版。(Ehm, Albert. *L'education nouvelle*. Thesis of doctorate s letters, University of Paris. Selestat: Alsatia, 1937.)关于很多国家进步教育历史的论述。附有丰富的参考书目。

90. 约翰・T・埃利斯:《美国天主教大学形成的岁月》,华盛顿特区:美国天主教历史协会,1946 年。(Ellis, John T. *The Formative Years of the Catholic University of America*. Washington, D. C.: American Catholic Historical Association, 1946.)对导致 1889 年天主教大学成立的事件进行了细致的研究。

91. 维拉德・S・埃尔斯布里:《美国教师》,纽约:美国图书公司1939 年版。(Elsbree, Willard S. *The American Teacher*. New York: American Book Co., 1939.)对美国教师职业的历史进行了文献翔实的研究。

92. 欧文・埃舍尔:《外语学习的直接方法:对其起源和发展历史的研究》,第一部分,未出版的芝加哥大学博士学位论文,1928 年。第二部分,未出版的芝加哥大学硕士学位论文。(Escher, Erwin. *The Direct Method of Studying Foreign Languages*: *A Contribution to the History of Its Sources and Development*. Part I, Unpublished Ph. D. thesis, University of Chicago, 1928.)外语教学和研究的历史,特别关注中世纪以及近代到 19 世纪末的外语教学和研究。包括一个 50 页的选择精当的参考书目。载《现代外语教学注解书目:1927—1932》,芝加哥:芝加哥大学出版社,1933 年版,第 54—55 页。

93. 克莱芒・法尔古奇:《法国 19 世纪的人文主义中等教育》,图卢兹:普利瓦特,1939 年版。(Falcucci, Clement. *L' humanisme dans*

18

*l'enseignement secondaire en France au XIXe siecl*e. Toulouse：Privat, 1939.）关于法国中等教育的详尽研究,特别关注课程,时间跨度从 17 世纪到 20 世纪初期。

94. 赫伯特·A·福尔克:《体罚》,《教育贡献》,第 835 期。纽约:哥伦比亚大学师范学院,1941 年。（Falk, Herbert A. *Corporal Punishment. Contribution to Education*, No. 835. New York：Bureau of Publication, Teachers College, Columbia University, 1941.）对学校对待纪律的态度转变的研究。

95. 杰伊·W·费伊:《威廉·詹姆斯之前的美国心理学》,新泽西州,新布伦瑞克:拉特格斯大学出版社 1939 年版。（Fay, Jay W. *American Psychology Before William James*. New Brunswick, N. J.：Rutgers University Press, 1939.）研究美国高等教育史、教育心理学以及哲学和心理学教学史很好的资料。大量引用原始资料。附有 47 页的注释。

96. 路易斯·J·菲什:《波士顿一百年考试史》,马萨诸塞州,戴达姆:特拉斯克里普特出版社 1941 年版。（Fish, Louis J. *One Hundred Years of Examinations in Boston*. Dedham, Mass.：Transcript Press, 1941.）包括 19 和 20 世纪某些年代在小学中用来考试的问题。

97. 伊西多尔·菲什曼:《16 世纪末到 18 世纪末中欧犹太教育史》,伦敦:戈德斯顿,1944 年版。（Fishman, Isidore. *The History of Jewish Education in Central Europe from the End of the Sixteenth to the End of the Eighteenth Century*. London：Goldston, 1944.）涉及该论题的各个方面。依据一手资料。

98. 伊尔斯·佛罗斯特:《学前教育》,纽约:麦克米伦,1927 年版。（Forest, Ilse. *Preschool Education*. New York：Macmillan, 1927.）托儿所和幼儿园教育史。

99. 保罗·富尔基埃:《教会学校》,巴黎:希望出版社 1947 年版。（Foulquie, Paul. *L'eglise et l'ecole*. Paris：Editions Spes, 1947.）对古罗马时期到 20 世纪教会与教育的关系进行了翔实的历史考察,特别关注当代。附有教皇庇护十一世(Pope Pius XI)通谕的译文。

100. 肯尼斯·J·弗里曼:《希腊的学校》(第三版)①,伦敦:麦克米伦,1922 年版。(Freeman, Kenneth J. *Schools of Hellas*. Third edition. London: Macmillan, 1922.)主要运用一手希腊语文献的卓越专著。时间跨度从公元前 600 年到公元前 300 年。

101. 霍华德·S·高尔特:《中国教育理论的发展》,上海:商务印书馆 1929 年版。(Galt, Howard S. *The Development of Chinese Educational Theory*. Shanghai: Commercial Press, 1929.)其时间上至公元 220 年。主要依靠中文资料。

102. 伊曼纽尔·加莫伦:《犹太教育观念的变化》,纽约:麦克米伦,1924 年版。(Emanuel. *Changing Conceptions in Jewish Education*. New York: Macmillan, 1924.)研究了 19 世纪俄罗斯和波兰的犹太教育史。附有参考书目和注释。

103. G·B·吉里尼:《15 世纪的意大利教育家》,都灵:皮尔逊,1896 年版。(Gerini, G. B. *Gli scrittori pedagogici italiani del secolo decimoquinto*. Torino: Paravia, 1896.)对弗吉里奥(Pier Paolo Vergerio)、维多利诺(Vittorino da Feltre)、马费奥·维基欧(Maffeo Vegio)、皮科洛米尼(Enea Silvio Piccolomini)、法尔福(Francesco Filelfo)、阿尔伯蒂(Leon Battista Alberti)②、布鲁尼和 15 世纪其他意大利教育家思想的详尽分析。

104. G·B·吉里尼:《16 世纪的意大利教育家》,都灵:皮尔逊,1897 年版。(Gerini, G. B. *Gli scrittori pedagogici italiani del secolo decimosesto*. Torino: Paravia, 1897.)对卡斯底格朗(Baldassare Castiglione)③以及其他 16 世纪意大利教育家思想的详尽分析。

105. G·B·吉里尼:《17 世纪的意大利教育家》,都灵:皮尔逊,1900 年版。(Gerini, G. B. *Gli Scrittoti pedagogici italiani del secolo*

---

① 《希腊的学校》中译本,朱镜人译,济南:山东教育出版社 2009 年版。——译者注
② 阿尔伯蒂(1404—1472),意大利文艺复兴时期的建筑师和建筑理论家。——译者注
③ 卡斯底格朗(1478—1529),16 世纪意大利人文主义者。代表作为《廷臣论》(*The Book of The Courtier*)。——译者注

decimosettino. Torino：Paravia，1900.）对康帕内拉（Tommaso Companella）①和 17 世纪意大利其他教育家思想的详尽分析。

106. G·B·吉里尼：《18 世纪的意大利教育家》，都灵：皮尔逊，1901 年版。（Gerini, G. B. *Gli scrittori pedagogici italiani del secolo decimottavo.* Torino：Paravia，1901.）对维科（Giambattista Vico）②和其他 18 世纪意大利教育家思想的详尽分析。

107. 托马斯·M·吉兰德：《城市学校督学权力和义务的起源与发展》，芝加哥：芝加哥大学出版社，1935 年版。（Gilland, Thomas M. *The Origin and Development of the Powers and Duties of the City-School Superintendent.* Chicago：University of Chicago Press，1935.）是对教育管理行政与督导史的一个文献丰富的贡献。

108. L·F·格贝尔贝克：《1477—1732 年阅读课程发展史》，坎普顿：内姆尼赫，1933 年版。（Gobelbecker, L. F. *Entwicklungsgeschichte des ersten Leseunterrichts von 1477 bis 1732.* Kempten：Nemnich，1933.）对小学阅读教学方法的描述。包含大量来自于一手资料的长引文。主要关注的是德国教育。

109. J·P·戈迪：《美国师范学校观念的出现与发展》，《美国教育局第 8 号信息通报》华盛顿特区：美国政府印刷局，1891 年。（Gordy, J. P. *Rise and Growth of the Normal-School Idea in the United States.* U. S. Bureau of Education，*Circular of Information* No. 8. Washington，D. C.：Government Printing Office，1891.）是研究 19 世纪教师教育的佳作。所用文献恰切。

110. 休·格雷厄姆：《早期的爱尔兰僧侣学校》，都柏林：泰尔伯特 1923 年版。（Graham, Hugh. *The Early Irish Monastic Schools.* Dublin：Talbot，1923.）一本资料翔实、论证充分的专著。

---

① 康帕内拉(1568—1639)，意大利文艺复兴时期的空想社会主义者、哲学家、作家。代表作为《太阳城》(*The City of the Sun*)。——译者注
② 维科(1668—1744)，18 世纪意大利著名的语言学家、法学家、历史学家和美学家。——译者注

111. 洛伦茨·格拉斯伯格:《古希腊罗马时代的教育和课程》,3卷本。维尔茨堡:斯达尔,1864—1881年版。(Grasberger, Lorenz. *Erziehung und unterricht im klassischen Altherthum*. 3 vols. Wurzburg: Stahel, 1864—1881.)古代希腊和罗马的体育、音乐教育和军事教育史。建立在一手资料上的权威专著。

112. 弗兰克·P·格莱夫斯:《近三世纪的伟大教育家》[①],纽约:麦克米伦,1912年版。(Graves, Frank P. *Great Educators of Three Centuries*. New York: Macmillan, 1912.)研究了伟大教育家的思想和成就,例如,弥尔顿(Milton)、培根(Bacon)、拉特克(Ratke)、夸美纽斯(Comenius)、洛克(Locke)、弗兰克(Francke)、卢梭(Rousseau)、巴泽多(Basedow)、裴斯泰洛齐(Pestalozzi)、赫尔巴特、福禄培尔(Froebel)、贝尔(Bell)和兰卡斯特(Lancaster)、贺拉斯·曼和斯宾塞(Spencer)。

113. 路易斯·格里莫:《法国教育自由史》,巴黎:卢梭出版社,1898年版。(Grimaud, Louis. *Histoire de la liberte d'enseignement en France*. Paris: Rousseau, 1898.)从法国大革命到19世纪末法国的教育自由史。

114. 路易斯·格里莫:《法国教育自由史》(新版),2卷本。格勒诺布尔:阿桑德,1944年版。(Grimaud, Louis. *Histoire de la liberte d'enseignement en france*. New edition. 2 vols. Grenoble: Arthaund, 1944.)比第一版增加了篇幅,在资料论证方面也更充分。第一卷讨论18世纪的"旧制度"(Old Regime);第二卷主要是法国大革命时期。附有非常好的参考书目。

115. 奥布里·格温:《从西塞罗到昆体良的罗马教育》,纽约:牛津大学出版社,1926年版。(Gwynn, Aubrey O. *Roman Education from Cicero to Quintilian*. New York: Oxford University Press, 1926.)对教育思想和实践的很有用的研究。

116. 安娜·哈多:《美国学院和大学中的政治科学:1636—1900》,

---

① 中译本《近三世纪西洋大教育家》,庄泽宣译,上海:商务印书馆1933年版。——译者注

27

纽约：阿普尔顿—世纪，1939 年版。（Haddow, Anna. *Political Science in American Colleges and Universities, 1636—1900*. New York: Appleton-Century, 1939.）一篇严谨翔实的博士学位论文。

117. 阿瑟·J·霍尔：《纽约州和纽约城公立学校中的宗教教育》，芝加哥：芝加哥大学出版社，1914 年版。（Hall, Arthur J. *Religious Education in the Public Schools of the State and City of New York*. Chicago: University of Chicago Press, 1914.）从殖民地时期开始的历史研究。

118. 查尔斯·H·汉德辛：《美国的现代语言教学》，《美国教育局1913 年第 3 号公报》，华盛顿特区：美国政府印刷局，1913 年。（Handschin, Charles H. *The Teaching of Modern Languages in the United States*. U. S. Bureau of Education, *Buttelin* 1913, No. 3. Washington, D. C.: Government Printing Office, 1913.）美国中小学和大学中法语、德语、意大利语、西班牙语的教学史。附有方法论方面注释明确的参考书目以及语言教科书清单。

119. 尼古拉斯·汉斯：《俄国教育政策史：1901—1917》，伦敦：国王出版社，1931 年版。（Hans, Nicholas. *History of Russia Educational Policy* (1701—1917). London: King, 1931.）很明显主要依靠一手资料。附有参考书目。

120. 埃伦·O·汉森：《18 世纪的自由主义与美国教育》，纽约：麦克米伦，1926 版。（Hansen, Allen O. *Liberalism and American Education in the Eighteenth Century*. New York: Macmillan, 1926.）对本杰明·拉什（Benjamin Rush）、诺亚·韦伯斯特（Noah Webster）和其他人关于国家教育的建议进行了详尽分析。附有非常广泛的一手资料参考书目。

121. 塞西尔·B·海斯：《美国的吕克昂》，《美国教育办公室 1932年第 12 号公报》，华盛顿特区：美国政府印刷局，1932 年。（Hayes, Cecil B. *The American Lyceum*. U. S. Office of Education, *Bulletin* 1932, No. 12. Washington, D. C.: U. S. Government Printing Office, 1932.）对美国早期成人教育的历史进行了资料翔实的研究。

122. 伯克·A·欣斯代尔:《美国教育外来影响史笔记》,《教育委员会 1897—1898 年报告》第 591—629 页。华盛顿特区:美国政府印刷局,1899 年。(Hinsdale, Burke A. "Notes on the History of Foreign Influence Upon Education in the United States," pp. 591—629, in *Report of the Commissioner of Education for the year* 1897—98. vol. I, Washington, D. C.: Government Printing Office, 1899.)对美国教育的外来影响进行初步研究的很好的参考文献。

123. 杰拉尔丁·E·霍奇森:《原始的基督教教育》,爱丁堡:克拉克,1906 年版。(Hodgson, Geraldine E. *Primitive Christian Education*. Edinburgh: Clark, 1906.)一本典范之作。

124. 波林·霍尔姆斯:《波士顿公立拉丁语学校 300 年史:1635—1935》,马萨诸塞州,坎布里奇:哈佛大学出版社,1935 年版。(Holmes, Pauline. *A Tercentary History of the Boston Public Latin School*, *1635—1935*. Cambridge, Mass.: Harvard University Press, 1935.)同类著作中最有学术性的研究之一。依靠一手资料。

125. 阿德里安·H·霍尔茨:《1800 年以来美国教育中的道德与宗教因素研究》,威斯康星州,默纳沙:班塔,1917 年版。(Holtz, Adrian H. *A Study of the Moral and Religious Elements in American Education up to* 1800. Menasha, Wis., Banta, 1917.)比较简略的研究。

126. 琼·M·赫西:《拜占庭帝国的教会与学习:867—1185》,伦敦:牛津大学出版社,1937 年版。(Hussey, Joan M. *Church and Learning in the Byzantine Empire*, 867—1185. London: Oxford University Press, 1937.)涉及的是一个教育通史著作中很少讨论的领域。广泛运用一手资料。附有很有用的参考书目。

127. 悉尼·L·杰克逊:《美国争取自由学校的斗争史》,华盛顿特区:美国公共事务委员会,1941 年。(Jackson, Sidney L. *America's Struggle for Free Schools*. Washington, D. C.: American Council on Public Affairs, 1941.)研究新英格兰和纽约州 1827—1842 年间教育的卓越专著。

128. 沃纳·耶格：《派地亚：希腊文化的理想》，吉尔伯特·海特译，3 卷本。纽约：牛津大学出版社，1939—1944 年版。(Jaeger, Werner. *Paideia*：*The Ideals of Greek Culture*. Translated by Gilbert Highet. 3 vols. New York：Oxford University Press，1939—1944.) 一位有国际影响的学者对希腊文化和教育的出色研究。

129. 马库斯·W·杰尼根：《殖民地美国的劳动和依附阶级：1607—1783》，芝加哥：芝加哥大学出版社，1931 年版。(Jernegan, Marcus W. *Laboring and Dependent Classes in Colonial America，1607—1783*. Chicago：University of Chicago Press，1931.) 关于新英格兰和南部贫穷儿童和学徒的免费教育各方面的学术性分析。

130. 亨利·约翰逊：《学校的社会科学史导论》，纽约：斯克里布纳，1932 年版。(Johnson, Henry. *An Introduction to the History of the Social Sciences in the Schools*. New York：Scribner，1932.) 一个很少引用文献资料的从古至今的概述。

131. 亨利·约翰逊：《中小学的历史教学》(修订版)，纽约：麦克米伦，1940 版。(Johnson, Henry. *Teaching of History in Elementary and Secondary Schools*. Revise editon. New York：Macmillan，1940.) 第 25—85 页考察了 16 世纪以来历史作为一个学科的发展。第 400—420 页是一份非常好的参考书目。

132. I·L·坎德尔：《比较教育》，波士顿：霍夫顿—米夫林，1933 年版。(Kandel, I. L. *Comparative Education*. Boston：Houghton Mifflin，1933.) 包含关于英格兰、法国、德国、意大利、俄罗斯和美国 20 世纪教育的历史资料以及历史背景。

133. I·L·坎德尔：《中等教育史》，波士顿：霍夫顿—米夫林，1930 年版。(Kandel, I. L. *History of Secondary Education*. Boston：Houghton Mifflin，1930.) 从古希腊开始。特别关注法国、德国、英格兰和美国的中等教育发展。

134. I·L·坎德尔：《战争对美国教育的影响》，查佩尔希尔：北卡罗莱纳大学，1948 年版。(Kandel, I. L. *The Impact of the War Upon American Education*. Chapel Hill：University of North Carolina

Press，1948.）对第二次世界大战期间及其后的美国教育发展进行了详尽研究。

135. I·L·坎德尔主编:《美国教育二十五年》,纽约:麦克米伦,1924 年版。(Kandel，I. L.，editor. *Twenty-Five Years of American Education*. New York：Macmillan，1924.)对 1897—1922 年间美国教育的各个方面进行了历史考察。

136. 弗兰克·E·凯伊:《古代印度教育》,伦敦:牛津大学出版社,1918 年版。(Keay，Frank E. *Ancient Indian Education*. London：Oxford University Press，1918.)关于该时期印度教育的非常有用的专著。

137. 休·L·金利赛德,A·F·托马斯:《日本教育史与当代教育制度》,东京:北星唐书店,1937 年版。(Keenleyside，Hugh L.，and Thomas，A. F. *History of Japanese Education and the Present Educational System*. Tokyo：Hokuseido，1937.)对日本教育问题进行了很好的研究。

138. C·柯尔:《德国国民学校课程教学方法史》,4 卷本。科萨:蒂尼曼,1877—1882 年版。(Kehr，C.，editor. *Geschichte der Methodik des deutschen Volksschulunterrichtes*. 4 vols. Cotha：Thienemann，1877—1882.)关于德国小学中的宗教教育、社会研究、科学、数学、书法、绘画、音乐、文法、阅读、家政和体操课程的专著。第 4 卷有索引和原始资料。

139. 珀尔·基布尔:《中世纪大学中的同乡会》,马萨诸塞州,坎布里奇:美国中世纪学会,1948 年。(Kibre，Pearl. *The Nations in the Mediaeval Universities*. Cambridge，Mass.：Mediaeval Academy of America，1948.)对中世纪高等教育史的一个学术贡献。论证运用一手资料。附有内容广泛的参考书目。

140. 莫妮卡·基弗:《儿童读物中的美国儿童:1700—1835》,费城:宾夕法尼亚大学出版社 1948 年版。(Kiefer，Monica. *American Children Through Their Books*，1700—1835. Philadelphia：University of Pennsylvania Press，1948.)在儿童图书中描述的儿童生活。依靠一

手资料。

141. 威廉·H·克伯屈：《新尼德兰和殖民地纽约的荷兰学校》，《美国教育局 1912 年第 12 号公报》，华盛顿特区：美国政府印刷局，1912 年。（Kilpatrick, William H. *The Dutch Schools of New Netherland and Colonial New York*. U. S. Bureau of Education, *Bulletin* 1912，No. 12. Washington, D. C.：Government Printing Office, 1912.）以荷兰文和英文资料为基础的卓越的学术论文。

142. 埃德温·G·内珀：《美国商业教育史》，俄亥俄州，鲍林格林：作家出版社，1941 年版。（Knepper, Edwin G. *History of Business Education in the United States*. Bowling Green, Ohio：The Author, 1941.）或许是该领域最好的历史研究。

143. 埃德加·W·奈特：《南部的公共教育》，波士顿：吉恩，1922 年版。（Knight, Edgar W. *Public Education in the South*. Boston：Ginn, 1922.）关于自殖民地时期开始的美国南部教育史的典范之作。

144. 埃德加·W·奈特：《北卡罗莱纳州公立学校教育》，波士顿：霍夫顿—米夫林，1916 年版。（Knight, Edgar W. *Public School Education in North Carolina*. Boston：Houghton Mifflin, 1916.）对北卡罗莱纳州教育史的综合研究。

145. 埃德加·W·奈特：《重建对南部教育的影响》，《教育贡献》，第 60 期。纽约：哥伦比亚大学师范学院，1913 年。（Knight, Edgar W. *The Influence of Reconstruction on Education in the South*. Contributions to Education, No. 60. New York：Teachers College, Columbia University, 1913.）关于美国南部教育论题的最详尽的专著。

146. 赫尔曼·L·科斯特：《德国儿童文学史》（第三版），布伦瑞克：韦斯特曼，1920 年版。（Koster, Hermann L. *Geschichte der deutschen Jugendliteratur*. Third edition. Braunschweig：Westermann, 1920.）德国青少年文学史。主要内容是著作、作者和艺术家的列表。

147. S·S·劳里：《前基督教时期教育的历史考察》（第二版），伦敦：朗曼和格林，1904 年版。（Laurie, S. S. *Historical Survey of Pre-*

Christian Education. Second edition. London：Longmans，Green，1904.）关于埃及、犹太、中国、印度、波斯、希腊和罗马古代教育的研究。

148. S·S·劳里：《文艺复兴以来的教育观念史研究》，坎布里奇：剑桥大学出版社，1903 年版。（Laurie，S. S. *Studies in the History of Educational Opinion from the Renaissance*. Cambridge：University Press，1903.）对维多里诺、阿斯堪（Ascham）①、夸美纽斯、弥尔顿、洛克、斯宾塞和其他教育家思想的研究。

149. 道格拉斯·E·劳森：《城市学校系统中课程的发展》，芝加哥：芝加哥大学出版社，1940 年版。（Lawson，Douglas E. *Curriculum Development in City School Systems*. Chicago：University of Chicago Press，1940.）1837—1936 年美国十个城市公立学校的课程史。主要依靠一手资料。

150. 格雷·E，A·莱奥：《法国初等学校》，2 卷本，巴黎：西堤岛，1934 年版。（Leaud，A. ，and Glay，E. *L'ecole primaire en France*. 2 vols. Paris：La Cite Francaise，1934.）关于法国初等学校的深入研究。

151. 托马斯·勒迪克：《阿姆赫斯特学院的虔诚与理智：1865—1912》，纽约：哥伦比亚大学出版社，1946 年版。（Le Duc，Thomas. *Piety and Intellect at Amherst College*，1865—1912. New York ：Columbia University Press，1946.）全方位研究学院教育的历史，以手稿和其他一手资料为基础。

152. 弗雷德·E·伦纳德，乔治·B·阿弗莱克：《体育史导论》（第三版），费城：李和菲比格，1947 年版。（Leonard，Fred E. ，and Affleck，George B. *A Guide to the History of Physical Education*. Third edition. Philadelphia：Lea & Febiger，1947.）以美国体育为重点，详尽考察了自古希腊至今的体育。附有参考书目。有些章节过于肤浅，而有些章节则充斥着价值可疑的材料。

153. 赫尔曼·莱塞：《近代教育思想史》，2 卷本，慕尼黑：奥尔登堡，1925—1928 年版。（Leser，Hermann. *Das Padagogische Problem in*

---

① 阿斯堪（1515—1568），英国人文主义者。——译者注

der Geistesgeschichte der Neuzeit. 2 vols. Munich：Oldenbourg，
1925—28.）对文艺复兴到启蒙运动的教育思想史进行了深入的、文献
丰富的研究。

154. C·勒图尔勒：《各人种的教育演进》，巴黎：维戈特，1898 年
版。(Letourneau, C. *L'evolution de l'education dans les diverses races
humains.* Paris：Vigot，1898.）关于动物王国（animal kingdom）、美拉
尼西亚、非洲、波利尼西亚、美洲印第安人和爱斯基摩人、古代墨西哥、
秘鲁、中国、埃及、阿拉伯、卡尔迪亚王国、以色列、印度、波斯、希腊、罗
马教育的具有可读性的专著。关于中世纪和现代教育的部分比较
简略。

155. L·里亚德：《法国高等教育：1789—1893》，2 卷本，巴黎：科
林，1888—1894 年版。（Liard, L. *L'enseignement superieur en
France*，1789—1893. 2 vols. Paris：Colin，1888—1894.）对法国一个
世纪的高等教育进行了详尽论述。

156. 鲁道夫·李默：《13 世纪的教育思想与实践》，慕尼黑：奥尔登
堡，1928 年版。(Limmer, Rudolf. *Bildungszustande und Bildungsideen
des 13. Jahrhunderts.* Munich：Oldenbourg. 1928.）对 13 世纪的初
等教育、学徒制和成人宗教教育的研究。以中世纪的拉丁文资料为基
础。文献引证深入。

157. 爱德华·麦克：《公学与英国观念：1780—1860》，伦敦：梅休
因，1938 年版；《1860 年以来的公学与英国观念》，纽约：哥伦比亚大学
出版社，1941 年版。（Mack, Edward. *Public Schools and British
Opinion*，1780—1860. London：Methuen，1938；Public Schools and
British Opinion Since 1860. New York：Columbia University Press，
1941.）对当时英国的态度与"公"学之间关系的历史进行了细致研究。

158. 查尔斯·E·马利特：《牛津大学史》，3 卷本，伦敦：梅休因，
1924—1927 年版。（Mallet, Charles E. *A History of the University
of Oxford.* 3 vols. London：Methuen，1924—27.）在一手资料基础上
进行的综合性学术研究。

159. 皮尔·J·马里凯：《基督教教育史》，3 卷本，纽约：福德汉姆

大学出版社，1924—1932 年版。（Marique, Peirre J. *History of Christian Education*. 3 vols. New York: Fordham University Press, 1924—1932.）包括天主教教育史在内的教科书。

160. 亨利—伊雷内·马洛:《古代教育史》,巴黎:瑟伊,1948 年版。（Marrou, Henri-Irenee. *Histoire de l'edication dans l'antiquete*. Paris: Editions du Seuil, 1948.）古代希腊、希腊化和罗马时期的教育史。几乎全部资料都来自拉丁文和希腊文文献。附有很好的脚注和参考书目注释。

161. 乔治·H·马丁:《马萨诸塞州公立学校制度的演进》,纽约:阿普尔顿,1894 年版。（Martin, George H. *The Evolution of the Massachusetts Public School System*. New York: Appleton, 1894.）关于该问题的长篇巨著。需要补充进一步的研究。

162. A·马蒂亚斯:《德语课程史》,慕尼黑:贝克,1907 年版。（Matthias, A. *Geschichte des deutschen Unterrichts*. Munich: Beck, 1907.）论述从 16 世纪到 20 世纪德国的德语教学。

163. W·J·麦卡利斯特:《教育自由的发展》,伦敦:康斯特布尔,1931 年版。（McCallister, W. J. *The Growth of Freedom in Education*. London: Constable, 1931.）研究了从柏拉图到当前教育史上自由观念的变化。运用一手资料论证。附有 14 页未加注释的参考书目。

164. 阿道夫·E·迈耶:《20 世纪的教育发展》,修订版,纽约:普伦蒂斯—霍尔,1949 年版。（Meyer, Adolph E. *The Development of Education in the Twenties Century*. Revised edition. New York: Prentice-Hall, 1949.）对进步教育、国际教育和其他教育运动进行了详尽的历史分析。特别关注美国以外的几个国家最近的教育史。

165. 巴尼特·米勒:《征服者穆罕默德的宫廷学校》,马萨诸塞州,坎布里奇:哈佛大学出版社,1941 年版。（Miller, Barnette. *The Pallace School of Muhammad the Conqueror*. Cambridge, Mass.: Harvard University Press, 1941.）14 世纪末建立的土耳其学校的早期历史。以土耳其文、法文、英文、意大利文、西班牙文、德文和拉丁文文献为基础。

166. 乔治·F·米勒：《纽约州的中学制度》，奥尔巴尼：里昂，1922年版。（Miller，George F. *The Academy System of the State of New York*. Albany：Lyon，1922.）对中等教育史的一个贡献。

167. 瓦尔特·S·孟禄：《算术作为一门学习科目的发展》，《美国教育局1917年第10号公报》，华盛顿特区：美国政府印刷局，1917年。（Monroe，Walter S. *Development of Arithmetic as a School Subject*. U. S. Bureau of Education，*Bulletin* 1917，No. 10. Washington，D. C.：Government Printing Office，1917.）从美国的殖民地时期一直到19世纪末算术科目的发展。附有非常有用的简明书目。

168. 威尔·S·孟禄：《美国裴斯泰洛齐运动史》，纽约州，西拉库斯：巴丁，1907年版。（Monroe，Will S. *History of the Pestallozzian Movement in the United States*. Syracuse，N. Y.：Bardeen，1907.）对裴斯泰洛齐的追随者对美国教育的影响进行了深入细致的分析。

169. 罗达·K·穆克吉：《古代印度教育》（婆罗门教和佛教），伦敦：麦克米伦，1947年版。（Mookerji，Radha K. *Ancient Indian Education*（Brahmanical and Buddhist）. London：Macmillan，1947.）对公元7世纪以来印度教育的特别详细的分析。

170. 塞缪尔·E·莫里森：《清教徒的教堂入口》，纽约：纽约大学出版社，1936年版。（Morison，Samuel E. *The Puritan Pronaos*. New York：New York University Press，1936.）在一手资料基础上，关于17世纪英格兰教育和文化的论文。

171. 塞缪尔·E·莫里森：《哈佛大学三百年：1636—1936》，马萨诸塞州，坎布里奇：哈佛大学出版社，1936年版。（Morison，Samuel E. *Three Centuries of Harvard*，1636—1936. Cambridge，Mass.：Harvard University Press，1936.）关于高等教育史的卓越研究。关于哈佛大学早期历史的研究，还可以参阅莫里森的《哈佛学院的建立》（*The Founding of Harvard College*），1935年版；以及莫里森的《17世纪的哈佛学院》（*Harvard College in the Seventeenth Century*），2卷本，1936年版。

172. 詹姆斯·马尔赫恩:《宾夕法尼亚中等教育史》,宾夕法尼亚州,兰开斯特:科学出版社,1933 年版。(Mulhern, James. *A History of Secondary Education in Pennsylvania*. Lancaster, Pa.: Science Press, 1933.)建立在一手资料基础上的深入彻底的研究。

173. J·巴斯·马林杰:《剑桥大学》,3 卷本。坎布里奇:剑桥大学出版社,1873—1911 年版。(Mullinger, J. Bass. *The University of Cambridge*. 3 vols. Cambridge: University Press, 1873—1911.)关于剑桥大学的最全面深入的历史研究。运用了大量的一手资料。

174. 加德纳·墨菲:《现代心理学史导论》(修订版),纽约:哈考特和布雷斯,1949 年版。(Murphy, Gardner. *An Historical Introduction to Modern Psychology*. Revised edition. New York: Harcourt Brace, 1949.)包括"儿童心理学"和"智力测验"等章节。有助于对教育心理学史的初步研究。参考"教育"、"教育心理学"、"智力"和"学习"等主题索引。

175. 卡尔·慕特修斯:《歌德与裴斯泰洛齐》,莱比锡:杜尔,1908 年版。(Muthesius, Karl. *Goethe und Pestalozzi*. Leipzig: Durr, 1908.)全面研究裴斯泰洛齐教育思想与歌德教育思想之间关系的严谨的专著。充分运用一手资料。其中不乏史学方法上的典范案例。

176. 诺亚·纳迪:《巴勒斯坦教育:1920—1945》,华盛顿:美国犹太复国主义组织,1945 年。(Nardi, Noah, *Education in Palestine*, 1920—1945. Washington, D. C.: Zionist Organization of America, 1945.)包括阿拉伯和犹太教育。以报告和其他官方文献为基础。

177. E·博伊恩多夫:《18 世纪以来的德国体育史》,3 卷本,德累斯顿:林伯特,1930—1932 年版。(Beuendorff, E. *Geschichte der neueren deutschen Leibesubngen vom 18 Jahrhundert bis zur Gegenwart*. 3 vols. Dresden: Limpert, 1930—1932.)18 世纪以来全面的德国体育史。

178. 威廉·F·诺伍德:《内战前美国的医学教育》,费城:宾夕法尼亚大学出版社,1944 年版。(Norwood, William F. *Medical Education in the United States before the Civil War*. Philadelphia:

University of Pennsylvania Press, 1944.）一项文献丰富的深入研究。

179.詹姆斯·奥博伊尔：《欧洲大陆的爱尔兰学院》，都柏林：布朗和诺兰，1935 年版。（O'Boyle, James. *The Irish Colleges on the Continent*. Dublin：Browne and Nolan, 1935.）在一手资料基础上，对爱尔兰影响中世纪欧洲教育的研究。

180.迈克尔·J·L·奥康纳：《美国学院经济学的起源》，纽约：哥伦比亚大学出版社，1944 年版。（O'Connor, Michael J. L. *Origins of Academic Economics in the United States*. New York：Columbia University Press, 1944.）对 19 世纪进行的文献丰富的历史分析。以一手资料为基础。附有很好的参考书目。

181.路易斯·J·佩托：《中世纪大学中的文法和修辞等艺术课程》，伊利诺斯大学大学研究所。厄巴纳：伊利诺斯大学出版社，1910 年版。（Paetow, Louis J. *The Arts Course in Medieval Universities with Special Reference to Grammar and Rhetoric*. University of Illinois, University Studies. Urbana：University Press, 1910.）对课程发展的研究。广泛运用一手资料。

182.杰西·M·潘伯恩：《美国师范学院的演进》，《教育贡献》，第500 期。纽约：哥伦比亚大学师范学院出版社，1932 年版。（Pangburn, Jessie M. *The Evolution of the American Teachers College. Contributions to Education*，No. 500. New York：Bureau of Publications, Teachers College, Columbia University, 1932.）一个关于美国师范学院的颇具代表性的研究。

183.塞缪尔·G·帕克：《现代初等教育史教科书》，波士顿：吉恩，1912 年版。（Parker, Samuel G. *A Textbook in the History of Modern Elementary Education*. Boston：Ginn, 1912.）对宗教改革之前的初等教育进行了简短回顾，其后的研究比较翔实。侧重于卢梭、裴斯泰洛齐、赫尔巴特和福禄培尔的思想、著作和影响。

184.C·N·帕蒂沃班：《印度中世纪教育史》，孟买：作家出版社，1939 年版。（Patwardban, C. N. *History of Education in Medieval India*. Bombay：The Author, 1939.）跨越公元 600—1200 年间。广泛

运用印度资料。

185. 弗里德里希·鲍尔生:《学术课程史》(第三版),2 卷本,莱比锡:维特,1919—1921 年版。(Paulsen, Friedrich. *Geschichte des gelehrten Unterrichts*. 2 vols. Third edition. Leipzig: Veit, 1919—1921.)一本从中世纪开始的杰出的德国高等教育史。

186. 阿夫然尼奥·培肖特:《教育观念史》(第三版),圣保罗:国家出版公司,1942 年版。(Peixotoo, Afranio. *Nocoes de historia da educacao*. Third edition. Sao Paulo: Companhia Editora Nacional, 1942.)用葡萄牙文撰写的从人类最早期至今的简明教育史。

187. 查尔斯·M·佩里:《亨利·菲利普·塔潘:哲学家和大学校长》,安阿伯:密执安大学出版社,1933 年版。(Perry, Charles M. *Henry Philip Tappan: Philosopher and University President*. Ann Arbor: University of Michigan Press, 1933.)包括一个反对塔潘校长试图将密执安大学"普鲁士化"的长篇论文。

188. 保罗·R·皮尔斯:《公立学校校长制的起源与发展》,芝加哥:芝加哥大学出版社,1935 年版。(Pierce, Paul R. *The Origin and Development of the Public School Principalship*. Chicago: University of Chicago Press, 1935.)关于中小学行政与督导史的很有用的专著。

189. 玛丽·B·皮尔森:《美国南部的研究生工作》,查佩尔希尔:北卡罗莱纳大学出版社,1947 年版。(Pierson, Mary B. *Graduate Work in the South*. Chapel Hill: University of North Carolina Press, 1947.)一本研究生教育史。论证客观。

190. 黑斯廷斯·拉什戴尔:《中世纪欧洲的大学》(新版)[①],F·M·波威克和 A·B·埃姆登主编,3 卷本,纽约:牛津大学出版社,1936 年版。(Rashdall, Hastings. *The Universities of Europe in the Middle Ages*. New edition, edited by F. M. Powicke and A. B. Emden.

---

① 中译本《中世纪的欧洲大学》,重庆:重庆大学出版社 2011 年版。第一卷:"大学的起源",崔延强、邓磊译;第二卷:"在上帝与尘世之间",崔延强、邓磊译;第三卷:"博雅教育的兴起",邓磊译。——译者注

3 vols. New York：Oxford University Press，1936.）被公认为同类著作中最深入和最具学术水平的著作。

27   191. T·雷蒙特：《幼儿教育史》，伦敦：朗曼和格林，1937 年版。（Raymont，T. *A History of Education of Young Children*. London：Longmans，Green，1937.）从 17 世纪开始的幼儿教育发展历史。

    192. 鲁道夫·R·里德：《学校阅读教学中读物和方法的历史发展》，纽约：麦克米伦，1900 年版。（Reeder，Rudloph R. *The Historical Development of School Readers and Methods in Teaching Reading*. New York：Macmillan，1900.）对 18 和 19 世纪学校阅读教学进行了很好的探讨。

    193. 爱德华·H·赖斯纳：《公立学校的演变》，纽约：麦克米伦，1930 年版。（Reisner，Edward H. *The Evolution of the Common School*. New York：Macmillan，1930.）从中世纪开始的初等教育史。重点在 18 世纪以后的时期。

    194. 迈拉·雷诺兹：《英格兰的知识女性：1650—1760》，波士顿：霍夫顿—米夫林，1920 年版。（Reynolds，Myra. *The Learned Lady in England*：1650—1760. Boston：Houghton Miffilin，1920.）关于英格兰知识女性的卓越研究。主要运用一手资料。附有一份未加注释的长书目。

    195. 埃米特·赖斯：《体育简史》，修订版，纽约：巴恩斯，1929 年版。（Rice，Emmett A. *A Brief History of Physical Education*. Revised edition. New York：Barnes，1929.）对从原始社会至今的体育问题进行了非常初步的研究。提供了关于美国体育的丰富资料。参考书目很好，不过看起来正文中并未利用。

    196. 阿瑟·L·里奇：《洛厄尔·梅森》[①]，查佩尔希尔：北卡罗莱纳大学出版社，1946 年版。（Rich，Arthur L. *Lowell Mason*. Chapel Hill：University of North Carolina Press，1946.）研究以一手资料为基础，对于研究美国的音乐教育史很有帮助。附有很长的参考书目。

---

    ① 洛厄尔·梅森（1792—1872），美国管风琴家。——译者注

197. 格哈德·里特:《海德尔堡大学》,第 1 卷。海德尔堡:温特,1936 年版。(Ritter, Gerhard. *Die Heidelberger Universitat.* Vol. I. Heidelberg: Winter, 1936.)对 1386—1508 年海德尔堡大学的历史进行细致考证的学术研究。一份关于中世纪高等教育史的优秀文献。

198. 阿格纽·O·罗巴赫:《1861 年前美国中等教育中社会研究课程的发展》,宾夕法尼亚大学博士学位论文,费城:作家出版社,1937 年版。(Roorbach, Agnew O. *The Development of Social Studies in American Secondary Education before* 1861. Ph. D. dissertation, University of Pennsylvania. Philadelphia: The Author, 1937.)一个详尽细致的研究,附有美国内战前学校中曾经运用或在美国出版的历史、公民和政治经济学教科书。同时也有一份范围广泛的社会研究科目历史参考书目。

199. 厄尔·D·罗斯:《民主的学院》,埃姆斯:爱荷华州立学院出版社,1942 年版。(Ross, Earle D. *Democracy's College.* Ames: Iowa State College Press, 1942.)论述了 1862 年《莫里尔法案》后赠地学院运动最初几十年的历史。运用一手资料进行了充分论述。附有很好的参考书目。

200. 罗伯特·R·拉斯克:《幼儿教育史》[①],伦敦:伦敦大学出版社,1933 年版。(Rusk, Robert R. *A History of Infant Education.* London: University of London Press, 1933.)论述从夸美纽斯到杜威的教育思想。以原始资料为基础。

201. W·卡森·瑞安:《早期研究生教育研究》,纽约:卡内基教育促进基金会,1939 年。(Ryan, W. Carson. *Studies in Early Graduate Education.* New York: Carnegie Foundation for the Advancement of Teaching, 1939.)19 世纪末期约翰斯·霍普金斯大学、克拉克大学和芝加哥大学的研究生教育史。运用了大量参考文献。附有加注释的参考书目。

---

① 中译本《幼稚教育史》,周崇中译,香港:商务印书馆(香港)有限公司 1939 年版。——译者注

202. 戴维·萨蒙，威尼弗雷德·欣德肖：《幼儿学校：历史与理论》，伦敦：朗曼和格林，1904 年版。（Salmon, David, and Hindshaw, Winifred. *Infant Shools：Their History and Theory*. London：Longmans, Green, 1904.）关注 18 和 19 世纪幼儿教育历史。脚注很少。

203. 约翰·E·桑迪斯：《古典学问的历史》（第三版），3 卷本，坎布里奇：剑桥大学出版社，1908—1921 年版。（Sandys, John E. *A History of Classical Scholarship*. 3vols. Third edition. Cambridge：University Press, 1908—1921.）关于从古希腊到 19 世纪欧洲和美国学习史的著名研究。一份非常有价值的教育史辅助参考资料。

204. Z·沙夫施泰因：《18 世纪以来的犹太教育史》，纽约：奥根，1945—1949 年版。（Scharfstein, Zevi. Toledot ha-hinuch b'Yisrael b'dorot haaharonim. New York：Ogen, 1945—1949.）18 世纪以来欧洲、美国、加拿大、南非和其他一些国家的犹太教育史。原文是希伯来文，但许多脚注参考了运用欧洲语言的资料。

205. 弗里德里希·施奈德：《德国教育学在国外的影响》，慕尼黑：奥尔登堡，1943 年版。（Schneider, Friedrich. *Geltung und Einfluss der deutschen Padagogik im Ausland*. Munich：Oldenbourg, 1943.）就德国教育家对外国影响的历史进行了资料丰富的详尽研究。但有相当大的偏见。

206. 约瑟夫·施罗泰勒主编：《非基督教文化民族的教育学》，慕尼黑：科塞和帕斯特，1934 年版。（Schroteller, Josef, editor. *Die Padagogik der nichtchristlichen Kulturvolker*. Munich：Kosel and Pustet, 1934.）古代教育史——原始人类、印度、中国、日本、韩国、巴比伦、亚述、以色列、伊斯兰教、条顿人部落、古希腊和罗马。

207. 诺尔马·施文德纳：《美国体育史》，纽约：巴恩斯，1942 年版。（Schwendener, Norma. *A History of Physical Education in the United States*. New York：Barnes, 1942.）很大程度上依靠二手资料进行的详细研究。

208. 罗伯特·F·西博尔特：《英格兰和纽约殖民地时期的学徒制

和学徒教育》,《教育贡献》,第 85 期,纽约:哥伦比亚大学师范学院,1917 年。(Seybolt, Robert F. *Apprenticeship and Apprenticeship Education in Colonial New England and New York. Contributions to Education*, No. 85. New York: Teachers College, Columbia University, 1917.)一部严谨细致的学术研究著作。

209. 杰西·谢拉:《公共图书馆的奠基》,芝加哥:芝加哥大学出版社,1949 年版。(Shera, Jesse H. *Foundations of the Public Library*. Chicago: University of Chicago Press, 1949.)1629—1855 年新英格兰的公共图书馆运动史。引证的都是一手资料。

210. 莱维斯·J·谢里尔:《基督教教育的兴起》,纽约:麦克米伦,1944 年版。(Sherrill, Lewis J. *The Rise of Christian Education*. New York: Macmillan, 1944.)运用大量一手资料,对犹太教教育、基督教教育和中世纪的教会学校进行了详尽考察。

211. 路易斯·肖尔斯:《美国学院图书馆的起源:1638—1800》,《教育贡献》,第 134 期。田纳西州,纳什维尔:乔治·皮博迪师范学院,1934 年。(Shores, Louis. *Origins of the American College Library*, 1638—1800. *Contributions to Education*, No. 134. Nashville, Tenn.: George Peabody College for Teachers, 1934.)一篇文献论证充分的历史论文。

212. 舍曼·M·史密斯:《马萨诸塞州的州政府与宗教教育的关系》,纽约州,希拉库斯:希拉库斯大学书店,1926 年版。(Smith, Sherman M. *The Relation of the State to Religious Education in Massachusetts*. Syracue, N. Y.: Syracuse University Book Store, 1926.)论述详尽,资料翔实。

213. 伊莎贝尔·M·斯图尔德:《护士教育》,纽约:麦克米伦,1943 年版。(Stewart, Isable M. *The Education of Nurses*. New York: Macmillan, 1943.)从 1860 年至今的护理教育史教科书。对于 1860 年前的情况有专章介绍。

214. 鲁弗斯·W·斯廷森,弗兰克·W·莱思罗普选编:《美国学院以下层次的农业教育史》,《美国教育办公室职业教育处第 217 号公报》,华盛顿特区:美国政府印刷局,1942 年。(Stimson, Rufus W., and Lathrop, Frank W, compilers. *History of Agricultural Education of Less than College Grade in the United States*. U. S. Office of Education, Voctional Division *Bulletin* N. 217. Washington, D. C.: U. S. Government Printing Office,1942.)美国几个州的农业教育史,有关于农业职业的联邦行政管理史和农业职业发展趋势的章节。附有报告稿的参考目录。

215. 斯宾塞·斯托克:《学校与国际理解》,查佩尔希尔:北卡罗莱纳大学出版社,1933 年版。(Stoker, Spencer. *The Schools and International Understanding*. Chapel Hill: University of North Carolina Press, 1933.)导言部分勾勒了从古代到第一次世界大战结束的国际理解教育发展。其他部分分析了 1919 到 1930 年的国际理解教育。文献丰富,参考书目广泛全面。

216. 约翰·E·斯托特:《1860—1918 年中北部各州中学课程的发展》,芝加哥:芝加哥大学出版社,1921 年版。(Stout, John E. *The Development of High-School Curricula in the North Central States from 1860 to 1918*. Chicago: University of Chicago Press, 1921.)关于美国中等教育史的珍贵专著。广泛运用一手资料。

217. 阿尔伯特·A·萨顿:《1940 年前美国的新闻专业教育》,伊利诺斯州,埃文斯顿:西北大学,1945 年版。(Sutton, Albert A. *Education for Journalism in the United States from Its Beginning to 1940*. Evanston, Ill.: Northwestern University, 1945.)一份论证较为薄弱的概要。

218. 亨利·苏扎洛:《马萨诸塞州地方学校督导的兴起》,《教育贡献》,第 3 期。纽约:哥伦比亚大学师范学院,1906 年。(Suzzallo, Henry. *The Rise of Local School Supervision in Massachusetts. Contributions to Education*, No. 3. New York: Teachers College, Columbia University, 1906.)描述了 1635—1827 年地方学校委员会的历史。

219. 弗莱彻·H·斯威夫特:《美国联邦和州的公立学校财政政

策》，波士顿：吉恩，1931 年版。(Swift, Fletcher H. *Federal and State Policies in Public School Finance in the United States*. Boston：Ginn, 1931.)全面彻底地考察了美国公立教育的财政史。

220. 弗莱彻·H·斯威夫特：《美国的公立学校永久公共基金史：1795—1905》，纽约：霍尔特，1911 年版。(Swift, Fletcher H. *A History of Public Permanent Common School Funds in the United States*, 1795—1905. New York：Holt, 1911.)一个规范的学术研究。

221. 唐纳德·G·图克斯伯里：《内战前美国学院和大学的建立》，《教育贡献》，第 543 期。纽约：哥伦比亚大学师范学院出版社，1932 年。(Tewksbury, Donald G. *The Founding of American Colleges and Universities before the Civil War*. Contributions to Education，No. 543. New York：Bureau of Publications, Teachers College, Columbia University, 1932.)建立在一手资料基础上的、体现出很强能力的研究。

222. 詹姆斯·W·汤普森：《古代的图书馆》，伯克利：加利福尼亚大学出版社，1940 年版。(Thomson, James W. *Ancient Libraries*. Berkeley：University of California Press, 1940.)运用了丰富文献资料的简明学术研究。

223. 詹姆斯·W·汤普森：《中世纪的俗人图书馆》，伯克利：加利福尼亚大学出版社，1939 年版。(Thomson, James W. *The Library of the Laity in the Middle Ages*. Berkeley：University of California Press, 1939.)建立在一手资料基础上。

224. 詹姆斯·W·汤普森：《中世纪的图书馆》，芝加哥：芝加哥大学出版社，1939 年版。(Thompson, James W. *The Medieval Library*. Chicago：University of Chicago Press, 1939.)由一位著名中世纪史专家写作的文献丰富的长篇巨著。关于该书的评论，参见布兰奇·B·博耶(Blanche B. Boyer)的《中世纪的图书馆》(*The Medieval Library*)，《图书馆季刊》，1940 年第 10 期，第 396—413 页。

225. 理查德·E·瑟斯菲尔德：《亨利·巴纳德的〈美国教育杂志〉》，巴尔的摩：约翰斯·霍普金斯大学出版社，1945 年版。(Thursfield, Richard E. *Henry Barnard's "American Journal of Education."*

30

Baltimore：Johns Hopkins Press，1945.)对 19 世纪美国最重要期刊的发展进行了全面的、文献充分的研究。以手稿和出版的一手资料为基础。一流的研究专著。

226. 查尔斯·F·特文：《美国高等教育史》,纽约:阿普尔顿,1906年版。（Thwing，Charles F. *A History of Higher Education in America*. New York：Appleton，1906.)详尽的研究,可惜有些陈旧。偶尔加入了脚注。

227. 安德鲁·W·图雷：《号角图书史》,伦敦:利德霍尔,1897 年版。（Tuer，Andrew W. *History of the Horn Book*. London：Leadenhall，1897.)对英国号角图书、羽毛球拍和其他用以学习阅读的工具进行的最深入的研究。有大量的各种号角图书的摹本。

228. 奥拉·E·昂德希尔：《初等学校科学的起源与发展》,芝加哥:斯科特和福斯曼,1941 年版。（Underhill，Orra E. *The Origins and Development of Elementary-School Science*. Chicago：Scott，Foresman，1941.)自 18 世纪至今的初等学校科学历史研究。资料丰富,有参考书目。

229. 尼娜·C·范德沃克：《美国教育中的幼儿园》,纽约:麦克米伦,1908 年版。（Vandewalker，Nina C. *The Kindergarten in American Education*. New York：Macmillan，1908.)美国的幼儿园历史。虽然有价值,但需要新近研究的补充。

230. K·H·冯·沙根：《体育对人格发展的影响》,巴黎:艾尔肯出版社。（Van Schagen，K. H. *Le Role de l'education physique dans le developpement de la personnalite*. Paris：Alcon，n. d.)关于体育史与普通教育史关系的卓越研究。包括原始人、埃及、以色列、中国、印度、古希腊和罗马、中世纪和文艺复兴等。重点在现代部分。引证文献主要是一手资料。附有很有用的法文、英文、德文和荷兰文参考书目。

231. L·威尔莱科：《美国的德语课程二百年》,布伦瑞克:维维格,1903 年版。（Viereck，L. *Zwei Jahrhunderte deutschen Unterrichts in den Vereinigten Staaten*. Braunschweig：Vieweg，1903.)从 18 世纪初期到 20 世纪初期美国的德语教学史。

232. 弗雷德里克·C·韦特:《一所乡村医学院的故事》,蒙彼利埃:佛蒙特州历史协会,1945 年。(Waite, Frederick C. *The Story of a Country Medical College*. Montpelier: Vermont Historical Society, 1945.)研究位于伍德斯托克的佛蒙特医学院 1827—1856 年历史的杰出专著。完全运用一手资料。

233. 约翰·W·沃尔登:《古希腊的大学》,纽约:斯克里布纳,1909 年版。(Walden, John W. H. *The Universities of Ancient Greece*. New York: Scribner, 1909.)堪称古希腊高等教育史的典范。

234. 福斯特·沃森:《英格兰现代学科教学的开端》,伦敦:皮特曼,1909 年版。(Watson, Foster. *The Beginnings of the Teaching of Modern Subject in England*. London: Pitman, 1909.)对 16 和 17 世纪英格兰的英语、历史、地理、绘画、科学、数学和现代外语教学的历史进行了学术研究。引证文献主要是一手资料。没有参考书目。

235. 福斯特·沃特:《1660 年以前英国的文法学校:课程与实践》,坎布里奇:剑桥大学出版社,1908 年版。(Watson, Foster. *The English Grammar Schools to* 1660: *Their Curriculum and Practice*. Cambridge: University Press, 1908.)一个特别详尽的研究,侧重拉丁语教学,包括当时应用的教科书清单。

236. 约翰·E·怀斯:《博雅教育的本性》,威斯康星州,密尔沃基:布鲁斯,1946 年版。(Wise, John E. *The Nature of the Liberal Arts*. Milwaukee, Wis.: Bruce, 1946.)从柏拉图到纽曼主教的博雅教育思想史。引证文献为一手资料。

237. 詹姆斯·P·威克沙姆:《宾夕法尼亚州教育史》,宾夕法尼亚州,兰开斯特:探究者出版公司,1886 年版。(Wickersham, James P. *A History of Education in Pennsylvania*. Lancaster, Pa.: Inquirer Publishing Co., 1886.)尽管内容有些陈旧,但该书仍被认为是该论题的典范之作,最好的州教育史之一。

238. A·S·威尔金斯:《罗马教育》,坎布里奇:剑桥大学出版社 1905 年版。(Wilkins, A. S. *Roman Education*. Cambridge: University Press, 1905.)对罗马教育史的有价值研究。参考书目几乎全部是外文

专著。

239. E·I·F·威廉斯:《贺拉斯·曼:教育政治家》,纽约:麦克米伦,1937 年版。(Williams, E. I. F. *Horace Mann: Educational Statesman*. New York: Macmillan, 1937.)几乎没有运用文献的传记研究。附有一个很有用的参考书目。

240. 埃尔伯特·V·威尔斯:《美国高等教育的成长》,费城:多兰斯,1936 年版。(Wills, Elbert V. *The Growth of American Higher Education*. Philadelphia: Dorrance, 1936.)一个非常简短的研究,按主题组织章节。

241. 艾尔玛·威尔逊:《墨西哥:一个世纪的教育思想》,纽约:美国西班牙协会,1941 年。(Wilson, Irma. *Mexico: A Century of Education Thought*. New York: Hispanic Institute in the United States, 1941.)完全运用一手资料进行的全面系统的论述。附有 27 页未加注释的参考书目。

242. 阿尔玛·S·威特林:《博物馆:历史及其教育任务》,伦敦:劳特利奇和基根·保罗,1949 年版。(Wittlin, Alma S. *The Museum: Its History and Its Task in Education*. London: Routledge and Kegan Paul, 1949.)对作为成人教育机构的博物馆历史的翔实研究。

243. 卡特·G·伍德森:《1861 年前的黑人教育》,纽约:普特南,1915 年版。(Woodson, Carter G. *The Education of the Negro prior to 1861*. New York: Putnam, 1915.)对黑人教育论题进行了精彩论述。

244. W·H·伍德沃德:《文艺复兴时期教育研究》,坎布里奇:剑桥大学出版社,1906 年版。(Woodward, W. H. *Studies in Education during the Age of the Renaissance*. Cambridge: University Press, 1906.)是文艺复兴时期教育领域的专家所作的具有很高学术水平的研究。

245. 托马斯·伍迪:《美国女子教育史》,2 卷本,宾夕法尼亚州,兰开斯特:科学出版社,1929 年版。(Woody, Thomas. *A History of Women's Education in the United States*. 2 vols. Lancaster, Pa.:

Science Press，1929.）一个资料极为详尽的研究。看来在很长时期内将无可替代。

246. 托马斯·伍迪：《宾夕法尼亚州早期的教友派教育》，《教育贡献》，第 105 期。纽约：哥伦比亚大学师范学院，1920 年。（Woody，Thomas. *Early Quaker Education in Pennsylvania. Contribution to Education*，No. 105. New York：Teachers College，Columbia University，1920.）依靠手稿和出版的一手资料，对 17 和 18 世纪的教友派教育进行了细致研究。

247. 托马斯·伍迪：《激进主义的历史轨迹》，载洛伊斯·C·莫斯曼主编：《激进主义运动》第 9—43 页。《全国教育研究协会第 33 次年鉴》，第二部分，伊利诺斯州，布卢明顿：公立学校出版公司，1934 年版。（Woody，Thomas. "Historical Sketch of Activism," pp. 9—43, in Lois C. Mossman，chairman，*The Activity Movement*. Part II，*the Thirty-Third Yearbook of the National Society for the Study of Education*，Bloomington，Illinois，Public School Publishing Co.，1934.）对教育中激进概念的发展进行了简明的论述。主要依靠一手资料。

248. 托马斯·伍迪：《早期社会的生活与教育》，纽约：麦克米伦，1949 年版。（Woody，Thomas. *Life and Education in Early Societies*. New York：Macmillan，1949.）关于古代体育历史的学术性最高、研究最深入彻底的著作。有来自于一手资料的丰富文献。研究范围涉及原始社会、埃及、巴比伦、希伯来、中国、印度、伊朗、克里特人、古希腊和罗马的教育。特别关注智育和体育的关系。附有 33 页未加注释的参考书目。

249. 弗里克斯·乌兰韦伯：《古老日耳曼的教育》，汉堡：汉斯泽蒂彻，1935 年版。（Wullenweber，Fritx. *Altgermanische erziehung*. Hamburg：Hanseatischer Verlag，1935.）古代德国（日耳曼）的教育史。建立在传说的基础上。

百科全书

在下面这些百科全书中,能够发现特定教育时期教育史的高质量文章。例如,《大英百科全书》(*Encyclopaedia Britannica*)、《美国百科全书》(*Encyclopedia Americana*)、《社会科学百科全书》(*Encyclopaedia of the Social Sciences*)(参考"教育"下的索引)、《宗教与伦理学百科全书》(*Encyclopedia of Religion and Ethics*)、《天主教百科全书》(*Catholic Encylopedia*)、《犹太百科全书》(*Jewish Encyclopedia*)等。关于最近教育发展的历史数据,可以在沃尔特·S·孟禄(Walter S. Monroe)主编的《教育研究百科全书》(*Encyclopediu of Educational Research*)(纽约:麦克米伦图书有限公司 1941 年修订版)以及 H·N·里夫林(Harry N. Rivlin)和 H·许勒(Herbert Schueler)主编的《现代教育百科全书》(*Encyclopedia of Modern Education*)(纽约:哲学图书馆 1943 年版)中找到。要了解教育事件的最新进展,学生可以参考《大英百科全书》年鉴以及类似的出版物。特别有价值的是,作为《大英百科全书》增刊的长时期的教育调查《多事的十年:1937－1946 年》(*Ten Eventful Years*,1937－1946)。对那些能阅读外语的学生特别有用的,是威廉·赖因(Wilhelm Rein)主编的《教育百科全书》(*Encyklop disches Handbuch der Pädagogik*)、费迪南·布韦松(Ferdinand Buisson)主编的《初等教育词典》《*Dictionnaire de Pédagogie et d'Instruction Primaire*》和《最新初等教育词典》《*Nouveau Dictionnaire de Pédagogie et d'Instruction Primaire*》以及用意大利文、西班牙文和其他语言出版的类似的百科全书。主要具有历史兴趣和当代价值的、更古老的百科全书有:《索尼辛教育百科全书》(*Sonnenschein's Cyclopedia of Education*)(伦敦:索尼辛图书公司 1889、1906 年版)、亨利·基德尔(Henry Kiddle)和亚历山大·J·谢姆(Alexander J. Schem)主编的《教育百科全书》(*The Cyclpedia of Education*)(纽约:斯泰格尔图书公司 1876 年版)。

33　　　福斯特·华生(Foster Watson)主编的 4 卷本《教育百科全书与词

典》(*The Cyclopedia and Dictionary of Education*)（伦敦：皮特曼图书公司 1921—1922 年版）包括一些历史文章，但主要对研究英国教育史有帮助。在其他一些文章中，学生也能发现现在看来具有历史意义的描述性资料。查找教育史文章的一个简便的方法，就是参考其第 4 卷末尾的分类索引中的"教育史"或其他相关主题。

迄今为止，至少在英文中对教育史研究而言最好的百科全书是保罗·孟禄（Paul Monroe）主编的《教育百科全书》(*A Cyclopedia of Education*)5 卷本（纽约：麦克米伦图书有限公司 1911—1913 年出版）。其中收录的文章篇幅较长、内容详尽，文末附有参考文献。要在这个巨大的教育史资料库中迅速找到目标，学生应该参考其第 5 卷的"索引解析"，特别是第 855—863、866、879、881—884、887—892 页。尽管有些数据已经不可避免地过时，但是，它们仍然为所讨论的时期的教育提供了充分的数据。同样地，讨论较早期历史事件和思想的文章缺乏当前学术研究的成果，然而它们不仅对于初学者，而且对于有经验的学生仍然具有明显的价值。有关历史信息的条目以及美国和外国教育历史上和当代一些概念的定义，可以在卡特·V·古德（Carter V. Good）主编的《教育词典》(*Dictionary of Education*)（纽约：麦格罗—希尔图书公司 1945 年版）中找到。该书没有参考文献目录。

图书馆卡片目录

虽然几乎每一个人都熟悉图书馆卡片目录的编排方式——按作者、题目和主题编排，但是，学生常常不能充分利用这个资源。当然，想要查找贺拉斯·曼（Horace Mann）的著作目录可以很容易地在"Mann"下面找到。然而，寻找有关中等教育的出版物就复杂得多。因此，学生必须对图书卡片目录进行交互参照[①]或检索图书管理员为了促进参考咨询工作插入的指导卡片。而且，学生必须发挥自己的想象力和聪明才智，决定在哪些其他的索引标目下他会发现更多题目。例如，有关中

---

① 由一个索引主标目或副标目指向另一个索引主标目或副标目。——译者注

等教育史的图书和手册，可以在下面一些标目下找到："教育"
（*Education*）、"中等"（*Secondary*）、"中学"（*High School*）、"阿加德米"
（*Academy*）、"青少年"（*Adolescence*）、"英格兰中等教育"（*England
Secondary Education*）等。

学生进入图书馆的开架书库后，为了节省时间可以直接到标签为
370.9（杜威图书分类法①）的图书或索书号以 LA（美国国会图书馆分
类法②）开头的图书前。这些是教育史类图书的最主要标识。随着对图
书馆越来越熟悉，学生将会发现更多的分类方法。

学位论文

对于撰写研究报告非常好的一种参考文献是硕士和博士学位论
文。这些研究通常会附有很长的参考文献目录，有时还会对文献目录
进行注解。从这类著作中，还能获得如何组织和处理一个题目的建议。
这一类文献属于被称为"专著"的专门研究，是学者对他的领域花费了
大量精力进行研究的成果。

---

① 杜威十进图书分类法（Dewey Decimal Classification）是由美国图书馆专家麦尔
威·杜威（Meivil Dewey）发明的图书分类方法，已翻译成西班牙文、中文、法文、挪威
文、土耳其文、日文、增伽罗文、葡萄牙文、泰文等出版，并被上述国家的一些图书馆和
英语国家的大部分图书馆采用。美国几乎所有公共图书馆和学校图书馆都采用这种
分类法。杜威十进制图书分类法于 1876 年首次发表，历经 22 次的大改版后，内容已
有相当程度的修改与扩充。最新的版本为 2004 年版。该分类法以三位数字代表分类
码，共可分为 10 个大分类、100 个中分类及 1000 个小分类。除了三位数分类外，一般
会有两位数字的附加码，以代表不同的地区、时间、材料或其他特性的论述，分类码与
附加码之间则以小数点"."隔开。——译者注
② 美国国会图书馆分类法（Library of Congress Classification），英文缩写为 LCC，
它是世界上类目最多的一部图书分类法。该分类法目前广泛应用于北美大中型图书
馆，特别是大学等学术性图书馆。美国国会图书馆分类法共有 21 个大类，只有 I、O、
W、X、Y 五个字母未使用。该分类法并不完全按照知识体系来分，同一学术大类有时
需要由多个大类表示，这是因为该分类法最初制定只是为了解决国会图书馆的藏书需
要。因此，在不同的类目间的附属关系并不明确，各类目的次序也没有一个系统的顺
序排列方式。——译者注

大量的学位论文尚未出版,学生必须到该论文作者获得学位的大学图书馆进行查找。撰写研究报告的学生最好能够查阅自己大学或临近大学图书馆的学位论文。博士甚至是硕士进行研究时,可以利用馆际互借系统借阅学位论文。对于已经出版和尚未出版的学位论文题目,收集最全面的是美国教育局(United States Office of Education)于1926—1940 年发行的《教育研究文献目录》(*Bibliography of Research Studies in Education*)。大多数收录的题目都有注释。有关教育史的论文,可以在"教育—历史"(Education—History)、"教育传记"(Education biography)、"当前教育状况"(Current educational conditions)以及"教育:理论与原则"(Education—Theories and pritiples)标题下找到。其他的题目可以通过查阅"教育—历史"主题索引获得。可以在露丝·A·格雷(Ruth A. Gray)主编的《教育博士论文》(*Doctor's Theses in Education*)中找到一个保存在美国教育局的1934 年以前的博士学位论文目录。另一个有用的资料是《美国大学认可的博士学位论文》(*Doctoral Dissertations Accepted by American Universities*)(纽约:威尔逊图书公司,1934 年至今)年度汇编。要获得以主题编排的论文目录,学生可以查询托马斯·R·帕尔弗里(Thomas R. Palfrey)和亨利·E·小科尔曼(Henry E. Coleman, Jr.)主编的《论文目录指南》(*Guide to Bibliographies of Theses*)(芝加哥:美国图书馆协会 1940 年第二版)中的"教育"和"历史"标题下的内容。

有些学生可能希望熟悉有关教育史进展的论文题目。在这一方面,最好的资料是卡特·V·古德(Carter V. Good)的文章《进展中的教育类博士学位论文,1948—1949》(*Doctor's Dissertations Under Way in Education, 1948—1949*),发表在《卡潘》杂志(*Phi Delta Kappan*)1949 年 2 月第 30 期,第 198—220 页。这是第 19 个年度目录清单。这方面早期的年度目录发表在了《教育研究杂志》(*Journal of Educatuional Research*)。古德主编的未来的博士学位论文目录很可能会继续在《卡潘》杂志上发表。遗憾的是,进展中的学位论文没有按主题分类或索引。教育史专业的学生还可以在美国历史协会(American Historical association)出版的《进展中的美国大学博士学位论文目录》(*List of Doctoral Dissertations Now in Progress at Universities in the United States*)中找到更多有趣的题目。尽管它进行了分类编辑，但是，收录的学位论文没有"教育史"这一分类，学生必须查找各种各样地理区域下的"社会"标题下的小标题。

索 引

关于特定时期教育史的当前和更早的文章，可以在《教育索引》(*Education Index*)(纽约：威尔逊图书公司，1929 年创刊)的"教育—历史"和其他适当的分类下找到。《教育索引》未收录的其他参考文献，特别是学术类和外文类期刊，可以在《国际期刊索引》(*International Index to Periodicals*)(1916 年创刊)，1907 年到 1919 年刊名为《期刊文献附录读者指南》(*Reader's Guide to Periodical Literature Supplement*)中找到。一般杂志中刊载的教育类文章，可以在《期刊文献读者指南》(*Reader's Guide to Periodical Literature*)(从 1900 年开始)和《杂志主题年度索引》(*Annual Magazine Subject Index*)(从 1907 年开始)中检索。更早的参考资料，可以在《普尔期刊文献索引》(*Poole's Index to Periodical Literature*)(1802—1906)和《19 世纪期刊文献读者指南》(*Nineteenth Century Readers' Guide to Periodical Literature*)(1890 — 1899)中的"教育"(Education)、"教育学"(Pedagogy)和"教学"(Teaching)主题下查找。在《天主教期刊索引》(*Catholic Peridical Index*)(1930 至今)中，有天主教教育论文目录。此外，关于教育的专业论文，还可以在《农业索引》(*Agriculture Index*)、《艺术索引》(*Art Index*)、《齐普曼法律期刊文献索引》(*Chipman's Index to Legal Peridical Literature*)、《工艺美术索引》(*Industrial Art Index*)、《法律期刊索引》(*Index to Legal Peridicals*)、《职业索引》(*Occupational Index*)、《心理学摘要》(*Psychological Abstracts*)、《心理学索引》(*Psychological Index*)、《公共事务信息服务公告》(*Public Affairs Information Service Bulletin*)、《社会科学摘要》(*Social Science Abstracts*)、《州法律索引》(*State Law Index*)中发

现。1936—1944年,《教育学摘要》(*Education Abstracts*)曾经刊登带注释的文章目录,其中有些文章讨论教育史问题。《罗耀拉教育文摘》(*The Loyola Educational Digest*)(1924—?)也包括这种文章目录,以及让教育史学家感兴趣的一些图书注解。想要了解其他专业索引的高年级学生,可以参考诺玛·O·爱尔兰(Norma O. Ireland)主编的《对索引的索引》(*An Index to Indexes*)(波士顿:法克森图书公司1942年版),特别是"教育"或其他相关条目。

有两个索引值得特别注意:

美国教育局出版的《对巴纳德〈美国教育杂志〉的分析索引》(*Analytical Index to Barnard's American Journal of Education*)(华盛顿特区:美国政府出版局,1892年)。这是打开亨利·巴纳德主编的31卷本(1855—1881年)著作中丰富资料的不可或缺的钥匙。它不仅对了解美国教育史,而且对于研究外国教育都是非常珍贵的。

C·奈尔森(C. Nelson)主编的《〈教育评论〉:对1—25卷的分析索引(1891年1月到1903年5月)》(*Educational Review: Analytical Index to Volumes 1—25, January, 1891, to May, 1903*)和尼古拉斯·墨里·巴特勒(Nicholas Murray Butler)主编的《〈教育评论〉:对26—50卷的分析索引(1903年6月到1915年10月)》(*Educational Review: Analytical Index to Volumes 26—50, June, 1903, to December, 1915*)。尽管没有巴纳德的索引重要,但对于发现关于当时教育事件的讨论仍然是有帮助的。

对于能阅读外文资料的学生来说,下面这些索引是特别重要的:

《当代国际文献目录公报》(*Bulletin bibliographique de documentation internationale contemporaine*)(始自1926年),是关于国际交流的图书和期刊索引。英文标题是《国际事务书目公报》(*Bibliographical Bulletin on International Affairs*)。

《德文期刊文献目录》(*Bibliographie der deutschen Zeitschriftenliteratur*)(始自1870年),是关于德文期刊的主题索引。参阅"教育"(Erzichung)、"教育学"(Padagogik)等条目。

《外文期刊文献目录》(*Bibliographie der fremdsprachigen Zeitschriftenliteratur*)(始自 1911 年,1920—1925 年除外),是关于英文、法文、意大利文和德文之外的一些其他语言的期刊文章的索引。可参阅"教育"和各种相互参照条目。该索引实际上并不真正需要懂德文。在每一卷前面,每一条目下面的黑体字索引号码指向一组期刊,这些期刊很多都是英文。

《政治经济学参考书目》(*Bibliographie der staats- und Wirtschaftswissenschaften*),原名《社会科学参考书目》(*Bibliographie der sozialwissenschaften*),自 1905 年开始出版,是社会科学国际期刊的索引。参考第九部分,"文化政策"(Kulturpolitik)、"教会"(Kirche)、"学校"(Schule)和"出版"(Presse)条目。

想要获得本部分提到的一些参考工具书的简短描述,可以参见伊萨多·G·马奇(Isadore G. Mudge)主编的《参考书指南》(*Guide to Reference Books*)(芝加哥:美国图书馆协会 1936 年第六版),第 28—33 页(学位论文)和第 6—17 页(期刊索引)。1935—1946 年出版的参考著作,可以在康斯坦斯·M·温切尔(Constance M. Winchell)对马奇小姐的《马奇参考书指南》的 4 次增补中找到。在卡特·亚历山大(Carter Alexander)主编的《如何寻找教育信息和数据》(*How to Locate Educational Information and Data*)(纽约:哥伦比亚大学师范学院出版社 1941 年第二版)中,学生或许能获得寻找原始资料的其他建议。

学生应该在单独的 3×5 厘米的卡片上认真抄写如下的目录资料:作者或编者的全名;著作、手册或文章的全名;期刊、年鉴或论文集的名称;版次(如果不是第一版);卷别(如果不止一卷);版权日期;出版地;出版商名称;参考或引用内容所在的页码;图书馆索书号。绝大部分对于作注释和列出参考文献来说,这些信息资料都是必要的。

第三章　寻找原始资料

　　教育史研究报告的准备,并不仅仅是获得一些已证实的事实性资料这么简单。学生必须能够将资料放在所考察时代的宏观历史背景上,并对它们之间的关系给出满意的阐释。本章将讨论能使学生最充分地理解所研究的问题的各种各样的参考著作。

　　去参考书图书馆,学生将会发现大量的可以获得参考资料的指引。这是可以使学生尽快熟悉参考书、避免在浩如烟海的卷册中盲目寻找的好地方,可以节约大量时间。收录参考著作最完全的是伊萨多·G·马奇主编的《马奇参考书指南》(*Mudge's Guide to Reference Books*)(芝加哥:美国图书馆协会 1936 年第六版),尽管没有进行充分注释。其中要加上康斯坦斯·M·温切尔的四次增补(1935-1946)。路易斯·肖斯(Louis Shores)主编的《基础参考书》(*Basic Reference Books*)(芝加哥:美国图书馆协会 1939 年版)提供了一小部分参考书的较详尽的介绍。尽管篇幅较短,但如下这些著作也提供了非常有帮助的指引:玛丽·N·巴顿(Mary N. Barton)主编的《参考书》(*Reference Books*)(巴尔底摩:伊诺克·普拉特免费图书馆 1947 年版)、路易斯·卡普兰(Louis Kaplan)主编的《社会科学研究资料》(*Research Material in the Social Science*)(麦迪逊:威斯康星大学出版社 1939 年版)、奈尔森·W·麦库姆斯(Nelson W. McCombs)主编的《参考书目录》(*A List of Reference Books*)(纽约:纽约大学出版社 1935 年修订版)。在教育领域,收录参考书最完全的是卡特·亚历山大(Carter Alexander)主编的《如何寻找教育信息和资料》(*How to Locate Educational Information and Data*)。稍逊一筹的有:埃米尔·格林伯格(Emil Greenberg)主编

39

40

的《教育研究资料指南》（*A Guide to Research Sources in Education*）（纽约：纽约大学书店 1941 年版）、玛格丽特·H·索普（Margaret H. Thorpe）主编《我在哪里能发现?》（*Where Can I Find ?*）（锡拉库扎：锡拉库扎大学出版社 1941 年版）和罗伊·C·布赖恩（Roy C. Bryan）主编的《教师专业信息检索指引》（*Keys to Professional Information for Teachers*）（卡拉马祖：西密执安教育学院 1945 年版）。

第二章已经讨论了大量的一般参考著作。下面集中介绍已经证明对教育史研究特别有价值的参考著作。

一般参考著作

历史参考书目

许多参考书图书馆有关于参考著作的书目，其中包含大量对教育史学家而言非常重要的条目。例如，乔治·施奈德（Georg Schneider）主编的《参考书目手册》（*Handbuch der Bibliogrphie*）、西奥多·贝斯特曼（Theodore Besterman）主编的《关于世界参考书目的书目》（*A World Bibliography of Bibliographies*）、英国的威廉·P·考特尼（William P. Courtney）主编的《全国参考书目记录》（*Register of National Bibliography*）和《参考书目索引》（*Bibligraphic Index*）（1938 年至今）、《国际图书书目》（*Internationale Bibliographie des Buch- und Bibliothekswesens*）、《国际图书书目年度报告》（*Internationaler Jahresbericht der Bibliographie*）、《参考书目索引》（*Index Bibliographicus*）和亨利·施泰因（Henri Stein）的《一般参考书目手册》（*Manuel de bibliographie générale*）。

关于 17 世纪和 18 世纪美国出版物的题目，已经收集在查尔斯·伊万（Charles Evan）主编的《美国参考书目》（*American Bibliography*）中。19 世纪后期出版的著作，在《美国图书目录，1876－1910》（*American Catalogue of Books*，1876—1910）中已经列出。更近出版的图书，可以在《美国图书目录与连续出版物索引》（*United States*

Catalogue and Cumulative Book Index）中找到。其他只包括作者条目的目录,包括约瑟夫·沙宾(Joseph Sabin)主编的《关于美国的图书词典》(Dictionary of Books Relating to America)和奥维尔·罗巴克(Orville Roorbach)的《美国参考书目》(Bibliotheca Americana)。在马奇和其他人的指南中能发现更多的目录。

或多或少专门关注历史学的参考书目有:《国际历史科学参考书目》(International Bibliography of Historical Science)、《伦敦社会科学参考书目》(London Bibliography of Social Science)和格兰迪(Grandin)的《社会科学和法律科学参考书目汇总》(Bibliographie générale des sciences juridiques et sociales)。

下面所列的书目对于教育史研究具有直接的重要意义:

250. F·W·巴特森主编:《剑桥英语文献目录》,4卷本,纽约:麦克米伦,1941年版。(Bateson, F. W., editor. Cambridge Bibliography of English Literature. 4 vols. New York：Macmillan, 1941.)关于英国教育史的极好的参考资料。第1卷,第124—127页列出了公元600—1500年间的手稿和图书目录;第364—380页列出了公元1500—1600年的书目;第2卷,第107—132页列出了公元1660—1800年间的书目;第2卷,第106—143、844—845页列出了19世纪的书目。参考索引(第4卷)中列有"教育"、"学校—图书"和"学校"条目。

251. 乔治·F·布莱克主编:《关于苏格兰的著作目录》,纽约:纽约公共图书馆,1916年版。(Black, George F. A List of Works Relating to Scotland. New York：New York Public Library, 1916.)第694—710页是关于苏格兰教育史的著作目录。

252. S·J·凯斯主编:《基督教历史书目指南》,芝加哥:芝加哥大学出版社,1931年版。(Case, s. J., editor. A Bibliographical Guide to the History of Christianity. Chicago：University of Chicago Press, 1931.)第47—48、81—82、188—190页中包含有关基督教教育史的参考文献。

253. 爱德华·钱宁、阿尔伯特·B·哈特和弗里德里克·J·特纳主编的《美国历史研究和阅读指南》(修订版),波士顿:吉恩,1912年版。

41

（Channing, Edward, Hart, Albert B., and Turner, Frederick J. *Guide to the Study and Reading of American History*. Revised edition. Boston：Ginn, 1912.）参见索引中"学院"、"教育"和"教学"条目下的内容。

254. 高德弗里·戴维斯主编：《英国历史参考书目：斯图亚特王朝时期，1603－1714》，牛津：克拉伦敦出版社，1928 年版。（Davies, Godfrey, editor. *Bibliography of British History*：*Stuart Period*, 1603—1714. Oxford：Clarendon, 1928.）第 218－225 页是带有简明注解的关于教育史的文献资料。

255. 乔治·M·达彻等主编：《历史文献指南》，纽约：麦克米伦，1931 年版。（Dutcher, George M. et al., editors. *A Guide to Historical Literature*. New York：Macmillan, 1931.）同类著作中综合性最强的文献目录。作了绝佳的注释。关于教育史出版物列在"文化史：教育、思想和哲学"条目下，并且在每一部分都通过索引号 641 和 642 作了标示。

256. 埃弗雷特·E·爱德华兹：《美国农业史参考书目》，美国农业部第 84 号出版物，华盛顿特区：美国政府出版局，1930 年。（Edwards, Everett E. *A Bibliography of the History of Agriculture in the United State*. U. S. Department of Agriculture, Miscellaneous Publication No. 84. Washington, D. C.：Government Printing Office, 1930.）第 149、150 和 209－214 页包含农业教育史的参考文献。

257. 埃瓦茨·B·格林和理查德·B·莫里斯主编：《纽约城早期美国历史（1600－1800）主要文献指南》，纽约：哥伦比亚大学出版社 1929 年版。（Green, Evarts B. and Morris, Richard B. *A Guide to the Principal Sources for Early American History*（1600—1800）*in the City of New York*. New York：Columbia University Press, 1929.）关于纽约城教育史资料的非常好的书目资料。

258. 格雷斯·G·格里芬等主编：《美国历史著作》，华盛顿特区：美国政府出版局，1942 年。（Griffin, Grace G. et al. *Writings on American History*. Washingtong, D. C. ：U. S. Government Printing

Office，1942.）从 1906 年起，每年出版一本。参见"教育"下的索引。有简短注解。关于美国教育史的非常有价值的书目资料。

259. 格莱德·L·格罗斯：《英国历史书目选编：1660－1760》。芝42加哥：芝加哥大学出版社，1939 年版。（Grose，Clyde L. *A Select Bibliography of British History*，1660—1760. Chicago：University of Chicago Press，1939.）第 110－120 页包含关于英国教育史的书目。

260. 赫尔曼·黑林主编：《达尔曼—瓦茨：德国历史文献研究》（第九版），莱比锡：克希勒，1931 年版。（Hearing，Hermann，editor. *Dahlmann Waitz：Quellenkunde der deutschen geschichte*. Ninth edition. Leipzig：Koehler，1931.）第 206—214、358、457、461、576—577、580—583、700—701、703—704、784、789—800、915、929—930、985、989—990 页，在"教育史、教育事业和教育科学"标题下，是由本诺·伯姆（Benno Böhm）汇编的教育史参考文献。

261. 莱维斯·汉克和迈伦·伯金主编：《拉丁美洲研究手册》，坎布里奇：哈佛大学出版社，1936 年至今。（Hanke，Lewis，and Burgin，Miron，editors. *Handbook of Latin American Studies*. Cambridge，Mass.：Harvard University Press，1936 to date.）参见"教育"部分。有许多关于拉丁美洲教育史的带注释的参考书。当前该领域出版物中最好的资料。

262. 约瑟夫斯·N·拉尼德主编：《美国历史文献》，波士顿：霍顿米夫林，1902 年版。（Larned，Josephus N.，editor. *The Literature of American History*. Boston：Houghton Mifflin，1902.）有很长的评价性注释。参见"学院"、"教育"、"学校"、"大学"下的索引。

263. 弗兰克·莫纳汉：《在美国的法国旅行家（1765－1932）：参考书目》，纽约：纽约公共图书馆，1933 年版。（Monaghan，Frank. *French Travellers in the United States*，1765—1932：*A Bibliography*. New York：New York Public Library，1933.）关于外国人看待美国社会观点的参考书。参见"教育"条目下的索引。

264. 拜亚尔·Q·摩根：《英译德语文献关键书目，1481－1927》（第二版），加利福尼亚，斯坦福：斯坦福大学出版社 1938 年版。

(Morgan, Bayard Q. *A Critical Bibliography of German Literature in English Translation*, 1481—1927. Second edition, Stanford University, Calif.：Stanford University Press，1938.)包括福禄培尔、裴斯泰洛齐、鲍尔生和其他用德文撰写的教育家著作的英译本目录。增补的内容覆盖 1928－1935 年。

265. 路易斯·J·佩托：《中世纪历史研究指南》(修订版)，纽约：克罗夫茨，1931 年版。(Paetow, Louis J. *A Guide to the Study of Medieval History*. Revised edition. New York；Crofts，1931.)资料非常全面。参考"大学教育史"下的索引。西北大学的格雷·C·博伊斯(Gray C. Boyce)正在进行修订。

266. 本杰明·兰德：《哲学、心理学及相关学科参考书目》，纽约：麦克米伦，1905 年版。(Rand, Benjamin. *Bibliography of Philosophy, psychology, and Cognate Subjects*. New York：Macmillan，1905.)詹姆斯·M·鲍德温(James M. Baldwin)主编的《哲学心理学词典》(*Dictionary of Philosophy and Psychology*)第 3 卷第一部分，参考阿尔琴(Alcuin)、阿尔斯泰德(Alsted)、梅兰希顿(Melanchthon)和维韦斯(Vives)等教育家条目下的索引。

267. 科尼尔斯·雷德主编：《英国历史参考书目：都铎王朝时期(1485－1603)》，牛津：克拉伦敦出版社，1933 年版。(Read, Conyers, editor. *Bibliography of British History：Tudor Period*，1485—1603. Oxford：Clarendon，1933.)有关教育史资料和图书的简短注释在 244 到 246 页。

268. 罗伯特·E·斯皮勒等主编：《美国文献史：参考书目》，纽约：麦克米伦，1948 年版。(Spiller, Robert E. et al.，editors. *Literary History of the United States：Bibliography*. New York：Macmillan，1948.)关于美国文献历史的 3 卷本著作。关于教育史的参考书目，参见第 31－32、76－79、91－93、120－123、180－181、225－230、237－238 和 358 页。也可参见"A·B·奥尔科特"(A. B. Alcott)(第 381－382 页)、"约翰·杜威"(John Dewey)(第 465－467 页)以及其他一些阐述教育问题的作者的索引。

269. 詹姆斯·W·汤姆森:《中世纪历史研究参考》(修订版),3卷本,芝加哥:芝加哥大学出版社,1923—1924年版。(Thompson, James W. *Reference Studies in Medieval History*. Revised edition. 3 volumes. Chicago: University of Chicago Press, 1923—24.)对中世纪各个时期和文艺复兴时期的教育史研究书目进行了分类。参见第1卷的第46、47、75页;第2卷的第83、93、148—150、170—186页;第3卷的第304—305、320、323—328页等。

270. 索菲·A·尤丁主编:《巴勒斯坦与犹太复国主义:三年文献积累(1946年1月—1948年10月)》,纽约:犹太复国主义档案与图书馆,1949年版。(Udin, Sophie A. editor. *Palestine and Zionism: A Three Year Cumulation, January* 1946— *December* 1948. New York: Zioist Archives and Library, 1949.)对期刊论文和图书分别作了索引。其中的"教育"条目下,包括大量世界各地犹太人教育的参考文献,以及大量关于教育史的参考文献。对于巴勒斯坦和以色列的教育研究特别有价值。

271. 朱迪思·B·威廉姆斯:《英国社会与经济史出版文献指南(1750—1850)》,第2卷。纽约:哥伦比亚大学出版社,1926年版。(Williams, Judith B. *A Guide to the Printed Materials for English Social and Economic History*, 1750—1850. vol. II. New York: Columbia University Press, 1926.)第451—501页对大量教育史原始资料进行了简明注释。

272. 孟禄·N·沃克主编:《关于非洲和美国黑人的参考书目》,纽约:威尔逊,1928年版。(Work, Monroe N. , editor. *A Bibliography of the Negro in Africa and America*. New York: Wilson, 1928.)关于图书、手册和论文的综合性目录,其中有些列有简明注释。第232—237、293—295、416—429、618—620页有关于黑人教育史的极好的参考文献。

其他的一些参考资料还有:亨利·P·比尔斯(Henry P. Beers)的《美国历史参考书目:研究资料指南》(*Bibliographies in American History: Guide to Materials for Research*)(修订版),纽约:威尔逊,

1942 年版；艾迪斯·M·库尔特(Edith M. Coulter)和梅兰尼·格斯坦菲尔德（Melanie Gerstenfeld）的《历史参考书目》（*Historical Bibliographies*），伯克利：加利福尼亚大学出版社，1935 年版；珍·C·鲁斯(Jean C. Roos)的《美国历史背景读本》（*Background Readings for American History*）(第二次修订版)，纽约：威尔逊，1940 年版；贾斯汀·温莎（Justin Winsor）主编的《叙事的与批评的美国历史》（*Narrative and Critical History of America*），9 卷本，波士顿：霍顿—米夫林，1884—1889 年版；查尔斯·V·朗格罗斯（Charles V. Langlois)的《历史文献手册》（*Manuel de bibliographie historique*），2 卷本，巴黎：阿歇特，1901—1904 年版和《天主教文献指南》（*Guide to Catholic Literature*），2 卷本，底特律：罗米格，1940—1944 年版。要获得更多的关于历史参考书目的汇编，可参见荷马·C·霍凯特(Homer C. Hockett) 的《美国历史研究导论》（*Introduction to Research in American History*）(第二版)，纽约：麦克米伦，1948 年版，第 144—157 页。

传记资料

已故美国教育家的生平资料包含在下面的一些传记汇编中：

《美国传记词典：1928—1944》（*Dictionary of American Biography*，1828—1944），20 卷本，有索引和增补。这是此类汇编中最具学术性的资料。论文有署名，且包括非常好的参考书目。参见索引卷中"教育家"下的条目。

《阿普尔顿美国传记百科全书：1888—1922》（*Appleton's Cyclopaedia of American Biography*，1888—1922），9 卷本。虽然内容较陈旧，但非常有用。所列的参考书目非常罕见。包括很多《美国传记词典》没有收录的参考书目，以及来自加拿大和拉丁美洲的人物。

《全美传记百科全书，1898—1945》,（*National Cyclopaedia of American Biography*，1898—1945），32 卷本。因为该百科全书没有按照字母表顺序排列书目，所以必须参考索引卷。其中包括尚健在的人物的传记。

外国的传记词典浩如烟海，下面仅列举一二。［英］《国家人物传记词典》(*Dictionary of National Biography*)、［英］《已故人名录》(*Who Was Who*)、《法国传记词典》(*Dictionnaire de biographie francaise*)和《德国传记汇编》(*allgemeine deutsche Biographie*)。特别有价值的是下面两本世界传记汇编：米肖(Michaud)的《万国传记：1843—1965》(*Biographie universelle*)和霍弗(Hoefer)的《传记总汇：1853—1866》(*Nouvelle biographie générale*)。

《美国人名录》(*Who's Who in American*)、《英国人名录》(*Who's Who*)、《你是谁?》(*Oui êtes-vous?*)和《他是谁?》(*Wer ist's?*)的早期版本，以及其他国家类似著作都可以丰富已故教育家的传记资料。最近的传记信息资料，可以在《人名录》(*Who's Who*)最新的版本和《当今传记》(*Current Biography*)(纽约：威尔逊，1940年至今)中获得。这些传记资料对许多领域杰出人物的生平进行了生动详尽的叙述。在这里，我们可以发现教育领域许多健在或刚刚故去的教育家的非比寻常的传记资料。例如，约翰·杜威(John Dewey)、詹姆斯·B·科南特(James B. Conant)、罗伯特·M·赫钦斯(Robert M. Hutchins)、威廉·C·巴格莱(William C. Bagley)、查尔斯·H·贾德(Charles H. Judd)。与此同时，学生也可以参见新出版的《传记索引》(*Biography Index*)(纽约：威尔逊，1946至今)。这是一本当前图书和期刊中的传记资料的季度索引。对于逝去的人物，索引中列出了报纸和杂志上刊登的讣告。它不仅包括当代教育家，而且包括几个世纪以来世界各国的教育家。检索索引中"学院"、"教育家"和"教师"等标题下的内容。

通史著作

下面的著作将不仅有助于学生获得更好地理解教育问题的宏观历史框架，而且也将提供关于教育史的具体资料。《哈珀美国历史百科全书》(*Harper's Encyclopaedia of United States History*)，10卷本(1902年)；威廉·L·朗格(William L. Langer)主编的《世界历史百科全书》(*An Encyclopedia of World History*)(修订版)，波士顿：霍顿—米夫林，1948年版；《剑桥中世纪史》(*Cambridge Mediaeval History*)，6卷本(1924—1936);《剑桥现代史》(*Cambridge Modern History*),14 卷本(1902—1912);阿尔伯特·B·哈特(Albert B. Hart)主编的《美利坚民族：历史》(*The American Nation：A History*),28 卷本(1904—1918);阿瑟·M·施莱辛格(Arthur M. Schelsinger)和迪克逊·R·福克斯(Dixon R. Fox)主编的《美国生活史》(1927—)(*History of American Life*);詹姆斯·T·亚当斯(James T. Adams)主编的《美国历史词典》(*Dictionary of American History*),6 卷本(1940);威廉·L·朗格主编的《现代欧洲的崛起》(1934—)(*The Rise of Modern Europe*);《剑桥英国文献史》(*Cambridge History of English Literature*),15 卷本(1907—1927)和《剑桥美国文献史》(*Cambridege History of American Literature*),3 卷本(1933—1940),特别参见第 3 卷第 385—424 页。还应该提到的是:《法国文献史》(*Histoire littéraire de la France*)(新版,1865—),包括 14 世纪末期以前的法国文献史。关于古代和中世纪法国教育史的文章,可以参见卡米尔·里文(Camille Rivain)主编的《法国文献史》(*Table générale…de l'histoire littéraire de la France*)前 15 卷的索引部分,第 221—226 页。

还有许多优秀的历史教科书有助于学生确定选题方向。这里仅列举其中一部分:林恩·桑代克(Lynn Thordike)的《文明简史》(*A Short History of Civilization*)(第二版),纽约:阿普尔顿—世纪—克罗夫茨,1948 年版;哈里·E·巴恩斯(Harry E. Barnes)的《西方思想和文化史》(*An Intellectual and Cultural History of the Western World*)(修订版),纽约:雷纳和希区柯克,1941 年版;C·E·凡·西科尔(C. E. Van Sickle)的《古代世界政治和文化史》(*A Political and Cultural History of the Ancient World*),2 卷本,波士顿:霍顿—米夫林,1947—1948 年版;卡尔·史蒂芬森(Carl Stephenson)的《中世纪史》(*Mediaeval History*)(修订版),纽约:哈珀,1943 年版;亨利·S·卢卡斯(Henry S. Lucas)的《文艺复兴与宗教改革》(*The Renaissance and the Reformation*),纽约:哈珀,1934 年版;切斯特·P·希格比(Chester P. Higby)的《欧洲(1492—1815):社会、文化和政治史》(*Europe, 1492 to 1815：A Social, Cultural, and Political History*),费城:利平科特,

1948年版;沃尔特·P·霍尔(Walter P. Hall)和威廉·S·戴维斯(William S. Davis)的《滑铁卢战役后欧洲的历程》(*The Course of Europe after Waterloo*)(第二版),纽约:阿普尔顿一世纪,1947年版;杰弗里·布鲁恩(Geoffrey Bruun)的《20世纪的世界》(*The World of the Twentieth Century*),波士顿:希斯,1948年版;汉斯·科恩(Hans Kohn)的《民族主义观念》(*The Idea of Nationalism*),纽约:麦克米伦,1944年版;约翰·H·兰德尔(John H. Randall)的《现代思想的形成》(*The Making of the Modern Mind*)(修订版),波士顿:霍顿一米夫林,1940年版;哈罗德·U·福克纳(Harold U. Faulkner)的《美国政治与社会史》(*American Political and Social History*)(第五版),纽约:阿普尔顿一世纪一克罗夫茨,1948年版;默尔·柯蒂(Merle Curti)的《美国思想的成长》(*The Growth of American Thought*),纽约:哈珀,1943年版;奥利弗·P·奇特伍德(Oliver P. Chitwood)的《殖民地美国史》(*A History of Colonial America*)(第二版),纽约:哈珀,1948年版和德怀特·L·杜蒙德(Dwight L. Dumond)的《我们时代的美国:1896—1946》(*America in Our Time*:1896—1946),纽约:霍尔特,1947年版。

46

教育史参考著作

这一部分集中讨论对于教育史研究特别有价值的教育类参考资料。

参考书目

第二章提到的几乎所有的教育史百科全书、教科书和专著都包含参考书目。其中,"书目注释"最全面详尽的是约翰·S·布鲁巴克的《教育问题史》(纽约:麦格劳希尔,1947年版,第643—668页)。另外一份特别好的参考书目出现在罗伯特·乌利奇(Robert Ulich)的《教育思想史》(*History of Educational Thought*)(纽约:美国图书公司,1945年版,第351—403页)中。下面的参考书目涵盖了教育史的通史和一些专门时期。

273.《早期的珍稀教科书目录》，伦敦：夸里奇，1932 年版。(*A Catalogue of Rare and Valuable Early Schoolbook*s. London：Quaritch, 1932.)提供了 15 到 17 世纪教科书的注释详尽的目录，同时包括一些教育经典的早期版本，例如，阿斯堪、夸美纽斯、伊拉斯谟、洛克、马尔卡斯特(Mulcaster)①和维韦斯等人的著作。

274. 约翰・W・亚当森：《教育史导论》，伦敦：基督教知识促进会，1920 年。(Adamson, John W. *A Guide to the History of Education*. London：Society for Promoting Christian Knowledge, 1920.)包含教育史几乎所有时期的大量参考书目。

275. 查尔斯・W・巴丁：《教育学珍稀图书目录》，纽约州，锡拉库扎：巴丁，1894 年版。(Bardeen, Charles W. *Catalogue of Rare Books on Pedagogy*. Syracuse, N. Y.：Bardeen, 1894.)对于研究教师培训史有帮助。

276. 埃米特・A・贝茨和西尔玛・M・贝茨：《阅读及相关主题的专业文献索引》。纽约：美国图书公司，1945 年版。(Betts, Emmett A. , and Betts, Thelma M. *An Index to Professional Literature on Reading and Related Topics*. New York：American book Co. , 1945.)教育史学家感兴趣的研究，可以在第 133 页题目索引中的"阅读教学史"下面查找。

277. 鲁菲诺・布兰科・Y・桑切斯：《体育参考书目》，2 卷本，马德里：埃尔南多，1927 年版。(Blanco Y Sanchez, Rufino. *Bibliografia general de la educacion fisica*. 2 vols. Madrid：Hernando, 1927.)包括许多对于体育史研究有价值的题目和一手资料。部分作了注释。有西班牙文、法文和英文前言。第 2 卷包括多种索引——作者、主题、日期和出版地、期刊。

278. 鲁菲诺・布兰科・Y・桑切斯：《西班牙语教育学著作及译著书目》，5 卷本，马德里：古代圣经和博物馆地理出版社 1907—1912 年版。(Blanco Y. Sanchez, Rufino. *Bibliografia pedagogica de obras*

---

① 马尔卡斯特(Richard Mulcaster, 1530？—1611)，英国中学校长。——译者注

escritas en Castellano o traducidas a este idioma. 5 vols. Madrid：
Typografia de la Revista de Arch. Bibl. y Museos，1907—1912.）有关
西班牙文教育著作的极其不同寻常的参考书目。这份书目涵盖了1299
－1912年出版的大量图书和手稿,对每一本书都作了从几行到20页不
等的摘要。有关于西班牙和拉丁美洲教育思想史的小论文。第5卷包
括许多非常有价值的索引。这份书目对于研究西班牙和拉丁美洲教育
史具有很高的参考价值。

279. 鲁菲诺·布兰科·Y·桑切斯:《20世纪教育学参考书目:
1900—1930》,3卷本。马德里:埃尔南多,1932—1933年版。（Blanco Y
Sanchez, Rufino. *Bibliografia pedagogica del sigloXX：1900—
1930. 3vols.* Madrid：hernando, 1932—33.）以西班牙文为重点的多种
语言的著作汇编。为了有效利用该书目,第3卷有西班牙文、法文、英
文和德文的指南。同时,第3卷也有作者、题目、主题索引。教育史方
面的著作,参见第116－118、186－188页等。

280. 鲁菲诺·布兰科·Y·桑切斯:《教育史参考书目笔记》,马
德里:记录杂志社,1922年版。（Blanco Y Sanchez, Rufino. *Notas
bibliograficas referents a la historia de la educaciony la historia de la
pedagogia.* Madrid：Revista de Archivos, 1922.）总共收录了1773个
书目,其中1515个与教育史有关。包含多种语言著作的参考书目。

281. P·布兰科·苏亚雷斯:《教育史》,马德里:卡萨诺,1923年
版。（Blanco Suarez, P. *historia de la educacion y de la pedagogia.*
Madrid；Cosano, 1923.）关于西班牙和拉丁美洲教育史研究的很有价
值的参考书目。包括非西班牙教育家著作的西班牙文译文以及关于外
国教育的西班牙文著作。对许多著作的内容作了详细的介绍。索引也
非常出色。

282. 格雷·C·博伊斯:《美国的中世纪教育研究》,载S·哈里
森·汤姆森主编的《美国和加拿大中世纪和文艺复兴研究进展》(第十
九版),波尔德:科罗拉多大学出版社,1947年版。（Boyce, Gray C.
"*American Studies in Medieval Education*", pp. 6—30, in S.
Harrison Thomson, editor, *Progress in Medieval and Renaissance*

Studies in the United States and Canada. Bulletin No. 19. Boulder: University of Colorado, 1947.)包括许多有学术价值的论文的非常关键的参考目录。关于中世纪教育史出版物的与众不同的、一流的指南。

283. 威廉·W·布里克曼：《学院与大学史》，《学校与社会》，第 64 卷（1946 年 12 月 28 日），第 465－471 页；《教育传记》，《学校与社会》，第 64 卷（1946 年 10 月 26 日），第 297－303 页；《教育传记与自传》，《学校与社会》，第 69 卷（1949 年 3 月 5 日），第 175－181 页；《教育史》，《学校与社会》，第 65 卷（1949 年 3 月 5 日），第 211－218 页；《高等教育史》，《学校与社会》，第 69 卷（1949 年 5 月 28 日），第 385－391 页。(Brickman, William W. "*College and University History*", *School and Society*, Vol. 64. December 28, 1946, pp. 465—471; "*Educational Biography*", *School and Society*, Vol. 64, October 26, 1946. pp. 297—303; "*Educational biography and Autobiography*", *School and Society*, Vol. 69, March 5, 1949, pp. 175—181; "*Educational History*", *School and Society*, Vol. 65, March 5, 1949, pp. 211—218; "*Higher Educational History*", *School and Society*, Vol. 69, May 28, 1949, pp. 385—391.)这些论文评论了教育史各个领域的最新成果，是自 1946 年 7 月开始以《教育文献评论》(*Educational Literature Review*)为总标题的系列论文的一部分。要获得这一系列论文的完整目录，学生可以参见作者姓名下的"教育索引"。这些论文一般都发表在每月最后一周出版的刊物上。

284. 埃尔默·E·布朗：《参考书目》，《我国中学的形成》，第 481－518 页。纽约：朗曼和格林，1902 年版。(Brown, Elmer E. "*Bibliography*", pp. 481—518, in *The Making of Our Middle Schools*. New York: Longmans, Green, 1902.)关于美国中等教育史的参考书目，作了简明注释。

285. 埃尔默·E·布朗：《美国中等教育史：参考书目》，《学校评论》，第 5 期（1897 年 2 月），第 59－66 页；（1897 年 3 月），第 139－147 页。(Brown, Elmer E. "*The History of Secondary Education in the United States—Bibliography*", *School Review*, V, February, 1897,

pp. 59—66；March, 1897, pp. 139—47.）对于研究 19 世纪的中等教育有所助益。

286.《南德意志慕尼黑教师图书馆图书目录》，第一部分，慕尼黑：南德意志教师图书馆，1927 年版。（*Bücher-Verzeichnis der Süddeutschen Lehrerbücherei München*. Part I. Munich：Veriag der Süddeutschen Lehrerbücherei, 1927.）第 55－74、81－96、129－131 页是分类的教育史参考书目（几乎所有标题都是德文）。没有注释。

287.费迪南德·比松：《16 世纪教育著作目录》，巴黎：国民印刷公司，1886 年版。（Buisson, Ferdinand. *Répertoire des ouvrages pédagogiques du XVIe siècle*. Paris：Imprimerie Nationale, 1886.）关于 16 世纪教育著作研究的很好的书目。

288. 威廉·H·伯恩海姆：《教育分支学科参考书目：教育史》，克拉克大学图书馆出版物，第 5 卷，1917 年 9 月。马萨诸塞州伍斯特：克拉克大学出版社，1917 年版。（Burnham, William H. "*Bibliogrophies on Educational Subjects：The History of Education*", Publications of Clark University Library, Vol. V, Sept. , 1917. Worcester, Mass. : Clark University Press, 1917.）由著名专家编写的参考书目。

289. R·弗里曼·巴茨：《高等教育参考书目》，《学院的发展历程》，第 427－442 页，纽约：麦格劳希尔，1939 年版。（Butts, R. Freeman. "*Bibliography of Higher Education*", pp. 427—42, in *The College Charts Its Course*. New York：McGraw-Hill, 1939.）列有关于美国高等教育史的研究以及关于学院问题的原始资料和参考书目。

290. M·M·钱伯斯等：《教育史与比较教育》，《教育研究评论》，第 20 期（1939 年 10 月），第 333－448 页。（Chambers, M. M. , et al. "*History of Education and Camparative Education*", *Review of Educational Research*, XX, October, 1939, pp. 333—448.）包括 15 篇参考书目论文，大部分都是相关领域的权威所写的。涉及如下主题：学前教育、初等教育、中等教育、高等教育、成人教育；教育与社会趋势；英联邦、拉丁美洲、德国、捷克和远东的教育；古代世界的教育；比较殖民地教育、比较学校财政、比较职业教育与指导。参考书目上所列的著作主要是 1936—1939 年间出版的。

49　　291. 埃尔伍德·P·卡伯莱:《教育史讲授大纲》(第二版),纽约:麦克米伦,1904 年版。(Cubberley, Ellwood P. *Syllabus of Lectures on the History of Education*. Second edition, New York: Macmillan, 1904.)对教育史的一般参考书目进行了明确分类,并作了批评性注释,附有特定阶段的参考书。虽然较陈旧,但仍然对研究有用。

292. 谢尔登·E·戴维斯:《19 世纪的教育期刊》,《美国教育局 1919 年第 28 号公报》,华盛顿特区:美国政府出版局,1919 年。(Davis, Sheldon E. *Educational Periodicals during the Nineteenth Century*. U. S. Bureau of Education. *Bulletin* 1919, No. 28. Washington, D. C.: Government Printing office, 1919.)对教育期刊进行了详尽细致的分析,是打开美国教育史丰富资源的钥匙。第 93—112 页按照年代顺序列出了教育期刊,并作了注释。

293. 牛顿·爱德华兹:《普遍方法:历史的、比较的和文献的研究》,载弗兰克·N·弗里曼的《教育中的科学运动》,全国教育研究协会第 37 期年鉴,第二部分。布卢明顿:公立学校出版公司,1938 年版。(Edwards, Newton. "*General Methods: Historical, Comparative, and Documentary Research*", pp. 273—83, in Frank N. Freeman, chairman, *The Scientific Movement in Education*, The Thirty-Seventh Yearbook of the National Society for the Study of Education, part II, Bloomington, III. , Public School Publishing Co. , 1938.)关于教育史文献的指南。参考书目包括 63 个条目。

294. 牛顿·爱德华兹等:《教育史与比较教育》,《教育研究评论》,第 6 期(1936 年 10 月),第 353—456 页。(Edwards, Newton, et al. "*History of Education and Comparative Education*", *Review of Educational Research*, VI, October, 1936, pp. 353—456.)包括有关美国、加拿大、英格兰、法国、德国、意大利和斯堪的纳维亚教育史的 10 篇参考书目文章。所有学习教育史的学生都应该拥有的基本参考书目。

295. 西奥多·C·F·恩斯林主编:《教育学参考书目》,柏林:恩斯林，1824 年版。(Enslin，Theodor C. F.，editor. *Bibliotheca Paedagogica*. Berlin：Enslin，1824.)按照字母顺序列出了最早自 1823 年起在德国出版的教科书和教育著作目录。对于研究德国教育史有帮助。没有注释。

296. 威廉·埃尔曼主编：《德国大学参考书目》，3 卷本。莱比锡：托伊布纳，1904－1905 年版。(Erman，Wilhelm，and Horn，Ewald，editors. *Bibliographic der deutschen Universitäten*. 3 vols. Leipzig：Teubner，1904—1905.)在 3.9 万多条参考书目中，大部分是关于德国大学史的一手资料、专著和论文。其他条目在今天也具有历史价值。

297.《教育史图书与文件总览》。马萨诸塞州，坎布里奇：哈佛大学出版社，1936 年版。(*Exhibit of Books and Documents—History of Education*. Cambridge，Mass.：Harvard University Press，1936.)包括 170 条精选的条目，大部分作了注释。呈现了教育理论、著名教科书、法律、书信、学校目录和其他方面的资料。该书目中所列举的大部分图书都能在哈佛大学图书馆找到。

298. 联邦作家计划：《关于贺拉斯·曼的精选书目》。波士顿：马萨诸塞州教育厅，1937 年。(Federal Writers' Project，WPA，Massachusetts. *Selective and Critical Bibliography of Horace Mann*. Boston：State Department of Education，1937.)贺拉斯·曼以及关于贺拉斯·曼著作的汇编，加了注释。

299. O·福卢格尔：《有关赫尔巴特及其流派哲学思想的参考文献》，第 254—264 页，载 W·雷恩主编：《教育学百科全书》(第二版)，朗跟萨尔察：拜尔，1906 年版。(Flügel，O. "*Literatur der Philosophie Herbarts und seinen Schule*"，pp. 254—64，in W. Rein，editor，*Encyklopadiches Handbuch der Padagogik* (second edition，IV，Langensalza，Beyer，1906).)赫尔巴特撰写的以及关于赫尔巴特的哲学和心理学著作。包括许多关于赫尔巴特的外文著作。

300. 保罗·G·格林：《堪萨斯州教育史书目注释》。恩波里亚：堪萨斯州立师范学院出版社，1935 年版。(Green，Paul G. *An Annotated Bibliography of the History of Education in Kansas*. Emporia：

50

Kansas State Teachers College，1935.）主要是由二手资料组成的分类的书目清单。

301. 詹姆斯·M·格林伍德和阿蒂马斯·马丁：《美国算术教科书史注释》，《1897－1898年度教育局长报告》，第1卷，第789－868页，华盛顿特区：美国政府出版局，1899年。（Greenwood，James M.，and Martin，Artemas. *"Notes on the History of American Text-books on Arithmetic"*，pp. 789—868，*Report of the commissioner of education for the Year* 1897—98，vol. I. Washington，D. C.：Government Printing Office，1899.）对18和19世纪出版的算术教科书进行了描述。其中包括许多作者的传记梗概。

302. G·斯坦利·霍尔：《论美国学院逻辑学、伦理学、心理学和相关学科教科书及教学史》，《美国好古者协会公报》（新系列），第9期（1894年4月），第137－174页。（Hall，G. Stanley. *"On the History of American College Text-Books and Teaching in Logic，Ethics，Psychology and Allied Subjects"*，*Proceedings of the American Antiquarian Society*，New Series，IX，April，1894，pp. 137—174.）第162－174页上按字母顺序列出了作为教科书使用的图书的目录。对于研究美国学院的哲学和心理学教学史有用。

303. G·斯坦利·霍尔和约翰·M·曼斯菲尔德：《精选教育书目描述》，波士顿：希思，1886年版。（Hall，G. Stanley，and Mansfield，John M. *Hints Toward a Select and Descriptive Bibliography of Education*. Boston：Heath，1886.）关于19世纪的学生特别感兴趣的书目的分类清单。载《教育史》，第3－67、173－176页等。注释简洁明确。

304. N·汉斯：《英联邦教育史参考书目》，《1940年教育年鉴》，第611－621页，伦敦：伦敦大学教育学院出版社，1940年版。（Hans，N. *"Bibliography of History of Education in the British Commonwealth of Nations"*，pp. 611—21，in *The Year Book of Education* 1940，London：University of London，Institute of Education，1940.）按国家列出了172个条目。

305. 卡尔·哈特菲尔德:《日耳曼教育家菲利普·梅兰希顿》,载卡尔·克尔巴赫主编的《德国教育学经典文集》第七卷。柏林:霍夫曼,1889 年版。(Hartfelder, Karl. *Philipp Melanchthon als Praeceptor Germaniae*. (Karl Kehrbach, editor, Monumenta Germaniae Paedagogica, Vol. VII.) Berlin: Hofmann, 1889.)第 569—647 页是由梅兰希顿写的以及关于梅兰希顿的著作目录。

306. 查尔斯·F·哈特曼:《美国、印第安和王室的启蒙书》。新泽西州,海兰帕克:维斯,1935 年版。(Heartman, Charles F. *American Primers*, *Indian Primers*, *Royal Primers*. Highland Park, N. J.: Weiss, 1935.)关于 1830 年前出版的非新英格兰启蒙书的目录。包含许多书籍扉页的摹本。指明了这些启蒙书在许多图书馆的收藏位置。

307. 安娜·海伯格:《夸美纽斯教育与科学著作精选书目》,载约瑟夫·尼达姆主编的《国家的教师》,坎布里奇:剑桥大学出版社,1942 年版,第 90—100 页。(Heyberger, Anne. "*Select Bibliography of the Educational and Scientific Works of Comenius*". pp. 90—100, in Joseph Needham, editor, *The Teacher of Nations* (Cambridge: University Press, 1942).)按照年代顺序用捷克语和拉丁语列出加了注释的书目清单。也选入了关于夸美纽斯的著作。

308. 马克斯·霍纳莱恩主编:《教学研究与实践资料集》,斯图加特:南德意志报出版社,1900 年版。(Hohnerlein, Max, editor. *Nachweis von Quellen zu pädagogischen Studien und Arbeiten*. Stuttgart: Süddeutsche Verlagsbuchhandlung, 1900.)关于过去教育家的著作目录(第 2—42、226—229 页),以及一份一般的和专门的教育史书籍目录。

309. 里卡多·伊万拉迪:《教育和教学参考书目》,米兰:欧伯利,1893 年版。(Inveradir, Ricardo. *Bibliografia dell'educazione e dell'instruzione*. Milan: Hoepli, 1893.)一份包括教育史题目的、部分加了注释的参考书目,其中的参考文献在今天已具有历史价值。

310. A·伊斯雷尔:《裴斯泰洛齐参考书目》,3 卷本,柏林:霍夫曼,1903—1905 年版。(Israel, A. *Pestalozzi-Bibliographie*. 3 vols.

Berlin：Hofmann，1903—1905.）对约翰·海因里希·裴斯泰洛齐的著作和书信以及关于他的著作进行了注释。

51

311. "年度报告"，《德国教育史协会通告》，1905 年，第 35—82、130—177、218—266、310—347 页。（"*jahresbericht*，" *Mitteilungen der Gesellschaft für deutsche Erziehungs-und Schulgeschichte*，1905，pp. 35—82，130—177，218—266，310—347.）由资深专家对当今关于教育史很多时期和论题的文献进行了评论。从 1907 年开始，这个年度参考文献以《教育史文献》（*Historisch-padagogischer Literatur-Berich*）为名出版，作为《通告》的补充。对于寻找 20 世纪初期有关教育史特别是德国教育史的著作非常有价值。

312. 康查·R·詹姆斯：《拉丁美洲教育参考书目》，华盛顿：泛美联盟，1932 年。（James，Concha R. *A Bibliography on Education in Latin American*. Washington，D. C.：Pan-American Union，1932.）包含有关拉丁美洲教育史的参考书。

313. 路易斯·C·卡平斯基：《1850 年前美国出版的数学著作书目》，安阿伯：密执安大学出版社，1940 年版。（Karpinski，Louis C. *Bibliography of Mathematical Works Printed in America through 1850*. Ann Arbor：University of Michigan Press，1940.）一本包括1000 多本书的书目汇编（3000 多个版本），展现了美国、加拿大和西印度群岛 1850 年前以及中美洲和南美洲 1800 年前发行的数学教科书。无疑是关于美国数学教学史的非常有价值的参考资料。

314. 埃德加·W·奈特撰写的"教育史"条目，沃尔特·S·孟禄主编的《教育研究百科全书》，纽约：麦克米伦，1941 年版，第 580—584 页，（Knight，Edgar W. "*History of Education*"，pp. 580—4，in Walter S. Monroe，editor，*Encyclopedia of Educational Research*. New York：Macmillan，1941.）该条目描述了 56 项有代表性的研究。

315. 科特·F·莱德克：《参考书目：文献中的威廉·托里·哈里斯》，第 125—136 页，爱德华·L·肖布主编：《威廉·托里·哈里斯：1835—1935》，芝加哥：开放法庭出版公司，1936 年版。（Leidecher，Kurt F. "*Bibliography：William Torrey Harris，1835—1935*" in

Edward L. Schaub, editor, *William torrey Harris*, 1835—1935. Chicago: Open Court Publishing Co., 1936.)有关哈里斯著作的综合目录,其中包括法文、德文和西班牙文的参考资料。

316. G·W·A·拉奇:"教育史",第 265-391 页,载《美国中学教师的专业培训》,哥伦比亚大学哲学博士学位论文;纽约,作家出版社,1903 年版。(Luchey, G. W. A. "*History of Education*", pp. 265—391, in *The Professional Training of Secondary Teachers in the United States*. Ph. D. dissertation, Columbia university; New York, the author, 1903.)按照卡伯莱参考书目的线索对书目(参见上面)进行了分类,但不如前者广泛。虽然内容有些过时,但对于获得一些优秀的旧参考文献仍然有用。

317. B·匹克曼·曼:《关于贺拉斯·曼的参考书目》,载《教育委员会 1896-1897 年度报告》,第 1 卷,第 897-927 页,华盛顿特区:美国政府印刷局,1898 年。(Mann, B. Pickman. "*Bibliography of Horace Mann*", pp. 897—927, in *Report of the Commissioner of Education for the Year* 1896—97. Vol. I. Washington, D. C.: Government Printing Office, 1898.)关于贺拉斯·曼和贺拉斯·曼的著作目录。

318. 沃尔特·S·孟禄,路易斯·肖斯:《1935 年 7 月前的教育参考书目与摘要》,纽约:威尔逊,1936 年版。(Monroe, Walter S., and Shores, Louis. *Bibliography and Summaries in Education to July* 1935. New York: Wilson, 1936.)第 83、85—94、194—202 页是教育史书目。有简明注释。

319. 威尔·S·孟禄:《教育参考书目》,纽约:阿普尔顿,1897 年版。(Monroe, Will S. *Bibliography of Education*. New York: Appleton, 1897.)与上面提到的霍尔—曼斯菲尔德的参考书目类似。教育史部分在第 4—36、74—78、105—107、177—183 页。美国教育委员会报告、贺拉斯·曼的报告和威廉·T·哈里斯在圣·路易斯报告的内容列表在第 175—177 页。

320. 威尔·S·孟禄:《亨利·巴纳德参考书目》,波士顿:新英格兰出版公司,1897 年版。(Monroe, Will S. *Bibliography of Henry*

52

Barnard. Boston：New England Publishing Co.，1897.）这个简短的书目表对于研究这位伟大教育家的生平和工作很有帮助。包括巴纳德写作的和关于巴纳德的出版物。外文条目包括意大利文、德文、法文和瑞典文。没有注释。

321. 玛丽·米尔斯、A·G·巴泽斯、H·C·麦奎因：《新西兰教育参考书目》（修订版），威灵顿：新西兰教育研究委员会，1947 年。（Mules，Mary，Butchers，A. G. and McQueen，H. C. *A Bibliography of New Zealand Education*. Revised edition. Wellington：New Zealand Council for Educational Research，1947.）教育史部分在第 13－14、26－27 等页。教育法令、报告、文件和其他资料的分类汇编，对于研究新西兰教育史有帮助。没有注释。

322. ：赫尔曼·蒙特：《16 到 19 世纪大学学位论文目录》，莱比锡：卡尔森，1936 年。（Mundt，Hermann. *Bio-bibliographisches Verzeichnis von universitäts-u. Hochschuldrucken（dissertationen）vom Ausgang des 16. bis Ende des 19. Jahrhunderts*. Leipzig：Carlsohn，1936.）有关 17—19 世纪博士学位论文的目录。有助于研究高等教育史。

323. 巴黎教育博物馆：《文献书目》，加斯东·伯奈特—莫里主编，3 卷本，巴黎：国家印刷局，1886—1889 年版。（Musee Pedagogiue，Paris. *Catalogue des ouvrages et documents*. Edited by Gaston Bonet-Mary. 3 vols. Paris：Imprimerie nationale，1886—1889.）对于获得 19 世纪及更早时期教育史的一手资料和教育著作有用。

324. M·F·奈尔森：《全国教育协会前五十年出版物的作者、题名和主题索引：1857－1906》，明尼苏达州，威诺娜：全国教育协会，1907 年。（Nelson，Martha F.，compiler. *Index by Authors，Titles and Subjects to the Publications of the National Educational Association for Its First Fifty Years*，1857—1906. Winona，Minn.：National Educational Association，1907.）可以作为了解 19 世纪后半期专业教育者的教育思想和成就的指南。

325. 乔治·A·佩蒂特：《北美洲的原始教育》，"参考书目"（第 165－178 页），伯克利：加利福尼亚大学出版社，1946 年版。（Pettitt，

George A. *"Bibliography"*, pp. 165—178, in *Primitive Education in North America*. Berkeley：University of California Press，1946.）一个综合的、未加注释的目录。著作正文对这方面的大部分研究发现进行了恰当的分析。

326. L·D·雷迪克：《参考书目精选》，《教育社会学杂志》，第 19 卷（1946 年 4 月），第 512—516 页。(Reddick, L. D. *"Select Bibliography"*, *Journal of Educational Sociology*, Vol. 19, April, 1946, pp. 512—516.）在 59 个条目中，大多数是关于美国黑人教育史的。部分条目以寥寥数语作了说明。

327. W·卡森·赖安：《美国中小学和学院体育运动文献》，《第 24 号公报》，纽约：卡内基教学促进基金会，1929 年。(Ryan, W. Carson, Jr. *The Literature of American School and College Athletics. Bulletin* No. 24. New York：Carnegie Foundation for the Advancement of Teaching, 1929.）对 1030 本参考书目作了详尽注释。第 59—78 页是美国中小学和学院体育运动史的参考书目。本卷的其他部分对于研究美国体育教育史也非常有用。关于美国学院体育论争的最好的参考书目资料。

328. H·舍雷尔主编：《教育学及其辅助学科史》，第 13 期，《教育学及其辅助学科领域的思潮指南》，莱比锡：翁德里希，1910 年版。（Scherer, H., editor. *Geschichte der Padagogik und ihrer Hilfswissenschaften. Heft* 13, *Führer durch die stromungen auf dem Gebiete der Padagogik und ihrer Hilfsissenschaften.* Leipzig：Wunderlich, 1910.）关于教育史和哲学史的长篇巨著，书末附有 357 本著作的目录，部分加了注释。

329. 亨利·D·谢尔登：《俄勒冈州教育史评论性和描述性书目》，第 2 卷。尤金：俄勒冈大学出版社，1929 年版。(Sheldon, Henry D. *A Critical and Descriptive Bibliography of the History of Education in the State of Oregon.* University of Oregon Publication, Vol. 2 Eugene：University of Oregon, 1929.）关于图书、学位论文和文章的汇编，有简明注释。

53

330. 本杰明·R·辛普森等：《E·L·桑代克著作编年注录》，《哥伦比亚大学师范学院学报》，第 27 期（1926 年 2 月），第 466—515 页。（Simpson，Benjamin，R. et al. "*Annotated Chronological Bibliography of Publications by E. L. Thorndike*", *Teachers College Record*，XXVII，February，1926，pp. 466—515.）几位作者作了描述性注释。收录了这位伟大教育心理学家 1898—1925 年的著作。《E·L·桑代克 1898—1940 年的著作》（*Publications srom 1898 to 1940 by E. L. Thorndike*），《哥伦比亚大学师范学院学报》，第 41 卷（1940 年 5 月），第 699—725 页，对前者进行了补充，没有注释。

331. 戴维·E·史密斯：《Rara 数学》，波士顿：吉恩，1908 年版。（Smith，David E. *Rara Arithmetica*. Boston：Ginn，1908.）关于 1601 年前出版的数学教科书的目录。包括扉页和其他页的摹本。又可参见戴维·E·史密斯：《Rara 数学补遗》（*Addenda to Rara Arithmetica*），波士顿：吉恩，1939 年版。

332. 亨利·L·史密斯，威廉·I·彭特：《非美国国家的教育文献目录》，布卢明顿：印第安纳大学合作研究所，1937 年。（Smith，Henry L. and Painter，William I. *Bibliography of Literature on Education in Countries Other Than the United States of America*. Bloomington：Bureau of Cooperative Research，Indiana University，1937.）对 3510 个关于比较教育的英文条目进行了简明注释。这些出版物大部分对于教育史研究有用。1937 年出版的两个文献题目相同。第 13 卷的第 2 部分是 1925 到 1936 年间出版的材料；第 16 卷的第 1 部分是 1919 到 1924 年间出版的材料。

333. 弥尔顿·H·托马斯：《杜威书目：1882—1939 年》（修订版），纽约：哥伦比亚大学出版社，1939 年版。（Thomas，Milton H. *A Bibliography of John Dewey*，1882—1939. Revised edition. New York：Columbia University Press，1939.）收录杜威的哲学和教育著作以及关于杜威的出版物的最全面的目录，其中包括译著。

334. 塞弗林·K·托洛森斯基：《苏联和俄国的教育》，《美国教育办公室第 28 号小册子》，华盛顿特区：美国政府印刷局，1940 年。

(Turosienske, Severin K. *Education in the Union of Soviet Socialist Republics and in Imperial Russia*. U. S. Office of Education, Leaflet No. 28, Washington, D. C.：U. S. Government Printing Office, 1940.)对 136 个英文、法文、德文和俄文参考文献作了简短注释。但几部重要著作被忽略了。

335. 塞弗林·K·托洛森斯基：《外国教育与比较教育：参考书目》,《美国教育办公室 1934 年第 10 号公告》,华盛顿特区：美国政府印刷局,1934 年。(Turosienske, Severin K. *Foreign and Comparative Education：A List of Reference*. U. S. Office of Education, Bulletin 1934, No. 10. Washington, D. C.：U. S. Government Printing Office, 1934.)按国别和主题分类的加了注释的书目。包括许多关于世界各国教育史的各种语言的条目。该书目包括许多政府文件和报告,因而对于了解当代教育发展史特别有帮助。

336. 美国教育局：《教育委员会报告索引：1867－1907 年》,《1909 年第 7 号公告》,华盛顿特区：美国政府印刷局,1909 年。(U. S. Bureau of Education. *Index to the Reports of the Commissioner of Education：1867—1907*. Bulletin 1909, No. 7. Washington, D. C.：Government Printing Office, 1909.)一本非常有用的书目汇编。这些报告本身就是非常有价值的原始资料,而且往往包括对于美国和外国教育史的卓越研究。

337. 美国教育局：《教育办公室出版物目录：1910－1936 年》,《1937 年第 22 号公告》,华盛顿特区：美国政府印刷局,1937 年。(U. S. Bureau of Education. *List of Publications of the Office of Education*, 1910—1936. Bulletin 1937, No. 22, Washington, D. C.：U. S. Government Printing Office, 1937.)该目录包括联邦职业教育委员会 1917—1933 年间的出版物。

338. 路易斯·N·威尔逊：《G·斯坦利·霍尔校长出版著作目录》,《美国心理学杂志》,第 14 卷(1903 年 7－10 月),第 417－430 页。(Wilson, Louis N. *"Bibliography of the Published Writings of President G. Stanley Hall"*, *American Journal of Psychology*, XIV, July-

October，1903，pp. 417—430.)也可参见《克拉克大学图书馆出版物》，第 1 期(1903 年 10 月)，第 3—16 页。收录了 200 多个条目，未加注释。

339. 路易斯·N·威尔逊：《G·斯坦利·霍尔出版著作目录：1866—1924》，载美国国家科学院：《传记回忆录，》第 12 卷。华盛顿：国家科学院，1929 年版。(Wilson, Louis N. "*Bibliography of the Published Writings of G. Stanley Hall：1866—1924* ", pp. 155—180, in National Academy of Sciences of the United States of American, *Biographical Memoir*. Vol. XII. Washington, D. C.：National Academy of Sciences, 1929.)关于美国著名心理学家和高等教育领导者 G·斯坦利·霍尔的最令人满意和最全面的书目。

340. 弗劳德·C·伍顿：《教育史上的原始教育》，《哈佛大学教育评论》，第 16 卷(1946 年秋季)，第 235—254 页。(Wooton, Flaud C. "*Primitive Education in the History of Education*", *Harvard Educational Review*, Vol. 16, Fall, 1946, pp. 235—254.)对教育史教科书中关于原始教育的处理进行了无与伦比的批评。同时，在对人类学和人种学教科书和专著考查的基础上，对最新的、科学的内容进行了建设性的综合。教育史领域出版物中运用资料评价法的杰出范例。

341. C·齐格勒：《赫尔巴特及其学派的教育学参考文献》，载 W·赖因主编《教育学百科全书》(第二版)，第 4 章，第 264—278 页。(Ziegler, C. "*Literatur der padagogik Herbarts und seiner schule*", pp. 264—278, in W. Rein, editor, *Encyklopadiches handbuch der padagogike*, second editon, IV, Langersalza, Beyer, 1906.)关于赫尔巴特著作的分类书目，未注释。

传记资料

除了本章第一部分提到的传记词典外，还有一些专门关于教育家的词典或其他参考著作。具体如下：

342. 凯若琳·D·阿博恩等主编：《美国幼儿园的先驱》，纽约：世纪出版公司，1924 年版。(Aborn, Caroline D., et al., editors. *Pioneers of the Kindergarten in America*. New York：Century，

1924.)以通俗的笔调论述了伊丽莎白·P·皮博迪（Elizabeth P. Peabody）、玛丽亚·克劳斯·博尔特（Maria Kraus Boelte）、马蒂尔达·H·克瑞奇（Matilda H. Kriege）等。

343. C·W·巴丁：《教育传记词典》，纽约州，锡拉库扎：巴丁，1901年版。（Bardeen, C. W. *A Dictionary of Educational Biography*. Syracuse, N. Y.：Bardeen, 1901.）非常简略，不过对于查阅教育家的名字仍然有帮助。

344. 亨利·巴纳德主编：《德国教育史上贡献卓越的教师和教育家》（修订版），哈特福德：布朗和克劳斯，1878年版。（Barnard, Henry, editor. *Eminent Teachers and Educators with Contributions to the History of Education in Germany*. Revised edition. Hartford：Brown and Cross, 1878.）对7世纪到19世纪的教育家进行了传记性研究。包括伊拉斯谟（Erasmus）、马丁·路德（Luther）、梅兰希顿（Melanchthon）、斯图姆（Sturm）、巴泽多（Basedow）等。有原始资料。

345. 亨利·巴纳德主编：《教育、文学和科学界的教师、教育家、促进者和捐赠者传记》，纽约：布朗内尔，1859年版。（Barnard, Henry, editor. *Memoirs of Teachers, Educators, and Promoters and Benefactors of Education, Literature and Science*. New York：Brownell, 1859.）主要是从《美国教育杂志》上复印了关于伊齐基尔·奇弗（Ezekiel Cheever）、塞缪尔·R·霍尔（Samuel R. Hall）和詹姆斯·G·卡特（James G. Carter）等的长篇论文。

346. 弗兰克·P·卡西迪：《中世纪思想的塑造者》，圣路易斯：赫尔德，1944年版。（Cassidy, Frank P. *Molders of the Medieval Mind*. St. Louis：Herder, 1944.）关于希腊罗马教会之父的生平概略、教育思想及其影响的著作。

347. 约翰·L·克利夫顿：《美国十大著名教育家》，俄亥俄州，哥伦布：亚当斯，1933年版。（Clifton, John L. *Ten Famous American Educators*. Columbus, Ohio：Adams, 1933.）研究了贺拉斯·曼、亨利·巴纳德、威廉·H·麦格菲（William H. McGuffey）、诺亚·韦伯斯特（Noah Webster）、威廉·T·哈里斯（William T. Harris）、威廉·

R·哈珀（William R. Harper）、威廉·詹姆斯（William James）、查尔斯·W·埃利奥特（Charles W. Eliot）、弗朗西斯·威拉德（Frances Willard）和托马斯·W·哈维（Thomas W. Harvey）。有传记。

348. 弗朗茨·德·霍夫里：《教育中的天主教》，纽约：本齐格，1934年版。（De Hovre, Frans. *Catholicism in Education*. New York：Benziger，1934.）讨论了约翰·L·斯波尔丁主教（Bishop John L. Spalding）、M·F·A·迪邦路主教（Msgr. Felix A. Dupanloup）、纽曼枢机主教（Cardianl Newman）、梅西埃枢机主教（Cardinal Mercier）和奥托·威尔曼（Otto Willmann）的生平和思想。

349. F·德·霍夫里，L·布莱克斯：《当代教育大师》（修订版），比利时，布鲁日：比耶特，1947年版。（De Hovre, F. and Breckx, L. *les Maitres de la pedagogie contemporaine. Revised edition*. Bruges, Bulgium：Beyaert，1947.）讨论了20世纪许多国家教育家的生平概略。

350. 弗朗茨·德·霍夫里：《哲学与教育》，纽约：本齐格，1930年版。（De Hovre, Franz. *Philosophy and Education*. New York：Benziger，1930.）包括埃米尔·布鲁特（Emile Boutroux）、鲁道夫·欧肯（Rudolf Eucken）、乔治·凯兴斯泰纳（George Kerchensteiner）、奥托·威尔曼（Otto Wilmann）、弗里德里希·W·福斯特（Friedrich W. Forester）、埃米尔·涂尔干（Emile Durkheim）和教科书中很少提及其姓名的欧洲其他教育家的思想。由爱德华·B·乔丹（Edward B. Jordan）从法文翻译成英文。

351. 杰西尔多：《美洲的十七位教育家》，乌拉圭，蒙特维的亚：人民联合出版社，1945年版。（Jesualdo. *17 Educators de America*. Montevideo, Uruguay：Edicones Pueblos Unidos，1945.）包括南北美洲17位教育家的生平和成就：贺拉斯·曼、多明戈·福斯蒂诺·撒米恩托（Domingo Faustino Sarmiento）①、约瑟·佩德罗·瓦雷拉（Jose

---

① 多明戈·福斯蒂诺·撒米恩托(1811—1888)，阿根廷社会活动家、学者、作家和政治家。——译者注

Pedro Varela)①、约翰·杜威、海伦·帕克赫斯特（Helen Parkhurst）、卡尔顿·华虚朋（Carleton Washburne）、欧亨尼奥·玛丽亚·德·胡斯特斯（Eugenio Maria de Hostos）②等。

352. 亚历山大·马克思：《犹太传记集》，费城：美国犹太出版协会，1948 年版。（Marx, Alexander. *Essays in Jewish Biography*. Philadelphia：Jewish Publication Society of America，1948.）关于 12 位犹太学者和教育家的传记，从拉布·萨迪亚阁下（Rab Saadia Gaon）③（第 882－942 页）到 20 世纪。有参考书目注释。

353. 阿道夫·E·迈耶：《现代欧洲教育家及其著作》，纽约：普伦蒂斯－霍尔，1934 年版。（Meyer, Adolph E. *Modern European Educators and Their Work*. New York：Prentice-Hall，1934.）论述了珍·莱特哈特（Jan Lighthart）④、M·蒙台梭利（Maria Montessori）、O·德可乐利（Ovide Decroly）、罗格·库齐内（Roger Cousinet）⑤、贝特霍尔德·奥托（Berthold Otto）、赫尔曼·利茨（Hermann Leitz）、古斯塔·维内肯（Gustav Wyneken）⑥、保罗·格黑布（Paul Geheeb）⑦等的生平

---

① 约瑟·佩德罗·瓦雷拉（1845—1879），乌拉圭社会学家、记者和政治家。——译者注

② 欧亨尼奥·玛丽亚·德·胡斯特斯（1839—1903），波多黎各教育家、哲学家、社会学家和律师。1875 年在多米尼加共和国首都圣多明哥创办了第一所师范学校。——译者注

③ 拉布·萨迪亚阁下（882—942），埃及杰出的犹太教教典学者和哲学家。——译者注

④ 珍·莱特哈特（1859—1916），荷兰教师和哲学家。因改革教育方法和建立荷兰现代教育制度而闻名。——译者注

⑤ 罗格·库齐内（1881—1973），法国教师和进步主义教育先驱，积极倡导主动学习方法。1921 年建立了新教育协会（New Education Association），1964 年创办了《教育与发展》（*Education and Development*）杂志。被国际教育局列为 100 位最有名的教育家之一。——译者注

⑥ 古斯塔·维内肯（1875—1964），德国教育改革家和自由思想家。他创造了"教育之爱"（pedagogic eros）和"青少年文化"（youth culture）两个概念。——译者注

⑦ 保罗·格黑布（1970—1961），德国教育改革家。1910 年创办了体现新教育精神的"奥登瓦尔德学校"（Odenwaldschule）。——译者注

和工作。附有分类的参考书目。

56　　　　354. 罗伯特·里斯曼：《19 世纪德国教育学》，莱比锡：科林哈特，1910 年版。（Rissmann, Robert. *Deutsche Pädagogen des 19. Jahrhunderts.* Leipzig：Klinkhardt, 1910.）19 世纪德国著名教育家的传记：威廉·哈尼施（Wilhelm Harnisch）①、阿道夫·第斯多惠（Adolf Diesterweg）、约翰·H·G·豪辛格（Johann H. G. Heusinger）、弗里德里希·W·德普费尔德（Friedrich W. Dörpfeld）②等。没有参考书目。

　　　　355. P·罗塞洛：《国际教育局的先驱》，伦敦：伦敦大学教育学院出版社，1944 年版。（Rossello, P. *Forerunners of the International Bureau of Education.* London：University of London Institute of Education, 1944.）由玛丽·巴茨缩减并翻译。详细记述了马克·安东尼·朱利安（Marc Antoine Jullien）、范妮·F·安德鲁斯（Fannie Fern Andrews）③和其他国际教育领导者的生平。

　　　　356. P·罗塞洛：《国际教育局的先驱》，日内瓦：国际教育局，1943 年。（Rossello, P. *Les precurseurs du Bureau International D'Education.* Geneva：Bureau International D'Education, 1943.）前面这本著作的原文。

　　　　357. 埃米尔·绍柏：《近代德国教育学》（第七版），奥斯特维克：齐克费尔特，1929 年版。（Saupe, Emil. *Deutsche Pädagogen der Neuzeit.* Seventh-eighth edition. Osterwieck：Zickfeldt, 1929.）德国著名教育家的传记，包括威廉·赖因、奥古斯特·拉伊（August Lay）、恩斯特·梅伊曼（Ernst Meumann）、威廉·斯特恩（William Stern）、保罗·巴斯（Paul Barth）、保罗·纳托普（Paul Natorp）、赫尔曼·利茨（Hermann Lietz）、贝特霍尔德·奥托、弗里德里希·鲍尔生（Friedrich

---

① 威廉·哈尼施（1787—1864），德国神学家和教育家。——译者注

② 弗里德里希·W·德普费尔德（1853—1940），德国建筑师和考古学家。——译者注

③ 范妮·F·安德鲁斯（1867—1950），积极倡导教育在国际友好与和平中扮演的重要角色。是成立国际教育局的积极推动者之一。——译者注

Paulsen)和乔治·凯兴斯泰纳(Georg Kerschensteiner)。

358. A·E·温希普：《美国的伟大教育家》，芝加哥：美国图书公司，1900 年版。（Winship, A. E. *Great American Educators*. Chicago：American Book Co.，1900.）比较简单，需要补充。

当代的和刚刚过世的教育家可以在《教育领导者》(*Leaders in Education*)、《美国教育名人录》(*Who's Who in American Education*)、《美国科学人物》(*American Men of Science*)、《心理学者名录》(*The Psychological Register*)和《美国学者名录》(*Directory of American Scholars*)的当前和更早的版本中查找到。外国教育家的信息可以在相应国家的传记名人录中获得。

最后，学生将会在教育史教科书、已经出版的关于许多教育家生涯的传记和自传中获得相关信息。传记方面有：哈里·R·沃费尔(Harry R. Warfel)的《诺亚·韦伯斯特》(*Noah Webster*)、阿尔伯特·梅尔彻(Alberta Malche)的《裴斯泰洛齐》(*Vie de Pestalozzi*)和S·S·劳里(S. S. Laurie)的《夸美纽斯》(*Comenius*)。堪称教育自传典范的有：亚伯拉罕·弗莱克斯纳（Abraham Flexner）的《我记得》(*I Remember*)、保罗·H·汉纳斯(Paul H. Hanus)的《教育探险》(*Adventuring in Education*)、布克·T·华盛顿(Booker T. Washington)的《超越奴役》(*Up from Slavery*)、约翰·厄斯金(John Erskine)的《我的教师生涯》(*My Life as a Teacher*)、G·斯坦利·霍尔的《一个心理学家的生活和自白》(*Life and Confessions of a Psychologist*)。

百科全书

第二章所提到的由布韦松、赖因、基德尔和谢姆、桑恩舍因(Sonnenschein)(出版商)、沃森和保罗·孟禄主编的教育百科全书中有对于教育史研究非常有价值的文章和资料。其他有用的百科全书还有：《教育词典》(*Pädagosisches Lexikon*)(4 卷本，1928 年版)、《现代教育词典》(*Lexikon der Pädagogik der Gegenwart*)(2 卷本，1932 年版)、《教育学手册》(*Handbuch der Erziechungswissenschaft*)(1930 年版)、

57

《教育学手册》（*Handbuch der Pädagogik*）（5 卷本，1928—1932 年版）、《教育学百科全书》（*Encyklopadisches Handbuch der Erziehungskunde*）（1884 年版）、罗洛夫（Roloff）的《教育学词典》（*Lexikon der Padagogik*）（5 卷本，1913—1917 年版），以及《教育科学词典》（*Dizionario delle Science Pedagogiche*）（2 卷本，1929 年版）。

期刊

专业的和学术类期刊不时刊发教育史研究论文。近年来，刊发过这种研究论文的期刊有：《美国历史评论》（*American Historical Review*）、《拉丁美洲历史评论》（*Hispanic American Historical Review*）、《伊西斯》（*Isis*）、《犹太历史》（*Historia Judaica*）、《黑人历史杂志》（*Journal of Negro History*）、《反射镜》（*Speculum*）、《纽约历史》（*New York History*）、《威廉和玛丽季刊》（*William and Mary Quarterly*）和《医学历史通报》（*Bulletin of the History of Medicine*）。讨论各时期教育史的论文经常出现在以下期刊上：《教育学》（*Education*）、《教育论坛》（*Educational Forum*）、《初等学校杂志》（*Elementary School Journal*）、《学校评论》（*School Reviw*）、《教育行政与督导》（*Education Administration and Supervision*）、《天主教教育评论》（*Catholic Educational Review*）、《黑人教育杂志》（*Journal of Negro Education*）、《图书馆季刊》（*Library Quarterly*）、《学校与社会》、《教育纪录》（*Educational Record*）、《高等教育杂志》（*Journal of Higher Education*）、《现代语言杂志》（*Modern Language Journal*）、《西班牙》（*Hispania*）、《教育研究杂志》（*Journal of Educational Research*）、《哈佛教育评论》、《皮博迪教育杂志》（*Peabody Journal of Education*）、《哥伦比亚大学师范学院学报》（*Teachers College Record*）及其他教育期刊。在已经停刊的期刊中，巴纳德的《美国教育杂志》是寻找教育史论文的一个极好资源。其他能寻找到有用论文的老期刊包括：《教育评论》（*Educational Review*）、《学者》（*The Academician*）、罗素的《美国教育杂志》（*American Journal of Education*）（后来更名为《美国教育和教学年刊》〔*American Annals of Education and Instruction*〕）、

《公立学校杂志》(*Common School Journal*)和《康涅狄格州公立学校杂志》(*Connecticut Common School Journal*)。《教育与课程史杂志》(*Zeitschrift fur Geschichte der Erziehung und des Unterrichts*)是专门刊登教育史论文的德文学术期刊。《新道路》(*Neue Bahnen*)(原名《教育学》)也刊登过很好的教育史论文。

报告

对于研究而言,官方的年度报告和其他报告是极好的原始资料。对于美国教育史而言,最著名同时也是最有价值的是《美国教育委员会报告》(*Reports of the Commissioner of Education to the United States*)(始于 1868 年)、由贺拉斯·曼担任秘书的"马萨诸塞州教育委员会"的12 份年度报告(1838—1849)、由担任圣路易斯学校主管的威廉·T·哈里斯撰写的 12 份年度报告(1868—1880)、由担任康涅狄格州和罗得岛教育主管的亨利·巴纳德撰写的报告。这些报告都包含专门讨论教育史的论文。对外国教育感兴趣的学生,可以查询《教育学科专题报告》(*Special Reports on Educational Subjects*),自 1897 年起由英国教育部出版。这些报告包含的大多是比较教育论文,在今天已经具有历史价值。同时也包括关于各国教育史的论文。

资料集

从那些学生不易获得的资料中,考虑周到的学者收集了一些教育史原始资料。在多数情况下,是从外文翻译过来的并提供了介绍和评论。准备期末报告的学生可以充分利用学院图书馆的这些资料集。每个学院的图书馆都可能提供这些加注释的书目,包括各种充分的资料。这里选择的是那些包括几位教育家或同一位教育家不同著作的资料选,而不是选自一本教育经典的版本,因为从题目中就很容易辨别。

359. 刘易斯·F·安德森主编:《裴斯泰洛齐》,纽约:麦格劳希尔,1931 年版。(Anderson, Lewis F., editor. *Pestalozzi*. New York: McGraw-Hill, 1931.)选自瑞士著名教育家裴斯泰洛齐的 9 本著作。

58

360. 亨利·安斯蒂主编：《牛津大学书信集》，2 卷本，第 1 卷（1421—1457 年），第 2 卷（1457—1509 年），牛津：克拉伦敦出版社，1898 年版。（Anstey, Henry, editor. *Epistolae Academicae Oxon.* 2 vols. Part I, 1421—1457; Part II, 1457—1509. Oxford: Clarendon, 1898.）展现 15 到 16 世纪牛津大学学术生活和课程的书信和文件集。几乎所有资料都是拉丁文。有历史介绍。

59

361. 亨利·安斯蒂：《研究院的创建》，2 卷本，伦敦：朗曼和格林，1868 年版。（Anstey, Henry. *Munimenta Academica.* 2 vols. London: Longmans, Green, 1868.）展现 13 到 15 世纪牛津大学学术生活和课程的拉丁文资料集。用英文作了详细的历史介绍、旁注、提要和索引。

362. 查尔斯·F·阿罗伍德：《托马斯·杰斐逊与共和国教育》，纽约：麦格劳—希尔，1930 年版。（Arrowood, Charles F., editor. *Thomas Jefferson and Education in a Republic.* New York: McGraw-Hill, 1930.）摘录了杰斐逊的书信、报告和其他教育论述中的文字。介绍了杰斐逊的生平、教育思想和教育活动。

363. 森哈·阿萨夫主编：《犹太教育资料集》，4 卷本，特拉维夫：德维尔，1925—1942 年版。（Assaf, editor. *Mekorot l'toledot ha-hinuch b'Yisrael.* 4 vols. Tel-Aviv: Dvir, 1925—1942.）关于中世纪到 19 世纪的犹太教育的希伯来文和依地文资料。编者进行了注解。

364. 罗斯·巴克：《欧文教育法案手册》（第 23 版）。伦敦：骑士，1936 年版。（Barker, Ross. *Owen's Education Acts Manual.* 23rd edition. London: Knight, 1936.）1921—1936 年间英国的教育法案文本。也包括 1601—1936 年间关于各阶段教育的法案。同时包括运用这些法律的法庭判例摘要。

365. 亨利·巴纳德主编：《教育格言与建议：古代与现代》，纽约：布劳内尔，1861 年版。（Barnard, Henry, editor. *Educational Aphorisms and Suggestions: Ancient and Modern.* New York: Brownell, 1861.）不同国家和不同时期的智者贤人关于教育和学校问题的最著名的语录。标明了语录的作者，但是没有注明出处。从《美国教育杂志》上重印而来。

366. 威廉·博伊德主编:《让·雅克·卢梭的零散教育著作》,伦敦:布莱基,1911 年版。(Boyd, William, editor. *The Minor Educational Writings of Jean Jacques Rousseau*. London:Blackie, 1911.)翻译了卢梭的《论波兰政府的筹议》,从《新爱洛伊丝》①中翻译了"朱丽童年的教育",以及其他五篇相对不太为人熟知的教育论述。译者作了介绍性注释。

367. 约翰·S·布鲁巴克主编:《亨利·巴纳德论教育》,纽约:麦格劳－希尔,1931 年版。(Brubacher, John S., editor. *Henry Barnard on Education*. New York:McGraw-Hill, 1931.)选择巴纳德的教育著作,作了分析性和传记性介绍。

368. A·布鲁格曼:《德国大学生的纪律与生活》,柏林:林普特,1941 年版。(Brugmann, A. *Zuncht und Leben der deutschen Studenten*. Berlin:Limpert,1941.)主要描述 17 到 19 世纪德国大学生生活的资料。

369. 斐迪南·布韦松、弗里德里克·E·法林顿主编:《今日法国教育思想》,纽约州,扬克斯:世界图书公司,1919 年版。(Ruisson, Ferdinand, and Farrington, Frederic E., editors. *French Educational Ideals of Today*. Yonkers, N. Y.:World Book Co., 1919.)19 到 20 世纪法国领导人教育思想文选,例如,朱尔斯·费里(Jules Ferry)②、让·饶勒斯(Jean Jaures)③、费利克斯·皮考特(Felix Pecaut)④、路易斯·里亚德(Louis Liard)⑤和古斯塔夫·朗松(Gustave Lanson)⑥等。

---

① 中译本《新爱洛伊丝》,李平沤、何三雅译,南京:译林出版社 1993 年版。——译者注

② 朱尔斯·费里(1832—1893),法国政治家和共和主义者。1880—1881 年担任法国第 44 任总理。在任期内积极推进教育的世俗化和义务教育制度,并于 1882 年通过了《费里法案》。——译者注

③ 让·饶勒斯(1859—1914),法国社会党领袖。——译者注

④ 费利克斯·皮考特(1828—1898),法国教育家。成功建立了培养女教师的学校。——译者注

⑤ 路易斯·里亚德(1846—1917),法国哲学家和行政管理者。——译者注

⑥ 古斯塔夫·朗松(1857—1934),法国文学史家、文学批评家和教育家。1902 年被任命为巴黎高等师范学校校长。——译者注

370. 艾利森·W·邦克利主编：《撒米恩托文选》，新泽西州，普林斯顿：普林斯顿大学出版社，1948 年版。(Bunkley, Allison W., editor. *A Sarmiento Anthology*. Princeton, N. J.：Princeton University Press, 1948.)南美洲著名教育家和政治家撒米恩托的文学、教育和政治论著的节选。斯图亚特·E·格鲁曼(Stuart E. Grumman)翻译，编者作了传记性介绍。

371. 约翰·伯内特主编：《亚里士多德论教育》，坎布里奇：剑桥大学出版社，1903 年版。(Burnet, John, editor. *Aristotle on Education*. Cambridge：University Press, 1903)从《伦理学》和《政治学》中选择的长文。编者翻译并作了介绍和注释。

372. 费利克斯·卡德特：《波尔—罗亚尔①的教育》，纽约：斯克里布纳，1898 年版。(Cadet, Felix. *Port-Royal Education*. New York：Scribner, 1898.)圣西兰(Saint-Cyran)②和其他波尔—罗亚尔修道院教育家著作的节选。研究 17 世纪法国教育史的极好资料。

373. 奥蒂斯·W·考德威尔，斯图亚特·A·柯蒂斯：《教育的过去和现在：1845—1923 年》，纽约州，扬克斯：世界图书公司 1923 年版。(Caldwell, Otis W., and Courtis, Stuart A. *Then and Now in Education, 1845—1923*. Yonkers, N. Y.：World Book Co., 1923.)19 世纪波士顿学校中的旧试卷、成绩单以及其他与考试有关的著述的重印。

374. 爱娃·H·查德伯恩选编：《缅因州教育史料》，缅因州，班戈：伯尔，1932 年版。(Chadbourne, Ava H., compiler. *Readings in the History of Education in Maine*. Bangor, Me.：Burr, 1932.)殖民时期和 19 世纪缅因州的教育资料。

375. 艾尔西·W·克卢斯：《殖民地政府的教育立法与行政》，《哥伦比亚大学，哲学、心理学和教育学的进展》，第 6 卷，第 14 期，纽约：麦克米伦，1899 年版。(Clews, Elsie W. *Educational Legislation and*

---

① 波尔—罗亚尔是巴黎西南部的一所修道院，是詹森主义的思想中心。——译者注

② 圣西兰(1581—1643)，法国修道士，将詹森主义介绍到法国。——译者注

Administration of the Colonial Government. Columbia University, Contributions to Philosophy, Psychology and Education, Vol. Ⅵ, No. 14. New York：Macmillan，1899.)有关法律和其他文件的文本。关于美国殖民地教育史的重要资料。

376. 查尔斯·L·科翁主编：《北卡罗莱纳州的中学：1790－1840》，北卡罗莱纳州，罗利：爱德华兹和布劳顿，1915 年版。(Coon, Charles L.，editor. *North Carolina Schools and Academies*，1790—1840. Raleigh, N. C.：Edwards and Broughton，1915.)关于北卡罗莱纳州中等教育史的资料。

377. 查尔斯·L·科翁主编：《北卡罗莱纳州公共教育的开端：文献史（1790－1840）》，2 卷本，北卡罗莱纳州，罗利：爱德华兹和布劳顿，1908 年版。(Coon, Charles, L.，editor. *The Beginnings of Public Education in North Carolina：A Documentary History*，1790—1840. 2 vols. Raleigh, N. C.：Edwards and Broughton，1908.)收录了一些重要的报告、书信及其他文件。

378. 莱奥波德·科迪埃：《基督教教育思想和教育家》，什韦林：巴恩，1931 年版。(Cordier, Leopold, compiler. *Christliche erziehungsgedanken und christliche erzieher*. Schwerin in Mecklb.：Bahn，1931.)从新约时期到 19 世纪基督教教育的文献集。所有外文都翻译成了德文。一本对研究宗教教育史有帮助的资料集。主要内容是德国的新教教育，几乎没有 16 世纪后的天主教教育资料。

379. 伊丽莎白·B·考利：《自由学习》，波士顿：汉弗莱斯，1941 年版。(Cowley, Elizabeth B. *Free Learning*. Boston：Humphries，1941.)关于 17 到 20 世纪马萨诸塞州、宾夕法尼亚州、密执安州和加利福尼亚州教育的法律、州长电文、宪法条款和其他文件等的资料集。不是很适合做参考书。注明了文件出处。

380. 埃尔伍德·P·卡伯莱：《美国公共教育史料》，波士顿：霍顿—米夫林，1934 年版。(Cubberley, Ellwood P. *Readings in Public Education in the United States*. Boston：Houghton Mifflin，1934.)从殖民地时期至今的关于美国教育史的原始资料文选。

61

381. 埃尔伍德·P·卡伯莱：《教育史读物》①，波士顿：霍顿—米夫林，1920 年版。(Cubberley, Ellwood P. *Readings in the History of Education*. Boston：Houghton Mifflin，1920.)从古希腊至今的教育家著作、法规、课程、学校规章和其他资料的选萃。

382. 埃尔伍德·P·卡伯莱、爱德华·C·埃利奥特：《州县教育行政：资料集》第 2 卷。纽约：麦克米伦，1915 年版。(Cubberley, Ellwood, P., and Elliott, Edward C. *State and County School Administration*：Vol. II, Source Book. New York：Macmillan，1915.)包括 18 世纪几个州与教育有关的宪法条款、对学校的赠地资助和其他各类资助法令、显示联邦资助教育的文件以及法院判决等。这些资料大部分是关于当时的教育行政与财政问题，如今已经属于历史。

383. F·德·拉·范泰尼列主编：《18 世纪法国的自由主义与教育》，纽约：麦格劳—希尔，1932 年版。(De La Fontainerie, F., editor. *French Liberalism and Education in the Eighteenth Century*. New York：McGraw-Hill，1932.)翻译的拉夏洛泰(La Chalotais)、杜尔哥(Turgot)②、狄德罗(Diderot)和孔多塞(Condorcet)论国家教育的论文。有历史介绍。

384. 韦恩·丹尼斯主编：《心理学史料》，纽约：阿普尔顿—世纪—克罗夫茨，1948 年版。(Dennis, Wayne, editor. *Readings in the History of Psychology*. New York：Appleton-Century-Crofts，1948.)关于亚里士多德、洛克、高尔顿(Galton)、普赖厄(William Thierry Preyer)③、霍尔、卡特尔(Raymond Bernard Cattell)④、桑代克、比奈

---

① 中译本书名为《外国教育史料》，任宝祥、任钟印主译，武汉：华中师范大学出版社 1991 年版。——译者注

② 杜尔哥(1727—1781)，法国经济学家和政治家。经济自由主义的早期倡导者之一。——译者注

③ 普赖厄(1841—1897)，当代科学的儿童心理学的奠基人。主要著作是《儿童的心灵》(*The Soul of the Child*)。——译者注

④ 卡特尔(1905—1998)，美国心理学家。其研究将人格研究运用于心理治疗和学习理论等。——译者注

(Binet)和其他心理学家著作中具有教育意义的资料摘录。

385. 富兰克林·B·德克斯特主编：《耶鲁大学文献史》，纽黑文：耶鲁大学出版社，1916 年版。(Dexter, Franklin B., editor. *Documentary History of Yale University*, New Heaven：Yale university Press, 1916.)1701—1745 年间与康涅狄格大学学院（耶鲁大学的原名）历史有关的董事的书信、会议录、立法文件和其他原始资料，。

386. 约瑟夫·多克：《教育思想读本》，法兰克福：第斯多惠出版社，1940 年版。(Dolch, Josef. *Lesebuch zur Erziehungswissenschaft*. Frankfurt A/M.：Diesterweg, 1940.)柏拉图及其后的教育思想文选。主要集中在德语教育著作。

387. 弗里德里克·伊比主编：《早期的新教教育家》，纽约：麦格劳—希尔，1931 年版。(Eby, Frederick, editor. *Early Protestant Educators*. New York：McGraw-Hill, 1931.)马丁·路德、梅兰希顿、布根哈根(Johannes Bugenhagen)[1]、加尔文(Jean Calvin)和诺克斯(Knox)的著作选。有简短介绍。

388. 弗里德里克·伊比选编：《德克萨斯州的教育：文献资料》，《德克萨斯大学第 1824 号通告》，奥斯汀：德克萨斯大学出版社，1918 年版。(Eby, Frederick, compiler. *Education in Texas：Source Materials*. University of Texas, Bulletin No. 1824. Austin：University of Texas, 1918.)全书总共 963 页，其中 72 页是参考书目。从 18 世纪末西班牙殖民地时期到 1890 年。研究德克萨斯州教育史的不可或缺的资料。

389. 爱德华·C·埃利奥特、M·M·钱伯斯主编：《美国大学和学院的宪章和基本法》，纽约：卡内基教学促进基金会，1934 年。(Elliott, Edward C., and chambers, M. M., editors. *Charters and Basic Laws of Selected American Universities and College*s. New York：Carnegie Foundation for the Achievement of Teaching, 1934.)呈现了与美国 51 所教育机构（如康奈尔大学、哈佛大学、奥伯尔林学院、西北大学、威斯康星大学、斯坦福大学、耶鲁大学等）建立有关的法律文本。附录部分

---

① 布根哈根(1485—1558)，德国宗教改革家。——译者注

包括 1862 年和 1890 年的《莫里尔法案》，其他联邦立法和一份高等教育司法判决目录。

62

390. 亨利·R·埃文斯选编：《美国政治家和政治评论家论教育》，《美国教育局 1913 年第 28 号公报》，华盛顿特区：美国政府印刷局，1913 年。(Evans, Henry R., compiler. *Expressions on Education by American Statesmen and Publicists*. U. S. Bureau of Education, Bulletin 1913, No. 28. Washington, D. C.: Government Printing Office, 1913.)从 18 世纪到 20 世纪的总统、政治家和教育家的言论。注明了确切的资料来源。

391. 亨利·R·埃文斯，伊迪丝·A·赖特选编：《美国民主的缔造者论教育》，《美国政府教育办公室 1940 年第 10 号公告》，华盛顿特区：美国政府印刷局，1941 年。(Evans, Henry R., and Wright, Edith A., compilers. *Expressions on Education by Builders of American Democracy*. U. S. Bureau of Education, Bulletin 1940, No. 10. Washington, D. C.: Government Printing Office, 1941.)是上一本著作的扩展本。

392.《与赠地学院和大学莫里尔补助金有关的联邦法律和裁决》，《美国教育办公室第 91 号手册》，华盛顿特区：美国美国政府印刷局，1940 年。(*Federal Laws and Rulings Relating to Morrill and Supplementary Morrill Funds for Land-Grant Colleges and Universities*. U. S. Office of Education, Pamphlet No. 91. Washington, D. C.: U. S. Government Printing Office, 1940.)1862 年和 1890 年的《莫里尔法案》全文，1866 到 1907 年的法案修正案，1935 年的坶海德—琼斯农场租赁法，1940 年的退休法案，以及有关这些法案的裁决。

393. 沃尔特·W·G·费舍主编：《教育者：德国名人给他们老师的证词》，卡尔斯巴德：卡夫，1942 年版。(Fischer, Walter W. G. editor. *Erzieher: Zeugnisse bedeutender Deutscher uber ihre Lehrer*. Karlsbad: Kraft, 1942.)一些知名德国人证明他们的教师对自己的有

效影响的言论,例如,席勒(Friedrich Schiller)、阿恩特(Arndt)、黑贝尔(Christian Friedrich Hebbel)①、冯特(Wilhelm Wundt)②、鲍尔生(Friedrich Paulsen)③、维拉莫维茨·默伦多夫(Ulrich von Wilamowitz-Moellendorf)④、兴登堡(Paul Von Hindenburg)⑤和希特勒(Hitler)等。这些教师包括:巴泽多、弗兰克(Francke)、福禄培尔、格罗特芬德(Gorg Friedrich Grotefend)⑥、赫尔德(Herder)、欧姆(Georg Simon Ohm)⑦和裴斯泰洛齐。资料通过作者索引进行了标示,通常没有标记页码。

394. 爱德华·A·菲茨帕特里克主编:《教育哲学文选》,纽约:阿普尔顿—世纪,1936 年版。(Fitzpatrick, Edward A., editor. *Readings in the Philosophy of Education*. New York:Appleton-Century, 1936.)当代和更早时期教育作家的著作选。天主教教育方面的资料特别丰富。

395. 爱德华·A·菲茨帕特里克主编:《罗耀拉与〈教学大全〉》⑧,纽约:麦克米伦,1933 年版。(Fitzpatrick, Edward A., editor. *St. Ignatius and the Ratio Studiorum*. New York:Macmillan, 1933.)包括《教学大全》的英文全文和《耶稣会章程》第 4 章。

396. 沃尔特·L·弗莱明:《美国重建时期文献史》,第 2 卷,克里

---

① 黑贝尔(1813—1863),德国诗人和剧作家。——译者注

② 冯特(1832—1920),德国医生、心理学家、生理学家。——译者注

③ 鲍尔生(1846—1908),德国哲学家和教育家。其《德国教育史》一书已翻译成中文。——译者注

④ 维拉莫维茨·默伦多夫(1848—1931),德国古典语言学家。——译者注

⑤ 兴登堡(1847—1934),德国元帅和政治家,1925 到 1934 年担任德国总统。——译者注

⑥ 格罗特芬德(1775—1853),德国语言学家和碑铭研究家。——译者注

⑦ 欧姆(1789—1854),德国物理学家,发现了电流中电阻与电压的正比例关系,即"欧姆定律"。——译者注

⑧《教育计划》是耶稣会为管理本会所办学校而制订的规章,颁布于 1599 年。——译者注

夫兰：克拉克，1907 年版。(Fleming, Walter L. *Documentary History of Reconstruction*. Vol. II, Cleveland：Clark，1907.)节选了当时的专业组织、报纸、议会及其他报告、书信和文件中关于南北战争后南部教育重建的讨论。

397. 克劳德·M·菲斯，埃默里·S·贝斯福德主编：《无形的收获：教学的财富》，纽约：麦克米伦，1947 年版。(Fuess, Claud M., and Basford, Emory S., editors. *Unseen harvests：A Treasury of Teaching*. New York：Macmillan，1947.)"与教育政策或程序有关，或因其内容和目的而特别容易引起教师兴趣"的各种篇章的节选。内容精选自孔子、昆体良(Quintilian)、乔治·桑塔亚纳(George Santayana)①、夸美纽斯、李考克(Stephen Leacock)②、毛姆(W. Somerset Maugham)③、钱塞(Chancer)、撒克里(William Makepeace Thackeray)④、狄更斯(Charles John Huffam Dickens)和怀特海(Alfred North Whitehead)⑤的纯文学(belles-lettres)、自传、散文、教育论著和其他文体。

398. 威利斯丁·古德塞尔主编：《美国女子教育的先驱》，纽约：麦格劳—希尔，1931 年版。(Goodsell, Willystine, editor. *Pioneers of Women's Education in the United States*. New York：McGraw-Hill，1931.)资料选自艾玛·威拉德(Emma Willard)⑥，凯瑟林·比彻

63

---

① 乔治·桑塔亚纳(1863—1952)，西班牙著名自然主义哲学家、美学家，美国美学的开创者，同时还是著名的诗人与文学批评家。——译者注
② 李考克(1869—1944)，出生于英国的加拿大教师、作家、政治科学家。是 20 世纪初期英语世界最著名的幽默作家。——译者注
③ 毛姆(1874—1965)，英国剧作家、小说家。——译者注
④ 撒克里(1811—1863)：19 世纪英国著名小说家。讽刺英国社会的小说《名利场》(*Vanity Fair*)是其成名作。——译者注
⑤ 怀特海(1861—1947)，英国哲学家和数学家。——译者注
⑥ 艾玛·威拉德(1787—1870)，美国女权活动家。1814 年，在纽约州的特洛伊城创办了一所为女子提供与男子同等教育的高等教育机构的"特洛伊女子学校"(Troy Femal Seminary)，1895 年更名为"艾玛·威拉德学校"(Emma Willard School)。——译者注

(Catherine Beecher)①和玛丽・莱昂（Mary Lyon）②的论著。有传记介绍。

399. 奥克塔夫・杰拉尔:《1789 年以来法国的初等教育立法》,巴黎:德拉雷,1890—1900 年版。(Greard, Octave. *La legislation de l'enseignement primaire en france depuis 1789 jusqu a nos jours.* 6 vols. Paris: Delalain, 1890—1900.)法国一个世纪教育立法的汇编。

400. M・古德曼主编:《门德尔松以前的德国犹太教育课程史料》,柏林:霍夫曼,1891 年版。(Gudemann, M. , editor. *Quellenschriften zur Geschichte des unterrichts und der Erziehung bei den deutschen Juden von den altesten Zeiten bis auf Mendlssohn.* Berlin: Hofmann, 1891.)从 11 到 18 世纪德国犹太教育的德文、希伯来文和伊地文资料。编者加了历史介绍。

401. 埃里希・哈恩:《现代教育学自述》,2 卷本,莱比锡:迈纳,1926—1927 年版。(Hahn, Erich, editor. *Die Pädagogik der Gegenwart in selbstdarstellunge*n. 2 vols. Leipzig: Meiner, 1926—1927.)是凯兴斯泰纳（George Kerschensteiner）、路德维希・古尔利特（Ludwig Gurlitt）、威廉・赖因和其他德国著名教育家的自传和对个人教育信条的分析。

402. 威廉・G・哈蒙德:《阿默斯特记忆》,纽约:哥伦比亚大学出版社,1946 年版。(Hammond, William G. *Rememberance of Amherst.* New York: Columbia University Press, 1946.)一位阿默斯特大学生 1846—1848 年间的日记。提供了透视 19 世纪学院生活的资料。

403. 卡尔・哈特菲尔德:《梅兰希顿论教育》,莱比锡:托伊布纳,1892 年版。(Hartfelder, Karl. *Melanchthoniana Paedagogica.* Leipzig: Tuebner, 1892.)包括菲利普・梅兰希顿的生平和教育著作的

---

① 凯瑟林・比彻(1800—1878),美国教育家。因积极倡导女子教育和幼儿园教育而闻名。——译者注

② 玛丽・莱昂(1797—1849),美国女子教育先驱。在美国马萨诸塞州创办了惠顿女子学校（Wheaton Femal Seminary）和曼荷莲女子学校（Mount Holyoke Femal Seminary）。——译者注

资料——学校规章、梅兰希顿的往来书信、维滕伯格大学的文件、学生书信、梅兰希顿的诗,当时的教育家和梅兰希顿的教育论述,还有大量的其他资料。

404. A·霍伊鲍姆:《17 世纪以来的德国教育史》,柏林:魏德曼,1905 年版。(Heubaum, A. *Geschichte des deutschen Bildungswessens seit der Mitte des 17. Jahrhunderts*. Berlin : Weidmann, 1905.)17 世纪的德国教育史,特别关注职业培训。

405.弗兰茨·希尔克主编:《德国的实验学校》,柏林:施韦茨克,1924 年版。(Hilker, Franz, editor. *Deutsche Schulversuche*. Berlin : Schwetschke, 1924.)描述了德国和奥地利的实验学校,这些学校多由其中活跃的教师进行教育实验。其中讨论的学校包括:乡村教育之家①、威克斯多夫(Wickersdorf)学校、奥登瓦尔德学校、贝特霍尔德—奥托学校(Berthold-Otto-Schule)、自由华福德学校(freie Waldorfschule)②,以及奥地利的进步教育联盟(Bundeserziehungsanstalten)。作者包括艾尔弗雷德·安德瑞森(Alfred Andreesen)、保罗·哥黑布(Paul Geheeb)、马克思·邦迪(Max Bondy)、威廉·兰瑟斯(Wilhelm Lamszus)、海因里希·沙洛尔曼(Heinrich Scharrelmann)和 S·施瓦茨(Sebald Schwarz)。研究德国进步教育的有用的资料集。

406. 欣斯代尔选编:《美国教育史文献资料》,载《1892—1893 年教育委员会报告》,第 2 卷,第 1225—1414 页,华盛顿特区:美国政府印刷局,1895 年。(Hinsdale, B. A., compiler. "*Documents Illustrative of American Education History*", pp. 1225—1414, in *Report of the Commissioner of Education for the year* 1892—93. Vol. II. Washington, D. C.: Government Printing Office, 1895.)时间跨度从 1636 年到 19 世纪。编者作了注释。

---

① 德国教育家赫尔曼·利茨设在风景优美的乡村里的寄宿制学校。学校中充满和谐友爱的家庭氛围,为儿童提供各种活动。——译者注
② 1919 年奥地利籍的企业家埃米尔·莫尔特(Emil Molt)根据德国改革派的教育学者鲁道夫·斯坦纳(Rudolf Steiner)的教育理念,为其员工子女建立的学校。——译者注

407. J·乔治·霍金斯:《上加拿大教育文献史》,28 卷本,多伦多:沃里克兄弟和卡梅隆·里特,1894—1910 年版。(Hodgins, J. George, editor. *Documentary History of Education in Upper Canada*. 28 vols. Toronto: Warwick Bros. & Ritter, Cameron, 1894—1910.)实际上是加拿大安大略省 1790—1867 年的教育文献资料集。包括编者作的大量解释和历史评论。

408. 罗伊·J·哈尼维尔:《托马斯·杰斐逊的教育论著》,马萨诸塞州,坎布里奇:哈佛大学出版社,1931 年版。(Honeywell, Roy J. *The Educational Work of Thomas Jefferson*. Cambridge, Mass.: Harvard University Press, 1931.)研究杰斐逊教育思想和成就的著作,附有 90 页的资料。

409. 奥格斯特·伊斯雷尔主编:《16 到 17 世纪珍贵教育论文集》,2 卷本,乔保:拉施克,1879—1893 年版。(Israel, August, editor. *Sammlung selten gewordener padogogischr Schriften des 16. und 17. Jahrhunderts*. 2 vols. Zschopau: Raschke, 1879—93.)包括马丁·路德、伊拉斯谟、梅兰希顿的教育著作,以及 15、16 和 17 世纪的其他资料(包括拉丁文和德文)。

410. 克立夫顿·约翰逊:《旧时的学校和教科书》,纽约:麦克米伦,1904 年版。(Johnson, Clifton. *Old-Time Schools and School-Books*. New York: Macmillan, 1904.)复印了大量 18 和 19 世纪美国学校用的教科书页面;同时包括这些教科书内容的精选。

411. I·L·坎德尔、托马斯·亚历山大译:《法国的中等教育改革》,纽约:哥伦比亚大学师范学院出版社,1924 年版。(Kandel, I. L. *The Reform of Secondary Education in France*. New York: Bureau of Publication, Teachers College, Columbia University, 1924.)附录中包括 125 页翻译的关于第一次世界大战后法国中等教育的文件——报告、法令、作息时间表等。用长文详细介绍了历史背景。

412. I·L·坎德尔、托马斯·亚历山大译:《普鲁士的教育改革》,纽约:哥伦比亚大学师范学院出版社,1927 年版。(Kandel, I. L., and Alexander, Thomas, translators. *The Reorganization of Education in*

Prussia. New York：Bureau of Publication，Teachers College，Columbia University，1927.）包括 470 页关于第一次世界大战后普鲁士初等和中等教育的资料——宪法条款、课程、部长建议和法规等。译者对其进行了历史分析和阐释。

413. 卡尔·科尔巴赫主编：《德国教育学经典文集》，柏林：魏德曼出版社，始于 1886 年。（Kehrbach，Karl，editor. *Monumenta Germaniae Paedagogica*. Berlin：Weidmann，since 1886.）内容包括学校规章、问答教学法、《教学大全》（*Ratio Studiorum*）的各种版本、各种教育经典和日记的版本，以及其他关于德国教育史的珍贵文献资料。

414. 威廉·H·克伯屈：《教育哲学资料集》（修订版），纽约：麦克米伦，1934 年版。（Kilpatrick，William H. *Source Book in the Philosophy of Education*. Revised edition. New York：Macmillan，1934.）自古至今的哲学家、教育家和其他人物的著作选。

415. 卓拉·克莱恩主编：《新英格兰教友派的教育活动：资料集》，费城：威斯布鲁克，1928 年版。（Klain，Zora，editor. *Educational Activities of New England Quakers*：*A Source Book*. Philadelphia：Westbrook，1928.）主要是 17 到 20 世纪的会议记录。

416. 埃德加·W·奈特：《1860 年前美国南部的教育史文献》，5 卷本，查佩尔希尔：北卡罗莱纳大学出版社，1949 年版。（Knight，Edgar W. *A Documentary History of Education in the South Before* 1860. Chapel Hill：University of North Carolina Press，1949.）包括美国南北战争之前南部教育的各种类型的资料。该领域研究必须参考的资料。

417. 埃德加·W·奈特主编：《欧洲教育报告》，纽约：麦格劳－希尔，1930 年版。（Knight，Edgar W.，editor. *Reports on European Education*. New York：McGraw-Hill，1930.）格里斯科姆（Griscom）、加尔文·E·斯托（Calvin E. Stowe）① 和维克托·卡曾（Victor

---

① 加尔文·E·斯托（1802—1886），美国圣经学者和公共教育的积极倡导者。1836 年应俄亥俄州议会委托考察欧洲教育，返美后发布《欧洲初等教育考察报告》（*Report on Elementary Education in Europe*）。——译者注

Cousin)①关于欧洲学校的报告。对于 19 世纪早期的美国教育史很重要，提供的当时欧洲学校信息很有趣。

418. 埃德加·W·奈特：《大学校长如是说》，查佩尔希尔：北卡罗莱纳大学出版社，1940 年版。（Knight, Edgar W. *What College Presidents Say*. Chapel Hill：University of North Carolina Press, 1940.）19 和 20 世纪大学校长的讲演和报告。

419. 昆西·A·库纳：《基于文献的教育哲学》，纽约：普伦蒂斯—霍尔，1935 年版。（Kuenhner, Quincy A. *A Philosophy of Education Based on Sources*. New York：Prentice-Hall；1935.）自古希腊时期以来的教育著作选，重点在 20 世纪。

420. 阿瑟·F·里奇主编：《伍斯特市早期的教育资料：1685—1700》，伦敦：胡夫斯—克拉克，1913 年版。（Leach, Arthur F., editor. *Documents Illustrating Early Education in Worcester*, 1685 to 1700. London：Hughes and Clarke, 1913.）1700 年前英格兰伍斯特市所有可获得的教育史记录汇编。包括拉丁文和英文文献。编者附有 90 页的介绍。

421. 阿瑟·F·里奇：《早期的约克郡学校》，第 1 卷，伦敦：尼克尔斯，1899 年版。（Leach, Arthur F. *Early Yorkshire Schools*. Vol. I (Record Series, vol. XXVII, Yorkshire Archaeological Society, 1898). London：Nichols, 1899.）从 8 世纪到 18 世纪的拉丁文和英文资料。有历史介绍。

422. 阿瑟·F·里奇：《早期的约克郡学校》，第 2 卷，利兹：怀特海，1903 年版。（Leach, Arthur F. *Early Yorkshire Schools*. Vol. II (Record Series, vol. XXXIII, Yorkshire Archaeological Society, 1903). Leeds：Whitehead, 1903.）拉丁文、英文和希腊文文献。从 12 世纪到 18 世纪。希腊文文献，附有英文译文。有历史介绍。

423. 阿瑟·F·里奇：《589 到 1909 年的教育宪章与文件》，坎布里奇：剑桥大学出版社，1911 年版。（Leach, Arthur F. *Educational*

---

① 维克托·卡曾(1792—1867)，法国哲学家和教育家。——译者注

Charters and Documents, 598 to 1909. Cambridge：University Press，1911.）拉丁文原始文献同时翻译成了英文。研究英格兰教育史非常有价值的资料。

424. 阿瑟·F·里奇：《宗教改革时期英国的学校：1546－1548年》，威斯敏斯特：康斯特布尔，1896 年版。（Leach, Arthur F. *English Schools at the Reformation*，1546—1548. Westminster：Constable，1896.）大约三分之二的内容是委员会报告以及亨利八世和爱德华六世根据《捐赠教堂法案》（*Chantry Acts*）①颁发的证书和委任状的节选。拉丁文文献没有翻译。

425. 埃尔默·A·莱维斯选编：《与职业教育和农业推广工作有关的法律》，华盛顿特区：美国政府印刷局，1941 年。（Lewis, Elmer A.，compiler. *Laws relating to Vocational Education and Agricultural Extension Work*. Washington，D. C.：U. S. Government Printing Office，1941.）1914－1940 年间的相关法律全文。

426. 乔治·E·利特菲尔德：《新英格兰的早期学校和教科书》，波士顿：散卷俱乐部，1904 年版。（Littlefield, George E. *Early Schools and School-Books of New England*. Boston：The Club of Odd Volumes，1904.）关于 17 世纪新英格兰地区学校和教科书的论文以及该时期新英格兰出版或学校中使用的教科书的扉页及其他页的复印。

427. 威廉·J·麦古肯：《耶稣会与教育》，威斯康星州，密尔沃基：布鲁斯，1932 年版。（McGucken, William J. *The Jesuits and Education*. Milwaukee，Wis.：Bruce，1932.）第 271－315 页节选了《教学大全》英译本中关于"低级"学校的内容。

428. 玛丽·P·曼：《贺拉斯·曼生平》，华盛顿特区：全国教育协会，1937 年。（Mann, Mary P. *Life of Horace Mann*. Washington，D. C.：National Education Association，1937.）1865 年版本的翻版。大部分内容是美国著名教育家贺拉斯·曼的书信。

---

① 《捐赠教堂法案》，1541 年英国国王爱德华六世统治下通过的法案，要求没收私人捐赠的教堂的财产，专门用来兴办教育。——译者注

429. 维勒拉斯·马茨、亨利·L·史密斯:《印第安纳州教育发展史料》,布卢明顿:印第安纳大学合作研究与现场服务处,1945 年。(Martz, Velorus, and Smith, Henry L. *Source Material Relating to the Development of Education in Indiana*. Bloomington: Bureau of Cooperative Research and Field Service, Indiana university, 1945.) 1785 和 1787 年的法令、立法决议与法案、法律期刊、书信、陈情书和其他文献的节选,几乎所有文件都追溯到 18 世纪。有历史介绍。

430. 科耶·梅里韦瑟:《我们殖民地的课程:1606—1776》,华盛顿特区:首都出版公司,1907 年版。(Meriwether, Colyer. *Our Colonial Curriculum* 1606—1776. Washington, D. C.: Capital Publishing Co., 1907.) 包括与殖民地学校和学院的课程有关的文件。

431. 乔治·马兹:《16 世纪宗教改革时期的德国教育》,海德尔堡:温特尔,1902 年版。(Mertz, Georg. *Das Schulwesen der deutschen Reformation im* 16. *Jahrhundert*. Heidelberg: Winter, 1902.) 200 页的附录包括 16 世纪路德教会和学校的法令。文本也包括教育家的传记指南和学校的编年表。

432. 保罗·孟禄:《美国公立学校制度建立的史料》,密执安州,安娜堡:大学缩影胶片出版社,1940 年版。(Monroe, Paul. *Readings in the Foundation of the American Public School System*. Ann Arbor, Mich.: University Microfilms, 1940.) 以缩影胶片形式展现美国内战前教育史的大量文献资料。复本遍布美国和加拿大的图书馆,例如,加利福尼亚大学(伯克利和洛杉矶)图书馆、耶鲁大学图书馆、伊利诺斯州立大学图书馆、纽约大学图书馆、多伦多大学图书馆、德克萨斯大学图书馆、东肯塔基州立师范学院图书馆等。一些地方的公共图书馆也藏有复本,例如,亚特兰大、德梅因、巴尔的摩、波士顿、纽约、罗彻斯特和匹兹堡的公共图书馆等。这是教育史领域唯一一份如此广泛地以缩微胶片形式复制的资料集。

433. 保罗·孟禄:《古希腊罗马时期教育史料》,纽约:麦克米伦,1901 年版。(Monroe, Paul. *Source Book of the History of Education for the Greek and Roman Period*. New York: Macmillan, 1901.) 对普

鲁塔克、修昔底德（Thucydides）、柏拉图、色诺芬、阿里斯托芬、伊索克拉底、亚里士多德、西塞罗、苏维托尼乌斯（Suetonius）①、普劳图斯（lautus）、塔西佗和昆体良著作英译本进行了较长的节选。有历史介绍。

434. 保罗·孟禄:《教育史幻灯片》,纽约:作家出版公司,1915 年版。(Monroe, Paul. *Stereopticon Views in the History of Education.* New York: The Author, 1915.)介绍了 400 幅幻灯片,其中大部分是从原始时期到 20 世纪教育史的原始图片和遗物。

435. 乔伊·E·摩根:《贺拉斯·曼在安提阿》,华盛顿特区:全国教育协会,1938 年。(Morgan, Joy E. *Horace Mann at Antioch.* Washington, D. C.: National Education Association, 1938.)第 189—428 页是贺拉斯·曼在大学的演说。第 569—599 页对原始资料目录进行了简明注释。

436. 塞缪尔·E·莫里森:《17 世纪的哈佛学院》,2 卷本,马萨诸塞州,坎布里奇:哈佛大学出版社,1936 年版。(Morison, Samuel E. *Harvard College in the Seventeenth Century.* 2 vols. Cambridge, Mass.: Harvard University Press, 1936.)资料丰富。特别值得一提的是那些拉丁文论文条目。

437. 约翰内斯·米勒:《16 世纪中期以前的德语课程历史与资料》,科萨:蒂尼曼,1882 年版。(Muller, Johannes. *Quellenschriften und geschichte des deutschsprachlichen Unterrichts bis zur Mitte des 16. Jahrhunderts.* Band IV, C. Kehr, editor. Geschichte derMethodik des deutschen Volkschulunterrichtes. Cotha: Thienemann, 1882.)11 到 16 世纪关于德语教学的拉丁文和希腊文资料。有背景和历史注释。

438. 约翰内斯·米勒主编:《早期的德语和荷兰语校规与合约》,乔保:拉施克,1885—1886 年版。(Muller, Johannes, editor. *Vor-und frihreformatorische Schulordnungen und Schulvorträge in deuscher*

---

① 苏维托尼乌斯(约公元 66—122 年),古罗马历史学家。其最重要的著作是《罗马十二帝王传》(*De Vita Caesarum*)。——译者注

und niederlandischer Sprache. 2 vols. Zschopau：Raschke，1885—
1886.)1296—1523 年德国和荷兰的学校规章与和约。该选集是奥古斯
特・伊斯雷尔(August Israel)和约翰内斯・米勒(Johannes Muller)主
编的《早期的珍贵教育论文汇编》(*Sammlung selten gewordener
padagogischer Schriften fruherer Zeiten*)的一部分。

439. 达纳・C・芒罗：《中世纪的学生》,费城：国王出版公司,1895
年版。(Munro, Dana C. *The Mediaeval Student* , Philadelphia：King,
1895.)关于中世纪大学生活的资料。

440. 阿瑟・O・诺顿：《教育史料：中世纪大学》,马萨诸塞州,坎布
里奇：哈佛大学出版社,1909 年版。(Norton, Arthur O. *Readings in
the History of Education：Mediaeval Universities.* Cambridge,
Mass.：Harvard University Press, 1909.)关于中世纪高等教育各个方
面的资料。由作者进行了评论。

441. 阿瑟・O・诺顿：《美国的第一所州立师范学校：赛勒斯・皮
尔斯和玛丽・斯威夫特日记》,马萨诸塞州,坎布里奇：哈佛大学出版
社,1926 年版。(Norton, Arthur O. *The First State Normal School in
America：The Journals of Cyrus Peirce and Mary Swift.*
Cambridge, Mass.：Harvard University Press, 1926.)除了日记外,还
包括关于马萨诸塞州师范学校早期历史的其他文献。

442. F・V・N・佩因特：《伟大的教育论文：从柏拉图到斯宾塞》,
纽约：美国图书公司,1905 年版。(Painter, F. V. N. *Great Pedagogical
Essays：Plato to Spence*r. New York：American Book Co. , 1905.)柏拉图、
亚里士多德、色诺芬、西塞罗、塞涅卡(Seneca)①、昆体良、普鲁塔克
(Plutarch)、杰罗姆(Saint Jerome)②、马丁・路德、蒙田、芬乃龙(Francois
Fénelon)③、康德和贺拉斯・曼论著的长篇节选。有简单传记概要。

---

① 塞涅卡(约公元前 2 年—公元 65 年),古罗马斯多葛派哲学家、政治家和剧作
家。——译者注
② 杰罗姆(约 347—420),古罗马的基督教牧师、神学家和历史学家。——译者注
③ 芬乃龙(1651—1715),法国的罗马天主教主教、神学家和作家。——译者注

443. F・V・N・佩因特：《路德论教育》，费城：路德教会出版协会，1889 年版。(Painter, F. V. N. *Luther on Education*. Philadelphia：Lutheran Publication Society，1889.)马丁・路德两篇教育著作的英译本。

444. 休斯顿・彼得森主编：《伟大的教师》，新泽西州，纽布伦瑞克：罗格斯大学出版社，1946 年版。(Peterson, Houston, editor. *Great Teachers. New Brunswick*，N. J.：Rutgers University Press，1946.)是以前的学生对马克・霍普金斯(Mark Hopkins)[1]、查尔斯・E・加曼(Charles E. Garman)、伍德罗・威尔逊(Woodrow Wilson)[2]、约翰・杜威、威廉・詹姆斯、拉尔夫・沃尔多・爱默生(Ralph Waldo Emerson)[3]和其他教师的记述。作者包括海伦・凯勒(Helen Keller)、约翰・斯图亚特・穆勒(John Stuart Mill)[4]、克里斯托夫・莫利(Christopher Morley)[5]和詹姆斯・罗素・洛厄尔(James Russell Lowell)[6]。有简短的传记序言。

445. 彼得・普林茨：《当代教育学：思潮与基础》，帕德博恩：舍恩尼夫，1921 年第二版。(Prinz, Peter. *Zeitgenossische Padagogen：Stromungen und Strebungen*. Second edition. Paderborn：Schöningh，1921.)德国教育家如威尔曼、梅伊曼、鲍尔生、凯兴斯泰纳、古尔利特(Gurlitt)、纳托普(Natorp)等的著作选。附录部分有传记和参考书目资料。

446. 卡尔・拉斯菲尔德，赫尔曼・温特：《教育学概论》(第四版)。

---

① 马克・霍普金斯(1802—1887)，美国教育家。——译者注
② 伍德罗・威尔逊(1856—1924)，美国进步主义运动的领袖。1902 到 1910 年担任普林斯顿大学的校长。1913—1921 年任美国总统。——译者注
③ 拉尔夫・沃尔多・爱默生(1803—1882)，美国散文家、演说家和诗人。被美国前总统林肯称为"美国文明之父"。——译者注
④ 约翰・斯图亚特・穆勒(1806—1873)，英国哲学家、经济学家和心理学家。受过其父詹姆斯・穆勒(James Mill)的严格教育，是功利主义哲学思想的代表人物之一。——译者注
⑤ 克里斯托夫・莫利(1890—1957)，美国著名记者、小说家、散文家和诗人。——译者注
⑥ 詹姆斯・罗素・洛厄尔(1819—1891)，美国浪漫主义诗人、批评家和外交官。——译者注

莱比锡:托伊布纳,1918 年版。(Rassfeld, Karl and Wendt, *Hermann. Grundriss der Pädegogik*. Fourth edition. Leipzig: Teubner, 1918.)大约有 100 页内容是圣奥古斯丁(St. Augustine)、马丁·路德、拉特克(Ratke)、夸美纽斯、弗兰克、芬乃龙和卢梭(法文)、洛克(英文)、巴泽多、萨尔兹曼(Christain Gotthilf Salzmann)①、裴斯泰洛齐、赫尔巴特和其他教育家的文选。也包括一些学校法规。

447. 约翰·M·罗伊:《1530 到 1600 年德国新教教会的宗教课程史资料》,3 卷本,居特斯洛:贝塔斯曼,1904—1935 年版。(Reu, Johann M., editor. *Quellen zer Geschichte des kirchlichen Unterrichts in der evangelischen Kirche Deutschlands zwischen* 1530 *und* 1600. 3 vols. In 8 Gutersloh: Bertelsmann, 1904—1935.)16 世纪德国各地教授教义问答、圣经和路德宗其他时期宗教教育的德文、拉丁文和荷兰文资料。是该类文献中最全面的。编者作了历史和传记介绍。

448. 伊迪斯·瑞克特选编:《乔叟的世界》,纽约:哥伦比亚大学出版社,1948 年版。(Rickert, Edith, compiler. *Chaucer's World*. New York: Columbia University Press, 1948.)第 94—136 页是关于 14 和 15 世纪英格兰教育的资料。从拉丁文、古法文和中世纪英文资料翻译成了现代英文。

449. 詹姆斯·H·鲁滨逊、亨利·W·拉尔夫:《彼特拉克:第一位现代学者和文学家》,纽约:帕特南,1898 年版。(Robinson, James H. and Rolfe, Henry W. *Petrarch*: *The First Modern Scholar and Man of Letters*. New York: Putnam, 1898.)包括彼特拉克拉丁文书信的英译和长篇传记研究。研究文艺复兴时期教育的绝好资料。

450. P. 罗塞洛:《国际教育局的先驱》,日内瓦:国际教育局,1943年。(Rossello, P. *Les precurseurs du Bureau International d'Education*. Geneva : Bureau International, d'Education, 1943.)附录部分提供了其他文献中讨论国际教育历史的一些文件的文本和摘录。有一小部分资料被翻译成英文,呈现在 P·罗塞洛英文版的《国家教育局的先驱》

① 萨尔兹曼(1744—1811),德国牧师和教育家。——译者注

（M·伯茨翻译，伦敦大学教育学院出版社，1944年版）中。

451. 多明戈·福斯蒂诺·撒米恩托：《教育思想》，布宜诺斯艾利斯：全国教育协会，1938年。（Sarmiento, Domingo F. *Ideas Pedagogicas*. Buenos Aires：Consejo Nacional de Education，1938.）阿根廷改革者各种教育论著的节选。注明了资料来源。列有主题索引。

452. 费迪南·谢维尔：《意大利人文主义的第一个百年》，纽约：克罗夫茨，1928年版。（Schevill, Ferdinand. *The First Century of Italian Humanism*. New York：Crofts，1928.）包括彼特拉克、薄伽丘（Boccacio）、布鲁尼（Bruni）、弗吉里奥（Vergerio）、艾伊尼阿斯·西尔维乌斯（Aeneas Silvius）、皮科洛米尼（Piccolomini）和瓜里诺（Guarino）教育著作的节选。研究文艺复兴时期教育的很好的资料。

453. 罗伯特·F·西博尔特：《美国殖民地时期教育资料研究：私立学校》，《伊利诺斯大学教育学院教育研究所第28号公报》，乌尔班纳：伊利诺斯大学出版社，1925年版。（Seybolt, Robert F. *Source Studies in American Colonial Education：The Private School*. University of Illinois, College of Education, Bureau of Educational Research, Bulletin No. 28. Urbana：University of Illinois, 1925.）关于该时期教育的各种文献证据。

454. 罗伯特·F·西博尔特译：《中世纪大学生日记》，马萨诸塞州，坎布里奇：哈佛大学出版社，1921年版。（Seybolt, Robert F., translator. *The Manuale Scholarium*. Cambridge, Mass.：Harvard University Press，1921.）关于中世纪后期德国大学学生生活史的有趣资料。英文译文很流畅。有历史介绍。

455. 罗伯特·F·西博尔特：《殖民地时期波士顿的私立学校》，马萨诸塞州，坎布里奇：哈佛大学出版社，1935年版。（Seybolt, Robert F. *The Private Schools of Colonial Boston*. Cambridge, Mass.：Harvard University Press，1935.）从1706—1776年间的报纸上摘录的学校公告文本。有介绍性的历史文章和简要评论。

456. 罗伯特·F·西博尔特：《殖民地时期波士顿的公立学校：1635—1775》，马萨诸塞州，坎布里奇：哈佛大学出版社，1935年版。

(Seybolt，Robert F. *The Public Schools of Colonial Boston*，1635—1775. Cambridge，Mass.：Harvard University Press，1935.)引用的资料比较长。

457. 休伯特·M·斯金纳：《文学中的校长》，纽约：美国图书公司，1892 年版。(Skinner，Hubert M. *The Schoolmaster in Literature*. New York：American Book Co.，1892.)选自阿斯堪、莫里哀(Moliere)、卢梭、裴斯泰洛齐、歌德、撒克里(Thackeray)、狄更斯、乔治·埃利奥特、欧文(Irving)、埃格尔斯顿(Eggleston)等作者的著作。对于研究虚构文献(小说)中的教育是非常好的资料。

458. 沃尔特·H·斯莫尔：《早期的新英格兰学校》，波士顿：吉恩，1914 年版。(Small，Walter H. *Early New England Schools*. Boston：Ginn，1914.)正文从 17 和 18 世纪很多官方文件中引用了节选的文献，但没有注明节选文献的出处。对于研究新英格兰初等和中等教育的很多选题都有用。

459. 亨利·L·史密斯、梅里尔·T·伊顿，凯思琳·达格代尔：《数学教科书一百五十年》，布卢明顿：印第安纳大学合作研究与现场服务所，1945 年。(Smith，Henry L.，Eaton，Merrill T.，and Dugdale，Kathleen. *One Hundred Fifty Years of Arithmetic Textbooks*. Bloomington：Bureau of Cooperative Research and Field Service，Indiana University，1945.)从 18 世纪末期起在美国学校中使用的数学教科书的扉页和大量内容节选。

460. 亨利·L·史密斯等：《文法教科书一百五十年》，布卢明顿：印第安纳大学研究与现场服务所，1946 年。(Smith，Henry L.，et al. *One Hundred Fifty Years of Grammar Textbooks*. Bloomington：Division of Research and Field Services，Indiana University，1946.)从 18 世纪末期起在美国学校中使用的文法教科书的扉页和大量内容节选。

461. E·斯珀波主编：《教育学文选》(第二版)，5 卷本，古特斯洛：贝特斯曼，1899—1909 年版。(Sperber，E.，editor. *Padagogische Lesestucke*. Second edition. 5 vols. Gutersloh：Bertelsmann，1899—1909.)从古希腊到 20 世纪初期的教育著作选。

462. 约翰·A·西蒙兹：《葡萄酒、妇女与歌曲》，缅因州，波特兰：莫舍，1918 年版。（Symonds, John A. *Wine, Women and Song*. Portland, Me.: Mosher, 1918.）从拉丁文翻译来的中世纪学生的歌曲。

463. 《校长：论国民教育》，2 卷本，伦敦：骑士，1836 年版。（*The Schoolmaster: Essays on Popular Education*. 2 vols. London: Knight, 1836.）对阿斯堪的《校长》和洛克的《教育漫话》，以及约翰·弥尔顿、弗朗西斯·韦兰（Francis Wayland）①、毕晓普·巴特勒（Bishop Butler）等的教育论著进行了评析。

464. 《喜剧和讽刺剧中的校长》，纽约：美国图书公司，1894 年版。（*The Shoolmaster in Comedy and Satire*. New York: American Book Co., 1894.）文本选自拉伯（Francois Rabelais）、阿斯堪、莎士比亚、芬乃龙、斯威夫特、波普、埃奇沃斯、狄更斯和果戈理（Nikolai Gogol）等人的著作。有传记介绍。

465. 林恩·桑代克：《中世纪大学的成绩单和生活》，纽约：哥伦比亚大学出版社，1944 年版。（Thorndike, Lynn. *University Records and Life in the Middle Ages*. New York: Columbia University Press, 1944.）这份珍贵的原始资料展现了中世纪高等教育的各个方面。

466. G·H·特恩布尔：《哈特利布、杜里与夸美纽斯》，利物浦：利物浦大学出版社，1947 年版。（Turnbull, G. H. *Hartlib, Dury and Comenius*. Liverpool: University Press, 1947.）塞缪尔·哈特利布（Samuel Hartlib）②、约翰·杜里（John Dury）③和夸美纽斯的往来书信，及其他从未出版的关于 17 世纪英国教育的文献。拉丁文和法文文献没有翻译。

467. G·H·特恩布尔：《J·G·费希特的教育理论》，利物浦：利

---

① 弗朗西斯·韦兰（1796—1865），美国浸信会教育家和经济学家。——译者注
② 塞缪尔·哈特利布（1600—1662），英国的一位博学之士。——译者注
③ 约翰·杜里（1596—1680 年），苏格兰的加尔文派牧师和英国内战时期杰出的知识分子。——译者注

物浦大学出版社,1926 年版。(Turnbull, G. H. *The Educational Theory of J. G. Fichte.* Liverpool:University Press,1926.)第119—283 页是费希特各种教育著作、特别是关于大学的著作的译文。

468. 罗伯特·乌利奇:《教育影响的顺序》,马萨诸塞州,坎布里奇:哈佛大学出版社,1935 年版。(Ulich, Robert. *A Sequence of Educational Influences.* Cambridge, Mass.:Harvard University Press, 1935.)收藏于哈佛学院图书馆的 5 封以前未出版的信件原文的重印。信件的作者是裴斯泰洛齐、福禄培尔、第斯多惠、贺拉斯·曼和亨利·巴纳德。乌利奇博士在书中收录了 3 封德文信件的原文和英文译文;而且,他通过恰切的历史评论建立起了这五封信件之间的相互关系。

469. 罗伯特·乌利奇:《三千年教育智慧》,马萨诸塞州,坎布里奇:哈佛大学出版社,1947 年版。(Ulich, Robert. *Three Thousand Years of Educational Wisdom.* Cambridge, Mass.:Harvard University Press,1947.)从古至今各国教育思想文献的节选。这些文献选自薄迦梵歌、老子、孔子、普鲁塔克、圣经、圣奥古斯丁、热尔松(Gerson)、伊本·赫勒敦(Ibn Khaldoun)①、笛卡尔(René Descartes)、富兰克林、杰斐逊、爱默生和其他经常收录于资料书中的教育家的著作。有简短传记。

470. 赖因霍尔德·沃姆鲍姆主编:《新教学校规章》,3 卷本,居特斯洛:贝塔斯曼,1860—1864 年版。(Vormbaum, Reihhold, editor. *Evangelische Schulordnungen.* 3 vols. Gutersloh:Bertelsmann, 1860—1864.)1528—1773 年间信义会学校规章的拉丁文和德文文本。第 3 卷也包括弗兰克学校的规章。

471. 海伦·沃德尔:《漫游的学生》,伦敦:康斯特布尔,1927 年版。(Waddell, Helen. *The Wandering Scholars.* London:Constable, 1927.)是中世纪学生的抒情诗的拉丁文原文和英文译文。

472. 梅里克·惠特科姆:《文艺复兴文献资料集》,费城:宾夕法尼亚大学出版社,1903 年版。(Whitcomb, Merrick. *A Literary Source-*

---

① 伊本·赫勒敦(1332—1406),阿拉伯哲学家、历史学家和政治家。——译者注

Book of the Renaissance. Philadephia：University of Pennsylvannia，1903.）是彼特拉克、阿尔伯特、艾伊尼阿斯·西尔维乌斯·皮科洛米尼(Aeneas Silvius Piccolomini)卡斯底格朗、阿格里科拉(Agricola)①、维姆费林(Jakob Wimpfeling)②以及其他意大利和德国文艺复兴时期教育家的文选。

473. 威廉·H·伍德沃德：《伊拉斯谟论教育目的与方法》，坎布里奇：剑桥大学出版社，1904 年版。（Woodward，William H. *Desiderius Erasmus Concerning the Aim and Method of Education*. Cambridge：University Press，1904.）本书第二部分是伊拉斯谟的 4 本著作的节译。主体部分呈现了伊拉斯谟的生平传记，并分析了其教育思想。

474. 威廉·H·伍德沃德：《维多里诺和其他人文主义教育家》，坎布里奇：剑桥大学出版社，1905 年版。（Woodward，William H. *Wittorino da Jeltre and Other Humanist Educators*. Cambridge：University Press，1905.）弗吉里奥、布鲁尼、皮科洛米尼、维罗纳的格里诺教育论著的英译。有历史介绍。

475. 托马斯·伍迪主编：《本杰明·富兰克林的教育观》，纽约：麦格劳－希尔，1931 年版。（Woody，Thomas. editor. *Educational Views of Benjamin Franklin*. New York：McGraw-Hill，1931.）富兰克林的教育著作节选。包括传记资料。

476. 托马斯·伍迪：《新泽西殖民地和州时期的教友派教育：资料集》，费城：宾夕法尼亚大学出版社，1923 年版。（Woody，Thomas. *Quaker Education in the Colony and State of New Jersey：A Source Book*. Philadelphia：University of Pennsylvania，1923.）本书内容广泛引自 18 和 19 世纪的原始资料，作者随文进行了评论。

477. 克里斯托弗·沃兹沃思：《大学》，坎布里奇：剑桥大学出版社，1877 年版。（Wordsworth，Christopher. *Scholae academicae*. Cambridge：

---

① 阿格里科拉(1494—1555)，德国学者，被誉为"矿物学之父"。——译者注
② 维姆费林(1450—1528)，德国人文主义教育家。其《青春期》(*Adolescentia*)一书被誉为"德国第一部伟大的教育著作"。——译者注

University Press，1877.）关于 18 世纪英格兰大学课程的拉丁语和英语文献。

478. 罗伯特·F·扬主编:《夸美纽斯在英格兰》,伦敦:牛津大学出版社,1932 年版。(Young, Robert F., editor. *Comenius in England*. London：Oxford University Press，1932.)关于夸美纽斯访问英格兰(1641—1642)的文献的译文,作者进行了介绍和注解。包括夸美纽斯、哈特利布和约翰·杜里的书信及其他著作。对于研究夸美纽斯、英格兰教育史和美国的印地安人教育有用。

479. 埃里希· 齐巴斯汇编:《希腊学校》,波恩:马库斯和维珀,1910 年版。(Ziebarth, erich, compiler. *Uns der antiken Schule*. Bonn：Marcus and Veber，1910.)书中收集了在蒲草纸、瓦片和贝壳上发现的希腊学校的作业。编者用德语作了解释性评论。

还有大量关于中世纪高等教育史的原始资料集,但大多没有从拉丁文翻译过来。这些资料对于任何希望对该领域进行系统彻底研究的计划都是非常重要的。那些能够阅读拉丁文的读者可以利用如下资料集:《博洛尼亚大学档案研究》(*Chartularium studii bononeensis*)(博洛尼亚大学)、《巴黎大学档案研究》(*Chartularium universitatis Parisiensis*)(巴黎大学)、《牛津大学旧时章程》(*statute antiquea universitatis Oxoniensis*)(牛津大学)、《布拉格大学历史资料》(*Monumenta historica universitatis pragensis*)(布拉格大学)。对这些资料集及类似著作的描述,可以参见珀尔·基布尔(Pearl Kiber)的《中世纪大学中的同乡会》(*The Nations in the Mediaeval Universities*)(马萨诸塞州,坎布里奇:美国中世纪学会,1948 年)。

上面介绍的资料集,并未呈现出研究时可供参考的全部文献集。无疑,学生将会在历史、哲学、社会学、人类学、宗教和相关领域的众多资料集中找到更多的文献。

尽管资料集对于研究非常有用,但是,高年级学生绝不能仅仅依靠这些文献,还应该努力获得全面完整的而不是片段的资料。如果有机会考察某一论述的全面背景,敏锐的研究者将会对他所研究的问题获得更好的理解。他也许会获得解决他的研究计划中某些小问题的建议

72

115

或线索。

在卷帙浩繁的资料中寻找某些易忘的教育论述,这是一项耗时甚巨的艰苦工作。那些希望研究某一位伟大教育家的思想和影响的低年级学生,当发现不得不阅读的大量出版文献时很容易垂头丧气。幸好,有一些打开经典名著的钥匙。这样,研究柏拉图教育思想某方面的学生可以参见伊夫林·阿博特(Evelyn Abbott)主编的《柏拉图对话主题索引》(*A Subject Index to the Dialogues of Plato*)(牛津:克拉伦登出版社,1875 年版)。这是对斯蒂芬版的柏拉图著作的索引。关于"儿童"、"教育"、"理念"、"无知"、"知识"、"音乐"等标题,可以引导学生找到柏拉图著作中的相关论述。关于亚里士多德著作的类似著作近期刚刚出版。特洛伊·W·奥根(Troy W. Organ)的《亚里士多德著作英译本索引》(*An Index to Aristotle in English Translation*)(普林斯顿:普林斯顿大学出版社,1949 年版)是对 D·罗斯(D. Ross)和 J·A·史密斯(J. A. Smith)主编的亚里士多德著作英译本(11 卷本,伦敦:牛津大学出版社,1908－1931 年版)的分类索引。同样,学生仍然可以参阅"教育"、"儿童"等标题。

不难理解,这些索引可以促进对柏拉图和亚里士多德教育哲学的研究,或者有助于研究那些其著作已被索引的思想家的教育哲学。唯一需要的是,正在从事研究的学生所在学校的图书馆必须收藏有这些索引及其索引上的经典著作。

年鉴

专门讨论教育史问题的文章和如今具有历史价值的报告,可以在哥伦比亚大学师范学院国际所出版的《教育年鉴》(*Educational Yearbook*)中找到。由 I·L·坎德尔主编并于 1925 到 1944 年间出版的这些教育年鉴提供了外国和美国的教育数据,这些资料多由本国专家收集并作了阐释。对于研究 20 世纪教育和那些源于前一世纪的教育问题,这些教育年鉴是非常有价值的。从内容呈现的系统性来看,1929—1941 年的教育年鉴或许是最有用的。此前的卷本主要提供了英格兰、法国、德国、意大利、日本和美国教育制度的哲学基础。此后的卷本完全由坎德尔博士撰写,主要提供了第二次世界大战之前的国际教育力量的概要和阐释。这些教育年鉴现都已绝版。

教育史的专门章节

许多历史书籍和一般教育著作都包含关于某个时期教育史的章节。学生们将会发现,许多这样的章节非常有用。下面列举一些这种书籍:

480. 伊夫林·阿博特主编:《希腊》,伦敦:里文顿,1880 年版。理查德·L·内特尔希普:《柏拉图〈理想国〉中的教育理论》,第 67—180 页。(Abbot, Evelyn, editor. *Hellenica*. London: Rivington, 1880. Richard L. Nettleship, "*The Thoery of Education in the Republic of Plao*", PP. 67—180.)

481. 艾尔弗雷德·J·爱斯基斯:《美国社会中的专业牙医术》,纽约:临床出版社,1941 年版。(Asgis, Alfred J. *Professional Dentistry in American Society*. New York: Clinical Press, 1941.)有 6 章考察了美国的牙医教育史(第 56—98 页)。

482. 萨洛·W·巴伦:《犹太社会》,第 2 卷,费城:美国犹太出版协会,1942 年。(Baron, Salo W. *The Jewish Community*. Vol. II. Philadelphia: Jewish Publication Society of America, 1942.)第 8 章《教育与公共启蒙》讨论了从中世纪到 18 世纪的犹太教育(第 169—207 页)。第 3 卷中有脚注和参考书目,也可参阅第 3 卷的索引。

483. 埃德温·R·比万:《以色列的遗产》,牛津:克拉伦登出版社,1927 年版。(Bevan, Edwyn R., and Singer, Charles, editors. *The Legacy of Israel*. Oxford: Clarendon, 1927.)包括一些学术论文,如查尔斯·辛格(Charles Singer)的《中世纪拉丁基督徒中的希伯来学术》(*Hebrew Scholarship in the Middle Ages among the Latin Christains*),以及 G·H·博克斯(G. H. Box)的《宗教改革及其后的希伯来研究》(*Hebrew Studies in the Reformation Period and After*)。

484. 贺拉斯·M·邦德:《美国社会秩序中的黑人教育》,纽约:普

74

伦蒂斯—霍尔，1934 年版。(Bond, Horace M. *The Education of the Negro in the American Social Society Order*. New York：Prentice-Hall，1934.)有 9 个章节包括对内战以来美国黑人教育史的文献考察（第 9—187 页）。

485. 莱斯利·F·丘奇：《早期的卫理公会教徒》，纽约：哲学图书馆，1949 年版。(Church, Leslie F. *The Early Methodist People*. New York：Philosophical Library, 1949.)第 6 章"他们的家庭生活和孩子"详细记述了 18 世纪和 19 世纪早期英格兰卫理公会的教育。

486. G·N·克拉克：《17 世纪》（第二版），牛津：克拉伦登出版社，1947 年版。(Clark, G. N. *The Seventeenth Century*. Second Edition. Oxford：Clarendon, 1947.)第 18 章《教育》，第 288—305 页。其他教育问题可以参考内容目录，"索引"中没有"教育"条目。

487. E·默顿·库尔特：《重建时期的南部：1865—1877 年》，新奥尔良：路易斯安那州立大学出版社，1947 年版。(Coulter, E. Merton. *The South During Reconstruction*：1865—1877. New Orleans：Louisiana State University Press，1947.)第 15 章有保存非常好的一手资料。

488. G·G·库尔顿：《中世纪全景》，坎布里奇：剑桥大学出版社，1938 年版。(Coulton, G. G. *Medieval Panorama*. Cambridge：University Press，1938.)关于"骑士制度"、"修道院"、"修道生活"和"从小学到大学"的章节，有助于理解中世纪英格兰教育史。

489. 贝利·W·迪菲：《拉丁美洲文明：殖民地时期》，宾夕法尼亚州，哈里斯堡：斯塔克波尔，1945 年版。(Diffie, Bailey W. *Latin-American Civilization*：*Colonial Period*. Harrisburg, Pa.：Stackpole, 1945.)第 23 章"教育发展与文化融合"，第 492—513 页。第 24 章和 25 章包含着一些其他的教育资料。提供了大量的一手文献，对于研究拉丁美洲教育史有用。

490. 乔治·B·福勒：《恩格尔贝特①的学术兴趣》，纽约：哥伦比亚大

---

① 恩格尔贝特(1250—1331)，奥地利哲学家、神学家、政论学家、本笃会会士。——译者注

学出版社,1947 年版。(Fowler, George B. *Intellectual Interests of Engelbert of Admont*. New York: Columbia University Press, 1947.)第 6 章"教育和道德观念"有助于了解中世纪奥地利的教育。在本书的其他部分,也可以发现一些相关资料。

491. 冯友兰:《中国哲学简史》,纽约:麦克米伦,1948 年版。(Fung, Yu-Lan. *A Short History of Chinese Philosophy*. New York: Macmillan, 1948.)有关于孔子、孟子、老子和其他中国教育哲学家的章节。

492. 詹姆斯·W·加纳主编:《南部历史和政治研究》,纽约:哥伦比亚大学出版社,1914 年版。(Garner, James W. editor. *Studies in Southern History and Politics*. New York: Columbia University Press, 1914. William K. Boyd's "*Some Phases of Educational History in the South since 1865* ".)威廉·K·博伊德的"1865 年以来南部教育史的发展阶段"(第 259—287 页),讨论了公共教育、高等教育和黑人教育问题。主要依靠一手资料和二手资料。

493. 海曼·B·格林斯坦:《纽约犹太社区的崛起:1654—1860 年》,费城:美国犹太出版协会,1945 年。(Grinstein, Hyman B. *The Rise of the Jewish Community of New York*: 1654—1860. Philadelphia: Jewish Publication Society of America, 1945.)第 12 章"教育"运用了非常丰富的一手文献。寻找其他的教育著作可以参阅索引部分。

494. 查尔斯·H·哈斯金斯:《中世纪文化研究》,纽约:牛津大学出版社,1929 年版。(Haskins, Charles H. *Studies in Mediaeval Culture*. New York: Oxford University Press, 1929.)同一作者撰写了关于中世纪教育的 4 个章节:"书信中呈现的中世纪学生生活"、"13 世纪布道中的巴黎大学"、"学生手册"和"中世纪思想的传播"。

495. 查尔斯·H·哈斯金斯:《中世纪科学史研究》,坎布里奇:哈佛大学出版社,1924 年版。(Haskins, Charles H. *Studies in the History of Mediaeval Science*. Cambridge: Harvard University Press, 1924.)第 18 章"12 世纪末期以来的教科书目录"对于研究中世

75

纪高等教育史有帮助。

496. 查尔斯·H·哈斯金斯：《12 世纪的文艺复兴》，马萨诸塞州，坎布里奇：哈佛大学出版社，1927 年版。（Haskins, Charles H. *The Renaissance of the Twelfth Century*. Cambridge Mass.：Harvard University Press, 1927.）有"学术中心"、"图书与图书馆"、"拉丁经典的复兴"和"大学的出现"章节。每章后有丰富的参考书目。

497. 埃德蒙·B·休伊：《阅读的心理学和教育学》，纽约：麦克米伦，1908 年版。（Huey, Edmund B. *The Psychology and Padegogy of Reading*. New York：Macmillan, 1908.）有 6 章关于阅读和阅读教学的历史（第 187—312 页）。

498. 比德·贾勒特：《中世纪的社会理论：1200—1500》，威斯敏斯特：纽曼书店，1926 年版。（Jarret, Bede. *Social Theories of the Middle Ages：1200—1500*. Westminster, Md.：Newman book shop, 1926.）第 31—68 页是关于中世纪和文艺复兴时期的教育哲学。

499. 约翰·T·拉宁：《西班牙殖民地的学术文化》，纽约：牛津大学出版社，1940 年版。（Lanning, John T. *Academic Culture in th Spanish Colonies*. New York：Oxford University Press, 1940.）有 2 个章节用翔实的资料论述了西班牙大学的历史。

500. J·保罗·伦纳德：《开发中学课程》，纽约：莱因哈特，1946 年版。（Leonard, J. Paul. *Developing the Secondary School Curriculum*. New York：Rinehart, 1946.）有 2 章论述美国中学及其课程的历史背景（第 3—72 页）。主要运用的是二手资料。

501. 马克西姆·纽马克主编：《20 世纪的现代语教学》，纽约：哲学图书馆，1948 年。（Newmark, Maxim, editor. *Twentieth Century Modern Language Teaching*. New York：Philosophical Library, 1948.）第 1—86 页是关于现代语教学各个时期历史的大量著作的节选。

502. 雷金纳德·G·普尔：《年代学和历史研究》，牛津：克拉伦登出版社，1934 年版。（Poole, Reginald G. *Studies in Chronology and*

History. Oxford：Clarendon，1934.）第 15 章"索尔兹伯里的约翰①时代巴黎和夏特尔的校长们"（复印自《英国历史评论》1920 年第 35 期）。对于研究 12 世纪的教育有帮助。

503. F・M・波威克：《中世纪基督徒的生活》，牛津：克拉伦登出版社，1935 年版。（Powick，F. M. *The Christian Life in the Middle Ages*. Oxford：Clarendon，1935.）第 74—91 页是"中世纪的教育"；第 92—106 页是"中世纪大学史的一些问题"。

504. C・C・罗斯：《当今学校中的测量》（第二版），纽约：普伦蒂斯—霍尔，1947 年版。（Ross，C. C. *Measurement in Today's Schools*. Second Edition. New York：Prentice-Hall，1947.）第 2 章简略描绘了教育测量运动的发展史（第 27—64 页）。

505. 普里泽夫德・史密斯：《现代文化史》，第 1 卷，纽约：霍尔特，1930 年版。（Smith，Preserved. *A History of Modern Culture*. Vol. I. New York：Holt，1930.）第 11 章"教育"涵盖了 1543—1687 年这段时期（第 315—355 页）。

506. 普里泽夫德・史密斯：《现代文化史》，第 2 卷：《启蒙运动：1687—1776》，纽约：霍尔特，1934 年版。（Smith，Preserved. *A History of Modern Culture*. Vol. II, The Enlightment，1687—1776. New York：Holt，1934.）第 402—449 页讨论了这一时期的大学、中小学校和教育理论的历史。

507. 查尔斯・H・泰勒主编：《查尔斯・霍默・哈斯金斯关于中世纪史的纪念论文》，波士顿：霍顿—米夫林，1929 年版。（Taylor，Charles H.，editor. *Anniversary Essays in Mediaeval History of Charles Homer Haskins*. Boston：Houghton，Mifflin，1929.）查尔斯・W・戴维（Charles W. David）的论文《亨利一世要求获称博学者的声明》、霍华德・L・格雷（Howard L. Gray）的论文《1455—1456 年英格兰的希腊

76

---

① 索尔兹伯里的约翰（约 1115—1180），出生于英国的萨隆，曾拜阿伯拉尔等人为师，深受其思想的启迪。在欧洲中世纪经院哲学的鼎盛时期，他成为阿伯拉尔和奥卡姆之间的重要传人。——译者注

访问者》、盖恩斯·波斯特(Gaines Post)的论文《亚历山大三世，"授课准许证"与中世纪大学崛起》。

508. 托马斯·J·沃滕贝克：《清教徒寡头政体：美国文明的奠基》，纽约：斯克里布纳，1947 年版。(Wertenbaker, Thomas J. *The Puritan Oligarchy: The Founding of American Civilization*. New York: Scribner, 1947.)第 5 章"抓住教鞭的自由党"讨论了 17 到 18 世纪马萨诸塞州的教育。主要依靠一手和二手资料。

509. 埃德加·B·韦斯利：《社会学科教学》(第二版)，波士顿：希斯，1942 年版。(Wesley, Edgar B. *Teaching of Social Studies*. Second Edition. Boston: Heath, 1942.)第 175—227 页简要描述了社会学科教学的历史。

报告的背景资料

不管问题已经界定得多么明确，研究都不可能局限于问题本身，或者说在真空中进行。每一个教育思想和实践都与它根源于其中的时代有着千丝万缕的联系。因此，如果不参考当时美国的社会、宗教和家庭生活，就不能理解美国公立学校中的宗教教学要求。如果不考察当时占主导地位的政治和社会条件，研究纳粹德国的中等学校课程就没有意义。

因此，学生在准备报告的时候要阅读并利用一些背景资料。如同研究教育问题本身一样，学生仍然可以在百科全书和教科书中获得有价值的资料。但是，在搜集背景资料的时候必须要细心，因为许多教科书和其他概括性的知识往往比较简要、高度概括和过于简单化。总之，如果想把研究结论与问题背景联系起来，学生在选择背景知识资料的时候就必须进行一些辨别工作。

有些学生急于完成研究课题，就利用家中最便利的历史书籍。一些书籍往往是他们中学阶段用过的复习书或补习书，或者是大学阶段的复习书。尽管这些书都是由称职的人所写的，但是，由于它们提供的信息过度压缩或有欠真实而没有多大价值。中学阶段的教科书同样如此。在有些学生看来,在这样的一本研究指南中还特别提出这个问题显得很奇怪。然而,经验表明,在选择这些背景读物的时候,即使是研究生有时候也不能区分精深的和肤浅的著作。

比上述任何一种好一些的是编写精当的大学历史教科书。即使是这些教科书,也需要作适当的区分。毫无疑问,大多数教师都会赞同对于世界文明的通览是非常有用的,例如,林恩·桑代克(Lynn Thorndike)①、赫顿·韦伯斯特(Hutton Webster)②或者是亨利·S·卢卡斯(Henry S. Lucas)的此类著作。但是,对于所作论文是关于古希腊教育的学生而言,这些著作未免有些太宽泛了。相比而言,华莱士·E·考德威尔(Wallace E. Caldwell)的教科书《古代世界》(*The Ancient World*)更为适合。比这本更好一些的是专门讨论古希腊的教科书,例如,G·W·博茨福德(G. W. Botsford)的《古希腊历史》(*Hellenic History*)。研究美国教育史同样如此,一篇关于殖民地时期学校的论文更适合参考柯蒂斯·P·内特尔斯(Curtis P. Nettels)的《美国文明的根基》(*The Roots of American Civilization*)和奥利弗·P·奇特伍德(Oliver P. Chitwood)的《殖民地美国史》(*A History of Colonial America*),而不是哈罗德·U·福克纳(Harold U. Faulkner)的《美国政治和社会史》(*American Political and Social History*)。对于某些题目来说,可以从专著中获得最好的背景资料。

以上关于从通史教科书中寻找背景资料的要求,同样适用于教育史教科书。关于早期黑人教育,卡特·G·伍德森(Carter G. Woodson)的《1861 年以前的黑人教育》(*The Education of the Negro Prior to* 1861)比任何关于美国教育史的教科书能提供更充分可靠的资料。因为后者关于黑人教育的论述大多都是以伍德森的类似研究为基础的,因此,细心的学生会发现,专门史教科书比通史教科书更可靠。

---

① 林恩·桑代克(1882—1965),美国历史学家,主要研究中世纪的科学与炼金术。——译者注

② 赫顿·韦伯斯特(1875—1955),美国历史学家,主要研究古代社会。——译者注

教科书作者相对来说很少利用那些构成历史的终极的东西。（参见第五章）。

在确定历史背景的时候，最好不要依靠一本教科书——不管何种类型的教科书。对至少两本教科书进行比较，比仅仅考察一本教科书可以使学生对一个时代获得更好的、更精确的画像。对于背景资料的对比，肯定会提高研究的质量。

第四章　教育史写作的辅助资料

本章介绍了一些关于一般历史与教育史的本质和写作的著作。这些著作将有助于学生理解历史研究方法。如何将历史学的研究程序应用到教育史领域,将在下一章中进行讨论。

79

通　史

历史学

510. 威廉·鲍尔:《历史研究导论》(第二版),图宾根:莫尔,1928年版。(Bauer, Wilhelm. *Einfuhrung in das Studium der Geschichte.* Second edition. Tubingen:Mohr, 1928.)一本历史哲学著作,并详细论述了史学方法——资料、考证、呈现。包括许多参考书目。

511. 恩斯特·伯恩海姆:《史学入门》,柏林:戈申,1912年版。(Bernheim, Ernst. *Einleitung in die Geschichtswissenschaft.* Berlin:Goschen, 1912.)它是下面这个版本的缩写本。

512. 恩斯特·伯恩海姆:《史学方法与历史哲学教科书》,第五、六版。莱比锡:顿克和洪堡,1908年版。(Bernheim, Ernst. *Lehrbuch der historischen Methode und der Geschichtsphilosophic.* Fifth and sixth edition. Leipzig:Duncker and Humblot, 1908.)论述历史研究的本质和方法论。这本奠基之作已经成了其他语种文稿的模板。

513. C·G·克伦普:《历史与历史研究》,伦敦:劳特利奇,1928年版。(Crump, C. G. *History and Historical Research.* London:

Routledge，1928.）讨论了题目的选择、寻找和评价资料、做笔记以及历史综合。

514. C·G·克伦普：《历史的逻辑》，伦敦：基督教知识促进会，1919 年。（Crump, C. G. *The Logic of History*. London：Society for Promoting Christian Knowledge，1919.）论述历史考证和呈现的过程。

515. 柯蒂·默尔主编：《历史研究的理论与实践》，《第 54 号通告》，纽约：社会科学研究委员会，1946 年。（Curti，Merle，Chairman. *Theory and Practice in Historical Study*. Bulletin 54. New York：Social Science Research Council，1946.）由历史学家和哲学家对史学方法论及其理论基础进行的再审视。有关于史学方法和历史哲学的绝好的、分类明确的参考书目。

516. 厄尔·W·道：《历史研究中笔记系统的原则》，纽约：世纪出版公司，1924 年版。（Dow，Earle W. *Principles for a Note-System for Historical Studies*. New York：Century，1924.）关于历史研究中做笔记方法的典范之作。

517. 弗雷德·M·弗林：《历史写作》，康涅狄格州，纽黑文：耶鲁大学出版社，1920 年版。（Fling，Fred M. *The Writing of History*，New Haven，Conn.：Yale University Press，1920.）对史学方法进行了非常实用的介绍。讨论了题目的选择，原始资料的搜集、分类和考证，事实的确立和综合，以及历史综合等。主要以法国大革命作为例证。

518. 吉尔伯特·J·加拉汉：《史学方法指南》，纽约：福德姆大学出版社，1946 年版。（Garraghan，Gilbert J. *A Guide to Historical Method*. New York：Fordham University Press，1946.）关于史学方法理论和实践的手册。附有非常好的参考书目。

519. H·B·乔治：《历史证据》，牛津：克拉伦登出版社，1909 年版。（George，H. B. *Historical Evidence*. Oxford：Clarendon，1909.）论述了历史证据的实质、原始资料的考证、历史学家的不准确性和历史概括问题。

520. 路易斯·戈特沙尔克、克莱德·克拉克洪和罗伯特·安杰尔：《历史学、人类学和社会学中私人文献的利用》，《第 53 号通告》，纽约：

社会科学研究委员会，1945 年。（Gottschalk，Louis，Kluckhohn，Clyde，and Angell，Robert. *The Use of Personal Documents in History*，*Anthropology and Sociology*. Bulletin 53. New York：Social Science Research Council，1945.）历史文件由戈特沙尔克博士进行了分析和评价。

521. 霍默·C·霍基特：《美国历史研究导论》（修订版），纽约：麦克米伦，1948 年版。（Hockett，Homer C. *Introduction to Research in American History*. Revised Edition. New York：Macmillan，1948.）以美国历史为例对历史研究中的各个阶段提供了指导。

522. 艾伦·约翰逊：《历史学家与历史证据》，纽约：斯克里布纳，1926 年版。（Johnson，Allen. *The Historian and Historical Evidence*. New York：Scribner，1926.）讨论了资料的来源、证据的评价以及假设的运用。

523. 查尔斯·约翰逊：《历史学家的工作过程》，伦敦：基督教知识促进会，1922 年。（Johnson，Charles. *The Mechanical Processes of the Historian*. London：Society for Promoting Christian Knowledge，1922.）为历史报告的准备提供了一些建议。对适当的史学方法的涉及很少。

524. 舍曼·肯特：《撰写历史》，纽约：克罗夫茨，1941 年版。（Kent，Sherman. *Writing History*. New York：Crofs，1941.）对于历史研究报告的准备提供了绝好的建议。包括注释详尽的参考书目。关于史学方法呈现得比较简略。

525. 弗里德里克·S·克莱因：《历史研究方法》，密执安州，安阿伯：爱德华兹兄弟图书公司，1940 年版。（Klein，Frederic S. *Research Methods in History*. Ann Arbor，Mich.：Edwards Bros.，1940.）着重于资料的收集和论述的考证。

526. 查尔斯·V·朗格卢瓦，查尔斯·瑟诺博斯：《历史研究导论》，伦敦：达克沃斯，1898 年版。（Langlois，Charles V. and Seignobos，Charles. *Introduction to the Study of History*. London：Duckworth，1898.）一本深入探索史学方法论的、被广泛运用的研究指南。由贝里（G. G. Berry）从法文翻译成英文（巴黎，1898）。

527. R·L·马歇尔：《文档的历史考证》，伦敦：基督教知识促进会，1920 年。（Marshall，R. L. *The Historical Criticism of Documents*. London：Society for Promoting Christian Knowledge，1920.）关于文献的内部考证和外部考证过程的短论。

528. 安德烈·莫里兹：《文学史的问题与方法》，波士顿：吉恩，1922 年版。（Morize，Andre. *Problems and Methods of Literary History*. Boston：Ginn，1922.）主要以现代法国文学为例，认真研究了资料的考证、真实性以及史学方法论的其他阶段。非常精彩的一章是关于如何确定一个人的思想对另一个人的影响。

529. 阿伦·内文斯：《历史学入门》，纽约：希思，1938 年版。（Nevins，Allan. *The Gateway to History*. New York：Heath，1938.）一本关于史学方法中的证据以及其他方面的好书。包括对于历史学与其他领域关系的讨论。附有涉及面广泛的参考书目。

530. 路易斯·奥布赖恩：《历史写作》，伯克利：加利福尼亚大学出版社，1935 年版。（O'Brein，Louis. *The Writing of History*. Berkeley：University of California Press，1935.）改编自保罗·哈森（Paul Harsin）的《历史写作评论》（*Comment on écrit l'histoire*）。简要讨论了资料收集、文献考证和历史综合问题。

531. 查尔斯·奥曼：《论历史写作》，纽约：德顿，1939 年版。（Oman，Charles. *On the Writing of History*. New York：Dutton，1939.）关于历史研究的意义的论文。特别关注原始资料的考证原则。

532. 斯图尔特·A·赖斯主编：《社会科学方法》，芝加哥：芝加哥大学出版社，1931 年版。（Rice，Stuart A.，editor. *Methods in Social Science*. Chicago：University of Chicago Press，1931.）默尔·E·柯蒂（Merle E. Curti）对弗里德里克·J·特纳（Frederick J. Turner）、卡尔·史蒂芬森（Carl Stephenson）对亨利·皮雷纳（Henri Pirenne）①和

① 亨利·皮雷纳（1862—1935），比利时教育家和杰出的中世纪史学者。主要著作有《中世纪城市的起源》（*The Origins of the Constitutions of Medieval Cities*）和《中世纪的终结》（*The End of the Middle Ages*）等。——译者注

乔治·冯·贝洛(George Von Below)、威廉·L·朗格(William L. Langer)对悉尼·B·费伊(Sidney B. Fay)、亨利·E·伯恩(Henry E. Bourne)对朱尔斯·米歇莱(Jules Michelet)[1]、琼·庞米尔(Jean Pommier)对欧内斯特·勒南(Ernest Renan)[2]、弗兰西斯·A·克里斯蒂(Francis A. Christie)对厄恩斯特·特洛尔奇(Ernst Troeltsch)[3]、费迪南德·谢维尔(Ferdinand Schevill)对伏尔泰的史学方法论进行了批判性分析。

533. 露西·M·萨蒙:《报纸与历史证据》,纽约:牛津大学出版社,1923年版。(Salmon, Lucy M. *The Newpapers and Historical Evidence*. New York: Oxford University Press, 1923.)专门探讨了报纸这种文献。

534. 欧内斯特·斯科特:《历史学与历史问题》,墨尔本:牛津大学出版社,1925年版。(Scott, Ernest. *History and Historical Problems*. Melbourne: Oxford University Press, 1925.)讨论了历史研究方法及其与其他领域的关系。

535. 约翰·M·文森特:《历史研究辅助》,纽约:阿普尔顿—世纪,1934年版。(Vincent, John M. *Aids to Historical Research*. New York: Appleton-Century, 1934.)简要介绍了研究报告准备过程中的一些有用的材料。

536. 约翰·M·文森特:《历史研究》,纽约:霍尔特,1911年版。(Vincent, John M. *Historical Research*. New York: Holt, 1911.)详细讨论了史学方法论,同时分析了一些辅助科学——年代学、古文字学、印记学。特别讨论了文献作者的确定问题。

---

① 朱尔斯·米歇莱(1798—1874),法国历史学家。——译者注
② 欧内斯特·勒南(1823—1892),法国历史学家。著有《耶稣传》(*Vie de Jésus*)等。——译者注
③ 厄恩斯特·特洛尔奇(1865—1923),德国神学家、哲学家和自由主义政治家。——译者注

历史哲学

高年级学生可能希望熟悉历史思想的基础。下面这些著作就提供了各种各样的观点，大多从题目上就可以辨别出来。

537. 雷蒙·阿隆：《历史哲学导论》，巴黎：伽利玛，1938 年版。(Aron, Raymon. *Introduction à la philosophie de l'histoire*. Paris：Gallimard, 1938.)对于历史哲学的各方面都作了简明介绍。

82

538. 查尔斯·A·比尔德：《人类事务论》，纽约：麦克米伦，1936 年版。(Beard, Charles A. *The Discussion of Human Affairs*. New York：Macmillan, 1936.)将史学方法论运用到人类事务研究。

539. 卡尔·L·贝克尔：《每个人都是自己的历史学家》，纽约：克罗夫茨，1935 年版。(Becker, Carl L. *Everyman His own Historian*. New York：Crofts, 1935.)阐明一位著名历史学家观点的非常有趣的系列论文。包括对其他解释的评价。

540. M·M·鲍勃：《卡尔·马克思的历史观》(第二版)，马萨诸塞州，坎布里奇：哈佛大学出版社，1948 年版。(Bober, M. M. *Karl Marx's Interpretation of History*. Second Edition. Cambridge, Mass.：Harvard University Press, 1948.)对马克思的唯物主义历史观进行了客观翔实的阐释。

541. 尼古拉·布哈林：《历史唯物主义》，由弗里达·鲁比纳(Frida Rubiner)译自俄文。汉堡：共产国际出版社，1922 年版。(Bukharin, Nikolai. *Theorie des historischen Materialismus*. Translated from the Russian by Frida Rubiner. Hamburg：Verlag der Kommunistischen Internationale, 1922.)论述共产主义立场下的历史唯物主义。

542. J·B·伯里：《进步的观念》[①]，纽约：麦克米伦，1932 年版。(Bury, J. B. *The Idea of Progress*. New York：Macmillan, 1932.)讨论历史原则的名著。

543. 雪莉·J·凯斯：《基督教历史哲学》，芝加哥：芝加哥大学出版

---

① 中译本《进步的观念》，范祥涛译，上海：上海三联书店 2005 年版。——译者注

社,1943 年版。(Case, Shirley J. *The Christian Philosophy of History*. Chicago：University of Chicago Press,1943.)对历史的一种精神化的解释。

544. 爱德华·P·切尼:《历史学的法则》,纽约:诺夫,1927 年版。(Cheyney, Edward P. *Law in History*. New York：Knopf, 1927.)关于历史综合的论文集。

545. 莫里斯·R·科恩:《人类历史的意义》,伊利诺斯州,拉萨尔:公开法庭出版公司,1947 年版。(Cohen, Morris R. *The Meaning of Human History*. LaSalle, Ill. ：Open Court Publishing Co. , 1947.)对研究历史的各种社会科学和哲学方法进行了敏锐的研究。

546. R·G·柯林武德:《历史的观念》①,纽约:牛津大学出版社,1946 年版。(Collingwood, R. G. *The Idea of History*. New York：Oxford University Press,1946.)分析了古希腊至今对历史的解释。

547. B·克罗齐:《作为自由故事的历史》,西尔维娅·斯普里格(Sylvia Sprigge)译自意大利文。纽约:诺顿,1941 年版。(Croce, Benedetto. *History as the Story of Liberty*. Translated by Sylvia Sprigge. New York：Norton, 1941.)一位意大利著名哲学家的历史观点。

548. B·克罗齐:《历史:理论与实践》,道格拉斯·安斯利(Douglas Ainslie)译,纽约:哈考特,1921 年版。(Croce, Benedetto. *History：Its Theory and Practice*. Translated by Sylvia Sprigge. New York：Harcourt,1921.)历史哲学与史学史。

549. 莱维斯·爱因斯坦:《历史变革》,坎布里奇:剑桥大学出版社,1946 年版。(Einstein, Lewis. *Historical Change*. Cambridge：University Press,1946.)呈现了各种关于历史变革的不同观念。

550. 彼得·吉尔戴主编:《天主教历史哲学》,纽约:肯尼迪,1936 年版。(Guilday, Peter, editor. *The Catholic Philosophy of History*.

---

① 中译本《历史的观念》,何兆武、张文杰译,北京:商务印书馆 1997 年版。——译者注

New York：Kenedy，1936.）中世纪和现代天主教历史哲学家的论文。

551. 乔治·W·F·黑格尔：《历史哲学》①（修订版），J·西比里（J. Sibree）译，纽约：科利尔，1900 年版。（Hegel, Georg W. F. *The Philosophy of History*. Tranlated by J. Sibree. Revised edition. New York：Collier, 1900.）一位德国著名哲学家对历史的分析。

552. E·M·休姆：《历史学和它的邻居》，纽约：牛津大学出版社，1942 年版。（Hulme, E. M. *History and Its Neighbors*. New York：Oxford University Press, 1942.）探讨了历史学与其他学术性学科的关系。

553. E·E·凯利特：《历史面面观》，伦敦：开普，1938 年版。（Kellet, E. E. *Aspects of History*. London：Cape, 1938.）探讨了历史学与科学、文学和其他领域的关系。

554. E·兰伯特：《历史启示录》，伦敦：牛津大学出版社，1933 年版。（Lambert，E. *The Apocalypse of History*. London：Oxford University Press, 1933.）简要讨论了历史作为一门科学的问题，着重讨论了确定性和公正性问题。

555. 莫里斯·曼德尔鲍姆：《历史知识问题》，纽约：利夫莱特，1938 年版。（Mandelbaum, Maurice. *The Problem of Historical Knowledge*. New York：Liveright, 1938.）对历史相对论进行了批判性分析。它是"克服当前对历史知识的普遍怀疑主义的一种努力"。

556. 谢勒·马修斯：《历史的灵性解释》，马萨诸塞州，坎布里奇：哈佛大学出版社，1920 年版。（Mathews, Shailer. *The Spiritual Interpretation of History*. Cambridge Mass.：Harvard University Press，1920.）论述基督教历史哲学。

557. 乔治·梅里斯：《历史哲学教科书》，柏林：施普林格，1915 年版。（Mehlis, Georg. *Lehrbuch der Geschichtsphilosophie*. Berlin：Springer，1915.）一本内容翔实的历史哲学教科书。

558. 埃默里·内夫：《历史的诗歌》，纽约：哥伦比亚大学出版社，

---

① 《历史哲学》有多个中译本。——译者注

1947 年版。（Neff, Emery. *The Poetry of History*. New York：Columbia University Press，1947.）从伏尔泰到斯宾格勒（Oswald Spengler）①的文学学者与史学的关系。

559．莱茵霍尔德·尼布尔：《超越悲剧》，纽约：斯克里布纳，1937年版。（Niebuhr, Reinhold. *Beyond Tragedy*. New York：Scribner，1937.）分析了基督教对历史的解释。

560．莱茵霍尔德·尼布尔：《信仰与历史》，纽约：斯克里布纳，1949年版。（Niebuhr, Reinhold. *Faith and History*. New York：Scribner，1949.）对比了基督教和现代对历史的解释。

561．马克思·诺尔道：《解释历史》，M·A·汉密尔顿（M. A. Hamilton）译，纽约：威利，1910 年版。（Nordau, Max. *The Interpretation of History*. Translated by M. A. Hamilton. New York：Willey，1910.）对各种研究历史的方法进行了评论。

562．詹姆斯·H·罗宾逊：《新历史学》，纽约：麦克米伦，1912 年版。（Robinson, James H. *The New History*. New York：Macmillan，1912.）强调历史的文化和理智方面。

563．A·L·罗斯：《历史的功用》。纽约：麦克米伦，1948 年版。（Rowse, A. L. *The Use of History*. New York：Macmillan，1948.）初步讨论了历史的价值问题。

564．露西·M·萨蒙：《为何重写历史？》，纽约：牛津大学出版社，1929 年版。（Salmon, Lucy M. *Why Is History Rewritten*？New York：Oxford University Press，1929.）论述史学理论。

565．加埃塔诺·沙耳非米尼：《史学家与科学家》，马萨诸塞州，坎布里奇：哈佛大学出版社，1939 年版。（Salvemini, Gaetano. *Historian and Scientist*. Cambridge, Mass.：Harvard University Press，1939.）强调历史学与社会科学和自然科学的关系。

566．埃德温·R·A·塞利格曼：《历史的经济解释》（第二版），纽约：哥伦比亚大学出版社，1924 年版。（Seligman, Edwin R. A. *The*

---

① 斯宾格勒(1880—1936)，德国文学家、历史学家和哲学家。——译者注

Economic Interpretation of History. Second edition. New York：Columbia University Press，1924.）研究经济力量在历史上扮演的角色。

567. 约瑟夫·R·斯特雷耶主编:《解释历史》,新泽西州,普林斯顿:普林斯顿大学出版社,1943 年版。(Strayer, Joseph R., editor. *The Interpretation of History*. Princeton, N. J.：Princeton University Press，1943.）约瑟夫·R·斯特雷耶（Joseph R. Strayer)[①]、雅克·巴曾（Jacques Barzun)[②]、哈约·霍尔本（Hajo Holborn)[③]、赫伯特·希顿（Herbert Heaton）、杜马·马龙（Dumas Malone)[④]和乔治·拉皮纳（George laPiana)关于历史的意义和方法等方面的论文。

568. 亨利·O·泰勒:《历史学家的信条》,马萨诸塞州,坎布里奇:哈佛大学出版社,1939 年版。(Taylor, Henry O. *A Historian's Creed*. Cambridge, Mass.：Harvard University Press，1939.）一位经验丰富的历史学家对历史学进行的解释。

569. 休·泰勒:《作为科学的历史学》,伦敦:梅休因,1933 年版。(Taylor, Hugh. *History as a Science*. London：Methuen，1933.）考察了历史学与科学的相互关系。

570. 弗里德里克·J·迪加特:《历史学绪论》,伯克利:加利福尼亚大学出版社,1916 年版。(Teggart, Frederick J. *Prolegomena to History*. Berkeley：University of California Press，1916.）对于历史哲学进行了非常复杂的研究。

---

① 约瑟夫·R·斯特雷耶(1904—1987),美国著名中世纪史学家,曾任美国历史学会主席。——译者注

② 雅克·巴曾(1907—),美国思想文化史学家和教育哲学家。其《美国教师》(*Teacher in America*)一书对第二次世界大战后美国教师的培训产生了深刻影响。——译者注

③ 哈约·霍尔本(1902—1969),德裔美国历史学家,主要研究现代德国史。——译者注

④ 杜马·马龙(1892—1986),美国历史学家和传记作家。其九卷本的托马斯·杰斐逊传记获得了 1975 年的普利策奖,并于 1983 年获得了"总统自由勋章"。——译者注

571. 弗里德里克·J·迪加特:《历史理论》,康涅狄格州,纽黑文:耶鲁大学出版社,1925年版。(Teggart, Frederick J. *Theory of History*. New Heven, Conn.：Yale University Press,1925.)对历史哲学进行了社会学分析。

572. 弗里德里克·J·迪加特:《历史的过程》,康涅狄格州,纽黑文:耶鲁大学出版社,1918年版。(Teggart, Frederick J. *The Processes of History*. New Heven, Conn.：Yale University Press, 1918.)对历史哲学和史学方法进行了高水平的解释。

573. 阿瑟·J·托德:《社会进步论》,纽约:麦克米伦,1918年版。(Todd, Arthur J. *Theories of Social Progress*. New York：Macmillan, 1918.)呈现了对历史的社会学解释。

574. 阿诺德·J·汤因比:《历史研究》[①],6卷本,伦敦:米尔福德,1934—1939年版。(Toynbee, Arnold J. *A Study of History*. 6 vols. London：Milford, 1934—39.)以历史周期性发展的眼光对历史进化进行了工程浩大的分析。

575. 卡罗琳·F·韦尔主编:《历史的文化研究》,纽约:哥伦比亚大学出版社,1940年版。(Ware, Caroline F., editor. *The Culture Approach to History*. New York：Columbia University Press.)许多专家关于各种历史解释的论文。

576. 艾尔弗雷德·N·怀特海:《观念的冒险》[②],纽约:麦克米伦,1933年版。(Whitehead, Alfred N. *Adventures of Ideas*. New York：Macmillan, 1933.)英国著名哲学家怀特海对历史的研究。

577. 弗里德里克·J·E·伍德布里奇:《历史的目的》,纽约:哥伦比亚大学出版社,1916年版。(Woodbridge, Frederick J. E. *The Purpose of History*. New York：Columbia University Press, 1916.)哲学家立场的历史哲学。

---

① 中译本《历史研究》,刘北成、郭小凌译,上海:上海人民出版社2000年版。——译者注

② 中译本《观念的冒险》,周邦宪译,贵阳:贵州人民出版社2000年版。——译者注

在默尔·柯蒂主编的《历史研究的理论与实践：历史学委员会的报告》(*Theory and Practice in Historical Study：A Report of the Committee on Historiography*)（纽约：社会科学研究委员会,1946 年）第 141—163 页,载有罗纳德·汤普森(Ronald Thompson)的"历史学与历史哲学精选书目"(*Selective Reading List on Historiography and Philosophy of History*)一文。该书目可以提供关于史学和历史哲学的综合的、分门别类的最新书目。

史学史

或许有些高年级学生对于长期以来历史学方法的变革感兴趣。在下面这些著作中,他们将会发现一些便捷的归纳总结。

578. 哈里·E·巴恩斯：《历史写作的历史》,诺曼：俄克拉荷马大学出版社,1937 年版。(Barnes, Harry E. *A History of Historical Writing*. Norman：University of Oklahoma Press,1937.)对史学的发展进行了详细但并不完整的考查。这本书有时候读起来像是人名和书名目录。

579. 约翰·S·巴西特：《美国历史学家的中间派》,纽约：麦克米伦,1917 年版。(Bassett, John S. *The Middle Group of American Historians*. New York：Macmillan,1917.)对美国 19 世纪历史著作的研究。

580. 约翰·B·布莱克：《历史的艺术》,伦敦：梅休因,1926 年版。(Black, John B. *The Art of History*. London：Methuen,1926.)对休谟、伏尔泰、罗伯逊和吉本的历史学方法的批判性考查。

581. 约翰·B·伯里：《古希腊历史学家》,纽约：麦克米伦,1909 年版。(Bury, John B. *The Ancient Greek Historians*. New York：Macmillan,1909.)对古希腊历史学家希罗多德、修昔底德和波里比阿①(Polybius)的研究。

582. 华莱士·K·弗格森：《历史思想中的文艺复兴》,波士顿：霍

---

① 波里比阿(公元前 204—前 122 年),古希腊历史学家——译者注

夫顿—米夫林，1948 年版。（Ferguson, Wallace K. *The Renaissance in Historical Thought*. Boston：Houghton Mifflin, 1948.）对五个世纪以来关于文艺复兴的历史写作进行了透彻分析。

583.爱德华·福伊特：《近代史学史》（第三版），D·格哈德（Dietrich Gerhard）和 P·萨特勒（Paul Sattler）主编。慕尼黑：奥尔登堡，1936 年版。（Fueter, Eduard. *Geschichte der neueren Historiographie*. Third edition. Edited by Eietrich Gerhard and Paul Sattler. Munich：Oldenbourg, 1936.）自文艺复兴开始的史学史。

584.查尔斯·S·加德纳：《中国传统史学》，麻萨诸塞州，坎布里奇：哈佛大学出版社，1938 年版。（Gardner, Charles S. *Chinese Traditional Historiography*. Cambridge Mass.：Harvard University Press, 1938.）对中国历史学家的介绍。

585.乔治·P·古奇：《19 世纪的历史与历史学家》（第二版），伦敦：朗曼和格林，1913 年版。（Gooch, George P. *History and Historian of the Nineteenth Century*. Second edition. London：Longmans, Green, 1913.）研究欧洲和美国历史学的上乘之作。

586.恩斯特·霍瓦尔德：《古希腊罗马历史学家的精神》，慕尼黑：奥尔登堡，1944 年版。（Howald, Ernst. *Vom Geist Antiker Geschichtsschreibung*. Munich：Oldenbourg, 1944.）关于古希腊历史学家希罗多德、修昔底德、波里比阿、凯撒、塞勒斯特（Gaius Sallustius Crispus）[1]、李维（Livy）和塔西佗（Tacitus）的分析性论文。

587.威廉·T·哈钦森主编：《马库斯·W·杰尼根美国史学论文集》，芝加哥：芝加哥大学出版社，1937 年版。（Hutchinson, William T., editor. *The Marcus W. Jernegan Essays in American Historiography*. Chicago：University of Chicago Press, 1937.）历史学者评价美国应用史学方法的论文。

588.约翰·F·詹姆森：《美国史学史》，波士顿：霍夫顿—米夫林，1891 年版。（Jameson, John F. *The History of American History*.

---

① 塞勒斯特（公元前 86—前 35 年），古罗马历史学家、政治家——译者注

Boston：Houghton Mifflin，1891.）对 19 世纪历史学家的研究。

589. 迈克尔·克劳斯：《美国史学史》，纽约：法勒和雷尼哈特，1937 年版。（Kraus，Michael. *A History of American History*. New York：Farrar and Rinehart，1937.）对美国史学从头至今的发展进行了详尽考察。

590. M·L·W·莱斯特纳：《伟大的罗马历史学家》，伯克利：加利福尼亚大学出版社，1947 年版。（Laistner，M. L. W. *The Greater Roman Historians*. Berkeley：University of California Press，1947.）对塞勒斯特、李维和塔西陀等罗马历史学家的史学方法进行了资料翔实的研究。

591. 阿纳托尔·马佐：《现代俄国史学概略》，伯克利：加利福尼亚大学出版社，1939 年版。（Mazour，Anatole. *An Outline of Modern Russian Historiography*. Berkeley：University of California Press，1939.）对俄国历史学家的介绍。

592. 弗里德里克·迈内克：《历史主义的发展史》，慕尼黑：奥尔登堡，1936 年版。（Meinecke，Friedrich. *Die Entstehung des Historismus*. Munich：Oldenbourg，1936.）偏重讨论德国的历史学家。

593. 加布里埃尔·莫诺：《历史大师》（第三版），巴黎：卡尔曼—莱维，1895 年版。（Monod，Gabriel. *Les maitres de l'histoire*. Third edition. Paris：Calmann-Levy，1895.）对伟大历史学家方法论的研究。

594. 莫里茨·里特：《历史学的发展》，慕尼黑：奥尔登堡，1919 年版。（Ritter，Moritz. *Die Entwicklung der Geschichtswissenschaft*. Munich：Oldenbourg，1919.）对历史学发展的纵览。

595. 伯纳多特·E·施米特主编：《现代欧洲历史学家》，芝加哥：芝加哥大学出版社，1942 年版。（Schmitt，Bernadotte E.，editor. *Some Historians of Modern Europe*. Chicago：University of Chicago Press，1942.）评价现代历史学中的方法论。

596. 詹姆斯·T·肖特韦尔：《史学史》，纽约：哥伦比亚大学出版社，1939 年版。（Shotwell，James T. *The History of History*. New York：Columbia University Press，1939.）分析了古希腊、罗马、犹太和

早期基督教的历史学。

597. 詹姆斯·W·汤普森、伯纳德·J·霍姆:《历史写作的历史》, 2 卷本,纽约:麦克米伦,1942 年版。(Thompson, James W. and Holm, Bernard J. *A History of Historical Writing*. 2 vols. New York: Macmillan, 1942.)综合考察了从古代到第一次世界大战的历史写作的历史。有些部分过于简略。

教育史

教育史学

关于如何将历史研究方法运用于教育问题的著作非常少。关于这个问题,能够得到的文献不过是在重复一般历史学的原则。在大多数情况下,例证都是来自于一般历史。下面提供的这些参考书,大体上就体现了这种趋势。在这里列出这些书目的唯一理由,是向学生表明它们的价值是非常有限的。通常,急于寻求教育史学指导的学生拿到一本研究指南,丝毫没有意识到其中的史学论述与教育几乎没有什么关系。

598. 哈罗德·H·埃布尔森:《教育研究的艺术》,纽约州,扬克斯:世界图书公司,1933 年版。(Abelson, Harold H. *The Art of Educational Research*. Yonkers, N. Y. : World Book Co. , 1933.)第 85—96 页是关于一般史学方法的概要。

599. 约翰·C·奥尔马克:《研究与论文写作》,波士顿:霍夫顿—米夫林,1930 年版。(Almack, John C. *Research and Thesis Writing*. Boston: Houghton Mifflin, 1930.)第 172—201 页是一篇关于历史研究方法的论文,并没有提到如何运用于教育问题。

600. 亚萨莉雅兄弟(帕特里克·F·马拉尼):《教育论文》,芝加哥:麦克布赖德,1896 年版。(Azarias, Brother(Patrick F. Mullany). *Essays Educational*. Chicago: McBride, 1896.)最后一篇论文对 G·孔佩雷(Gabriel Compayré)在教育史中运用的方法进行了尖锐批评。

同时也批判了该领域其他作者在著作中所展现出的反天主教偏见。

601. 约翰·L·毕晓普：《教育中的史学研究方法》，科罗拉多州立师范学院未出版的教育学硕士论文，格里利：科罗拉多州立师范学院，1935 年。（Bishop, John L. *The Historical Method of Research in Education*. Unpublished M. A. Thesis, Colorado State Teachers College. Greeley：Colorado State College of Education, 1935.）对 100 多篇教育论文中运用的史学方法进行了描述性分析。该论文并没有讨论如何将史学方法运用到教育研究中。

602. 克劳德·C·克劳福德：《教育研究方法》，洛杉矶：南加利福尼亚大学，1928 年版。（Crawford, Claude C. *The Technique of Research in Education*. Los Angeles. University of Southern California, 1928.）第 49—62 页包含对史学方法的简短的一般性讨论，但在如何确定历史学趋势方面提建出了建议。

603. 卡特·V·古德：《如何作教育研究》，巴尔的摩：沃里克和约克，1928 年版。（Good, Carter V. *How to Do Research in Education*. Baltimore：Warwick and York, 1928.）关于史学方法的一章缺乏对教育的关注。

604. 卡特·V·古德：《历史批判与历史写作的一些问题》，《黑人教育杂志》，第 11 期（1942 年 4 月），第 135—149 页。（Good, Carter V. "*Some Problems of Historical Criticism and Historical Writing*", *Journal of Negro Education*, XI, April, 1942.）该论文探讨了史学方法论的一些问题，但没有提及如何将这些方法运用到教育问题中。

605. 卡特·V·古德、A·S·巴尔、道格拉斯·E·斯凯茨：《教育研究方法论》，纽约：阿普尔顿—世纪，1938 年版。（Good, Karter V., Barr, A. S., and Scates, Douglas E. *The Methodology of Educational Research*. New York：Appleton-Century, 1938.）第 239—285 页有内容丰富的一章讨论历史研究的主要类型。经常参考对教育问题的论述。就此而言，本书在所有教育研究手册中是最好的。

606. H·G·古德：《当前的教育史学》，《教育研究评论》，第 9 期（1939 年 11 月），第 456—459、593—594 页。（Good, H. G. "*Current*

Historiography in Education", *Review of Educational Research*, IX, December, 1939, pp. 456—59, 593—94.)简要介绍了新出版的史学方法著作、新的参考书和教育史领域一些领先的研究。引用了一大段归纳史学方法的论述。

607. H·G·古德:《教育的历史研究》,《教育研究公报》,第 9 期,1930 年 1 月 8 日,第 7—18 页;1930 年 1 月 22 日,第 39—47 页;1930 年 2 月 5 日,第 74—78 页。(Good, H. G. "*Historical Research in Education*", *Educational Research Bulletin*, IX, January 8, 1930, pp. 7—18; January 22, 1930, pp. 39—47; February 5, 1930, pp. 74—78.)对教育史研究方法进行了简明扼要的讨论,并详细举例说明如何运用。

608. H·G·古德:《教育中的历史研究与科学研究的关系》,《教育》,第 52 期(1931 年 9 月),第 4—7 页。(Good, H. G. "*Relations Between Historical and Scientific Research in Education*", *Education*, LII, September, 1931, pp. 7—9.)论述教育史中的历史与科学的相互关系。

609. H·G·古德:《历史研究的可能性》,《教育研究杂志》,第 29 期(1935 年 10 月),第 126—130 页。(Good, H. G. "*The Possibilities of Historical Research*", *Journal of Educational Research*, XXIX, October, 1935, pp. 126—130.)举例说明了如何将史学方法运用于教育问题。

610. 艾尔弗雷德·霍伊鲍姆:《中世纪手稿在教育史中的意义》,载《德国教育和学校史社会通讯》,第 15 期(1905 年),第 1—6 页。(Heubaum, Alfred. "*Die mittelalterlichen Handschriften in ihrer Bedeutung für die Gechiche des Unterrichtsbetriebes*", *Mitteilungen der Gesellschaft für deutsche Erziehungs-und Schulgeschichte*, XV, 1905, pp. 1—6.)讨论中世纪手稿,特别是教科书对于教育史的价值。

611. 瓦尔特·S·孟禄、马克斯·D·恩格尔哈特:《教育问题的科学研究》,纽约:麦克米伦,1936 年版。(Monroe, Walter S., and Engelhart, Max D. *The Scientific Study of Educational Problems.*

New York：Macmillan，1936.）第 159—170 页简短地描述了史学方法及其在教育中的应用。包括一个"典型的教育历史研究"列表。

612. 约翰·A·尼采：《旧学校教科书分析对于美国教育史的贡献》,《教育研究杂志》,第 35 期（1941 年 11 月）,第 201—207 页。（Nietz, John A. "*The Contribution of an Analysis Old School Textbooks to the History of Education in the United States*"，*Journal of Educational Research*，XXXV，November，1941，pp. 201—207.）表明教科书分析可以有助于理解某一阶段的教育史。

613. 爱德华·H·赖斯纳：《作为教育基本假设来源的教育史》,《教育行政与督导》,第 14 期（1928 年 9 月）,第 378—384 页。（Reisner, Edward H. "*The History of Education as a Source of Fundamental Assumptions in Education*"，*Educational Administration and Supervision*，XIV，September，1928，pp. 378—384.）论述教育史的重要性。对教育史发展过程中的几个阶段进行了评论。

614. 亨利·L·史密斯：《教育研究：原则与实践》,印第安纳州,布卢明顿：教育出版社,1944 年版。（Smith, Henry L. *Educational Research：Principles and Practices*. Bloomington, Ind.：Educational Publications，1944.）第 110—122 页有比较简短的一章讨论历史研究,实际上没有提到如何运用于教育问题。

615. 弗里德里克·L·惠特尼：《研究的要素》（修订版）,纽约：普伦蒂斯—霍尔,1942 年版。（Whitney, Frederick L. *The Elements of Research*. Revised edition. New York：Printice-Hall，1942.）第 187—204 页解释了史学方法,没有运用于教育问题。提供了评价历史研究报告的标准和核对表。

616. O·维尔曼：《教育史》,载 W·赖因主编：《教育学百科全书手册》（第二版）,第 4 册,朗根萨尔察：拜尔,1906 年版。（Willmann, O. "*Historische Pādagogik*"，pp. 369—402，in W. Rein, editor，*Encyklopādisches Handbuch der Pādagoik*，second edition，IV，Langensalza，Beyer，1906.）论述教育史写作的历史;教育史的价值与基础。

617. 托马斯·伍迪:《论历史及其方法》,《实验教育杂志》,第 15 期 (1947 年 3 月),第 175—201 页。(Woody, Thomas. *"Of History and Its Method"*, *Journal of Experimental Education*, XV, March, 1947, pp. 175—201.)包括一般历史的哲学和方法,运用了教育中的例子。对于研究报告的准备和组织提出了非常具体的建议。附有范围广泛的参考书目。

教育史的历史与价值

已有的文献很少关注教育史学史。但是,关于作为专业科目的教育史的价值的研究相对较多。大多数的教科书都会有几段甚至几页讨论这个领域的研究可以获得的好处。人们也开始注意到对于教育史的不同解释。

618. 约翰·W·亚当森:《教育史指南》,伦敦:基督教知识促进会,1920 年。(Adamson, John W. *A Guide to the History of Education*. London: Society for Promoting Christian Knowledge, 1920.)关于教育史的性质和范围的讨论,描述了英国教育史的框架,调查了教育史中的主要著述。

619. 卡特·亚历山大:《如何查找教育信息和资料》(第二版),纽约:哥伦比亚大学师范学院出版社,1941 年版。(Alexander, Karter. *How to Locate Educational Information and Data*. Second edition. New York: Bureau of Publications, Teachers College, Columbia University, 1941.)讨论了教育史对于一线教师的重要性,并对如何就一个历史问题查找资料提出了建议。

620. 约翰·C·奥尔马克:《教育史》,载斯坦福大学教育学院主编:《教育的挑战》纽约:麦格劳—希尔,1937 年版,第 62—76 页。(Almack, John C. *"History of Education"*, pp. 62—76, in Stanford University Education Faculty, *The Challenge of Education* (New York: McGraw-Hill, 1937).)讨论了历史及教育史的性质和功用。对教育史研究提出了建议。

621. 威廉·H·伯恩海姆、亨利·苏扎洛:《作为专业学科的教育史》,纽约:哥伦比亚大学师范学院出版社,1908 年版。(Burnham, William H. , and Suzzallo, Henry. *The History of Education as a Professional Subject*. New York: Teachers College, Columbia University, 1908.)论述教育史的背景和价值;对已有文献进行批判性评论;指出该领域被忽略的地带;教育史的行政地位和教学组织。

89

622. H·莫兰·库克:《作为专业研究领域的教育史在美国的历史》,未出版的纽约大学教育学博士学位论文,纽约:纽约大学,1916 年。(Cook, H. Moreland. *History of the History of Education as a Professional Study in the United States*. Unpublished Doctor of Pedagogy Thesis. New York: New York University, 1916.)

623. 艾伦·O·汉森:《文化和教育史中的综合人类学方法》,《教育论坛》,第 1 期(1937 年 3 月),第 361—378 页。(Hansen, Allen O. "*Integrative Anthropological Method in History of Culture and Education*", *Educational Forum*, I, March, 1937, pp. 361—378.)对教育史和文化史中的综合进行了论证。

624. 赫尔曼·H·霍恩:《在大学中教教育史》,载保罗·克拉珀主编的《大学教育》,纽约州,扬克斯:世界图书公司,1920 年版,第 17 章。(Horne, Herman H. "*Teaching the History of Education in Colleges*", Chapter XVII, in Paul Klapper, editor, *College Teaching*, Yonkers, N. Y.: Word Book Co. , 1920.)讨论了教育史学科的价值和教学方法。

625. D·L·基尔:《教育史》,《学校评论》,第 9 期(1901 年 5 月),第 310—315 页。(Keihle, D. L. "*The History of Education*", *School Review*, IX, May, 1901, pp. 310—315.)讨论了研究教育史的价值。

626. 埃德加·W·奈特:《教育的历史研究法》,《中学杂志》,第 12 期(1929 年 3 月),第 101—107 页。(Knight, Edgar W. "*Historical Approach to Education*", *High School Journal*, XII, March, 1929, pp. 101—107.)讨论了教育史的意义和方法。

627. 埃德加·W·奈特:《黑暗处栖身》,《学校与社会》,第 65 卷(1947 年 5 月 31 日),第 385—388 页。(Knight, Edgar W. "*In*

Darkness Dwells"，*School and Society*，Vol. 65，May 31，1947，pp. 385—388.)强有力地捍卫了教育史的价值。

628. 弗里德里克·利奇:《功能主义的谬误与教育史》,《学校与社会》,第 65 卷(1947 年 4 月 5 日),第 241—243 页。(Lilge, Frederic. "*The Functionalist Fallacy and the History of Education*"，*School and Society*，Vol. 65，April 5，1947，pp. 241—243.)维护教育问题在它们产生的历史背景中可以得到更好理解的假设。表明了教育史在教师教育中不可或缺。

629. 阿瑟·H·莫尔曼:《走向新教育史学》,《学校与社会》,第 63 卷(1946 年 2 月 26 日),第 57—60 页。(Moehlman, Arthur H. "*Toward a New History of Education*"，*School and Society*，Vol. 63，January 26，1946，pp. 57—60.)强调教育史学必须吸收其他社会科学的内容和方法。

630. 保罗·孟禄:《教育史研究工作的机会和需要》,《教育学研讨》,第 17 期（1910 年 3 月）,第 54—62 页。(Monroe, Paul. "*Opportunity and Need for Research Work in the History of Education*"，Pedagogical Seminary，XVII，March，1910，pp. 54—62.)对值得研究的领域提出了建议。

631. 保罗·孟禄,I·L·坎德尔:《教育史》,载保罗·孟禄主编的《教育百科全书》第 2 卷,纽约:麦克米伦,1912 年,第 293—297 页。(Monroe, Paul, and Kandel, I. L. "*History of Education*"，pp. 293—97，Paul Monre, editor，*A Cyclopedia of Education*，Vol. II，New York：Macmillan，1912.)论述教育史领域的历史发展。

632. 欧内斯特·C·穆尔:《教育史》,《学校评论》,第 11 期(1903 年 5 月),第 350—360 页。(Moore, Ernest C. "*The History of Education*"，*School Review*，XI，May，1903，pp. 350—360.)论述教育史的文化价值和实践价值。

633. 詹姆斯·马尔赫恩:《教育史在教师教育中的意义》,《教育展望》,第 10 期(1936 年 3 月),第 167—181 页。(Mulhern, James. "*The Significance of the History of Education in the Education of*

Teachers", *Educational Outlook*, X, March, 1936, pp. 167—181.）充分论述了教育史学科的实用性。

90

634. 阿瑟·O·诺顿：《教育史的范围与目的》，《教育评论》，第 27 期（1904 年 5 月），第 443—455 页。（Norton, Arthur O. "*Scope and Aims of the History of Education*", *Educational Review*, XXVII, May, 1904, pp. 443—455.）

635. 菲利普·W·普度：《教育史与教育专业》，《教育论坛》，第 12 期（1948 年 3 月），第 311—333 页。（Perdew, Philip W. "*History of Education and the Educational Professions*", *Educational Forum*, XII, March, 1948, pp. 311—333.）对教育家关于教育史在教师培养中的价值的论述进行了归纳和分析。

636. 《全国教育协会公报与演说》，1889 年。（*Proceedings and Addresses*, National Education Association. 1889.）包括 B·A·欣斯代尔（B. A. Hinsdale）、威廉·H·佩恩（William H. Payne）和塞缪尔·G·威廉斯（Samuel G. Williams）关于教育史的文化和实践价值的论述。

637. 爱德华·赖斯纳、I·L·坎德尔，埃德加·W·奈特、托马斯·伍迪：《适应战争和战后需要的教育史的新重点》，载克利福德·伍迪主编的《满足战争和战后需要的教育调整》（全国高校教育学教师协会第 29 份年鉴），密执安州，安阿伯：安阿伯出版社，1944 年版，第 14—35 页。（Reisner, Edward, Kandel, I. L., Knight, Edgar W., and Woody, Thomas. "*New Emphases in History of Education in Response to War and Postwar Demands*", pp. 14—35, in Clifford Woody, editor, *Adjustments in Education to Meet War and Postwar Needs*, Ann Arbor, Mich., Ann Arbor Press, 1944.）强调教育史的永恒持久的价值，以及对于当前和未来的贡献；从比较教育中可以获得的洞察力。

638. 爱德华·H·赖斯纳：《作为基本教育假设来源的教育史》，《教育行政与督导》，第 14 期（1928 年 9 月），第 378—384 页。（Reisner, Edward H. "*The History of Education as a Source of Fundamental Assumption in Education*", *Educational Administration and Supervision*,

XIV，September，1928，pp. 378—84.）论述教育问题研究中史学方法的作用。

639. 爱德华·H·赖斯纳：《在教育研究中更有效地利用历史背景》，载查尔斯·F·阿罗伍德主编的《教育问题解释中背景资料的运用》（全国高校教育学教师协会第 25 份年鉴，芝加哥：芝加哥大学出版社，1937 年版，第 186—210 页。（Reisner，Edward H. *"The More Effective Use of Historical Background in the Study of Education"*，pp. 186—210，in Charles F. Arrowood，chairman，*The Use of Background in the Interpretation of Educational Issues.*（Yearbook XXV，National Society of College Teachers of Education），Chicago，University of Chicago Press，1937.）讨论了教育史的意义，并提出了改进其教学的建议。

640. 史蒂芬·G·里奇：《需要一种更好的教育史》，《教育行政与督导》，第 11 期（1925 年 4 月），第 238—244 页。（Rich，Stephen G. *"Wanted：A Better History of Education"*，*Education Administration and Supervision*，XI，April，1925，pp. 238—244.）提出了修改教育史学科的内容与呈现方式的建议。

641. 弗里德里克·J·E·伍德布里奇：《教育中的对比：教育与历史》，《哥伦比亚大学师范学院学报》，第 31 期（1930 年 1 月），第 339—356 页。（Woodbridge，Frederick J. E. *"Contrasts in Education：Education and History"*，*Teachers College Record*，XXXI，January，1930，pp. 339—356.）论述教育史对于理解当前教育的意义。

642. 托马斯·伍迪：《克莱奥①与教师》，《学校与社会》，第 39 卷（1934 年 3 月 17 日），第 321—330 页。（Woody，Thomas. *"Clio and the Teacher"*，*School and Society*，Vol. 39，March 17，1934，pp. 321—330.）论述教育史在教师教育中的作用。

---

① 克莱奥（Clio），又译克里奥、克利欧，希腊神话中掌管历史的缪斯女神之一。——译者注

第五章　史学方法在教育研究中的运用

91　　在细致考察如何将历史研究法运用于教育研究之前，总结历史研究方法的本质特征是有帮助的。

史学方法

简而言之，在史学家看来，史学方法就是对事件描述的准确性做出判断的过程。很明显，想要对发生的事件进行可靠书写的历史学家很少是在描述自己对事件的直接观察。因此，他必须依靠他人提供的证据，必须运用一定的方法验证和评价这些陈述。历史写作包括：(1) 选择和界定要研究的问题；(2) 收集原始资料并进行分类和评价；(3) 随后对事实进行确定；(4) 形成解释事实的临时性假设；(5) 对事实进行综合并合乎逻辑地呈现。德国著名历史学家恩斯特·伯恩海姆（Ernst Bernheim）曾用下面的关键词概括史学方法：搜索资料；评价资料；确定资料关系；形成假设；呈现结论。

92　　### 资料的分类

前一章已经讨论了如何选择和界定研究问题。其中主要论及搜索原始资料的方法。现在，资料已经收集完，研究者必须对资料进行分类和审慎考证。

资料可以分为一手资料（primary）和二手资料（secondary）。一手资料的形式可以是亲临某事件现场的目击者的口头证言，描述某一事件的一手文件，代代相传的物质文化遗产、传说和歌曲等。这种资料有时又称为原始资料(original),也就是非衍生的资料(underived)。有些历史学家喜欢将一手资料分为两大类:记录(records),即为了当前或永久保存的目的传递信息的资料;遗迹(remains),即人类社会无生命的证据。构成记录的原始资料包括:歌曲、传说、绘画、照片、电影、录音、法令、纳税单、特许状、碑文、日记、书信、遗嘱、法院判决书、宗谱、编年史、地图、年鉴、回忆录、图书、报纸等。遗迹包括:器具、工具、房屋、衣服、空白单据等。这种分类并非一成不变。有些资料既可以作为记录,也可以作为遗迹。例如,残币可以视为遗迹,清晰的货币很明显属于记录。

另一方面,二手资料是从一手资料衍生出来的资料,通常是描述或讨论一手资料的文件。学生对大学课堂上教授讲课的阐释,就是二手资料的例子。教授的话并非是以原始的方式出现,而是经过了另一个人的头脑加工过的版本。但是,在这里最好还是在相对的意义上理解一手资料和二手资料。学生的课堂笔记对于研究教授的思想而言是二手资料,但对于学生的生活或大学历史的研究而言就是一手资料。在运用"原始"这个词的时候,必须要谨慎。尽管有些从事历史研究的人似乎将"原始"和"一手"两者等同,但是,"原始"并非"一手"的同义词。实际上,学生的笔记如果以手稿的形式出现,那就是"原始"资料,因为它们不是某些文件的复本,但是,它们却不是研究教授思想的"一手"资料。

一手资料和二手资料对于历史研究而言都很重要,尽管有理由相信前者对于获得真实的和有代表性的陈述是更有意义的。学生应该千方百计获取一手资料,并将自己所选择的研究课题的结论建立在一手资料上。如果二手资料是建立在一手资料基础上的,那么有助于提供背景资料。二手资料的价值与它在多大程度上运用一手资料成正比。因此,如果二手资料包含对一手资料的准确引用,那么就可以认为具有一手资料的特点。建立在二手资料基础上的资料称为三手资料(tertiary),次于二手资料,依次类推。本章后面将详细分析教育史上各种各样的资料。

93

外部考证和内部考证

在完成了资料的收集和分类后，历史学家就要对资料进行外部考证(external)和内部考证(internal)。在《圣经》研究中，这两种考证相应被称为低级考证(lower)和高级考证(higher)。外部考证是寻求判断资料真实性的过程，主要回答这个问题：资料是看上去的那样吗？外部考证确定谁、为什么、在什么时间、什么地方、如何写作了这个文献。此外，外部考证将原始文本与再版和修订版、借用和解释本以及删节本区别开来。外部考证甚至还要鉴定文件的物理特征——纸张、水印、墨水和书法的年代和种类，考察图书或手册的校样以找出打印的错误，还有其他一些措施以确定当前文件是原始文件的忠实表现。根据作者以前的著作、风格和其他标准，考证文件的作者是一位还是多位。顺便提一下，或许会有人说知道作者姓名并非是重要的问题。对于研究而言，知道一位不知名作者的姓名还不如证明一位无名作者的论述是无偏见的和准确的更为重要。历史学家运用所谓的附属的历史科学(auxiliary science of history)——古文书学、铭文学、文献学、考古学、谱系学、年代学、纸张化学等——确定他手头所拥有的是一个真品，而非赝品。大多数这些科学的运用是简明的，但文献学需要作些解释。文献学，也就是宽泛意义上的语言科学，有助于揭示文件风格中的时代错误。通过考证这一方式，一份在 18 世纪写作有意义的资料在一个世纪后经过仔细考证被证明是伪造的。

另一方面，内部考证要分析已经确证为真品的文件中的陈述的意义，判断这些陈述的准确含义和可信性。很明显，即使已经通过了各种真实性考证，文件中仍然可能含有事实性和判断性错误。因此，历史学家要努力发现各种陈述的字面意义和实际意义。作者是严肃的还是讽刺的？文本的意思有没有因翻译而出现变化？找出作者的偏见、不合逻辑的思维、病态的憎恶，或其他扭曲陈述的特征。作者是否是他所描述事件的目击者？他使用的资料可靠吗？他是在什么样的环境下完成论述的？如果历史学家希望正确地运用史学方法，那么，他必须在所有重要的陈述上都要运用这种考证。千万不要忘记即使是胜任的作者也不是绝对可靠的。人们对这个实验已经很熟悉了，它证明即使是科学家也会对他们共同目睹的事实呈现出不同的版本。大多数人都会被记忆捉弄。鉴于此，了解作者是在事后立即记录的还是在一段时间以后回忆的，他是否拥有直接观察的设施，他是否是一个细致的、胜任的观察者也是很关键的。在评价文本中所包含的证据时，了解作者的声誉和熟悉他的其他作品对于历史学家是有帮助的。还有，必须注意作者的写作动机，如果一些人为了获得他人的善意或损毁他人的声誉而写作的话，其结果就会产生扭曲。

有些历史学家把内部考证又细分为积极考证（positive）和消极考证（negative）。积极考证意指历史学家努力确证陈述的确切含义。消极考证意指历史学家怀疑陈述真实性的理由，例如，作者本身不能胜任和存在偏见等。

读者或许已经推断出，外部考证和内部考证之间的划分并非一成不变。一些历史学家在实践中同时运用这两种考证。然而，对初学者来说，在着手进行内部考证前先进行外部考证是有益的。谈到初学的学生，需要指出的是，并非每一个调查和每一份资料都要进行外部考证和内部考证。

事实的确定

史学方法的下一步是对事实的确定。当没有证据怀疑较早时代的文件是伪造或不准确后，历史学家就会认为该文件中所包含的所有附带资料都是事实。对于生活在古代或其他时代的可靠的作家的陈述，因为书面证据稀少，即使不能完全符合历史学家严格的考证标准也被认为是事实。鉴于这些陈述是现存的唯一论述，如塔西佗（Tacitus）[①]对于"条顿习俗"（Teutonic customs）的描述，正如霍凯特所言，这就成了一个"要么完全接受，要么全盘否定"（take it or leave it）的问题。如果研究者确实需要依靠这样的陈述，那么，他必须提醒读者这些陈述并不代表确证的事实，而是未经其他证据证实的陈述。在这种情况下，最

① 塔西佗（约55—约120），古罗马历史学家、政治家、文学家。——译者注

好加入"根据西塞罗所言"、"在夸美纽斯看来"、"据修昔底德考证"诸如此类的话。

每当关于某事件有多种陈述的时候，历史学家必须首先进行外部—内部考证，然后将它们进行对比。如果这些陈述是由至少两个不同的、在所有方面都是彼此独立的观察者所写的，并且他们在一些关键细节上都是一致的，那么就可以说一个事实得到了确定。对于事实的确定而言，了解这些独立的言论是由代表不同背景或组织的个体所作也很重要。这种考证无疑会巩固事实的地位，但并不是在所有情况下都需要这样做。很自然，对于包含着意识形态的事件，必须先了解持对立观点的双方的陈述，而后才能判断事实的确定性。

不能假设陈述的可信度与数量成正比。有大量这样的事例：一打断言实际上只相当于一个，因为这些断言彼此是如此的相似，几乎没有任何偏差，以至于让读者怀疑它们实际上衍生自同一个来源。著名的习语"五千万法国人不会错"（Fifty million Frenchmen can't be wrong）很明显不适用于历史研究。事实上，作者之间的交流导致它们的证据一致。对于那些只有小问题上（如表述）不同、但在其他所有方面都彼此一致的观察，历史学家仍认为它反映的是彼此独立的观察。

对这些经过验证的资料进行收集和再确证后，学生就会记录下它们之间的相似和矛盾。如果彼此相似的陈述通过了独立性考证，那么事实就会得到确定。否则，它们提供了证据证明有些资料是从他人那里借用来的。如果经过研究证明矛盾不是真实的，那么本来认为相互矛盾的论述也就一致了。然而，如果断言之间确实存在矛盾，而且没有理由怀疑任何一方的正确性，那么，历史学家必须承认他掌握着相互矛盾的证据。他不能运用这些陈述进行任何明确的概括。

以上所描述的考证方法并不是假装确信获得了真理。历史学家意识到，即使进行了所有严格的考证仍然有可能犯错。然而，他相信，运用这种史学方法比任何其他方法更有可能离真理更近。当然，广泛运用想象和不加批判地接受原始资料，这不可能让历史学家接近实际发生的真相。能够说某人经过一丝不苟地运用史学方法得出了一个排除合理怀疑的事实判断，也就相当于说，经过对所有证据进行了毫无偏见的考证和交互考证后,同样排除了所有的合理质疑,得出了一个司法判决。

事实的阐释

现在,学生拥有了可供他处理的各种各样的、经过确证的资料。从资料本身来看,这些资料仅仅具有有限的意义。然而,如果将它们彼此联系起来,资料就开始拥有更丰富的意义。因此,事实的阐释就构成了历史学方法的下一个步骤。推测相互联系的事实之间更深层、更普遍的意义,就会形成假设,即为了在混乱事实中理清头绪的解释。当然,当历史学家开始工作的时候,他就带着对其所研究问题的某些观念和假设。当他积累的资料越来越多,他就能拓展或缩减他最初的假设。直至完成研究,他不断进行临时性的推断和总结。所有的假设都必须经过逻辑一致性和事实一致性的检验。例如,如果某个假设是建立在随之必由之(*post hoc*,*ergo propter hoc*)的错误推理和其他逻辑谬误之上的,那么,这个假设就毫无价值。同样,某个假设如果与观察到的事实不一致,也很难被认为是充分的。历史学家必须注意不要使假设过于简单。过度归纳和过度简化都会大大削弱历史研究报告。

史学方法的最后步骤综合和呈现将在后面进行讨论。

98

教育中的史学方法

前面已经呈现出了大多数历史学家在实践中运用的史学方法的简要轮廓。这个方法在教育史中的运用与在一般历史中的运用是相同的。接下来,将讨论如何将历史学的原理和实践运用于教育史问题。

一手资料

教育史中运用的资料可以分为多种类型:立法、法庭判决和记录、学校记录和教育档案、报纸和杂志、非教育文献和遗迹。立法资料又可细分为法律、决议和法令——联邦的、州的和地方的——宪法条款,学校和学院的宪章。1647 年的《马萨诸塞法》(*Massachusetts Law*)、1787

年的《西北法令》(*Northwest Ordinance*)、1862 年的《莫里尔法案》(*Morrill Act*) 和 1746 年由州立法批准的《新泽西学院宪章》(*the Charter of the College of New Jersey*)，就是这类资料的例子。表面上看，这些立法法案是一手资料并作为一手资料应用。然而，一些研究者能找到与制定中的法律有关的原始法案、修正案和其他文献。如果能获得这些资料，那历史学家就能更好地确定法案筹划者的初衷。

1. 法律。认识到法律反映着立法团体保证某类行为的意图，这一点非常重要。有时，教育法是对通行的实践的认可。我们无法保证一个要求建立学校的法案，例如，1647 年的《马萨诸塞法》，一定能够付诸实施。对法庭记录和后来法律的考证，经常发现不遵守的情况。因此，在运用立法法案资料时，学生必须注意不能假定法律得到了实施。

马库斯·W. 杰尼根(Marcus W. Jernegan)提醒注意这样一个事实：殖民地美国的法律有时是通过立法机构任命的特别委员会来实施的。他指出，学校的法律可以在多个地方发现——"殖民地文件"汇编、专题法律以及法律杂志中。进行这方面研究的学生的明智做法是查找所有的官方法律收藏，因为能获得的殖民地教育立法汇编中省去了很多重要的学校法律。

2. 法庭判决和记录。对于教育史研究来说，这些资料提供了有价值的一手资料。重大的历史性法庭判决包括：1874 年的克拉马祖案判决(Kalamazoo decision)、1819 年的达特默思学院案判决(Dartmouth College Case)和 1925 年的俄勒冈判决(Oregon decision)。后面两个案件都是由美国最高法院判决的。最近的重大判决都已经由报纸作了或详尽或简略的报道。然而，对于研究者而言，更安全的做法是考证已经出版的法庭判决的复本，因为它完整地提供了所有不同意见。就效度而言，由美国最高法院所做的 73 页的艾弗森判决(Everson decision, 1947)正式报告或 54 页的麦考伦判决(McCollum decision)文本，与报纸上相应的简短报道是不可同日而语的。尽管法庭判决被列为一手资料，但是，其中关于教育的历史陈述却不是。包括学校诉讼在内的关于法庭进程的记录，也被视为一手资料。

3. 机构的记录。另一类文献是由与教育机构及中央行政管理有

99

关的手稿和未出版的记录组成。首先,有学生、职员和其他人员的正式记录;薪水单和其他行政文件;制度目录和计划书;课程表、试卷、教师手册、课程计划、视频装置、教科书和其他教学材料;学位证书、成绩单、毕业典礼方案和其他类似文献;学校和学院委员会的报告;学校、学院和监管层的报告、书信和指示;学校委员会的会议记录和报告。课程目录和课程表是官方资料,但它们仅仅表明当时应该教什么和任命谁去教学,还需要以实际教了什么作为补充。大多数学生都意识到,课程目录和课程表公布后还会发生变化。讲义、学生的听课笔记和课程计划构成了教学的合理证据。然而,需要指出的是,课堂笔记在一些细节方面可能不完整、不精确。还需要指出这样一个事实,官方报告也可能包含错误,由一个行政官员签名的信件或许实际出自下属之手。学生应该评判这些文献的准确性,并努力找到确凿证据。

　　近年来,教育者和教师们出现了运用设备(主要是机械设备)而非手写或印刷记录的趋势。课例碟片、电报、录像带和胶片录像是实际教学的珍贵记录,但必须清醒地意识到,后两种记录是可以被篡改的。就演讲的速记反应了演讲者的实际用语和表达的思想而言,它被认为是可靠的。由演讲、教学和电话交谈的录音等类似记录转录成的文字是另一类新资料。这些新资料与手稿和书面文献一样,都必须经过严格的分析。

　　小学、中学和大学应用的教科书是关于教学内容的绝好反映。要确定某本教科书是否在某地区应用,学生应该查询学校委员会的报告和记录,以及其他所有可以得到的制度目录。一本教科书的通用性,可以通过现今仍然能找到的复本数量、版本数和仿制品来确定。对教科书的细致分析,如匹兹堡大学的约翰·A·尼采(John A. Nietz)和他的学生所做的那样,能够发现教学的目的、内容和方法。

　　除了以上提到的教育资料外,还有学校以前的学生和参观者所做的非官方的报告。对这些报告必须进行谨慎考证,因为它们往往是学生入学或参观者参观后隔一段时间才写的。正反两方面的偏见在这类资料中并非少见。

　　4.专业的记录。还可以从教师和其他教育组织(如全国教育协会)

的公报和出版物中收集到资料。由专业的教育委员会或大学团体对学校进行的调查，提供了某地区学校实践的很有价值的资料。这些报告中的发现不一定在所有方面都是准确的，因为它取决于调查者是否胜任和有无偏见。

各种各样关于教育的专业方面的著作是非常有用的资料。特定时期出版的教育学书籍、手册和期刊论文，反映了当时的观点、方法、建议和其他教育情感。从这个角度来看，这些著作属于一手文献。这些出版物中的历史资料和统计数据应该通过其他资料检验其准确性。关于教育史的书籍一般被认为是二手资料，因为其中的资料是建立在一手资料基础上的。有些混杂着一些二手资料的历史著作，其实只能划归为三手资料。

教育家经常会写传记和回忆录。这些自然是属于一手资料，但是，学生对其中的论述还必须通过参考当时的文献进行核实。可以想象，传记或许是教育家退休以后在不能获得证实材料的情况下所撰写的。退休的校长经常依靠记忆来建构过去。当然，这就必须警惕偏见的问题。

102　　　5. 出版的记录。前面讨论的资料的出版物就其本质而言是一手资料，但如同法律实施案例一样，最好找到出版以前的版本并与出版社的出版物进行对比。原始手稿或打印稿对于充分理解教科书或教育著作的内容是非常有帮助的。作者对长条校样和单页校样的订正，会帮助我们进一步洞察作者的真正意图。众所周知，出版商和编辑往往会篡改作者提交给他们的文本。暂且不论这种变化是否会使文本改进，事实仍然是最终的著作并不能充分代表作者的意图。一个典型案例是，18 世纪著名的法国百科全书被出版商所实施的审查。在《对狄德罗百科全书的审查和重建的文本》(*The Censoring of Diderot's Encyclopedie and the Reestablished Text*)(纽约：哥伦比亚大学出版社，1947 年版)中，D·H·戈登(Douglas H. Gordon)和 N·L·托里(Norman L. Torrey)运用原始的单页校样发现由编辑加入却被反动出版商去除的一类资料。当然，从课堂教学的角度来看，作者想把什么放进他的教科书并不重要；关键是真正到学生手中的是什么样的教科书。

　　6. 报纸和杂志资料。在作某些研究的时候,学生会发现一些与问题有直接关系的旧杂志和报纸,并把它们看作一手资料。这种资料不能一概而论,而要分为独立的资料单元。报纸一般由新闻故事、社论、专文、致编辑的信和广告构成。新闻故事或来自于能胜任或不能胜任教育事务的目击者的报告,或来自于教育机构和组织递交的文献,或来自于其他报纸刊登的陈述,或出自其他各种各样的来源。对于学过历史学研究方法的人来说,很明显,报纸上新闻故事的准确性取决于它的来源。机构传送的信息可能难免出于自利,因此,由于作为报纸上的陈述之基础的资料很可能已经不存在,学生不能在没有与其他来源的资料比对的情况下就依靠来自于报纸的信息。社论和专文是意见的表达,就这点来说,可以看作是一手资料。然而,其中所包含的数据是二手资料。致编辑的信,如果是真实的话,那可以引用来作为对学校、学习等态度的反映。

　　报纸上刊登的学校广告就其反映了计划教什么学科、学费和教师姓名而言,是非常有用的一手资料。如制度目录一样,学校广告并不足以构成实际教学的证据。然而,如果相同的学习科目反复做广告,就可以认定实际上实施了这样的教学。很难想象,学校经营者如果没有盈利会持续不断地长期做广告。没有任何理由认为学校广告中所宣称的必然是真实的,众所周知,刊登广告的人描绘他们能提供给公众的情况时从来不会谦逊或有所保留。因此,在没有证实的情况下,学生不能接受广告中所说的某学校或教师是“最好的”或“一流的”观点。

　　上面讨论报纸内容的观点,同样适用于旧杂志中相应的资料。杂志中的文章可以认为比报纸中的文章更可靠,因为它的撰写可能不是那么仓促而会更加认真。在这里,学生同样必须注意不要犯把文中所有资料都当作一手资料的错误。那些与报纸和杂志打交道的人也应该小心谨慎,不要不加评判地把它们作为公共舆论的指示器。在历史上,有太多例子证明真正的民意与宣传的民意并不一致。

　　7. 非学术资料。对于大量各种各样的非学术性教育资料,除个别例外,我们只是提及而不加评论。从契约、遗嘱、契据、账本、合约、存货清单、商业交易和类似的文献中,可以引申出有价值的教育资料。所有这些资料都具有一手资料的价值。传记、自传、游记、回忆录、年鉴、编年史和历史纪录，当作为一个整体来考证时是一手资料。然而，进一步的审视就会发现不准确、偏见、分歧和其他的缺陷，因为这些著作通常是他们所描述的事件发生很久以后才记录的。非教育家会毫不迟疑地发泄他们对于自己儿童和青少年时期学校教育经历的偏见，就如丘吉尔（Winston Churchill）①在其自传中对拉丁文的描述那样。另一方面，私人信件、日记和札记簿通常在历史学家看来更加可靠，因为其中内容通常是紧随事件或稍后记录的。

8. 公共文献。包含教育数据的公共文献资料应该比前面的资料引起更大的重视，因为对历史学家来说，它们比私人资料更容易获得。教堂档案，例如，宗教会议和委员会的决议、主教的记录、洗礼和结婚的记录等类似材料，往往包含着历史学家感兴趣的有用资料。通常，这些资料被认为是可靠的。城市档案，例如，市议会的会议记录、人口普查统计表和其他统计资料汇编、人口档案与统计数据以及纳税清单等，是可以引申出与教育问题有关的有价值资料的另一类资料。但是，并非所有的这类资料都具有一手资料的价值。统计数据的收集来自于各种各样的个人、组织和政府机构，不难想象其中可能会产生错误。国际文盲人口统计的不准确性已是臭名远扬，因为各国政府出于民族自傲心理而不愿意披露其公民的实际阅读能力。研究者应该记住，统计数据不是真正的一手资料，尽管它经常被作为一手资料应用。城市档案的资深研究者，如罗伯特·F·西波特（Robert F. Seybolt）和马库斯·W·杰尼根，曾经指出这些资料常常是不完全和不准确的。在一些实例中，这些档案未能忠实地转录原始资料。因此，即使是这种一手资料，在有把握地运用之前也需要用其他类型证据来证实。

9. 遗迹。遗迹在教育史研究中不应该被忽视。首先，有一些保留下来的校舍、家具和各种各样的教学和管理设备。空白的笔记本、学位证、毕业证、成绩单和其他一些行政表格也被归类为遗迹，但是，这些资料不大可能提供多少有价值的资料。考古遗迹对于研究古希腊和罗马

---

① 丘吉尔（1874—1965），英国首相（1940—1955）。——译者注

教育史的学生具有重要的意义。

一些博物馆中收藏着令人感兴趣的教学和管理设备及其他类型的教育遗迹。纽约市博物馆收藏着对于研究当地教育史有价值的资料。J·沃恩克(J. Warnck)在他的文章《吕贝克博物馆的中世纪学校设备》(*Mittelalterliche Schulger te im Museum zu Lübeck*)中,通过拍摄再现了吕贝克博物馆收藏的一些珍品。德国公司收集了一些用来引导德国学生学会友爱的教具,其中有一些呈现在 A·布吕格曼(A. Brügmann)的《德国学生的教育和生活:1648—1848》(*Zucht und Leben der deutschen Studenten*,1648—1848)中。

10.图像资料。关于学校场景、建筑、家具和设备的照片也可以列为一手资料。然而,学生必须注意,照片的底片经常有被修饰的可能性,而且照片很可能是故作姿态,因此,不能作为它意欲呈现的学校实践的完全有效的认识来源。H·G·古德曾经指出,照片通常只呈现孤立的图景,而不能展现精确的空间关系。

在没有得到证实的情况下,不能把印刷品和图画当作是某个时代的真品或代表。这里有一个典型例子。卡伯莱在他的《美国公共教育》中以一幅标题为"老妪学校"(A Dame School)的绘画展现对美国殖民地老妪学校的描述。由此可以推测,这是一幅关于美国学校的绘画。奇怪的是,在卡伯莱的《教育史》中,这幅画又伴随在一段对英格兰的老妪学校的文字描述之后,标题为"英国老妪学校",下面的说明是"来自于巴克利(Barclay)关于伦敦中心一所学校的绘画"。相同的绘画和标题出现在孟禄的《美国公立学校制度的建立》(*Founding of the American Public School System*)中,不过增加了绘画来源:"来自于巴特利(Bartley)《人民的工业学校》(*Industrial Schools for the People*)第 404 页中一幅绘画"。支持这幅画是美国殖民地时期老妪学校的证据很明显增强了。一个审慎负责的研究者决定继续查对,参考了奈特(Knight)的《美国教育》(*Education in the United States*),结果发现同一副画的标题为"一所英国老妪学校",注释为"来自于巴克利的一幅绘画"。他继续查对,在伊比和阿罗伍德的《现代教育的发展》中再次发现了这幅画,这次它出现在对英格兰教育的讨论中,这里的题注为

106

"1834—1870 年间伦敦的一所老妪学校"。很明显,肯定有些地方是错误的,但又一时无法断定。在学生灰心丧气地放弃之前,他应该抓住孟禄提供的关于这幅素描来源的线索。查阅大型图书馆的卡片目录,就会发现有这样一本书:乔治·C·T·巴特利(George C. T. Bartley)的《人民的学校》(*The Schools for the People*)(伦敦:贝尔和多尔蒂,1871年版)。在该书 405 页的迎面页,就是那副由 J·杰利科(J. Jellicoe)创作并在美国教育史著作中被广为引用的绘画。该绘画的标题是"1870年伦敦的一所老妪学校"。在第 405 页,巴特利写道:"该绘画是经过一番小小的交涉后立刻创作的,尽管看上去过于唯美,但却是当前伦敦开办的几千所老妪学校的忠实反映。"很明显,这就是著名的"美国"老妪学校这幅绘画的真正出处。附带说一下,学生应该记下错误是怎样一步一步渗透到附加给这幅画的大多数标题中去的。

由于历史著作中经常插入图画以增强内容的真实性,因此,学生最好与对待书面文献一样将考证原则运用到图画中。他应该学会提防雕刻和其他缺乏鉴别资料的草图。其中有些图画是作者从专门收集历史图片的商业公司获得的。作者几乎不可能获得这些图片的真正出处,因为这些公司当然不希望作者接近原始资料而绕开它们的资料集。有些图画是专门为特定历史著作绘制的,实际上不具备作为原始资料的有效性。艺术想象或许可能创作出充满美感的图画,但并不能说促进了科学的历史兴趣。

古代图画有时描绘的是能够引起教育兴趣的事件。如果它们展现了当时的场景或事件,那么它们就具有一些作为资料的价值,前提是它们不是出自艺术家纯粹的艺术想象。描述稍早时代场景的绘画自然更不太可能是真实的。为人熟知的拉斐尔(Raphael)展现柏拉图和亚里士多德及其门徒的图画①,在艺术上看是绝佳的、充满情趣的,但是,从历史上看并不可信。

11. 复制品。文献的精确复制品——摹本、影印本、照片——就其内容而言,可以看作是原稿。在历史研究中,复制的教育著作或旧教科

---

① 指文艺复兴兴盛时期画家拉斐尔的名画《雅典学派》。——译者注

书扉页的标本可以替代珍贵而难以得到的原稿来好好研究。在克利夫顿·约翰逊（Clifton Johnson）的《旧时的学校和教科书》（*Old-Time School and School-Book*）中，可以发现用这种摹本展现美国教育的绝好范例。另一个精确复制资料的例子是吉恩公司翻印了18世纪末的《新英格兰启蒙读物》（*The New England Primer*）。旧的号角图书的精良复制品，可以在比乌拉·福尔姆斯比（Beulah Folmsbee）的《号角图书小史》（*A Little History of the Horn-book*）（波士顿：号角图书公司1942年版）中找到。

12. 译著。依据一本教育著作的可靠版本的忠实译本，从其实用性 *108* 上看是与原著一样的。不幸的是，在很多情况下，译本没有公正地对待作者的内容、风格和意图。许多译本其实是删节本。在运用译本前，学生首先应该认真考查它是完整译本还是删节译本。运用埃弗莱曼图书公司（Everyman）的《爱弥儿》（*Emile*）版本比沃辛顿（Worthington）图书公司的《爱弥儿》版本，人们可以更准确地理解卢梭在《爱弥儿》中表达的教育理论，因为前者是对原著的完整翻译，后者是卢梭最早的三本名著的摘译。不精通外语的人最好用英译本，而不是徒劳地浏览原著。或许，对那些有不错的外语阅读能力的学生来说，最好的办法是对照着一个好的译本来阅读原著。

二手资料

至此，我们已经花了相当多的精力讨论一手资料，也就是历史写作的基本材料。除了这些一手资料之外，历史学家出于各种各样的目的也运用已经证实的二手资料。如前所述，二手资料可以用作对研究课题的介绍。它们也可以用来检验某些原始资料或用于其他途径。因此，有必要在这里专门分析一下二手资料。

好的二手资料是建立在一手资料上的文件或论述。如果它通过了可靠性和准确性的检验，那也是非常有用的资料。实际上，很多历史学家宁可运用一流的二手资料，也不想运用可疑的和不完全的一手资料。但是，学生不能因此而以忽略一手资料的价值去寻找二手资料。仅仅阅读传记和教科书，不能写出关于贺拉斯·曼思想的论文。简单地收 *109*

集教育史教科书中的概要，也不可能对一个教育运动进行可靠的论述，例如，美国的赫尔巴特主义运动。

1. 对教科书的评价。为了帮助学生在浩瀚的二手资料中找到出路，在此有必要用几段的篇幅来检验几个样本。有一些教科书的作者尽力把他们关于教育事件的论述建立在一手资料基础上。然后，他们会参考与教科书中相应主题相关的优秀的研究专著。最后，迫不得已，他们才会利用其他的教科书。这可视为教育史教科书创作的最好步骤。J·S·布鲁巴克的《教育问题史》就是实践这种步骤的典范。W·凯恩（W. Kane）的《教育史论文》（*An Essay Toward a History of Education*）与伊比和阿罗伍德编写的教科书也是如此。不幸的是，并非所有的教育史教科书都体现出这样的高水平。史蒂芬·杜根（Stephen Duggan）的《教育史教科书》（*A Student's Textbook in the History of Education*）（第三版，纽约：阿普尔顿—世纪—克罗夫茨，1948 年版）中一些章节，从参考文献目录来判断，主要是依据其他的教科书。在埃尔默·H·怀尔兹（Elmer H. Wilds）的《现代教育的基础》（*The Foundation of Modern Education*）（新版，纽约：法勒和莱因哈特，1942 年版）中，有一个章节的参考书目非常典型。在 16 条参考书目中，至少有三分之二是教育史教科书。当然，也有人会说这些教科书的作者并不必然运用了他们附在章节后的参考书目，而是在成文过程中运用了其他更好的资料。然而，如果事实确实如此，出于对读者的考虑，作者当时有责任提及他们真正运用的资料。附带说一下，不能保证作者实际上真正参考了在参考书目中所列出的资料和研究成果。因此，研究者有责任谨慎评价他们想运用的二手资料。

一份好的二手资料应该有丰富的脚注和其他形式的注释。这些注释将提供给学生查对作者所参考的资料的机会。但是，注释的数量和所占篇幅并不一定意味着是否博学。一个典型例子是沃尔特·A·伦丁（Walter A. Lunden）的《高等教育动力学》（*The Dynamics of Higher Education*）（匹兹堡：匹兹堡出版公司，1939 年版）。该著作一小半的篇幅是从古希腊至今的高等教育史。一翻开书，读者无论如何也不会忽视那些冗长的、大量支持正文的注释。进一步更细致地审查

110

发现,在这些注释中,一是由从其他著作中转引的引文以及从教育史和一般历史教科书中引用的引文组成的,其中有些著作早已过时;二是由作者(匹兹堡大学社会学助教)所作的没有出处的解释性注释。鉴于伦丁博士在其著作的一些章节中频繁引用黑斯廷斯·拉什达尔(Hastings Rashdall)的《中世纪大学》(*The Universities of the Middle Ages*),很难想象在能从图书馆借到拉什达尔著作的情况下,研究者会不优先直接参考拉什达尔而是参考伦丁。伦丁著作第 7 页的第一个脚注是一个有趣的例子,表明如果运用教科书中的资料会离一手资料有多远。一本中世纪的著作约旦努斯(Jordanus)《编年史》(*Chronica*)中的论述,引自沙迭斯(Schardius)的著作《论帝国司法》(*De jurisdictione imperiali*, 1566),沙迭斯又是引自拉什达尔的著作。出现在伦丁著作中的这个论述已经是四手资料,也就是从原始资料已经转引了 3 次。这个引用虽几经转引恰巧没有发生变化,因为引文很可能会被断章取义。过度频繁和不加批判地运用二手资料的弊端应该是很明显的。

2. 对机构史作者的评价。评价二手资料的另一指标是其作者。了解二手资料的作者是否受过教育史训练是有帮助的。学院和大学史及其他教育史著作往往出自不具备历史写作资质的人之手。在这些作者中,有些人是英语、生物学、新闻学或其他学科的教授,有些人是新闻工作、校监和其他职业的代表。尽管这并不意味着这些历史写作者不具备从事历史研究和形成历史叙事的资质,但毫无疑问,出自资深历史学家之手的著作一般在资料选择和形成结论方面会更加审慎。在很多情况下,著作中没有表明作者背景的信息。

举几个评价二手资料的例子,将有助于牢记这一点。贺拉斯·库恩(Horace Coon)的《哥伦比亚:哈德逊河上的巨人》(*Columbia: Colossus on the Hudson*)(纽约:杜登出版社,1947 年版)以略带批评的口气叙述了哥伦比亚大学的发展,缺乏脚注和参考书目,但有证据显示作者肯定参考过各种各样的资料。显然,出自一位独立于大学的人之手,该书一方面不能看作该机构的宣传,另一方面也不能看作毫无偏见的讨论。有利于大学的论述相应地易于被研究者接受,而不友好的评论则被归于作者的偏见。在任何情况下,研究者在接受或拒绝某种论

111

述前，必须考量该论述自身的价值。关于作者库恩先生，在书中没有明确的信息，但可以在《名人录》或护封中获得一些信息。

接下来考查另一本机构史。爱德华·P·切尼（Edward P. Cheyney）的《宾夕法尼亚大学史：1740—1940》（*History of the University of Pennsylvania，1740—1940*）（费城：宾夕法尼亚大学出版社，1940 年版），各种证据均显示这是一本由官方发起编写的出版物。历史学领域的人对切尼博士的名字非常熟悉。作为美国历史协会的前会长、历史研究的作者和宾夕法尼亚大学历史学荣誉教授，切尼博士无疑能够胜任撰写自己大学历史的任务。这本历史著作的内容部分是建立在一手资料基础上的，但提供的证明文献很少。很难想象，切尼这样一个拥有盛誉的历史学家在历史写作的时候会不穷尽所有可以获得的一手资料。这是一个作者的名字提供了历史著作质量保证的案例。然而，这里的结论是对实际需要的妥协，而绝非遵循了科学的严格程序。

接下来评价另一本关于高等教育史的研究。默尔·柯蒂（Merle Curti）和弗农·卡斯藤森（Vernon Carstersen）的《威斯康星大学史：1848—1925》（*The University of Wisconsin：A history，1848—1925*）（2卷本，麦迪逊：威斯康星大学出版社，1949 年版）。和切尼的著作一样，也是一本由官方资助的出版物。然而，证据显示本书的作者进行了独立的思考。作者不断地引用一手资料（包括手稿），对大学发展各阶段的历史都进行了透彻的研究，所有这些都增强了人们对这本书的信任。而且，柯蒂和卡斯藤森分别是威斯康星大学的教授和助教，前者因对教育、社会和文化史研究的贡献而闻名。该书作为研究资料的价值是很明显的。

3. 专著论文。专著是研究的好助手。这些专著是对限定主题的深入研究，通常引证和参考的文献都很丰富。教育史专著的作者大多是专注于教育史或一般历史研究的学者，或者是已在该领域认真研究多年的研究生。规模更小的论文是发表在教育和历史期刊上的大量以教育史为主题的论文。这些论文良莠不齐，在运用之前必须进行细致评价。实际上，即使是专著也应该进行细致考察，因为太容易一概根据外表判断其价值。艾伦·O·汉森（Allen O. Hansen）的《18 世纪的自由主义与美国教育》(*Liberalism and American Education in the Eighteenth Century*)(纽约：麦克米伦,1925 年版)充分运用了一手资料,通过查阅正文、脚注和参考书目就可发现这一点。另一方面,西奥多·霍恩伯格(Theodore Hornberger)《美国学院里的科学思潮：1638—1800》(*Scientific Thought in the American Colleges*,1638—1800)(奥斯汀：德克萨斯大学出版社,1945 年版)则过度依靠二手资料,这一事实学生通过检查著作末尾的注释就可得到证实。

4. 二手资料中的错误。即使是历史学家也会犯错误(犯错误人皆难免),任何专门研究都不是完美无瑕的,认识到这一点很重要。已故的普里泽夫德·史密斯(Preserved Smith)是一位一流的历史学家,在其《现代文化史》(*A History of Modern Culture*)(第 1 卷,《伟大的复兴：1543—1687》,纽约：霍尔特,1930 年版,第 323 页)中认为,17 世纪美国的南部殖民地对提供免费学校漠不关心。为了支持这一论断,他引用了经常被引用的弗吉尼亚州殖民总督威廉·贝克莱(William Berkeley)在 1670 年感谢上帝时说的话："让这里没有免费学校,没有印刷术;我希望这些在几百年里都不会有;因为学习给世界带来了反抗、异端邪说和各种教派,印刷术则使这些思想广为传播,并且使最好的政府受到诽谤。"接着,公认的宗教改革研究的权威史密斯教授这样说："他孜孜不倦地努力维护这种公众普遍无知的幸福状态"。熟悉贝克莱通篇论述的人都知道,在史密斯所引用的这句话前还有一句话,两者结合起来可以得出相反的结论。在得出对这句话的适当解释之前,还必须了解促使这位殖民总督发表这篇著名言论的环境。还有,孟禄在《美国公立学校制度的建立》中曾经指出,贝克莱个人的行为与他声称的教育的敌人的名声不相符。在这里,我们发现的是权威与权威观点的对抗。然而,史密斯并不像孟禄一样全身心地投入教育史研究,因此,人们或许会选择站在后者一边,他是那个时代最广泛认可的历史作家。从史密斯引用贝克莱话的背景来看,很明显,他并未全面考虑整个文本。而且,浏览一下参考书目中史密斯有可能用来作为得出关于贝克莱的结论的那些书就会发现,他有可能仅从一本书中获得所需要的资料,即德克斯特(Dexter)的《美国教育史》(*History of Education in the*

United States)。但是，又不能确定他确实用过这本书，因为他的引文与德克斯特的并不相同。很明显，他是从另外的二手资料中获得了贝克莱的话，但即使如此，他本来可以与德克斯特的完整版本对照一下。

114　　类似的错误和不足，甚至也会在教育史专家的教科书和专著中发现。考查资料的过程是如此地冗长而复杂，难免偶然忽略某些方面。警觉的研究者无疑会发现这些疏漏，并避免因为它们曾出现在权威性的出版物中而作为事实来重复。考证是研究过程中一个至关重要的环节，如果学生想要使自己得出的结论能够经受住猛烈的抨击，那就必须不断地实践它。

　　5. 对二手陈述的评价。在进行资料对照的时候，历史学家有可能发现两个或多个论述中有些相似的话。这种情况在一手资料和二手资料中都可能存在。在这种情况下，历史学家要做的是确定一个资料是否是从另一个资料借用来的，相似的两个陈述是否分别来自不同的资料，或者两个陈述是否都来自于同一份资料。举个例子来说明。某本教育研究著作在讨论教育史的发展时，有如下陈述：

　　　　"20世纪初，出现了一种关于教育史内容的新观念。戴维森的《教育史》(1900)是第一本没有运用传记的、具有教育史性质的教育论文；相反，它把教育作为人成长和发展的一个因素来追溯其发展。

　　　　9年后，孟禄出版了他的《教育史教科书》，根据其与文化史的关系来论述教育发展，特别强调广泛的社会和知识运动。通过这种研究模式，孟禄为美国未来的教育史树立了典范，这种影响至今仍能感受到。"

下面是从上面引用的陈述出版6年前发表的一篇文章中摘录下来的：

　　　　"世纪之交，出现了一种关于教育史内容的新观念。托马斯·戴维森1900年出版的《教育史》是第一本非传记体，并试图将教育发展作为人类演化的一部分来追溯的一般历史论文。1909年，孟禄的《教育史教科书》是展现教育发展与文明史其他方面之间关系的一种学术努力。"

115

　　为了便于辨别,我们将第一段引文称为 A,第二段引文(较早出现的)称为 B。读者或许已经发现两段论述在基本事实和表达方式上的许多相似之处。在妄断 A 来自于 B 之前,还要考虑两者来自同一份资料的可能性。然而,更可能的情况是 A 读了 B 并运用了其中的资料。第一,B 的作者是公认的教育史及其研究方法的专家,在其专业领域的许多方面作过广泛深入的研究,A 则不能与其同日而语。第二,A 所选的参考书目中包括 B,除了 B 之外,其他参考书目中都没有包含上面的引文。第三,除了这里所提到的引文之外,两个文献的其他地方也有一致之处;第四,B 中的一个错误在 A 中用稍有变化的措辞重复了一遍。B 中提到孟禄教科书出版的年份是 1909 年,A 中则是戴维森的著作出版(1900 年)"9 年后"。实际上,B 文章末尾的参考书目给出的正确时间是 1905 年。顺便提一下,孟禄著作的精确标题是《教育史教科书》(*A Textbook of the History of Education*)。

　　曾经发生的情况可能是,A 根据 B 的文本做了笔记,由于笔记太多而失去了与来源的联系。当阅读和做笔记仓促且粗心大意的时候,这是经常会发生的情况。这个例子也表明,除非将其放到批判的显微镜下考证,否则二手资料(和更低层次的资料)会误导研究。

　　再讨论一个评价二手论述的例子。要讨论的是劳伦斯·A·埃夫里尔(Lawrence A. Averill)的《一位心理学家的回忆》(*Reminiscences of a Psychologist*)(《教育论坛》,第 5 期,1941 年 2 月,第 169—179 页)。该论文是为了庆祝作者作为伍斯特州立师范学院心理系主任和获得哲学博士学位 25 周年而作。从埃夫里尔的生平和职业生涯、师范学院心理系的历史、埃夫里尔的老师等方面看,这篇文章可列为一手资料;但从其中所作的各种历史评论来看,它却是二手资料。在埃夫里尔看来,"迟至 1915 年,年轻的美国心理学家仍然习惯性地觉得在将兴趣聚焦于国内的实验室和课堂之前,必须到德国大学学习一段时间……"(第 173 页);"说霍尔和伯恩海姆名下的研究生都坚定地专注于心理卫生学并不过分"(172 页)。很明显,作者主要是根据自己的经验得出这样的结论,因此,这些论述必须归于二手资料,并且要进行验证。了解埃夫里尔博士在写他的回忆录的时候是否运用了同时代的文献也很重

116

要，因为据他自己说是在所描述的事件发生 25 年多后才写这篇文章。依靠备忘录、书信、日记以及他学生时代和作为教师早年的其他记录，将会使这个回忆录非常具有研究价值。很明显，埃夫里尔博士在写这篇文章的时候参考了一些得到确证的证据。

教育史研究中的特殊问题

1. 日期的确定。从考证一手资料和二手资料的过程开始，学生现在可以转向考虑教育史研究中会出现的特殊问题。教育史研究中不时出现的问题，是如何确定一个没有日期的手稿或出版文献的日期。日期对于确定一个文献和另一个文献之间关系的重要性，在前面讨论 A 引文和 B 引文时已得到了证明。手稿经常省略日期，剪报不知为何丢失了标识日期，出版商有时会忽视在书的扉页或版权页加入出版日期。加拉汉（Carrahan）曾经正确地警告说，在大多数情况下，没有日期的文献对于历史研究是无用的。

参考书和教科书并不总是包含准确的生平或其他日期。寻找 18 世纪德国教育家 J·B·巴泽多出生日期的学生将会发现，大多数教育史教科书中列出的是 1723 年，新近的出版物则倾向于 1724 年。一本教科书中提到这个日期时用了"1724?"。当一个人试图确定阿尔弗雷德大帝（Alfred the Great）的出生日期时，肯定会遇到相似的复杂情况。在 15 本百科全书和历史参考书中，10 本认为这位盎格鲁—撒克逊国王教育家生于 849 年，而另外 5 本则认为是 848 年。也有另一本百科全书提供了"849?"作为正确的年代，[见 W·W·布里克曼的《阿尔弗雷德大帝的出生年代》(*The Natal Date of Alfred the Great*)，《学校与社会》第 67 卷（1948 年 1 月 3 日），第 11 页]。缺乏精准的日期是一个令人为难的问题。

考虑到确定文献日期的过程非常费力且复杂，在描述具体实践前先讨论一些基本原则或许并非不合时宜。通常，在出版文献的扉页上就可以看到出版日期。有时，作为一种替代，版权日期会出现在扉页的背面。版权日期比扉页上的日期更准确地表明实际出版的时间。出版商常常喜欢每重印一次就在书的扉页更新日期。如果有两个版权日期期间相隔 28 年,那么第一个日期是最早成书的时间,第二个日期仅仅是为了使书得到版权保护。书的修订版会给出一个新的版权日期。

在有些书中还会出现另一个日期,也就是在作者前言的末尾。乍一看,这个日期似乎是成书的准确时间;然而,这并不能得到保证,因为作者或许在完成书之前就已经准备好前言并署上日期。也有可能在文本完成和写前言之间相隔了一段时间。

如果书中没有出现任何日期——如果学生运用外文著作会经常发现这种情况——研究者必须冒险确定它的日期。对于出版的文献、剪报和手稿来说,这个过程是相同的。没有年代的文献,可以与推测是同一时期的已知文献从措辞、风格、内容、暗指、书法、字体、装订、纸张、墨水等方面进行对比。如果一个文献中没有涉及某个特别重要且高度相关的事件,就可以认为该文献出现在事件发生之前。这种沉默推论(argumentum ex silentio)[①]方法在运用时必须十分慎重,并非所有历史学家都相信它的有效性。一个文献提到了某个事件,如果不是后来插入的话,就可以假定该文献诞生于该事件之后。

通过查阅报纸和杂志的书评与讨论,也可以获得书的接近的出版时间。通常,期刊会刊登出版一年内,有时是两年内的新书书评。图书的出版日期与报纸上刊登的书评之间的间隔时间更短。已知出版日期的图书中对日期不明的图书的引用,也可以帮助确立该书大约的出版时间。

研究了年代不明文献的外部特征后,学生还需要继续进行内部分析。他应该特别留心可能有助于他确定文献时间的姓名、事件、日期、流行语、思想、套话或其他线索。通过这些线索,他可以确定两个日期,文献的准确日期就在两者之间。首先,他确定可能最晚的日期(terminus ante quem)和最早的日期(terminus post quem),然后,通过

① "argumentum ex silentio"(沉默推论)是拉丁文,指一种逻辑谬误——"诉诸无知",即以诉诸无知作为某些证据。例如,我们没有证据说神不存在,所以他一定存在。实际上,对某些东西的无知,是与它的存在与否无关。此处指一种论证方式,这种论证建立在这样的假设上,即某人在某事上的沉默表明他对该事件无知。——译者注

反复研究获得的新线索，不断缩短两个日期之间的间隔。

举例说明前述原则如何运用。本书作者手头有一份日期不全的标题为《英国公学想拓展规模》(*Public School Aim Widens in Britain*)的《纽约时报》(*New York Times*)的剪报。这是罗伯特·P·波斯特(Robert P. Post)在 6 月 16 日从伦敦发送的无线电报。所有这些都来自这份边缘已经泛黄的剪报。在剪报的正面和反面都没有年代线索。阅读这份占了整整一个栏目的报道全文，发现其中提到了 1942 年 3 月学校入学率的统计数据。这个日期就成为了该文章可能的最早日期。该文章主要介绍了教育委员会主席理查德·奥斯汀·巴特勒(Richard Austen Butler)在英国下议院发表的演说。提到了他的头衔。熟悉近代英国教育史的人都知道——任何人只要查阅一本好的最新的教科书或专著也都会知道——《1944 年教育法》(*Education Act of 1944*)颁布后，教育部长接管了教育委员会主席的职责。教育法文本显示，教育委员会改为教育部的时间是 1944 年 8 月 3 日，也就是该法案生效的日期。很明显，这个日期就是该文献的最晚日期。因为文章上的日期是 6 月 10 日，这个最晚日期必须退后到 6 月 17 日，也就是该电报出现在报纸上的日期。确定 1944 年是该文献最晚出版年代的证据在于，报道中提到巴特勒先生要求抛弃"英国普通民众教育应该在 14 岁终止的陈旧观念"的话。从这里和下一段一个相似的话可以推断，要求将义务教育年龄提高到 15 岁的《1944 年教育法》应该还没有通过。由于这篇长文中没有提及该法案，很可能它还没有提交英国下议院讨论（沉默推论）。如果事实果真如此，那么，该文章发表的年份应该是在 1942 年或 1943 年。

对于初级研究来说，考证到此就已经令人满意了，但是，确定日期的任务仍然没有完成。对作为教育家的巴特勒进行深入研究的学生来说，应该会发现更简便的解决方法。他可以参考 1942 年和 1943 年 6 月 17 日的《议会议事录》(*Parliamentary Debates*)，将会发现巴特勒演讲的全文。如果找不到《议会议事录》，他可以检索那两年的《纽约时报索引》(*New York Times Index*)。但是，并非所有的剪报都能很方便地从《纽约时报》剪下来。而且，这个确定日期方法的例子，也应该有个结论。因此,研究者阅读该报道的第三段会发现,巴特勒先生宣布任命一个由弗莱明勋爵(Lord Fleming)为主席的委员会,研究将公学(寄宿制学校)教育"不惜成本地提供给所有人"(引自报道者)的可能性。通过检索图书馆的卡片目录,会发现有一本教育委员会的出版物,标题为《公学与普通教育制度》(*The Public Schools and the General Education System*)。副标题写着这是 1942 年 7 月教育委员会任命的关于公学问题的委员会提交的调查报告。现在明确了,毫无疑问,伦敦发来的电报是在 1942 年 6 月 17 日发表的。报纸上刊登的弗莱明委员会的任命日期和出版的报告中的日期之间的不一致,可能是由于这样的事实,委员会任命在 1942 年 6 月宣布,但是直到 7 月才正式成立。

这种确定日期的方法可能让人望而生畏,但是,实际上并不像想象的那样费时。确定一个文献日期的速度,取决于馆藏丰富的图书馆中参考文献的可及性和研究者机敏的想象力。或许有些人会说这种程序是多余的,诚然如此,那么他们很难对细致的历史研究工作感兴趣。

另一个在日期确定上得出结论的例子来自教育史文献。约瑟夫·A·兰斯库夫(Joseph A. Landschoof)在《约翰·伯恩哈德·巴泽多的生平与著作》(*The Life and Work of Johann Bernhard Basedow*)(纽约大学 1933 年未出版的博士学位论文)中将这位德国教育家的生日确定为 1724 年 9 月 11 日。其根据是洗礼记录和 1752 年巴泽多提交给基尔大学的硕士学位论文后附的个人简历手稿。将其生日确定为 1723 年的证据在于巴泽多之子和他最早的传记作者的陈述,后者对他的家庭非常熟悉。卡尔·冯·劳默尔(Karl Von Raumer)的《教育史》(*Geschichte der Padagogik*)可能是许多教科书中发现的错误根源。兰斯库夫博士之所以漠视其他传记作者提供的 1724 年 9 月 5 日、9 日和 10 日,是因为洗礼记录是无可置疑的,而且巴泽多在将生日写进硕士论文的传记信息中时肯定已经特别尽力保证其精确性。为了弄清楚洗礼记录,应该指出,兰斯库夫博士并未亲自考证,而是依靠一位声称见过这份洗礼记录的巴泽多传记作者的陈述。那份个人简历以复印件的形式出现在兰斯库夫博士的论文中,作者是经过普鲁士国家档案馆总管的提醒才注意到它,档案馆附近恰巧住着巴泽多的一位后代。巴泽多

121

用拉丁文这样写道："约翰·伯恩哈德·巴泽多于 1724 年 9 月 11 日生于汉堡。"(Joannes Bernardus Basedow anno salutis MDCCXXIV tertio idus Septembres ex tenui families Hamburgi natus⋯⋯)

1944 年，当一些机构庆祝克拉克大学首任校长、著名心理学家 G·斯坦利·霍尔诞辰 100 周年的时候，位于塔拉哈西的弗罗里达州立女子学院的心理学教授保罗·F·芬纳(Paul F. Finner)说，关于霍尔的生日在现有参考书中并不一致。他指出，在这些文献中至少存在 3 个日期——1844 年 2 月 1 日、1845 年 5 月 6 日和 1846 年 2 月 1 日——曾与霍尔密切合作过的路易斯·N·威尔逊(Louis N. Wilson)撰写的这位心理学家传记中用的是 1846 年 2 月 1 日。倾向于威尔逊的观点，芬纳教授决定采用 1846 年 2 月 1 日，但呼吁进行进一步调查。[见《关于格兰维尔·斯坦利·霍尔百年纪念》(Concerning the Centennial of Granville Stanley Hall)，《学校与社会》，第 60 卷(1944 年 7 月 8 日)，第 30—31 页。]

接下来的工作由肯塔基州伯里亚学院的教育学教授阿尔伯特·J·奇德斯特(Albert J. Chidester)去做。[见《G·斯坦利·霍尔生于哪一年?》(In What Year was G. Stanley Hall Born?)，《学校与社会》，第 60 卷(1944 年 12 月 23 日)，第 420—421 页。]奇德斯特教授指出，很明显在霍尔出生地马萨诸塞州阿什菲尔德的人口档案中并没有 G·斯坦利·霍尔的名字；在为《阿什菲尔德史》(History of Ashfield)写的传记文章中，霍尔自己并未提到自己的生日，该书的其他地方有霍尔出生于 1845 年的记录；不同版本的《美国名人录》(Who's Who in America)提到不同的日期——1846 年 5 月 6 日和 1846 年 2 月 1 日；8 本传记中有两本提供的日期是 1844 年 2 月 1 日。阿什菲尔德镇的书记员在给奇德斯特教授的信中写道：霍尔纪念碑的碑铭上写着："生于 1844 年 2 月 1 日。"至此，奇德斯特教授宣布自己已经满意了，尽管他仍然建议继续研究。

加利福尼亚大学的教育学教授弗莱彻·H·斯威夫特(Fletcher H. Swift)继续探索这个捉摸不定的日期，并在一篇论文中报告了他的发现——《探究 G·斯塔利·霍尔的生日》(Sleuthing for the Birth

Date of G. Stanley Hall)(《学校与社会》,第 63 卷,1946 年 4 月 13 日,
第 249—252 页)。斯威夫特教授因对教育融资制度史的研究奠定了他
在教育史领域卓越学者和研究专家的地位,他对该问题进行了更系统、
彻底和艰辛的研究。在与霍尔一生曾经工作过的所有机构、这位前校
长的儿子和土地总署交流后,斯威夫特教授得出的结论是"霍尔出生的
最可能的日期是 2 月 1 日。"他的推理依据是,除了《美国名人录》前三
卷之外,所有的资料都记录的是 2 月 1 日。至于年份,斯威夫特教授并
未得出满意的结论。尽管有最早的记录支持 1844 年的证据和"霍尔终
生的好友和秘书"路易斯·N·威尔逊(Louis N. Wilson)最后也倾向
于这个日期,但斯威夫特觉得"没有根据认为这些证据是毋庸置疑的"。
他最后的论断是:"除非发现真实的、无可争辩的关于霍尔生日的记录,
否则关于霍尔真实的出生日期不会得出无可置疑的结论。"霍尔本人很
明显也搞不清自己的出生日期,这一事实巩固了上述论断。

　　2. 教育思想或著作的来源。确定一个教育思想或实践与其他思
想或实践的关系,绝非一件容易的事情。这种相依性(dependence)问
题又可以在两个小标题——"起源"和"影响"下考虑,后者将单独讨论。
起源意味着一个教育机构、思想或实践在可辨识的范围内的真正的开
端。这不是一个研究古物的兴趣问题——这当然是一个进行研究的充
分理由——而是一个意义的问题,因为许多理论和概括经常是建立在
对某些教育阶段之起源的假设之上的。第一性问题,也就是哪个机构、
方法或著作是同类中的第一个,在过去是一个曾经争论不休且令人反
感的问题。因此,有必要制定出决定第一性的科学标准。起源问题的
另一个方面是确定出版的教育著作或手稿的来源。

　　先从最后一个问题谈起——如何通过确切的理由证实某本书的作
者运用了哪些教育著作作为来源? 将这个问题分解一下,就是确定一
本教育著作在多大程度上是有独创性的,在多大程度上是借用他人的,
具体借用了哪些资料。正如爱德华·P·切尼在谈到这一事实时所指
出的那样,"所有事情都是其先前事情的结果"。同时,那些以其思想和
行为帮助后来的教育学英雄人物(pedagogical heroes)建立起声誉的被
遗忘的人应该在教育史上获得其合适的地位。那些曾经在其时代声名

123

卓越的教育家随着时间的流逝而逐渐被淡忘，然而，小人物却通过带给他们影响的那些伟人的成就而得势。

寻找一本教育著作的来源，主要是与作者可能在其中获得灵感甚至是资料的其他著作进行对比。重要的是，要记住某些在措辞和思想上都非常相似的段落，除非有进一步的证据证明，并不必然代表是来源关系，而可能仅仅是巧合。而且，相似并不能假定是直接的依赖；或许是因为有一个作为媒介的资料。正如维利（Villey）所指出的——转引自莫里兹（Morize）的《文学史的问题与方法》（*Problems and Methods of Literary History*），蒙田借用了拉丁文作家的表述，并非因为他的确曾研究过古典文学，而是因为他很便利地从一个博学的朋友的著作中发现了这些表述。莫里兹的另一个令人受益的警告是，避免"独一无二资料的催眠术"。简单点说，这句话的意思是某段文字或许有多个而非一个来源。同样重要的是，要区分直接借用（有时候用引号，有时则没有用引号）和间接借用。无论如何，正在对某位教育家的思想进行科学研究的人，应该尽力研究那些确定是这位教育家思想来源的著作。因为很难想象，没有它们而能对这位教育家的著作进行充分的评价。当学生了解了教育家运用了什么资料作为创作的灵感以及为什么之后，他就能够对这位教育家的思想进行深入的理解。

如前所述，在决定一本教育著作的来源之前，必须先进行比较。如莫里兹所言，这不仅意味着把相似或一致的段落并置在一起，而且包括考证影响教育思想家的各种因素——教育、粗略阅读、交谈、智力—社会—政治环境、传统、朋友和协会等。简而言之，了解教育著作的来源，也就是了解这位教育家。

至此，学生自然会问如何开始和从哪里开始？莫里兹提出了几个中肯的建议。第一，有必要研究一下这位教育家的个人藏书，如果可以的话，或者通过追踪散乱的图书重现这些个人藏书。考证这些书籍，或许会发现笔记、评论、划线的段落和其他运用这些书籍时留下的痕迹。第二，了解作者订阅的期刊和报纸的信息；第三，从通信和其他著作提供的线索中，确定作者的阅读书目清单；第四，研究者应该列举教育家在撰写其著作时可能运用的书籍和文献。最后，应该研究教育家的朋友圈、所属协会、教育背景、旅行和文化兴趣等。"总之,来自于生活的巨大贡献往往超过来自书本的贡献。"

假设历史学家已经编辑了这些清单,已经一丝不苟地逐页翻阅了这些书,而且已经发现了无可置疑的证据表明教育家在准备其著作期间确实阅读和参考了这些书籍,接下来的问题就是如何证明教育家确实运用了这些出版物,而不是以那些没有搜集到的书籍作为参考资料。莫里兹没有考虑这个角度。在这种情况下,最好是说这些书籍看起来是教育家著作的明显来源。一个科学的教育史学家最远只能至此。即便是教育家亲自说到的其思想的来源,在缺乏确凿证据的情况下,也应该持谨慎的怀疑态度。

我们通过对教育史中的一个文献的个案研究,举例说明前面的讨论。在《斯宾塞〈论教育〉的来源》(*The Sources of Spencer's Education*)(《教育研究杂志》,第 13 期,1926 年 5 月,第 325—335 页)中,H·G·古德称,根据约瑟夫·普里斯特利(Joseph Priestley)①的教育著作与斯宾塞首章"什么知识最有价值?"之间相似,因此,断定后者是"对约瑟夫·普里斯特利特定思想的拓展"。除了展现了两者何等相像之外,古德实际上并没有证明斯宾塞的教育思想来自于普里斯特利。在《赫伯特·斯宾塞教育思想的来源》(*The Sources of Herbert Spencer's Educational Ideas*)中,阿伯丁大学的诺曼·T·沃克(Norman T. Walker)分析了这位英国社会学家《智育、德育和体育》(*Education：Intellectual，Moral，and Physical*)各部分的来源。沃克教授开篇就指出,古德关于斯宾塞借用了普里斯特利教育著作中的思想的结论的有效性微乎其微,因为斯宾塞在提到其他教育家的时候并没有提及普里斯特利。斯宾塞在《论教育》中提到的教育家有马塞尔(Claude Marcel)、怀斯(Thomas Wyse)、裴斯泰洛齐、费伦伯格、廷德尔(Tyndall)、贺拉斯·曼和皮伦斯(Pillans)。后面四位曾被斯宾塞引用过几次,但被沃克排除了。剩下的三位"对斯宾塞的教育观点来说是最重要的权威"。托马斯·怀斯的《教育改革》(*Educational Reform*)被

126

---

① 约瑟夫·普里斯特利(1733—1804),英国化学家、哲学家。——译者注

斯宾塞引用过 3 次，其中两次作为支持马塞尔观点的证据。除了一个较长的引文之外，在沃克看来，几乎没有证据证明斯宾塞受惠于怀斯。至于裴斯泰洛齐，沃克说斯宾塞不能阅读德文，因此，必须用英译本。斯宾塞了解裴斯泰洛齐思想最显见的来源是比贝尔（Biber）的《裴斯泰洛齐的生平》（*Life of Pestalozzi*）。该书是斯宾塞最初讨论"教育的艺术"（1854 年）时的起点之一，后来"教育的艺术"修改以后（1859 年）作为《论教育》中的第二章重新出版。在其 1894 年完成的《自传》（*Autobiography*）中，斯宾塞提到了"大约 40 年前"为了研究而参考比贝尔传记。在此有一个情况要说明，斯宾塞引用的裴斯泰洛齐的所有的话都出现在比贝尔的著作中，但是，斯宾塞在引用比贝尔时并未注明。在沃克看来，斯宾塞引用裴斯泰洛齐的思想主要是为了批判，据此，他推断裴斯泰洛齐并非斯宾塞教育哲学的重要来源。

　　至此，在斯宾塞提到的教育家中，只有一个可能是其思想的来源——克劳德·马塞尔。沃克教授主张，马塞尔的主要英文著作《作为一种心理文化和国际交流工具的语言》（*Language as a Means of Mental Cuture and International Communication*）的第一卷是斯宾塞借用最多的书。为了证明这一点，沃克引用了这两位教育家在几个方面思想一致的案例。他接着说："这样一份表明这两位作者一致之处的清单很容易被拓展，但是，列举的这些已经足以证明我所宣称的斯宾塞许多思想的来源，这些思想成为他思想的背景或个人经验的一部分。"在教育方法方面，沃克识别出了更多的相似之处。他指出，马塞尔被引用或提到了 6 次，然而斯宾塞对如此频繁的引用也没有注明。沃克还援引了其他证据：斯宾塞对教育方法的说明与马塞尔的"相当一致"；斯宾塞教育方法的七大指导原则大多数借用了或改编自马塞尔的方法；这两位教育家思想的其他方面也有大量的相似和一致之处。在结论中，沃克教授指出："斯宾塞只引用他所认可的，在引用马塞尔的时候，他特别注意回避其思想中的教育要国家化和进行语言、文学和历史教学的观点。"

　　细致分析确立斯宾塞借用马塞尔思想的方法发现，沃克教授强调斯宾塞思想有多个来源，但马塞尔的著作是这位英国教育家运用的主要著作。通过逐个排除其他来源，他可以确定无疑地说，是马塞尔给了斯宾塞灵感。他引用了大量对比表明两者教育思想的相似之处。在这个案例中的所有这些情况清楚地表明这不是巧合。而且，斯宾塞的思想并没有与其他教育家更密切相似。这些证据看起来，表明了沃克的分析和结论是正确的。但另一方面，沃克并没有采用任何精密的步骤去证明斯宾塞借用了马塞尔。他所做的是从两本书中大量的一致之处推断存在着依靠。这种依靠的可能性或可信性确实得到了证明。但是，实际上是否如此，并未得到无可辩驳的证明。证明一本著作是另一本著作的来源，它是一个困难的过程，需要比沃克提供的更加细致和系统的证据。在类似情况下，能做的最多是承认拥有细节充分却无法证实的证据，并得出该来源是最"明显的"一个来源。

3. 有关"第一"的确定。来源问题的另一方面是有关"第一"的确定（determination of primacy）。对于教育史的教科书或论文来说，有时候它们因准备仓促或研究不充分而绝对地断言某事件或思想是同类中的第一。在许多情况下，并不需煞费苦心地研究就可以证伪这些论断。问题的关键是，一个具有科学思想的学生应该避免将某个教育词语、行为或机构误判为"第一"。最好是谨慎地对有关"第一"的论述作出限制，例如，"目前的记录显示"。

举几个例子说明"第一"是如何被不加辨别地断定的。道格拉斯·E·劳森（Douglas E. Lawson）反驳了美国的第一所公立幼儿园是 1873 年在圣路易斯建立的这一广为接受的论断。他引用了波士顿教育委员会的会议记录和年度报告，大意是说 1870 年开办了一所公立幼儿园。劳森教授认为，他所引证的证据"足以确证在美国作为公立学校制度一部分建立起来的最早的幼儿园是 1870 年在波士顿开办的这一明确论断。"见《关于美国幼儿园早期历史的纠正备忘录》（Corrective Note on the Early History of the American Kindergarten），《教育行政与督导》第 25 期（1939 年 12 月），第 699—703 页。不幸的是，劳森教授忽略了发现新文献证明美国公立幼儿园更早起源的可能性。

最近的研究否定了美国最早的初级中学（junior high school）出现在 1908 年的结论。鲁思·E·科纳（Ruth E. Coyner）运用官方资料证明"创办第一所初中的荣誉，应该归于南部的佛罗里达州，时间是1903年。"[见《南方的第一所初级中学》(*The South's First Junior High School*)，《皮博迪教育杂志》，第19期(1942年5月)，第323—328页。]当埃德温·A·芬什(Edwin. A. Fensch)发表了他的研究结论后，[见《第一所初级中学?》(*The First Junior High School?*)，《学校与社会》第68卷(1948年8月28日)，第136—137页]，人们发现科纳很明显没有考证佛罗里达州之外的资料而得出了仓促的结论。芬什发现，俄亥俄州曼斯菲尔德的校规在1879年规定，在"初中"提供两类课程，在"高中"提供两类课程。为了证明曼斯菲尔德可能是美国第一所初级中学诞生地的推论，芬什访谈了一位退休的英语教师，据报道她曾经就学于该初中和高中，并于1883年从高中毕业。这位教师说："1880年该初中是一个与高中不同的单位，集会和背诵都在自己的教室里，而高中三个年级则分配在另外的教室进行学习和背诵。"据此，芬什得出结论，曼斯菲尔德的初级中学"比那些宣称在1908—1910年建立了第一所美国初级中学的学校要早得多"！他的文章标题中的问号则表明，芬什并不准备坚持认为曼斯菲尔德是绝对的第一。

许多美国教育史著作都认为，塞缪尔·R·霍尔(Samuel R. Hall)1829年的《学校管理讲演录》(*Lectures on School-Keeping*)是美国的第一本教育著作。例如，奈特和孟禄在他们的教科书中就是这样说的。J·P·戈迪(G. P. Gordy)将霍尔的著作描述为"在这个国家中写作的关于该主题的第一本书"。(《美国师范学校思想的出现和发展》，第12页)在给霍尔的《学校管理讲演录》撰写的前言中，阿瑟·D·赖特(Arthur D. Wright)和乔治·E·贾丁纳(George E. Gardiner)将其称为"在美国用英语出版的第一本教育著作"。这种定位忽略了克里斯托弗·多克(Christopher Dock)1770年的《校规》(*Schulordnung*)、约瑟夫·尼夫(Joseph Neef)1808年的《教育计划和方法纲要》(*Sketch of a Plan and Method of Education*)和1813年《儿童教育方法》(*Method of Instructing Children*)。这三本书都是在费城出版的。当然，或许有人会辩解说多克的书是用德文写的，而且多克和尼夫都出生于海外。如果那样考虑的话，那么这句话应该这样说："第一本由美国人写的教育著作"。

几乎所有研究美国高等教育史的历史学家的著作都是从 17 世纪后半期新英格兰和弗吉尼亚高等教育的发展开始。它们似乎忽略了关于当时是殖民地、现为美国大陆一部分(佛罗里达州、新墨西哥州、德克萨斯州、加利福尼亚州和路易斯安那州)的西班牙人和法国人的著作。同样具有误导性的是,宣称哈佛学院是"美国的第一所学院"(R·弗里曼·伯茨的《学院的发展历程》,第 47 页)。相似的论述在斯图亚特·G诺贝尔(Stuart G. Noble)的《美国教育史》(*A History of American Education*)第 36 页也可以发现:"17 世纪美国的高等教育史就是哈佛学院的历史。""American"一词在睦邻政策(Good Neighbor Policy)[①]和南北半球团结的时代,看起来应该包括格兰德河南北两边的美洲国家。因此,严谨的历史学家应该承认这样一个事实,即在 1636 年哈佛学院成立之前,拉丁美洲已经有 12 所大学和 40 所学院了。关于哈佛学院在高等教育史上地位的恰当表述,应该是"美利坚合众国的第一所学院"。

再举一例说明在教育行政和教育文献方面有关"第一"的问题。许多教育史作家,如博伊德和卡伯莱,都赞同布鲁巴克的观点,即夸美纽斯 1657 年的《世界图解》(*Orbis sensualium pictus*)"是第一本运用图画作为教具的教科书"。(《教育问题史》,第 202 页)A·W·胡梅尔(A. W. Hummel)批评了 I·L·坎德尔的一个类似论述,他指出,在 16 世纪末期涂时相(T'u Shih-hsiang)编辑了一本中文启蒙读物《蒙养图说》(*An Illustrated Reader for Elementary Instruction*)[②],并且"中国在此之前无疑还有其他的插图教科书"。见《西方的危险假设》(*The West's Dangerous Assumption*),《美国学者》(*American Scholar*)第 10 期(1941 年冬季),第 507 页。在纠正坎德尔论述的时候,胡梅尔

────────

① 睦邻政策,是美国总统富兰克林·罗斯福(Franklin Delano Roosevelt)在 1933 年 3 月就职演说中提出的对拉丁美洲国家的政策。它包括:美国不干涉拉美国家内政;发展双方贸易关系;实行民族平等;美国对拉美国家进行技术援助等。——译者注
② 我国明朝涂时相撰写的蒙学课本,有便于儿童学习的图画,并以口语演说。——译者注

(Hummel)建议应该加上"在西方"，就会使关于夸美纽斯著作的论述成为"真实的"。但是，即使是这个概括也远非正确，就如 H·G·古德在《第一本插图教科书》(*The 'First' Illustrated School Books*)〔见《教育研究杂志》，第 35 期(1942 年 1 月)，第 338—343 页〕中所表明的那样。古德教授强调，在夸美纽斯的《世界图解》出现之前，"印刷插图书的实践已经有两个世纪之久了"。换言之，它最早可以追溯到欧洲发明印刷术之时。他列举了一些在夸美纽斯著名的教科书出现之前的一些插图教科书的书名。为了研究插图书的起源和细致分析《世界图解》中图画的作者，有的学生参考了一篇文章《插图书的发展史》(*Zur Entstehungsgeschichte des 'Orbis pictus'*)。在宣称有关"第一"时必须谨慎，其必要性已经是不言而喻的。

131

　　对学生来说，在断定"第一"时，遵循合格的历史学家的方法是有帮助的。威廉·H·克伯屈(William H. Kilpatrick)是著名的教育哲学家，特别以杜威学说的阐释者著称，在 1912 年提供了一个调查研究的典范。在《新尼德兰和纽约殖民地的荷兰学校》(*The Dutch Schools of New Netherland and Colonial New York*)中，克伯屈用了整整一章的篇幅来确定新阿姆斯特丹的第一所学校建立的时间。克伯屈首先引用了通常认为新阿姆斯特丹在 1633 年建立第一所学校的说法。通过查询新阿姆斯特丹基督教会的档案，他得以证明亚当·罗兰兹(Adam Rolands)(更多时候被拼写为"Roelantsen")通常被认为在 1633 年在该地区开始其教职，其实直到 1637 年 8 月 4 日才在阿姆斯特丹获得前往新尼德兰从教的许可证。考虑到教育史学家坚持认为第一所学校出现在更早的时间，克伯屈决定对该问题进行深入研究。接着，他详细考证了第一次"明确论述"1633 年这个时间的资料，亨利·W·邓希(Henry W. Dunshee)1853 年的《纽约城荷兰改革宗学院的历史》(*History of the School of the Collegiate Reformed Dutch in the City of New York*)。邓希作出"罗兰兹是新阿姆斯特丹在 1633 年出现的第一位校长"这一论断，主要是参考了"奥尔巴尼城市档案，第 1 卷第 52 页"。他还列出了一份荷兰西印度公司 1638 年的官员和服务人员名单，其中罗兰兹"仍然是校长"，证明资料是"奥尔巴尼城市档案，第 2 卷第 13—15

页"。在克伯屈看来，"事实是现存的档案中并没有发现 1633 年或 1638 年的这样的名单或类似的名单"。接下来，就是要找到邓希论述的来源。注意到邓希"主要不是一位历史学家"，克伯屈推断他或许是利用了埃德蒙·B·奥卡拉汉（Edmund B. O'Callaghan）《新尼德兰史》（*History of New Netherland*）（1845，1848 年）和约翰·R·布罗德黑德（John R. Brodhead）《纽约州历史》（*History of the State of New York*）（第 1 卷，1853 年）中的内容。这两本著作的作者"是我们所讨论的邓希时代无与伦比的最好的学生"。在邓希所引用过的这两本书中，都没有发现邓希书中所提到的名单。事实上，由于邓希承认他著作第一章的内容深受布罗德黑德的影响，而且他著作的第二章引用奥克拉汉不止 19 次，因此，克伯屈确定邓希广泛运用了这两本卓越的历史著作。通过把邓希关于罗兰兹的论述与布罗德黑德和奥克拉汉的相关论述进行对照，克伯屈得以证明了"奥克拉汉是邓希关于西印度公司官员名单的真正来源"。

在这样处理邓希的证据后，克伯屈继续确定罗兰兹到达新阿姆斯特丹的确切时间，不过他首先驳斥了有些作家宣称其他教师先于罗兰兹到来的观点。考虑到罗兰兹首先于 1633 年在曼哈顿开始任教，而后于 1637 年返回阿姆斯特丹取得许可证的可能性，克伯屈坚持认为这方面缺乏确凿证据，而且"可以推测，没有人先当教师，然后再取得许可证"。（顺便说一下，这一推测没有、也未曾被实践证实。）克伯屈进一步论证，罗兰兹到达阿姆斯特丹并不能证明他开始教学。因此，必须寻找能够确立这一事实的更恰当的证据。阿姆斯特丹宗教法院（consistory of Amsterdan）经授权负责向新世界（New World）派遣大臣、疾病慰藉者和校长，并向他们颁发许可证，而且保存着被授权担任这些职位的个人的准确名单。鉴于名单中并没有在 1637 年给罗兰兹颁发许可证前的校长记录，克伯屈认为，"在一定程度上可以确定地说，在罗兰兹被选派开始其服务期（1638 年 3 月 28 日稍后）之前，在新尼德兰并没有官方认可的校长"。这个时间是在考虑了船只从阿姆斯特丹出发到达目的地的时间后确定下来的。权衡了已知证据和推论证据后，克伯屈得出了这样的结论：罗兰兹是"目前所知新尼德兰最早的校长"；他在 1637

132

年 8 月 4 日获得做教师的许可证,"最早不会早于 1638 年 4 月 1 日在曼哈顿开办他的学校";"在 1637 年 8 月 4 日前新尼德兰不可能有官方认可的校长,相应地,在 1638 年的学校开办之前也不可能有官方的学校";疾病慰藉者不可能在罗兰兹之前就在曼哈顿任教;"既不可能肯定,也不可能否认 1638 年以前曼哈顿有私立学校";"1633 年在新尼德兰学校史上没有显著的或是可能的意义"。克伯屈确定罗兰兹教学服务时间的方法提供了一个确定第一和事件日期的范例。

最后一个关于"第一"的案例研究来自《殖民地美国的劳动阶级和依附阶级:1607—1783 年》(*Laboring and Dependent Clsses in Colonial America*,1607—1783),其作者马库斯·W·杰尼根(Marcus W. Jernegan)是一位对教育史特别感兴趣的著名的普通历史学家。为了确定新英格兰的哪个城镇最早建立、开办和资助了第一所公立学校,杰尼根教授对城镇档案进行了彻底考查。早在 1635 年 4 月 13 日,波士顿市的镇长们就投票表决"我们的兄弟菲利蒙·波蒙特(Philemon Pormont)应该担任校长,与我们一起教育和教养我们的孩子"。因为在该问题上没有表决——实际上在 7 年内没有与城镇学校有关的任何表决,因此,不能确定该学校是否开办,或者,如果确实开办过,它是否得到了城镇的资助。接下来的投票显示城镇的政策改变了,开始越来越多地承担起资助学校的责任。城镇档案或马萨诸塞州常设法院的档案没有显示波士顿在 1635 年到 1643 年 12 月 2 日期间资助该学校的任何拨款。这一事实促使杰尼根得出的结论是:假设这所学校在此期间已经开办,那么它也是私人资助的,"因此,支持波士顿的城镇以其法人资格资助了美国第一所公立学校的论断的证据非常匮乏。"接下来,杰尼根分析了搜集到的查尔斯镇、多切斯特、伊普斯威奇、戴德海姆、纽黑文、哈特福德及其他地区的所有城镇档案。通过对照这些资料,杰尼根确定了"第一"的归属:波士顿镇是第一个在城镇会议上选举教师的城镇;查尔斯镇通过任命一位拥有固定薪水和服务期的教师,第一个建立了由城镇资助的学校(1636 年);多切斯特是第一个为一所永久性城镇学校提供财政拨款的城镇(1639 年),等等。杰尼根最后的结论是:"在 1647 年 1 月 21 日之前,新英格兰的某些城镇自愿建立、管理和资助了一些城镇学校"，并且创立了由城镇发起建立公立学校或资助已有学校、城镇通过各种途径承担起财政资助学校的责任，和向财产持有者征收一定的费用或税收来为学校提供部分资助等"重要原则"。然而，所有这些只解释了新英格兰地区五分之一不到的城镇的公立学校。因此，其他城镇的教育，不管是什么类型，肯定是私立的和由父母进行的。无疑，作为一个整体的新英格兰地区尚未将学校"如教堂一样视为一项公共事业，应该由城镇资助"。1647 年，马萨诸塞州常设法庭意识到由先驱城镇创立的公立学校原则，如果要获得新英格兰其他城镇的广泛认可，需要得到中央的支持。所有这些为著名的《1647 年马萨诸塞法》，即《老骗子撒旦法》(Old Deluder Satan Act)的实施创造了条件。

注意一下杰尼根教授如何得出新英格兰殖民地教育"第一"的归属的过程，那是很有意思的。他寻找官方文献资料，并且进行相互比较，从而细致地得出教育事件的可靠的编年顺序。与此同时，应该特别注意杰尼根进行归纳和将其研究与该时期教育史的总体状况联系起来的方法。这些过程将在本章后面讨论。

4. 机构的起源。一所学院起源的时间是广受校友和其他一些人所关注的问题。借用切尼在《宾夕法尼亚大学史：1740—1940 年》(History of the the University of Pennsylvania)中的一句妙语，许多学院都"渴望高龄"(avid for antiquity)，结果都希望将它们创建的时间尽量提前。其背后的假设是，一所古老的、特别是建立于 18 世纪最好是独立战争之前的学院比年轻的学院拥有更高的声誉。

效仿哈佛大学并不是将其真正获得特许状的时间定为其建立的日期，许多学院修改了它们的档案。如此，宾夕法尼亚大学在 1755 年获得颁发学位的特许状，决定将 1740 年，也就是它的初等学校先辈开办的时间作为其正式成立的时间。稍后不久，迪肯森学院在 1783 年获得特许状，决定将 1773 年，也就是作为其先驱的文法学校建立的时间作为它自己开办的日期。在许多大学管理者的眼中，这种变更日期是一种可以接受的合法做法。不管事实是否真的如此，"渴望高龄"看起来已经成为一种风气，从而令学习历史的学生更加头疼。

在这种情况下，只要其中任何一个机构变更了其建立的时间，就不可能比较它们的年龄。然而，有一些客观标准可以借以准确确定学院的真实年龄。弗雷德里克·C·韦特（Frederick C. Waite）指出，在高等教育机构成长历程中有三个里程碑：准许授予学位的特许状、开始进行学院级的教学、真正授予学位。见《学院的生日》（College Birthdays），《美国学院协会公报》（Association of American College Bulletin）第 36 期（1940 年 5 月），第 236—253 页。"这三个事件联合在一起，确切地表明一个机构已经结束了其青少年期而事实上成为一所学院，进入了积极有效地发挥功能的发展时期。"韦特教授承认，在高等教育机构的发展中有一些"至关重要的序幕性事件"，例如，为拟成立的学院的学生提供预备教育的中学的开办；某个人或团体表达在某地建立学院的愿望；建立学院的计划的形成；从私人或公共资源中筹措资金的努力；为了建立学院而捐赠土地或资金；学院校舍的建成和教师的任命。然而，所有这些步骤都没有"建立起一所学院"。教育史上曾记录过这样的实例，类似事件的发生并没有带来学院机构的建立。尽管准许学院授予学位的特许状并不总是带来一所学院或学院的很快建立，但是，这样一个事件的日期比上面提到的其他事件对于学院的未来具有更加直接的意义。没有任何理由认为一所中学获得特许状的时间与学院有关系。正如韦特所言，"事实是一所中学获得特许状并不能将其变为学院，因为这些中学特许状的主要目的是允许中学收受礼物和捐赠、拥有不动产和进行有形资产交换。"

关于起源、第一和教育著作的来源问题就讨论到这里。接下来，给不得不面对这些问题的学生提几点建议。必须知道，一些教育术语在不同时代、不同国家和不同语言中的确切含义。"Public School"，在英国是一种含义，而在美国则是另一种含义；"Hochschule"，在德文中并不是表示"中学"（high school）；"grammer school"，在 20 世纪的含义与其在 17 世纪的含义截然不同；18 世纪的"continental academy"与当前仍然用这一名称的美国教育机构并不一致。应该好好利用词源词典和教育史方面的科学论著，以避免混淆术语而得出错误的结论。在试图确定起源和第一时，避免得出绝对的结论也是一种不错的历史策略。没有人可以保证他已经考证了所有相关证据、而且不会进一步发现新的文献,因此,更加谦虚、无疑也是更加准确的做法是用这样一些词语对自己的结论加以限制,例如,"似乎是"、"可以假定"等。从前面提到的学者所运用的方法中可以吸取经验。

5.影响的确定。如本章其他地方所言,教育思想和方法的影响的确定与起源、来源问题是密切相关的。有一点不同的是,研究一个思想的来源要考查相对有限的作者,而对影响的研究则可能将研究者引入各种各样的渠道。或许因为这个原因,历史学家不建议初学者探究如此艰难的问题。在莫里兹看来,"它们不仅需要关于一本而是多本完整文献的广博而高深的知识。"戈特沙尔克(Gottschalk)认为,"因为'影响'这一观念如此抽象且缺乏广泛认可的评价标准,这种努力很可能会误入歧途,或者至少在专家中很难达成一致"。〔见《历史学、人类学与社会学研究中个人文献的利用》(*The Use of Personal Documents in History*,*Anthropology and Sociology*),第58页〕在通常情况下,关于影响的研究对于一份学期研究报告来说是太大了。学位论文是进行这种研究更好的载体,但应该记住,影响的确定需要运用独特而细致的技术。经常看到,为了获得更高一级的学位而准备研究报告的学生或多或少地会自由地在他们的论题下面添加几页"影响",而丝毫没有意识到影响的确定需要什么证据。

在描述影响确定的过程之前,首先必须对这个词进行解释。"影响"(influence)意味着,一个人的思想或行为模式作为与另一个人的思想或行为联系或展现于其面前的结果,而发生突然的变化、修正或变换。必须将"影响"与其他表示依靠的词——冲击(impact)、启发(inspiration)和模仿(imitation)区别开来。很明显,这些措辞所表示的依靠程度远远低于"影响"一词。同样值得注意的是,一个人的"声誉"(reputation)和一本著作的"成功"(success)都与"影响"的概念有某些联系。

在莫里兹看来,没有一种影响是"一股连续不断的流";毋宁说,在各种不同的时期它展现出一种"时隐时现"的趋势,这取决于该时期的品味和氛围。影响可能通过一个有声望的人的宣传、被国外接受、对一种需要或愿望的满足或者图书出版和流通过程中的固有程序而产生或

138

累积。相反,这些程序也可能阻滞或降低影响。就此而论,或许可以用"消极影响"(negative influence)一词来描述由于一本著作的出现而引起的讨论、争辩和反驳。

就最低限度而言,在确定影响的过程一开始,你就必须准备好证明教育家 E 知道教育家 F 的著作,并且他运用后者的思想修正了自己的思想。如戈特沙尔克所言,"确证两组思想的相似并以随之必由之作为证据"是不充分的。如本章前面所引用的例子,赫伯特·斯宾塞讨论了深深吸引他的裴斯泰洛齐的一些原则,但他是从比贝尔那里获得的二手资料。在许多例子中,这种影响的迁移经历了更多阶段。思想的相似并不必然表明有影响存在,而更可能是两位教育家都从第三方或该专业许多人所共有的知识中吸取了灵感。而且,巧合或偶然的因素也不能忽视。

一本书的总体影响可以通过彻底探究其传播的程度来追踪。也就是说,你必须确定再版和重印的频率,原版和译本销售的册数,还有其他可以从出版和图书馆资源中获得的相关信息。T·A·菲茨·杰拉尔德(T. A. Fitz Gerald)能够估计塞万提斯(Cervantes)的影响是根据《堂吉诃德》(Don Quixote)迄今已经被翻译成 54 种语言,拥有 1657 个版本[见《塞万提斯在海外的名气》(Cervantes' Popularity Abroad),《现代语言杂志》(Modern Language Journal)第 32 期(1948 年 3 月),第 171—178 页]。但是,这仅仅表明这本书可供阅读,并不能说明它真的被阅读了或真正产生了影响。即使是图书馆的流通数据这个更好地表明图书传播的指数,也很难用作确定影响的精确量度。在积累这些数据后,所能说的是这本书获得了成功。例如,阿诺德·J·汤因比(Arnold J. Toynbee)的畅销书《历史研究》(The Study of History)单卷压缩本很难说改变了公众的思想,众所周知,特别是因为有些买这本书的人没有能力或压根就没有打算去读它。另一本畅销书,兰斯洛特·霍格本(Lancelot Hogben)的《百万人的数学》(Mathematics for the Million)同样也不能认为影响过几千人,更别说百万人了。可以假设这些著作的出版带来了一些影响,但在没有实验的情况下不能得到证实。对于更早的时期,确实不可能估计一本书对大众的影响。

139

也可以通过报纸和杂志上所刊登的书评和讨论来追踪一本书的影响。就像确定一本书的来源一样,其他作者引用和模仿的频率在一定程度上表明一本书受到重视和颇受欢迎,但在没有进一步证据的情况下,当然不能表明产生了明确的影响。

教育家 C 经常提到或引用教育家 D,这并不必然预示着影响,因为许多作者喜欢搭明星的便车。实际上,甚至可以说,D 公开承认他受到了 C 思想的影响也不能证明影响确实发生,毋宁说是 D 感觉到受到了 C 的影响。首先必须证明 D 的思想不可能来自 C 以外的任何人,也就是说,没有来自 C 思想的推动力,D 的思想就不会出现,或者如何没有 C 的影响,它们想必会大为不同。简而言之,必须把所有外来因素分离出来并给出满意的解释后,因果关系才能确立。这无疑是一件困难的事情,但是,如要满足影响这一概念的条件就必须这样做。引用 W・T・琼斯(W. T. Jones)在《关于"历史研究"一词的含意》(*On the Meaning of the Term 'Influence in Historical Studies'*)中所说的对确定影响的要求[见《伦理学》(*Ethies*)第 23 期(1943 年 4 月),第 192—201 页]:

140

> 使历史学成为一种更多艰辛却少有野心的研究。无疑,流畅地写下"康德的著作激发了对经验这一观念的兴趣"或者"孟德斯鸠对开国元勋的影响是很明显的"更容易且更壮阔,然后就转向新的领域和牧场。但是,我不揣冒昧地说:这不是历史;也不是诗歌,至少不是高明的诗歌。如果有意如此,那便是不诚实;如果不是有意为之,那便是愚蠢。我认为,在历史研究中,我们必须做好准备,接受在其他理智探究的领域同样秉持的艰辛努力所具有的价值。也就是说,我们必须宁愿承认我们所谓和所知甚少,也不愿因为要显得更重大和博学而迷惑自己、误导他人。我们必须学会甘愿尽力将研究做得扎实而稳健,也不愿因好高骛远而一事无成。

这并不意味着,几乎不可能证明影响的存在。高年级学生不应该放弃完成这个任务的希望。与此同时,审慎即大勇(discretion is the better part of the valor),更可取的做法是证明影响部分存在而非完全没有。也就是说,在缺乏确凿证据的情况下,可以通过证明假定的

(presumptive)、表面的(apparent)或可能的(probable)影响的存在,从而有助于影响的确定。这个序列远非真正的影响,最难进行毋庸置疑的证明。

在开始研究影响的时候,有许多线索可以追寻。关于教育家旅行的知识,会提供可能的影响的提示。例如,我们想起约翰·杜威第一次世界大战后曾访问过许多国家。他在这些国家停留时间长短不等,但与学校官员广泛会谈。对于确定真正的影响而言,这是一块肥沃的土壤。

研究者必须准确描述杜威访问前的教育状况,杜威博士与国外教育家的真实接触,以及由这位美国教育家而不是其他人引起的教育制度的变化。确定影响的另一条途径是,考查一位教育家的朋友、同事、相识、书信往来者和学生的著作和行为。这样,研究威廉·H·克伯屈的教育思想就比研究一位与杜威及其著作关系很小或无关的教育家将产生更丰硕的成果。在这一点上,有人必然也会想到一位拥有杜威特质的著名教育家,他通过他的门徒或其思想受到杜威影响的教育家的著作而接触和影响其他人。但是,这种影响看起来是最难追寻的。

在结束对确定影响的初步讨论前,有必要强调必须对两位教育家之间的智识关系(intellectual relationship)进行解释。不考虑这一问题就努力证明影响的存在,并不是完全有益的。学生必须要做的是将影响得以产生、增强和成熟的过程与时代精神、社会、文化、经济、政治和宗教背景联系起来。在这种背景下,影响具备了更深刻的意义。

在研究影响的时候,有几个注意事项。首先,学生应该避免成为感觉影响无处不在的强迫症的牺牲品。众所周知,当专心致志于一个主题的时候,人容易认为他看到的几乎任何事情都与该主题有相似之处。然后,很容易迅速断定他正研究的教育家对另一个人产生了影响。学生应该通过不用自己所研究的教育家的思想模式塑造他人的思想,以保持他在学术上的平衡力。一个人的思想受到多种多样影响的可能性非常之大,从而不应该仓促地得出概括性结论。

现在通过教育文献中的几个例子说明作者之间对待影响问题的看法是多么的不同。在前面提到的文章中,埃夫里尔写道:"对于桑代克博士对心理学和教育学的贡献,我总是怀着最深的敬意。我在专业上受惠于他的证据比比皆是,在我的第一本心理学著作中,对本能问题的论述就反映了他的《人类的本性》(*Original Nature of Man*)对我早期思想的影响。没有一个人比他更深刻地影响过美国教育。"不应该轻视埃夫里尔博士的这番受惠的自白,特别是因为他提供了一个验证的线索。然而,最后一个句子他提供的证据确实极端脆弱,因为埃夫里尔将或许仅仅对他个人而言是真实的影响泛化了。这个句子的正确性只有经过一番费时费力的研究才能确定,问题是不知道它是否值得这样做。

在《夸美纽斯与教育改革的开端》(*Comenius and the Beginnings of Education Reform*)(纽约:斯克里布纳,1900 年版,第 146 页)中,W·S·孟禄这样评论说:"尽管没有提到夸美纽斯的名字,但是,即使是匆匆略读《爱弥儿》也会找到卢梭非常熟悉这位摩拉维亚教派改革者著作的大量证据。这种熟悉如果不是通过一手资料,就是通过他人的著作。"促使孟禄得出这个判断的是,他通过对夸美纽斯和卢梭著作的对比研究发现了"一些惊人的相似之处"。这是一位作者由相似进行推理的明显例子。孟禄也不能确定卢梭对夸美纽斯思想的了解是直接的还是通过其他教育家的思想。然而,他在得出这个明确的结论时并未表现出丝毫犹豫。

瓦特·斯图尔特(Watt Stewart)和威廉·M·弗伦奇(William M. French)评论了《贺拉斯·曼对多明戈·福斯蒂诺·撒米恩托的影响》(*The Influence of Horace Mann on the Educational Ideas of Domingo Faustino Sarmiento*)[见《美国西班牙裔历史评论》(*Hispanic American Historical Review*)第 20 期(1940 年 2 月),第 12—31 页],其根据是这位阿根廷教育家关于自己受惠于贺拉斯·曼的自白,他阅读并接受了贺拉斯·曼先生的《第七年度报告》和他与这位美国教育家的交谈。除了这些接触外,作者还注意到撒米恩托著作的主题和论述与贺拉斯·曼的教育报告中的主题与思想的相似之处。因此,他们总结道:"撒米恩托的观点深深地受到贺拉斯·曼的影响,特别是考虑到前者明确承认受到了贺拉斯·曼的影响。"细致地分析这篇文章,并回顾这两位教育家的全部交往史,将会使作者的结论更加可信。无疑,撒米恩托了解贺拉斯·曼的著作和思想，而且他非常钦佩贺拉斯·曼并从他那里获得了灵感，两人的著作中确存在相似之处。然而，撒米恩托本人关于受惠的自白就能抹掉他在了解贺拉斯·曼的思想前就已经获得的教育灵感吗？正如斯图尔特和弗伦奇所言，撒米恩托本身就是一位公认的教育家，有关于教育问题的著述，在智利的圣地亚哥建立了南美洲第一所师范学校并指导其运作。不仅如此，作者引用撒米恩托的话，大意是阅读库辛(Cousin)关于普鲁士教育的报告是 1943 年创立圣地亚哥师范学校的原因，这是他在读到贺拉斯·曼的报告两年以前。在同一文献中(*Las escuelas*，1865)，撒米恩托指出自己和查尔斯·布鲁克斯"亲自建立了(师范学校)，在这过程中他并不知道与贺拉斯·曼在同样的路上做着同样的工作。"很明显，撒米恩托的许多教育思想在他与北美洲接触前就已经根深蒂固，有些则是在他长期访问欧洲期间形成的，另外一些教育思想无疑是受到了贺拉斯·曼思想的启发。或许，从这位马萨诸塞教育家那里获得的灵感改变了撒米恩托的教育信念和实践。然而，所有这些都需要举出相关的证据进行证明，但是，迄今为止一直没有这样做。因此，关于贺拉斯·曼和撒米恩托之间的智识关系最多只能说，前者很明显对后者产生了影响，尽管没有斯图尔特和弗伦奇所宣称的那么深刻。必须将撒米恩托受惠的自白与他关于阅读库辛报告的言论并列考虑。或许，撒米恩托将贺拉斯·曼描述为"传道者贺拉斯"和教育中的"圣保罗"，以及他关于追随着"贺拉斯·曼先生的足迹"的言论，部分是出于讨好贺拉斯·曼遗孀的意图。那些相信存在民族特征这一可疑理论的人，甚至将撒米恩托的赞誉解释为典型的拉丁人的夸大其词。

贺拉斯·曼的影响也是另一篇文章《贺拉斯·曼影响南部的一些证据》(*Some Evidence of Horace Mann's Influence in the South*)的主题[见《学校与社会》第 65 卷(1947 年 1 月 18 日)，第 33—37 页]，作者是埃德加·W·奈特。在这篇文章中，奈特教授发掘了"很明显迄今为止被忽略"的南方人写给贺拉斯·曼的几封信，他相信这些信件反映了这位教育家的影响。第一封信的时间是 1845 年 11 月 8 日，来自于里士满的 R·B·古奇(R. B. Gooch)。他是一个被任命的委员会的代表,该委员会要"通过一个扩大的和自由的计划,设计州公共教育制度并提出建议"。这位先生请求"给予他们一些建议以对当前境地进行彻底的改革",而且许诺出自贺拉斯·曼笔下的任何东西,"不管是观点还是事实",都会得到该委员会负责向其报告的教育大会的"认真倾听"。贺拉斯·曼先生回信的日期是 1845 年 11 月 15 日,古奇委员会的报告提交给弗吉尼亚州大会的时间是 1845 年 12 月 15 日。该报告与贺拉斯·曼的信一起刊登在《州参议院杂志:1845—1846》(*Journal of the House of Delegates*,1845—46)上。在这种情况下,将影响记在贺拉斯·曼的头上,难免会使这个琢磨不定的词语①的意义更加宽泛。而且,奈特教授并没有提供更多的证据,因此,最终他得出的最多只是一种假定的影响。在这篇文章中复印的其他信件是有关密西西比州的一个县委员请求"与公立学校主题有关的"出版物和建议,另一封是阿拉巴马州共济会学校委员会的一个成员请求获得师资的帮助,以及北卡罗莱纳州共济会总部请求获得"与师范学校主题有关的信息,以便使总部在实施其拟采取的与此有关的任何计划时能够理智地行动"。在这封信或奈特教授的讨论中,没有任何表明来自贺拉斯·曼影响的信息。更确切的说法应该是,贺拉斯·曼"在南方的声誉"和南方教育家"对这位新英格兰领袖的勤奋、坚韧和成就的崇敬",而不是"贺拉斯·曼在南部的影响",正如奈特教授在一段解释中所说的。

人们并不期望在教育史教科书中发现影响产生的精确证据。然而,如果一个公认的学者的教科书中没有提供作为他得出产生影响的结论之基础的证据,那是会令人失望的。

罗伯特·乌利奇在《教育思想史》(纽约:美国图书公司 1945 年版,第 160 页)中写道:

> 蒙田直接影响了那些决定了当代教育方法和理论的人,例如,洛克和卢梭。今天许多我们称之为进步教育的实践,早在 3 个世纪前就被这位法国贵族预见到了。认真观察人的成熟所需要的所有必不可少的条件,身体和心智训练的相互作用,将学科内容作为

---

① 指"影响"一词。——译者注

发展人格和获得生活艺术的途径，将学习理解为促进儿童创造力发展的过程，以及最后将学校变成与儿童的自然生命和未来有关的活动中心——所有这些思想都可以追溯到蒙田。

除此之外，乌利奇教授没有提供更多证据来支持其论断。应该指出，预料到其他人的思想并不等同于影响了他们。而且，蒙田绝非唯一持上述观点的教育家。因此，其他教育家很可能也对当今的进步教育实践做出了贡献。

请原谅作者在此引述他早期的研究作为确定影响的努力的例子，布里克曼：《赫尔曼·利茨对教育的贡献》(*The Contribution of Hermann Lietz to Education*)（纽约大学 1938 年未出版的博士学位论文）。在这个著作中，他通过如下迹象追踪了利茨（Lietz）的"乡村教育之家"(Landerziehungsheim)对德国公立学校可能的影响：利茨关于他的学校的图书和论文，专业期刊上关于其图书的书评，有关该学校及其运作的博士学位论文，教育学图书和百科全书中关于利茨成就的参考和讨论，公立学校官员、教师和实习教师到该学校的参观。此外，几位教育家提醒注意一些具体的、据称是公共教育机构从利茨的学校中引入的实践。尽管这些还不能构成利茨确实影响了德国公立学校这一结论的坚实基础，但指出了这种可能性。举一个更强有力地证明利茨对德国和欧洲及美国其他地方的私立教育产生深刻影响的例证。威克斯多夫的自由学校社区(Freie Schulgemeinde)的创立者古斯塔夫·维内肯(Gustav Wyneken)，曾在"乡村教育之家"做过教师并是利茨的伙伴，他不仅承认如果没有利茨的学校做榜样就不会开办自己的学校，而且承认他采用了利茨学校中一些具体的实践。要更敏锐地鉴别维内肯的话所具有的证据价值，应该意识到维内肯是在与利茨激烈争吵后才创办了自己的学校。因此，不能指责维内肯是画蛇添足，他关于利茨工作的意义的论述可以让人轻易相信。除了维内肯的学校外，德国和其他地方的一些私立学校都提到直接或间接地借用了利茨"乡村教育之家"的实践和精神。或许比前述更强的证据是证明了"乡村教育之家"影响了奥地利的联邦教育机构(Bundeserziehungsanstalten)。第一次世界大战后，奥地利的学校官员访问了利茨的学校，以期获得建立一种新型学校的建

146

议。回到奥地利后,这些官员在报告中非常赞赏这些学校,不久后政府就按照他们在德国所观察到的模式建立了 5 个教育机构。据一所新奥地利学校的创建者 V·贝洛胡比克(V. Belohoubek)所言,这些联邦教育机构是以利茨学校中的思想和方法为榜样的。美国教育家贝丽尔·帕克(Beryl Parker)运用一手资料研究了这些教育机构,并在其博士学位论文中阐述了其发现,其中写到联邦教育机构在"社会理想和学校规程方面"与它们的德国原型"极其相似"。因此,至少有充分理由相信存在明显的影响。

147

如果不提及另外两种影响的类型——通过移植产生的影响和期刊的影响,那么,这个关于教育史中影响的讨论将是不完整的。在爱德华·布拉德比(Edward Bradby)主编《欧洲以外的大学》(*The University Outside Europe*)(伦敦:牛津大学出版社 1939 年版,第 38—65 页)的"美国的大学"(*The University in the United States of America*)这一章中,W·H·考利(W. H. Cowley)描述了美国高等教育受到的来自国外的主要影响。通过指出后者是由剑桥大学伊曼纽尔学院毕业生创建的,以及他们移植母校的习俗、课程和一些实践,从而表明了英国高等教育对美国哈佛大学的影响。在这种情况下,寻找其他的影响来源通常是徒劳无益的,因为道理很明显,马萨诸塞州的早期移民将仿效他们曾经学习过的学院建立新学院。很难想象,他们会建立个人既不熟悉且在思想上没有共鸣的一种机构。此外,应该比较哈佛学院和伊曼纽尔学院,从而确定后者是否确实是这所美国学院的模型。这样的步骤对于验证考利关于影响存在的断言是非常必要的,因为他并没有给出任何确切的证据。

理查德·E·瑟斯菲尔德(Richard E. Thursfield)在《亨利·巴纳德的〈美国教育杂志〉》(*Henry Barnard's American Journal of Education*)(巴尔的摩:约翰斯·霍普金斯大学出版社 1945 年版)中,全面彻底地追踪了这份在 19 世纪最重要的教育期刊的影响。一开始,瑟斯菲尔德教授承认,那些给编辑的信或其他打印材料中对该期刊热情洋溢的赞扬或许并非完全是真诚的。在寻找"更可信的证据"的过程中,他研究了该期刊的订阅名单,并记录了教育界定期收到该期刊的范围广泛的

148 人员——州或市的学校督导、大学校长和教授、教师以及师范学校、中等学校、高中、文法学校的校长和其他对教育感兴趣的杰出公民。在大学、师范学校和其他图书馆中，许多教师和学生也可以看到巴纳德的期刊。瑟斯菲尔德教授强调这份杂志是教育界领导青睐的参考资料，同时也认识到这样一个事实："订阅名单最多也就表明了一种正面影响"。作为《美国教育杂志》如何激发教育实践的例子，他引用了阿肯色州的一位教育家 H·T·默顿（H. T. Morton）寄给编辑的信："看了贵刊提出的计划后，我意识到教育有色人族群的最好方法将是通过技工学校。"影响产生的另一种途径是通过将该期刊的某些部分复印合成的专题集。在国外，一些有代表性的教育家都运用巴纳德的杂志并给予了高度评价。最后，该杂志在教育史教科书和其他时期的教育学专著、教学大纲、参考书目和百科全书中经常被引用和参考，加上这些出版物作者关于其价值的证言，构成了其在教育学文献中产生影响的证据。所有这些事实表明，巴纳德的《美国教育杂志》无疑对美国教育产生了独特的影响。这一证据或许不如讨论人物影响的时候那么精确，但是，它足以支持我们得出上述结论。

6. 作者身份的确定。相比在一般历史和文学史中，作者身份问题在教育领域远没有受到重视。在这一标题下，我们将讨论如下问题：确定谁写了某特定文献的方法，识别篡改、删减、修正以及剽窃，揭露伪造和恶作剧。

历史学家通常倾向于将出现在扉页或末尾的名字作为某出版物或手稿的作者。这意味着，除非有合理的质疑，否则作者身份完全可以根据表面来判断。然而，有一些文献类型，例如，陌生的、作者去世后出版的、匿名的、署笔名的著作，在莫里兹看来，"我们首要的态度如果不是149 怀疑就应该是精心明辨"。作者身份的真实性，就像原始资料一样，必须依靠外部和内部考证。信件和其他个人资料有助于表明作者的生活与其著作之间的关系。同时代或后来的作者或许会认为某本书是某个作者所写，如果他们的证据在作证效力和独立性方面经验证是有效的，那么，就可以认为他们在作者归属方面是正确的。就内部考证来说，将一份作者不明的手稿的风格和内容与某位作者的著作样本进行比较，或许会鉴别出前者的作者。需要特别指出,正如加拉汉和莫里兹所指出的,这包括对文本组织的形式、语言特色、措辞与风格、书法、影射的事实和人物等方面进行细致研究。然而,莫里兹同时也提醒注意同一位作者的语言和风格经过一段时间或许会出现变化,"在讨论中提到在其后出版的著作或许仅仅意味着所提到的著作在出版之前已经为人所知并被阅读过,这种情况在几个世纪前经常发生"。

　　托马斯·伍迪教授提供了一个确定作者身份的案例研究,见《历史及其方法》(*Of History and Its Method*),《实验教育研究》第 15 期(1947 年 3 月),第 188—189 页。不久以前,他在宾夕法尼亚大学档案馆发现了一份没有作者、日期或写作地点的手稿。该手稿很明显是历史很久且保存相当完好,但其外部没有作为馈赠之物或是购买的迹象,因此,在这方面很难找到任何线索。以"对前面论述进行阐释的观察报告"为标题,这个文献看起来要么是一份原始手稿,要么是其中一部分,旨在回应提供与"流浪儿学校"(Pädagogium regii)的组织和运作有关的资料的请求;或者是该机构出版的报告的译文。通过考察内容并记录蹩脚的英语的例证,伍迪推断,该手稿不管是独创的还是翻译的,是出自一位并不熟悉该语言的人之手。而且,很明显,译者或作者希望他的文件主要用于宾夕法尼亚州,因为他费力地用宾夕法尼亚货币的措辞提到了一大笔钱。其他的内部证据显示出,该文件提到了"流浪儿学校",1695 年在德国哈勒市由奥古斯特·赫尔曼·弗兰克(August Hermann Francke)①建立的一个机构,而且,很明显文件是在该机构建立"很久以后"才写的。文中提到的 1726 年,确定了该手稿最早的写作日期。伍迪教授承认,仅仅拥有这些事实和推断,几乎不可能确定该手稿作者的姓名。于是,他考察了董事会的会议记录进一步寻找资料,他发现该董事会曾在 1750—1751 年要求一个委员会为最近成立的机构起草规章,发现受命的任务非常困难而且希望从其他机构的经验中获得启发,该委员会向董事会建议翻译"由牧师怀特菲尔德(Whitefield)

---

　　① 奥古斯特·赫尔曼·弗兰克(1663—1727),德国基督教领袖、教育家、社会改革家。——译者注

先生推荐的一个用德文写的小册子,其中有哈勒市著名的……"会议记录显示,董事会赞成这个建议。伍迪博士总结说:"综上所述,看起来可以合理地确信,但证据不完整,该英文手稿可能是怀特菲尔德先生拥有的一份文件的译文。"这个发现得到了怀特菲尔德的信件和其他著作中体现出对弗兰克的慈善机构狂热崇拜这一事实的支持。此时,伍迪博士评论说:"进一步的研究可能会发现这个英译本的原稿或其复印件,还有其他一些事情。但是,对于一份不具备这些信息的文件来说,这些足以表明我们试图发现它的作者、写作地点、时间和目的的初步步骤。"我们不应该因为该问题最终悬而未决而失望,因为伍迪已经将方法描述得非常清楚。至少在这个独特的案例中,比知道作者的确切姓名更有意义的事情是,作者对文件内容及其与其时代关系的准确解释。同样有建设性的是,提醒大家注意一位训练有素的历史学家的谨慎。

其他解决作者身份问题的尝试因为太冗长复杂不在此概述,可以参见查尔斯·H·哈斯金斯(Charles H. Haskins)的《中世纪科学史研究》(*Studies in the History of Mediaeval Science*)(马萨诸塞州,坎布里奇:哈佛大学出版社 1924 年版,第 18 章)和约翰·W·亚当森(John W. Adamson)的《未开化的盎格鲁—撒克逊》(*The Illiterate Anglo-Saxon*)(坎布里奇:剑桥大学出版社 1946 年版,第 2 章和第 6 章)。前者探讨了一本 12 世纪教科书的作者身份,后者则研究了阿尔弗雷德大帝的传记和一本中世纪学生手册的作者身份问题。哈斯金斯是美国最著名的中世纪史专家,相当重视教育问题;亚当森则是英国研究教育史的权威。

讨论文件的作者身份自然会想起与此相关的真实性问题。也就是说,假设已经知道作者姓名,仍然有必要确定声称出自某人之手的著作是否确实是其所撰写。经常出现这种情况,一个忙碌的或没有能力写的人雇佣一个影子写手(ghost writer)代其作研究、写书和写文章,他需要做的就是插入自己的名字作为作者。众所周知,在军事单位和大公司——大学和学校系统中也可能如此,下属起草文件由上司签字只不过是常规罢了。因此,对于许多研究课题来说,历史学家的明智做法就是熟悉自己正在研究的人物真实的工作风格和行政程序。就像前面所描述的那样,比较将有助于确定某个人是否写了一个归于他名下的文件。

　　蒙蔽作者身份的另一种行为是抄袭。抄袭者在省掉引号或其他表明真实来源的符号的情况下,将他人的著作或思想据为己有并发表。一个人并不需要在不承认的情况下借用整部著作——实际上这也是不可能的,除非这份资料实在是不著名或已被人遗忘。在很多情况下,剽窃的材料从几页、几段甚或是几句话不等。这种情况很可能是无心之过,因为很容易录下一个简短论述而忘记了加引号。值得记住的是,晚至 19 世纪剽窃仍不被认为是一个严重的问题,直至今天我们仍然会遇到一些人,包括学生和教师,对运用他人的思想和论述而不给予应有的承认这种伦理问题等闲视之。发现剽窃不是一件容易的事情,不仅因为如前所述,剽窃者或许是用了一份不知名的或是很古旧的资料,而且因为他或许是从外语翻译而来的。结果,除非某人精通特定领域,拥有比大多数研究者多得多的关于该领域著作的知识,否则他在努力证明剽窃的过程中将会不断面对各种障碍。

　　引用下面的例子是为了说明借用(borrowing),而非剽窃(plagiarism)。对这两者作出区别出于两方面原因:首先,几乎在所有例子中所涉及的资料都非常短小,而且很可能是无心之错;其次,指控仍健在的作者剽窃会带来令人不愉快的后果。在本章讨论资料来源的时候,已经提到过一个例子。另一个借用的例子是 H·G·古德提到的《教育中的历史研究》,《教育研究公报》第 9 期,1930 年 1 月,第 16—17 页)。古德教授从一个文件:《贺拉斯·曼答复波士顿教师的当代记述》(*A Contemporary Account of Horace Mann's Reply to the Boston Teachers*)中引用了一句话,其实这句话是引自一篇匿名文章《贺拉斯·曼先生与公立学校教师》(*Mr. Mann and the Teachers of the Public Schools*),发表在《北美教育评论》(*North American Review*)第 60 期(1845 年),第 224—246 页。这句话是这样的:"Though he dislike the use of the rod for children, he evidently has no objection to whipping schoolmasters, and in this case, he has certainly plied the birch with remarkable dexterity and strength of arm." 同样的句子只是改变了动

152

词的时态并提到参考了《北美教育评论》，出现在了 B·A·欣斯代尔（B. A. Hinsdale）的《贺拉斯·曼与美国公立学校的复兴》（*Horace Mann and the Common School Revival in the United States*）（纽约：斯克里布纳，1898 年版，第 193 页）。在卡伯莱 1919 年版的《美国公共教育》中，有这样一句既没有引号也没有来源的话："Though he objected to severe punishment for children, he apparently had no objection to giving a sound drubbing to a body of schoolmasters. "

一个更严重的关于借用的例子与一位知名学者写的一本著名的美国教育史有关，很明显，这本书是一本教师指导课本（orientation textbook）中很多材料的来源。这本历史著作（我们称其为 X），比这本教师指导课本（我们称其为 Y）早了 12 年。下面是两者的一些相似之处：

X

By the close of the seventeeth century, as has been stated, *many of the forces which at first required a compact form of settlement had begun to lose their hold*. With the decline in dominance of the old religious motive, new interests arose. One of these was to scatter out and live on the farming land. *New settlements accordingly arose within the towns, miles away from the meeting and schoolhouses*. To attend church of town meeting in winter was not always easy, and for children to attent the town school was impossible.

Y

By the close of the seventeenth century many of the forces that required a compact form of settlement—fear of savages, religious fervor, and the traditionals of the mother country—*began to lose their hold*. It was safe, and was now necessary, to move farther away from the town center. *Accordingly, new settlements arose within the area officially constituting the town, miles away from the meeting house and the schoolhouse*. Also, life on the isolated farm, now so universal in America, was developed. Under thses circumstances, it was impossible for the children, especially the younger tots, to attend the town school regularly.

用斜体标明的句子在措辞上几乎完全相同。通过大量相似的思想和措辞,可以作出这是故意借用的推断。没有引号,也没有任何其他形式的承认。

X

······ *in 1842*, *the legislature*, following the best easter practices of the time, abolished the district system in Detroit and provided for the organization of a unified system of schools for the city, under a city board of education.

Y

In 1842, *the state legislature abolished the district school system in Detroit and provided for the organization of a unified system of schools under a city board of education.*

这次 X 被引用了,但是,为同一页上前面的引文和论述加的出处。很明显,Y 非常熟悉 X 所写的历史著作。实际上,在这本教师指导课本中,有几段引自 X 各个部分的长引文。有趣的是,请注意第一段在 X 前面的章节,第二段在这本书的中间部分。下面给出的这段借用在 X 最后的章节。

154

X

As early as 1869 this State 〔*Mass.*〕*enacted legislation permitting the consolidation of school districts*, *and in 1882 finally abolished the district system by law and restored the old town system from which the district system had evolved* ···. After this abolition of the district system, the consolidation of schools in Massachusetts became more rapid, *and by about* 1890 *the idea spread to other States. Ohio, in 1892, was the first State West of the Alleghenies to permit the union of two or more districts to form a consolidated school.*

Y

In 1869, Massachusetts enacted legislation permitting the consolidation of school districts, and in 1882, finally abolished the district system by law and restored the old town system from which the district system had evolved. By 1890, the edea had spread to other States. In 1892, Ohio was the first state west of the Alleghenies to permit the union of two or more districts to form a consolidated school.

很难相信，这些相似之处是偶然的或 X 和 Y 都出自同一个来源。Y 在包含上面一段引文的段落的最后正确地标注了另一个引文在 X 中的页码，这一事实使我们更有理由假定上述材料是没有加引号借用来的。这里不是讨论意图的地方，但很明显，在 X 和 Y 之间存在着直线关系(direct line)，当然是就上述引文而言。应该指出，Y 其他部分的内容现在看来也应该受到质疑。

读者不应该认为这是吹毛求疵。历史学家应该是尽可能地谨慎小心。很明显，作者总会犯错误，甚至于会将"引号"这样的符号忽略掉。拥有更多时间、耐心和精力的人，无疑将会发现更多借用的例子。本书作者原意承认他曾经利用过很多人的思想和著作。极少有教育思想是原创性的。但是，问题的关键是本书作者一直尽力注明所借用资料的出处，并尽力做到除非保护性地放到引号内，否则避免运用他人的话语。

作者身份问题的另一方面被加拉汉称为"不完全真实"(incomplete authenticity)。这个词语包括添写(interpolations)、修改(corrections)、改变(changes)、省略(omissions)和非出自作者之手的审查。这种情况的发生，不难在原始手稿和打印稿中发现。所需要的是一双辨别笔迹、纸张、墨水等之间差异的慧眼。而且，如加拉汉所表明的那样，添写和修改也可以通过措辞和风格的突然改变，通过逻辑矛盾和时代错误，以及其他一些内部迹象得以辨别。然而，加拉汉忠告在得出结论前应该慎重，因为"即使最胜任的作者，在自己的著作中添加内容时有时也会犯错"。重要的任务是，区别作者本人作的添加和出自他人之手的添加。

历史学家都熟知这一事实——乔治·华盛顿（George Washington）在形成他著名的告别演说的时候，得到了詹姆斯·麦迪逊（James Madison）和亚历山大·汉密尔顿（Alexander Hamilton）的大力相助。H·G古德引用华盛顿著作的主编 W·C·福德（W. C. Ford）作为得出判断的权威证据，认为如下句子是汉密尔顿的而非华盛顿的："请大家把普遍传播知识的机构当作最重要的目标来加以充实提高。政府组织给舆论以力量，舆论也应相应地表现得更有见地，这是很重要的。"众所周知，华盛顿请汉密尔顿帮他修改完善演讲稿，因此，在其中发现汉密尔顿添写的文字并不奇怪。鉴于这个例子和前面提到关于贺拉斯·曼的引文，古德教授得出结论："我们并不能从文本中添加的语言可靠地证明它是当前作者的原始手笔。"（《教育中的历史研究》，《教育研究公报》第 9 期，1930 年 1 月 8 日，第 16—17 页。）

我们在讨论添写时所说的一切，也都同样适用于省略（omission），某种程度上也适用于伪造（fabrication）。前面已经提到过狄德罗的《百科全书》因发现了有几页是被审查删除的证据而得以恢复原貌。也有其他被篡改的文本得以重现的例子，但是，本书作者却不知道教育领域是否存在。

伪造是一个总称，它包括伪造文本或其中一部分和欺诈（hoax）。历史上著名的伪书有：伪造的教令集（False Decretal）、康斯坦丁的捐赠（the Donation of Constantine）、托马斯·查特顿（Thomas Chatterton）和詹姆斯·麦克弗森（James Macpherson）（奥西恩）的诗，以及《林肯书信小集》（*the Minor Collection of Lincoln Letters*）。最近的出版物中，也揭露了《一个公共人物的日记》（*The Diary of a Public Man*），见弗兰克·M·安德森（Frank M. Anderson）:《"公共人物"的奥秘》（*The Mystery of "A Public Man"*）（明尼阿波利斯：明尼苏达大学出版社1948 年版），以及《号角论文集》（*the Horn Papers*），见阿瑟·P·米德尔顿（Arthur P. Middleton）和道格拉斯·阿代尔（Douglass Adair）:《号角论文的奥秘》（*The Mystery of the Horn Papers*），《威廉和玛丽季

156

刊》(*William and Mary Quarterly*)第 3 期(1947 年 10 月),第 409—445 页中伪造的内容。H·L·门肯(H. L. Mencken)关于浴缸历史的著名著作被公认是一场骗局,但自其 1917 年首次发表以来曾经被许多负责任的人认为是真实的。伪造传统有着悠久的历史。安德鲁·兰(Andrew Lang)指出:"确实,如果我们相信古希腊文学传统,那么当写作的技艺一旦被用于文学目的,文学中的伪造就普遍存在了。"见 J·A·法勒(J. A. Farrer)《文学中的伪造》(*Literary Forgeries*)的"导言"(伦敦,朗曼—格林,1907 年版,第 13—14 页)。教育领域幸运地逃脱了这些伪造行为,或许正如古德、巴尔(Barr)和斯凯茨(Scates)所说的,因为"在教育领域没有进行愚弄、欺骗和伪造的巨大诱惑"。

　　7. 讽刺。这里简要提一下讽刺、反讽、诙谐和仿作,因为过于严肃的学者并不总能加以辨别。伟大的幽默大师、麦吉尔大学政治经济学教授斯蒂芬·利科克(Stephen Leacock)①的著作,就是教育讽刺的例证。然而,没有人会断言利科克关于教育的看法不能当真。在他坦承是虚构的片段以及他"直率"的著作,如《我发现的英格兰》(*My Discovery of England*)中,利科克的教育哲学一以贯之。哈罗德·本杰明(Harold Benjamin)②明显以 J·阿布纳·佩迪韦尔(J. Abner Peddiwell)为笔名写的轻喜剧奇幻作品《剑齿虎课程》(*The Saber-Tooth Curriculum*),是教育讽刺另一个典型例子,让人在大笑之后体味到它的讽刺意味。埃德加·W·奈特最近重印了以"戏谑的严肃"写作的弗朗西斯·霍普金森(Francis Hopkinson)被人遗忘的论文(《教育改进计划(1775):一门 18 世纪的课程》(*An Improved Plan of Education*,1775:*An Eighteenth-Century Currriculum*),(《学校与社会》第 69 卷,1949 年 6 月 11 日,第 409—411 页)。几年以前,本书作者详细阐释了一种新称谓的必要性——"超博士学位"(The Super-

---

　　① 斯蒂芬·利科克(1869—1944),英语世界最受人爱戴的加拿大幽默大师。——译者注
　　② 哈罗德·本杰明(1893—1969),美国教育家。代表作有《剑齿虎课程》(1939)和《美利坚共和国的高等教育》(1965)。——译者注

Doctor's Degree)(《学校与社会》第66卷,1947年7月19日,第33—35页)。结果,在教育期刊上刊登了几篇反驳该建议的文章,还有几封信直接寄给了本人。大多数的评论都没有注意到这篇文章中的反讽,他们都认为文中的反讽太薄弱,除了作者否则就没有人可能辨别出来。学生们必须警觉教育著作中反讽的踪迹。体会言外之意就可以作出推断,但是,必须标记为反讽。

8. 教育史中的统计数据。在教育史著作中,曾经忽视了适当运用统计数据。研究几十年前教育状况的人,常常要么完全忽视统计数据,要么在不考虑它们作为证据的局限性的情况下全盘接受。从最好的方面看,统计数据可能会不准确,因为在它们编纂的每一阶段都可能会存在错误。从最糟糕的方面看,统计数据可能是为了达到某种渴望的结论而篡改的结果。在各国政府关于各领域文盲率的统计数据中,这种情况尤其明显。因此,学生们在研究中运用历史统计数据前首先进行考证是很重要的。举一个数据分析的一般例子。证实一个国家在特定时期高水平教育的数据可以分解为——每一千人(或其他基本单位)中学校、学生、图书馆等的数量,每个人受教育的平均年限;人口中某一有代表性的横截面实际享有教育机会的程度。这显然是一件难办的事情,但是,统计数据在这些方面并不具备固有的、神圣不可侵犯性。鉴于此,加拉汉指出,不能推论一个拥有高水平教育制度的国家中的每个公民都达到了这个水平。

通过分析一项研究,或许会更好地认识教育史中统计数据的功能。在《重新评价内战前的州立学校制度》(*Reappraisal of the State School Systems of the Pre-Civil-War Period*)(《初等学校杂志》第41期,1940年10月,第118—129页)中,赫尔曼·G·里奇运用主要来自于《美国人口普查》(*United States Census*)的教育统计数据,并将其与州立学校官员的报告进行核对。承认这些数据不准确,负责普查的官员也承认这一事实,然而里奇教授强调"必须认为它们是尽量客观地收集数据的认真努力的结果,或许它们与构成我们的社会和经济历史之基础的大多数证据一样可靠"。在审查了这些数据后,他指出:"很明显,在一些州对暑期学校和冬季学校也都进行了报告,因此,有些学生被报告了2

次。"他的整个研究提醒人们注意高入学率可以通过"粗糙的统计数据"和"制表中的错误"进行解释。在对数据进行分析的基础上，里奇教授得出的结论是：19 世纪前半期的公立学校复兴所取得的成绩"或许被高估了"。北方一些州取得的好成绩清晰可辨，但是，地区之间的差异并不像教科书中通常所宣称的那样显著。实际上，全国的教育状况处于一致状态，因为如里奇教授所言，"在美国东部几个州和其他地方的市镇外，学校仅仅标志着先驱者的渴望，或者立法者良心的象征性的定居点。"这是一个如何运用统计数据纠正准确性受到怀疑但被广为接受的论断的例子。

159 　　赫尔曼·G·里奇教授后来做的一项研究，也有助于了解分析 19 世纪教育数据的程序［见《内战十年间教育的持续进步》(*The Persistence of Educational Progress during the Decade of the Civil War*)，《初等学校杂志》第 42 期（1942 年 1 月、2 月），第 358—366、465—463 页］，再次运用《美国人口普查》中的数据，并再次提醒读者注意到它们的不准确，他指出尽管在战争条件下，但"从全国整体来看，在 1860—1870 年间教育发展仍取得了进步"。尽管没有提到这一点，但是，里奇的研究有助于修正一些美国教育史学家的著作给人们的印象。例如，卡伯莱的论述是：内战结束后 10 年，"北方教育的扩充和发展才有了显著的迹象；在南方则是三分之一个世纪后，才出现真正的教育复苏。"（《美国公共教育》，第 427 页）。

　　至此很明显，经过恰当的考证，统计数据能够消除关于教育状况的错误概括。为了巩固这一点，再举一个例子。许多教育专业的学生——经在作者所教班级中的非正式调查——相信南部黑人教师的平均工资低于白人教师。这一概括或许来自于广为宣传的该地区教育水平相对较低的印象。然而，当逐渐熟悉过去十年的教育史时，他就会质疑种族之间工资不平等的真实性。他将会发现，弗吉尼亚州通过法庭判决、北卡罗莱纳州通过立法规定工资平等。在北卡罗莱纳州，根据 1944 年通过的立法，相同资质的教师获得相同的工资。北卡罗莱纳州公立学校教学部的一份正式月刊《州立学校数据》(*State School Facts*)中发布的数据显示，在许多社区支付给黑人教师的平均工资超过了他们的白人同事。现在情况反转了,至少在北卡罗莱纳州的部分地区如此。这又如何解释呢?进一步探究发现这样的事实,即黑人教师拥有大学学位、包括研究生水平的学位,而他们的许多白人同事则不具备。然而,在得出北卡罗莱纳州的一些城市黑人教师享有比他们的白人同事更高的工资收入的结论前,必须考虑一下社会境况。确实,黑人教师和白人教师相同资质享有同等工资,但是,黑人获得大学学位的花费更加昂贵。必须记住,黑人在南部无法进入更高级的教育机构。为了获得更高级的学位,他必须踏上前往北部学习机构的朝圣之旅,这意味着要支付比其白人同事更高的学费、租金、伙食费和差旅费。因此,乍一看似乎是结论性的数据证据,即在北卡罗莱纳州的一些城市黑人教师的平均工资高于其白人同事,在联系社会背景分析数据的真正意义后,就得出了完全不同的结论。

160

提醒大家在解释数据表格时要谨慎,这并非是多余的。通常,表格的补充文字明确了数据的限制,所有这些都必须予以考虑。一个典型例子是上面提到的《州立学校数据》1848 年 7 月刊的表 1。顺便提一下,学生们在《北卡罗莱纳州公立学校公报》(*North Carolina Public School Bulletin*)中也能找到这个表格。表格中的数据显示:1943—1944 年,白人小学校长的平均年薪为 $2034.32,而黑人小学校长的平均年薪是 $1904.82。1944—1945 年,这个数字分别为 $2067.17(白人小学校长)和 $2152.62(黑人小学校长)。1945—1946 年,是 $2432.28(白人小学校长)和 $2500.93(黑人小学校长)。很可能北卡罗莱纳州1944 年的法律根据专业资质而非种族支付工资的规定,是黑人小学校长的工资略高的原因。然而,如果不首先阅读表格上面的一个细微的注释"工资主要由学校规模决定",就不能将这些数据用来比较。由于表格中没有透露学校的规模,在这种情况下进行任何推论都是不安全的。

阐释

161

我们已经分析并举例说明了历史研究中可能出现的各种各样的问题。学习者现在要考虑教育史学中下一个重要步骤——阐释

(interpretation)。在本章的前面部分,我们已经注意过阐释问题,但接下来,学习者将会更好地评价阐释在研究中的作用。

仅仅积累数据并进行考证,那还是远远不够的。研究者所占有的这一切还仅仅是事实,或许它们本身就是有趣的和重要的;但是,简而言之,它们只是没有血肉的骨头。只有当历史学家表明他的资料的意义,以及它们之间的相互联系和关系时,他才开始接近历史写作。事实本身即使按照编年顺序排列起来,也不能构成历史叙述。总的来说,历史学家赞同这句格言:"没有阐释,就没有历史。"(no interpretation, no history)分析任何优秀的历史著作都会发现,它不是细节的机械罗列,而是作者认真努力地将事实彼此之间相联结,并与它们的社会背景联系起来,从而给它们披上意义外衣的结果。加拉汉在其关于史学方法的卓越手稿中断言:"任何将大量数据组织成前后一致、清楚明白的叙述的努力,都要求持续运用推理的能力,特别以某种逻辑证明的形式",其中包括类比(analogy)、概括(generalization)、假设(hypothesis)、沉默推论和演绎论证(argument a priori)。下面将分析它们与教育史问题的关系。

1. 类比。类比之所以重要,不仅是因为它建立起有趣而富有启迪的相似之处,而且因为它是进行归纳的一个步骤。当许多研究者发现将几个世纪前发生的事情与当代的事情进行对比时,他们确实非常兴奋。如果证据确凿,类比可能会建立起资料的因果关系或全新理论。然而,学生在缺乏进一步证据的情况下就将类比作为得到确证的关系,这并不罕见。发生在不同时间的事实或事件之间的相似,并不能构成假设一个必然是源于另一个的理由。而且,重要的是意识到,两个事件在一方面的相似并不意味着事件之间其他方面也相似。加拉汉强调,建立在类比基础上的推论取决于相似之处的质量而非数量;而且,如果"与已知事实不一致,哪怕是一个事实",那么从类比中得出的结论就是错误的。

举个例子来说明教育史中的类比。许多历史作家都曾经注意到古代斯巴达和纳粹德国教育制度之间的一致之处。在教育和文化的其他方面,这两个国家都有许多共同之处。实际上,"斯巴达主义"

162

(Spartanism)一词曾被用来概括纳粹德国盛行的精神特征。无疑,将这两者进行比较是有益的,但是,必须意识到没有绝对的一致,而且分别影响那些制度的条件并不相似。将类比超越实际相像的界限是对该原则的滥用。

2. 概括。赋予事实以意义的另一种方法是概括。通过某一历史时期的一组细节,可以合理地作出对于整个这一时期有效的推论。因此,在考虑了一个小镇的学校中一些体罚事例后,研究者就可以概括出该地区存在着体罚。在宣称体罚在该地区广泛盛行前,研究者必须确定案例具有代表性并遍布该地区。再次提醒大家注意时间因素,因为对于这一年来说有效的归纳或许会由于行政或其他的变化,而在下一年不再有效。加拉汉举了一个如何从具体资料推理出广泛适用的概括的例子。"因此,从经典手稿被中世纪修道院完整保存下来的 10 个例子中,我们可以归纳出具有普遍意义的事实,即中世纪修道院保存了经典。在这里,证据的力量在于相同现象重复十次这一状况无法解释,除非假设这是所研究的机构或多或少一致的特征或作用。"然而,应该指出,一个修道院保存了手稿的情况不能无可置疑地证明所有的修道院都如此。很明显,有些修道院、甚至是许多修道院悉心保存它们的手稿,但是,由于如此多的手稿被遗失、损坏或者被篡改,因此,也有不少修道院并没有保存它们的文字财富。相应地,根据现有的证据,在"中世纪修道院"之前加上"有些"、"许多"或"绝大多数",将会使关于保存手稿的概括更加准确。

就像我们已经看到的那样,概括是归纳推理的产物,即在资料积累的基础上形成结论。这种思维方式的另一步骤,是确立起普遍适用的历史规律。这种概括有别于上面类型的地方在于它是面向未来的;而且可以说,依准确程度不同而具有不同的预测价值。至少,这是历史规律制定者希望人们相信的。与一般历史不同,教育史中很少运用这些规律。然而,在利用历史资料的时候,教育家经常含蓄地利用历史规律的措辞。例如,约翰·K·诺顿(John K. Norton)在《联邦应该资助公共教育的五个理由》(*Five Reasons Why Public Education Should Be Given Federal Aid*),[见《全国教育协会杂志》(*NEA Journal*)第 36 卷

163

（1947 年 2 月），第 92 页]提出了如下理由："联邦控制教育只不过是个吓人用的鬼怪。一个世纪联邦资助教育的经验已经证明联邦资助州的财政制度并不会导致联邦的教育控制。"事实上，诺顿教授所做的就是许多辩护人在历史中寻求支持其论点的证据时所做的。这些人往往以这样的话开头，如"历史告诉我们"、"历史证明"等。这个推论是：如果联邦资助在历史上避免了联邦控制，那么这个状况注定在未来会继续下去。很明显，诺顿教授的推理运用了外推法（extrapolation），可能只是一种妄断。我们无法保证先例不会被打破，而且随着新法律的通过，联邦的教育资助会伴随着控制。随着国会扩展联邦资助州教育制度的法案而出现的一些状况和力量的盛行，这在当前也无法控制。将这种概括方式——将推论的关系推演到未来——描述为决定论的、甚至是占卜式的并非夸大其辞。

可以看到，概括在历史研究中是非常有帮助的，它提供给我们对历史的更清晰的理解。但是，这意味着我们在归纳和应用时必须认真谨慎。笼统概括——那些建立在不精确或不充分资料基础上的概括——从科学观点来看是毫无价值的，因为任何人都可以任意概括，但经不起批判性分析。有一个常见的谬论："窥一斑而知全豹"（ab uno disce omnes），指一些作者以一个案例为基础进行概括的倾向。本章的前面部分已经引述了这种思维方式的一个典型例子，就是史密斯引述 1670 年弗吉尼亚州伯克利市长的叙述。回忆一下，史密斯教授根据伯克利市长厌恶自由学校和印刷业的自白，从而认为"普遍无知的状况"。相反，学生应该记起前面引述的马库斯·W·杰尼根（Marcus W. Jernegan）的做法，他研究了新英格兰地区的市镇档案，然而只以"某些市镇"的措辞形成概括，而不是以新英格兰地区这样更普遍的措辞，因为他的证据仅仅适用于一些社区。

词汇在表达概括中的重要性，在分析赫尔曼·G·里奇前面已经讨论过的文章：《重新评价内战前的州立学校制度》中可以得到明证。里奇教授在那篇文章中考查了比较南北方教育的统计数据基础。他指出，这些统计数据"必须按照 1840—1860 年间'公立学校'一词的意义进行阐释"。很明显，一个世纪以前的"公立学校"意味着，"几乎全部由学费或其他私人途径维持"的一种教育机构。之所以将这种学校描述为"公立",那是因为它们不是私人拥有的,而在很大程度上是由公共管理的。那些公立学校很明显远非完全免费,因此,它们不能与今天的公立学校相比。对 19 世纪任何时期的任何比较,必须以那些词语在当时而不是在今天的确切定义为基础。给过去的术语冠以今天的意义,就是在犯时代错误。

以引自约翰·W·亚当森《教育史导论》中一段略显冗长的引文来结束这个主题的讨论:

有时候,是环境而非意愿促使那些历史知识有限或模糊的人去研究教育史。在这样的情况下,无知并不总是偏见的障碍。因此,在这里陈述那些为过去有经验的学生所熟知的陈词滥调并非不合时宜。首先,认为智慧和美德诞生在我们这个时代是不真实的;对于未来一代人来说,我们也会成为"历史上的"。今天人的天性至少与历史上的并无二致。其次,人、政党和国家并非全是黑的,或全是白的,甚或全是灰的。它们是色彩斑斓的;或者换言之,它们是"部分地""好"(和坏)的。这就意味着,你不能用一个公式总结一个人、一个族群或一个时代。只有在不论状况而坚持运用的条件下,公式才会对历史研究有用。这或许会让口袋里装满以"ist"和"ic"结尾的标签的一小部分哲学家不高兴,但是没有办法。像"黑暗时代"(Dark Ages)、"中世纪精神"(Mediaevalism)和"宗教改革"(The Reformation)、"工业革命"(The Industrial Revolution)这样的概括,一定不要进行超越其应有内涵的理解。

3. 假设。研究假设在历史研究中的作用,最好求助于公认的逻辑规则。因此,我们主要依靠有关逻辑的著作中对假设的描述,特别是莫里斯·R·科恩(Morris R. Cohen)和欧内斯特·内格尔(Ernest Nagel)的《逻辑与科学方法导论》(*An Introduction to Logic and Scientific Method*)(纽约:哈考特和布雷斯,1934 年版)。在科恩和内格尔看来,那种认为真理可以通过研究事实而确定的观点"十分肤浅",因为"除非感受到实践或理论境况中的困难,否则任何探究都不可能启动"。这种困难或问题引导人们探究事实之间的相互关系,这反过来就为问题的解决提供基础。当一个人在事实整理和其间关系的辨识方面取得进步的时候，他就开始对这些相互联系提出一个尝试性解释。这种尝试性解释就是通常所说的假设。在假设的帮助下，研究者能够寻求事实之间更明确的顺序，并最终获得一个合理的解答。科恩和内格尔断言，一个令人满意的假设必须能够根据感官观察和实验进行验证，而且能够成功预测。

像史学方法的其他方面一样，学习者必须注意不要沉迷于错误的假设。不幸的是，许多作者使事实符合假设而不是相反，或者他们过度运用证据去得出令人难以置信的结论。加拉汉说："纠正这种错误态度的唯一方法，就是严格的自律和理智上的诚实。这些道德卫士将使研究者避免过度依恋他自己的假设，使他在假设运用于事实时客观公正，并且一旦发现事实与假设相反，毫不犹豫地抛弃假设。"即使一个假设变得脆弱甚或被推翻，它仍然是有价值的，因为它引导研究工作更好地进行并建立起更无懈可击的假设。

加拉汉提供了一些运用历史假设时有用的提示：首先，假设只应该在对现有资料彻底的研究和分析后得出。第二，"在没有起码的、表明可能性的支持性理由"的情况下，不能构建假设；而且，"在确切考量支持性理由的时候，相反的理由也应该给予应有的考虑"。第三，"假设与哪怕唯一一个确证的事实有抵触，也必须抛弃"。第四，对于同一个问题，不应该同时运用彼此分离的假设（separate hypotheses）。第五，绝对不能将一个假设作为得到确证的事实呈现。第六，"涉及的事实本身越是复杂和多面，在处理假设时越要谨慎"。最后，假设的表达"在措辞上应该用单一中心并统一的概念，而且能够推测所考察的事实群中的所有事实"。

仔细检查历史研究的最初几页，将会发现假设是如何产生和受到检验的。詹姆斯·J·沃尔什（James J. Walsh）《共和国缔造者的教育》（*Education of the Founding Fathers of the Republic*）（纽约：福德汉姆大学出版社 1935 年版）就是一个典型例子。沃尔什博士不同意经院哲学在宗教改革时期的高等教育中就已失势这一广为流传的观点，认为经院哲学不仅在欧洲大学，而且"在美国大学一直持续存在到 19 世纪"。没有沃尔什博士为什么得出该假设的明确论述,但可以认为他拥有一些指明该理论的前证据(prior evidence)。为了验证自己的假设,他考查了殖民地美国一些学院的档案中的官方文件。他发现了对被他描述为"对殖民地时期和《独立宣言》(*Declaration of Independence*)发表后整整一代人的教育史而言,无疑是最重要的一组文件"。这些曾经被"不可思议地忽视或误解"的文件,就是发给参加学院毕业典礼的听众的、印有拉丁文论题或论文的宽面纸张。沃尔什博士表明,这些论文不管是形式还是内容都是美国学院从中世纪继承下来的经院哲学和教学方法的明证。因此,他的概括是:"正是通过中世纪的教学方法,主要是通过那些中世纪科目的学习,《独立宣言》的签署者受到了教育——因为签署者绝大多数都是大学生——而且塑造了给我们创造《美国宪法》(*Constitution of the United States*)和各州宪法的人的思想。"考查沃尔什博士的著作,发现了相当多的以毕业典礼论文形式支持其如下理论的证据,即晚至 19 世纪经院哲学仍在影响美国高等教育。然而看起来,没有任何理由引申出新美利坚合众国的缔造者在他们的政治活动中运用了他们所受到的特定的经院哲学训练。可以肯定地说,托马斯·杰斐逊、本杰明·拉什(Benjamin Rush)和他们的同事等人的信念和思维方式与经院哲学相去甚远。简而言之,没有确凿证据表明开国元勋在处理新政府的问题中运用了经院哲学。因此,必须认为沃尔什博士的假设有待于进一步验证,但是,他关于殖民地时期美国学院课程中的经院主义的主要观点是有根据的。

再来研究玛丽·莉奥诺·费尔修女(Sister Marie Léonore Fell)在《美国教科书中先天论的基础:1783—1860》(*The Foundations of Nativism in American Textbooks*,1783—1860)(美国天主教大学博士学位论文,华盛顿特区:美国天主教大学出版社 1941 年版)中对假设的运用。她的著作以体现 18 和 19 世纪反天主教的情感和行动的大量事例为基础。许多研究和学位论文中早已对这些事例进行了分析。有理由推断,在文学作品中、可能还有学校的教科书中也体现了这种反天主教主义。因此,玛丽·莉奥诺·费尔修女考查了 1000 多本历史和地理课本以及学校中运用的其他教科书。她的结论是,这些书揭示了"编纂

168

者的反天主教态度"。即便学习史学的学生可以反驳其中一些反天主教主义的例子是对该词的过度泛化，但是，仍然有相当多的事例支持玛丽·莉奥诺·费尔修女的假设。

接下来，举一个假设被推翻的例子。在《福音宣传会的神话：关于殖民地时期纽约教育的声明》(*The S. P. G. Myth：A Note on Education in Colonial New York*)(《教育研究杂志》第 13 期，1926 年 2 月，第 129—137 页)中，罗伯特·F·西波特(Robert F. Seybolt)从事一项研究来检验这样一个假设的真实性，即 1700—1776 年间所有的英语学校 (English School) 都 是 由 海 外 福 音 宣 传 会 (Society for the Propagation of the Gospel in Foreign Parts)①开办的。这一观点明显首先是由安德鲁·S·德雷珀(Andrew S. Draper)在《纽约公立学校制度的起源和发展》(*Origins and Development of the New York Common School System*, 1890) 中表达的，后来又被埃德温·G·德克斯特 (Edwin G. Dexter)、埃尔伍德·P·卡伯莱和其他美国教育史学家所接受。这一假设的基础在于这一事实：即纽约在该时期存在由海外福音宣传会资助的英语学校。然而，卓越的教育史学家西博尔特教授发现了一些理由，表明"1700—1776 年间纽约州有许多'英语学校'"不是由宗教团体维持的。这个假设来自于海外福音宣传会在纽约的"唯一资料集"，即 W·W·肯普(W. W. Kemp)的《海外福音宣传会在殖民地纽约资助的学校》(*The Support of Schools in Colonial New York by the Society of the Propagation of the Gospel in Foreign Parts*, 1913) 中的一段话，意思是在 1710 到 1776 年间该协会在纽约持续资助了 5 到 10 所学校。因此，西博尔特教授的问题就是找出在此期间纽约到底有多少和什么类型的其他学校。在考查了《纽约公报》(*New York Gazette*)和 18 世纪的其他报纸、市镇档案和各种各样的原始资料后，他得到了一份 200 所不是由海外福音宣传会开办的"英语学校"的清单。西博尔特教授搜集了 1700—1776 年间的 250 所学校的名称，其中包括

---

① 海外福音宣传会，成立于 1701 年，主要负责英国圣公会在美国殖民地和其他英属殖民地传播福音的任务。——译者注

荷兰语和法语学校,但他并未宣称他的研究毫无遗漏。附带说明一下,西博尔特教授所说的"英语学校"是指基础科目以英语作为教学语言的学校。鉴于如此之多的学校并不是由海外福音宣传会资助的,西博尔特教授总结道,德雷珀和其他学者的论述"只不过是渗透在关于美国早期教育的论述中的众多错误之一。其危险在于学生可能并不比其教科书更有批判能力"。这是一个研究者如何推翻假设,根据可靠证据建立自己假设,然后再通过真实而有代表性的数据的积累来验证自己假设的例子。

170

4. 沉默推论。来自沉默的论据是历史解释中另一个实用工具。这种论据被用来质疑一个事实、事件或者证据的真实性,因为当时的文献中并未提及它。加拉汉建议,在运用沉默推论时要注意两个方面:首先,在过去时代交流非常不便,以至于即使一个国家身居高位的人在很长时间对许多重要事件仍一无所知;其次,从当代历史观点看具有重要意义的事件,对于早期的作者而言或许无足轻重。为了给这些观点提供例证,他引用了艾萨克·泰勒(Isaac Taylor)《古代书籍向现代的传承》(*The Transmission of Ancient Books to Modern Times*)中的内容,大意是碑文、硬币、雕塑和建筑经常证明一些被古代作家所忽略的重要事实。他还列举了几个用沉默推论解决历史问题的案例。其中一个案例是关于一个对其所在时代的教育发展做出贡献的人,在此复述一下。中世纪的《特平编年史》(*Chronicle of Turpin*)①叙述了查理曼大帝(the Charlemagne)的生平,将丰功伟绩归功于这位帝王,并将他的朝臣和主要官员作为见证人。然而,查理曼传记的作者和当时关于查理曼生平的权威艾因哈德(Einhard)根本就没有提到上书中所叙述的事件。因此,艾因哈德本来可以知道这些功绩并进行叙述,然而他却没有提到,从而可以肯定特平的叙述不可信。

关于沉默推论的另一个例子来自教育史中的文献,它表明了沉默推论不应该这样运用。塞缪尔·R·霍尔 1829 年出版的《学校管理讲演》在问世后的很长时间,一直是美国教师培训领域的"最畅销书"。许

---

① 也有人译为《蒂尔潘年代记》。——译者注

多作者认为,这本书是美国教师的第一本教科书,但是,在本章的其他
部分已经对这个观点作过批判性评论。在该书中,霍尔并没有提到任
何其他关于教学法的著作。考虑到霍尔的名字被许多教育史学家作为
美国第一所师范学校创立者和对教师教育发展有影响的人物提到,因
此,人们可能希望论证在教学方法主题上没有早于霍尔的著作。然而,
至少有 3 本关于该主题的著作可以作为证据:克里斯托弗·多克
(Christopher Dock)的《校规》(*Schulordnung*,1770)、约瑟夫·尼夫的
(Joseph Neef)《教育计划和方法纲要》(*Sketch of a Plan and Method
of Education*,1808)和《合理地教儿童读写技艺的方法》(*Method of
Instructing Children Rationally in the Arts of Reading and Writing*,
1813)。霍尔或许不知道多克的著作,因为它是用德文写的,但他几乎
不可能没听说过尼夫的著作。如果是这样的话,那么,他或许是认为它
不值为未来的教师一提,也或许他不同意尼夫的观点而且认为不值得
与这位前瑞士教师争论。即便如此,事实仍然是,仅仅以霍尔的沉默为
基础认定此前不存在教师培训的其他著作是不稳妥的。这个例子也应
该给我们传递了这样的建议,即在运用沉默推论时必须慎之又慎。

在托马斯·伍迪的《早期社会的生活与教育》(纽约:麦克米伦,
1949 年版,第 315—316 页)中,有另外一个沉默推论的例子。根据维拉
莫威兹—孟伦多夫(Wilamowitz-Moellendorff)和其他权威的观点,伍
迪教授坚信,柏拉图、色诺芬、伊索克拉底和其他古希腊作者的教育著
作中都没有提到埃弗比学院(Ephebic College),从而证明这种机构在
他们的时代并不存在。在埃弗比这一主题上的沉默是"普遍的,那些或
许希望赞美这样的机构、或将其作为榜样、或至少将其作为部分实现他
们的理想的人,没有以任何方式表明他们知道它的存在"。事实上,伍
迪教授引证色诺芬、修昔底德和伊索克拉底的话,大意是说在当时的雅
典军事训练既非公共的,而且也不系统。

5. 演绎论证。如加拉汉所言,演绎论证在一个事件中缺乏直接证
据,而与此同时有证据表明其前提的可能性或不可能性的条件下运用。
举个例子,因为路易斯九世(Louis IX)非常忠诚于罗马教皇,因此,他不

可能发起《布尔日国事诏书》(*Pragmatic Sanction of Bourges*)①这一被认为是他所为的反罗马教皇的文件。同样,那些认为是弗朗西斯·培根所做的打油诗的读者将不愿接受将其作者看作是莎士比亚的理论。即使对初学者来说,这种历史推理的缺陷也是很明显的。加拉汉强调指出,只有当"前提可能性相当大"、然后"推论也相应地得到保证"的时候,才可以运用这种推论。

6. 偏见。将演绎论证运用于教育史问题时,最明显的误用就是出现偏见。只要历史作家根据先入之见来阐释资料,他就陷入了对演绎论证的可疑的、甚至是错误的运用。先提出一个没有依据的假设,然后将事实与其相符,这不是公正的历史编纂,而是使用灌铅骰子之类的把戏。这并不是说,历史学家可以做到完全客观。心理学研究已经证明,任何人,即使是那些受过严格的科学方法训练的人,都很容易在工作中出现各种各样的偏见。而且,如加拉汉所言,这也并不意味着,历史学家对他所研究的任务、机构或思想的没有好恶之感,或者他对自己的研究课题可以保留自己的生活哲学或判断。而是说,在承认具有人类弱点的同时,历史学家应该努力将个人的偏见降到最低,并在阐释资料时尽可能地谨慎和冷静。如果因为不能做到完全的客观就认为没有追求客观的必要,那其实是将历史写作降低为仅仅是个人意见的表达。

在教育领域的早期历史写作中,充斥着带有偏见的阐释的例子。*173*
F·V·N·佩因特在《教育史》中,将中国人描述为"虚伪而不诚实;一旦当权,他们很容易变得独裁,甚至残暴"(第12页)。在讨论耶稣会的教育制度时,佩因特在缺乏确凿证据的情况下总结道:"尽管我们卑贱的感情被激发起来了,但是,我们本性中更高贵的方面却完全被忽略了。"(第193页)在格莱夫斯的《中世纪以前的教育史》中这样描述中国人:"中国人冷静、勤劳、节俭;但是,隐藏在完美的伦理规则表面下的他们经常是虚荣、狡猾、卑屈和不道德的。"(第74页)了解佩因特和格莱夫斯通过什么逻辑过程得出了各自的结论将是一件有趣的事情,然而两

---

①　1438年,法国国王查理七世颁布《布尔日国事诏书》,限制宗教神权和诸侯特权,使国王完全掌握了军权。——译者注

位作者都没有透露。

近年来，随着对文化间和国际间关系兴趣的增加，教育作家已经有意识地避免用这样放肆的、不科学的话语。然而，我们仍然能够发现隐晦的偏见、讥讽和各种各样的分门别类（card-stacking）。例如，约翰·S·布鲁巴克提到他不赞同的一个观点时说："当然，并非所有的要素主义者都是法西斯主义者，但不否认存在一个关于法西斯主义的要素主义。"但是，在他的书中没有任何无可置疑的证据支持这一古怪论点。

偏见不仅可以理解为反对某人或某事，也可以理解为偏向某人或某事。例如，一位在教育史和教育哲学方面著有颇受赞誉的著作的比利时牧师弗朗茨·德·霍夫里（Frans De Hovre），在他的《哲学与教育》（*Philosophy and Education*）中对尤利乌斯·朗贝（Juliuo Langbehn）的思想大加赞誉，后者匿名为"德国的伦勃朗"（The German Rembrandt）。德·霍夫里博士将朗贝描述为一位天主教徒、一个"位列天主教教育家前列"的"勇敢的思想者"（第 333 页）和国家主义的"坚定"的反对者。乔治·F·尼勒（George F. Kneller）在其专著《国家社会主义教育哲学》（*The Educational Philosophy of National Socialism*）（纽黑文：耶鲁大学出版社 1941 年版，第 102 页）中，将朗贝描述为"以某种方式提升了德意志民族的尊严和优越性"，是国家社会主义的先驱。几页以后（第 119 页），尼勒教授称朗贝的代表作《作为教育家的伦勃朗》（*Rembrandt als Erzieher*）"特别关注国家抱负对教育领域提出的要求"。他引用朗贝的话说，德国可以这样教导他的民众"专注于自身的民族将胜过其他民族"。德·霍夫里博士适时地引用表明他熟识朗贝的著作，因此，很难理解他为何忽略了这位德国作者的国家主义思想。可能被尼勒认为体现了国家主义精神的那几页，他并不作这样的解释。无论如何，可以这样推测，德·霍夫里神父对朗贝的仁慈态度或许源于后者在其生前的最后几年皈依了天主教这一事实。

学习历史学的学生也熟悉另一种带有偏见的阐释者，"赞美过去的人"（laudator temporis acti），即那种只是看到过往的可赞美之处的人。在吉尔伯特（Gilbert）和沙利文（Sullivan）的《日本天皇》（*The Mikado*）剧中，呈现了他的一份"那些从大处说将明显有利于社会的"并"永远也

不会有人怀念的"死者的"短名单",其中包括

> ……那些以狂热的语气赞美所有的时代而非自己所处的时代、每一个国家而非自己国家的白痴……

在随后的几十年中,所谓的"贬低过去的人"(detractor temporis acti)成为一种普遍现象。这种对过去的偏见在 20 世纪初欧洲教育家的著作中特别明显,并一直持续下来。几乎所有现代教育的写作者都感觉到一种道德义务,那就是树立起一个标有传统学校的稻草人,然后再通过毁灭性的打击将其打倒。这些批评通常很少对过去的学校进行有代表性的描述。很明显,拿过去学校最糟糕的特点与当前时代最好的方面比较最合他们的心意。然而,必须指出,相反的程序也同样真实的存在。进步教育的反对者经常美化过去的学校而斥责新的学校。真正的事实是,严谨的、毫无偏见的研究很可能会揭示教育的好的方面和差的方面,不管这种教育是传统的还是进步的。

在哈罗德·拉格(Harold Rugg)和安·舒马克(Ann Shumaker)的《儿童中心学校》(*The Child-Centred School*)(杨克斯:世界图书公司 1928 年版,第 1 页)中一个关于杜威的论述就表现了这种对过去的片面态度。据说,杜威博士 1896 年在芝加哥的学校用品店奔忙,为他著名的实验学校的开学作准备。他要求的家具是那种他认为能够满足幼小儿童的艺术、卫生和教育需要的。在把他的需要向各种商人作了艰难的表述后,他最后遇到的一位商人说:"恐怕我们没有你要的东西。你需要的是儿童可以进行作业(work)的家具,而我们的这些都是为了听课(listening)设计的。"据说,杜威博士对这句话作了这样的评论:"这句话击中了传统教育的要害。"

在最近的文章中,菲利普·皮克(Philip Peak)提供了另外两个例子,说明了对过去的先入为主的消极态度如何扭曲了早期教育情境的画面。见《写作之前的研究》(*Research before Writing*)(《学校与社会》第 68 卷,1948 年 8 月 7 日,第 91—93 页)。皮克博士引用了查尔斯·H·贾德(Charles H. Judd)教授在一份历史调查中关于传统教育的几处批评性评论。在贾德看来,教育很明显是满足大众需要的,因为在 1930 年的中学有 250 门"课程"(course),而据报告 1890 年只提供 9 门

175

"学科"（subject）。在确立了贾德将"课程"等同于"学科"这一基本事实后，皮克引用了美国教育局（United States Bureau of Education）1890年报告中对中学课程的描述。除了贾德教授所提到的9门学科外，该报告还包括15门手工训练类学科。美国教育局1930年的报告显示，全国中学报告的课程（course）有243门。无疑，这些课程之间存在着重复，因此，美国教育局将它们归纳为8门学科下的40门课程，从字面上意味着"学科"和"课程"这两种表达的不同。因而，在1930年的报告中，历史学科被分为美国史、外国史和其他历史课程。相反，在1890年的报告中，所有的历史课程都包括在历史学科下。因此，皮克说："贾德博士没有注意到'课程'和'学科'运用的重要性以及它们在两个时代数据报告中的差别。"然后，他通过这个例子得出结论，反对贾德关于学校提供的课程与其教育质量成正比的推论。他觉得，两者是不相干的。但是，即使假设贾德忽略了他的叙述的含义，他仍然犯了一个不可原谅的错误，即试图"对两个不具有可比性的项目进行比较"。在皮克看来，这样的写作"不仅会对一些懒惰的读者、而且会对未来教育中的佼佼者留下扭曲的印象"。

另一个例子来自题为《自由社会中通识教育》（*General Education in a Free Society*）的《哈佛报告》（Harvard Report）中的一句话，大意是19世纪中学的功能是为大学作准备。皮克的立场是"确定学校功能的最好途径是研究它所提供的课程"，他认为亚历山大·J·英格利斯（Alexander J. Inglis）的《马萨诸塞州中学的兴起》（*The Rise of the High School in Massachusetts*）对19世纪中学的课程进行了"详尽研究"。在这本著作中，中学早在1821年就已经提供25种不同的课程，到1861年时63所学校共列出了72门不同的课程。很明显，19世纪马萨诸塞州的中学提供的课程远比《哈佛报告》记载的宽泛。皮克的基本假设是，需要或提供的课程确实实施过了。这当然应该得到证实，但即便如此，依据中学提供缝纫、烹调和簿记以及其他非大学课程这一事实，从而推断它们发挥除大学预备之外的其他功能也是武断的。在结束语中，皮克博士宣称，那些"给人错误印象或把人引向死胡同的历史作家犯了反人类的罪行"。

　　现在,举一个在反对当前美国高等教育发展趋势的著作中存在的偏见。亚伯拉罕·弗莱克斯纳(Abraham Flexner)在其颇有爆炸效应的《大学：美国、英国和德国》(Universities：American, English, German)(纽约：牛津大学出版社 1930 年版)中,大力批判了哥伦比亚大学师范学院、芝加哥大学通过的硕士和博士学位论文。在文中的大部分内容,他仅仅提到了论文题目——根本没有想分析这些论文中哪怕一个样本的内容(第 102—103、152—154、156—157 页)。无疑,弗莱克斯纳关于美国高等教育质量的言论有很大的真实性,这是任何一个细致而公正的观察者都会承认的事实。然而,当讨论德国大学的学位论文时,弗莱克斯纳先生没有运用同样的批判标准。很明显,他仍然有这样的印象——德国的大学是卓越的机构,在那里,那些琐碎的题目从来不会被批准作为博士学位论文,论文是科学写作的典范。在弗莱克斯纳看来,"提交并获得通过的德国学位论文不会研究一些琐碎或疯狂的问题；它们或许价值不大或没有意义,但是,它们从不研究我们女儿和她们对我们所说的。"(第 348—349 页)然后又泛泛写了几句学位论文的要求,仅此而已。他没有列举一篇德国学位论文的题目,尽管列出了大量美国学位论文的题目。当然,美国大学通过的学位论文中也有一些好题目,但是,弗莱克斯纳先生对此只字未提,这样就给读者留下一个印象,美国的学位论文即便不是全部、至少大多数是没有意义的。任何了解德国博士学位论文的人都会毫不费力地提供一个可以与弗莱克斯纳先生所列的美国学位论文题目相匹敌的论文题目列表。而且许多德国博士学位论文也存在不成熟的思想、对问题的肤浅把握、不熟练的研究方法以及其他一些缺陷。顺便说一下,弗莱克斯纳先生本来可以用一个脚注比较一下美国的论文与拉丁美洲国家的论文,这种比较是最有益的。这种批评态度表明,弗莱克斯纳在分析美国高等教育时并非公正。为了进一步支持这一立场,即德国的学位论文并非是人们曾经认为的那样,读者可以参阅弗雷德·B·米利特(Fred B. Millett)的《自由教育的重生》(The Rebirth of Liberal Education)(纽约：哈考特和布雷斯,1945 年版,第 19 页脚注)。在米利特教授看来,"德国博士学位论文质量的下降使其声名狼藉。拥有德国博士学位,不管是本国人还是外国人，应该就表明拥有某种理智的地位或级别的时代早就过去了。"他讨论了"一些微不足道、毫无意义的德国博士学位论文"，并以这样的警告结束："德国博士学位论文的衰退给我们所有的人敲响了警钟"。

一种不能归类的先入之见出现在罗伯特·乌利奇的著名著作中。在把马丁·路德与伊拉斯谟进行对比的时候，乌利奇教授让人们注意丢勒（Albretch Dürer）①、霍尔班（Hans Holbein the Younger）②和其他一些著名艺术家给这些教育家的肖像画。他对马丁·路德的外貌作了细致描述后，接着作了这样的阐释："一切都努力表明这个独身主义反对者的粗野、易怒和朴素的个性；他喜欢高朋满座，但是，他有时也会陷入幽深的愁思；他恣意谩骂他的敌人；他在一生不断地战斗中毫不屈服。"在几句和前面类似的话后，乌利奇博士解释了丢勒和马特塞斯（Quentin Matsys）③对伊拉斯谟个性特征的把握。与人类学模糊的措辞"长着一个北欧人常见的鼻子"不同，他对伊拉斯谟外貌的其他部分进行了细致的描述和阐释。乌利奇说，丢勒的画像给我们呈现了这样一个人："他肯定具有语言学家和编辑、睿智的思想家和危险的讽刺家的特质。"而且，"尽管我们能在丢勒的伊拉斯谟肖像画中发现许多特征，但是，有一点我们却没有发现——就是我们在马丁·路德身上看到的无理性的动物本能和先知先觉的超验论之间的巨大张力。"接下来的句子继续将在肖像画中发现的两人的差别运用到实际的历史中："因此，这两个人在反对天主教等级制的腐败和落后上或许能够并肩作战；但是，因为马丁·路德是以先知的激情在战斗，而伊拉斯谟却是一个睿智的理想主义者，他们最终注定会分道扬镳。"弄清楚乌利奇教授能够将肖像特征不可思议地与这些教育家在历史上的准确作用吻合起来所依据的科学标准，将是一件有趣的事情。他能从这些伟大艺术家给其

① 丢勒（1471—1528），德国画家、版画家及版画设计家。——译者注
② 霍尔班（1497—1543），德国画家。——译者注
③ 马特塞斯（1466—1529），比利时画家，安特卫普学校（Antwerp School）的创立者。——译者注

他在人类编年史上并不突出的人的画像中得出相似的结论吗？很明显，乌利奇教授熟知马丁·路德和伊拉斯谟的生平和言行，并在解释他们的个性时运用了这些信息。这是一个从已经占有的知识出发进行推理的典型例子。而且，乌利奇关于马丁·路德和伊拉斯谟外貌的两页讨论是否应该出现在这样一位教育史著名研究者的著作中，是值得怀疑的。（罗伯特·乌利奇：《教育思想史》，纽约：美国图书公司1945年版，第130—132页）

综合

如果省去呈现或书面表达，史学研究过程的最后一个步骤就是对研究进行综合。我们假定历史学家已经收集和评价了他的原始资料，并确立了基本事实。现在，他必须将他研究线条上所有松散的串珠收紧。

1. 资料选择。首先，他必须决定在呈现结果的时候采用哪些资料。十有八九的情况是，他很可能拥有丰富的资料，所有这些资料在他看来都很重要，特别是它们都是用"鲜血、汗水和泪水"搜寻、筛选来的。然后，研究者必须考虑他最终成果的成本、可供他支配的时间以及它们对读者的心理影响。不难想象，哪怕是一位学者对一本内容庞大的著作或论文的反应，大部分多余的资料可以插入附录之中，以供该领域其他的研究所用，或者干脆就放在脑海中成为历史学家的永久财富。不用说，参考书目和其他特别专业的著作是例外。

资料选择的基本标准是历史学家的目的。考虑到本书的绝大多数读者将是各种大学学位的候选人，因此，可以有把握地说，他们的研究主要是面向或窄或宽的学者或未来学者的圈子。如前面段落所述，学生们应该记住，专家的耐心和注意范围并非是无限的。因此，我们没有理由假设历史报告的撰写者必须将"所有的新发现"都塞进手稿中。一项学术研究应该包括作者的思维步骤和处理资料的例子。此外，还应该包括对研究课题背景的合理呈现。再次，应该强调，在选择资料的时候要尽量将个人的偏见降到最低。

提交给教育史课程教师的研究报告，通常并不要求撰写者制定精细的资料选择方案。然而，即便是他们，也要认真选择那些与主题相关的资料。如上面段落所述，他们也应该考虑时间和篇幅的因素。总之，应该尽量选择原始资料而不是各种二手资料。

2. 时间顺序。有很多种方法来综合材料，从而将大量的事实资料呈现为一种组织良好的、统一的、便于理解的、可靠的、前后一致的图景。在有些个案中，以时间顺序来组织报告是很有用的。理查德·W. 黑尔（Richard W. Hale）的著作《罗克斯伯里拉丁学校三百年校史：1645—1945》（*Tercentenary History of the Roxbury Latin School*：1645—1945，马萨诸塞州，坎布里奇：河岸出版社 1946 年版）就是这样做的。这种组织材料模式的优点是读者能更好地理解机构的发展。但是，另一方面，历史学家可能错失深入细致地讨论某些论题的良机，因为他的主要兴趣是毫无间断地进行编年叙述。另一种综合的方式是根据地理或其他单元来分解资料。珀尔·基布尔的《中世纪大学中的同乡会》就是利用了这种综合方式。作者根据国家、宗教和机构的不同将手头的资料进行了分解。R·H·埃克尔贝里（R. H. Eckelberry）在《美国市立大学史》（*The History of Municipal University in the United States*）根据不同的大学来呈现和讨论他的资料。在这种情况下，作者不能沿着事件当时发生的顺序呈现出一幅流动的历史画面。

3. 标题安排。另一种综合的形式是通过标题的安排方式进行的。这种做法通常在研究范围比较广的情况下使用。例如，关于一个大城市或一个州教育史的研究，可以在初等教育、中等教育、高等教育、教育培训、教育财政等标题下展开论述。这种程序至少会经常出现重复或大量的交叉引用。为了避免论述模糊，作者必须插入完全按照时间顺序论述的一个章节。或许最精细、最困难的技巧是将各种各样的方法结合起来，例如，将标题划分和时间顺序结合。在《新泽西州的教育：1630—1871》（*Education in New Jersey*：1630—1871）（新泽西州，普林斯顿：普林斯顿大学出版社 1942 年版），奈尔森·R·伯尔（Nelson R. Burr）就综合运用了这两种方式。在有些章节中，他划分了教会学校系统、文实中学（academy）和小学，与此同时又努力按照时间顺序来论述。

4. 因果关系。刚才讨论的综合是机械的或外部的综合。还有一种

181

182

被卡拉汉称为"内部的综合"。在这位历史学家看来,"在历史上没有一个孤立的事实是与其他事实完全隔离的。任何一个事实都因先于他的事实而存在,反过来,紧随其后的事实也因其而存在。"简而言之,历史学家必须指出他的事实资料之间的关系。最基本的内部综合形式是因果关系,或者说是原因与结果的关系。卡拉汉提醒我们:"任何严肃的历史概念都理所当然地要求探究因果关系。仅仅将事件依次排列起来,而不努力通过因果关系的粘合力将它们结合在一起,就是还没有迈进历史学的门槛。"在本章前面讨论原始材料处理的时候,读者已经对因果关系非常熟悉了。一个教育思想或著作来源的确定、一位教育家对他人影响的确立以及假设的运用都包括因果关系原则。鉴于本章对这些过程已经进行了充分的论述,这里不过是再次强调前面已经提到过的一些注意事项。一个事件不太可能只有一个原因,而更可能是几个原因的结合。两个或更多事件依次发生并不必然意味着存在因果关系。必须区分直接原因和潜在原因。当然,后者很难去证明。

5. 历史趋势。历史趋势的把握也与综合技术有关。作者通过比较一段时期的事实去表明一种趋势或方向。趋势就是事实之间的一种特殊关系,因为它们在某一方面的相似性成为更大范围归纳的基础,而这种归纳很可能被用于预测的目的。因此,有必要在运用辨别趋势的方法时特别细致谨慎。克劳德·C·克劳福德(Claude C. Crawford)的《教育研究方法》(*The Technique of Research in Education*)对该论题进行了最好的讨论。克劳福德教授很正确地批评了许多作者在一些图书或论文中搜集关于某种趋势的论述,然后就将这些观点作为他们自己概括出的趋势呈现出来的做法。他同时也指出了将当前的条件或实践作为趋势,而不去研究过去的相应条件。从积极的方面,他提供了改进趋势研究的一些原则和技术:(1) 只有通过比较它在不同时期的条件或实践,才能把握一种趋势;(2) 最好在一个长时期(比如50年)而不是一个短时期(比如5年)中研究趋势;(3) 比较有间隔的时期比相对比邻的时期更好;(4) 两个时期的条件或实践的分类应该在相同的基础上进行;(5) 将资料缩减为统计表,会大大降低在语言描述中常见的主观错误;(6) 课程资料是增加还是减少,可以通过考察一段时期的教科

183

书确定;(7)研究专业的教育杂志,会发现从一个时期到另一个时期新的侧重点;(8)教科书的出版日期,可以用来比较关于学校中各种科目的图书数量的增减率;(9)在两个时期中关于某一主题的期刊论文的数量,可以表明该论题受欢迎程度的增减;(10)在《教育索引》和其他期刊索引中,条目数量的增加也可以确定一个趋势;(11)可以研究早先的试题和问卷,并将结果与对前一个时期的有效进行比较;(12)研究者应该非常谨慎地选择那些能真正代表他们所研究时期的资料;(13)最后,"不要认为存在的趋势就是合理的"。

本书作者再增加一条建议,涉及时间跨度较短的研究可以在几个时期(比如 5 年或 10 年)的基础上确定趋势,时间跨度很长的研究可以相应延长时期。最好包括临近的时期,条件是有足够的数量以便考虑相反趋势的可能性。例如,对半个世纪中保险主题在算术教科书中地位的比较研究,如克劳福德的建议,不能仅仅比较 1900 年和 1949 年的教科书,并将在保险主题重视程度上的差异视为一种趋势。更可能的情况是,人们对待算术课程中保险教学的态度经过了多次变化。例如,1900—1910 年保险学曾经很受欢迎;1910—1920 年更加受欢迎;1920—1930 年不再受欢迎;1930—1940 受欢迎程度有所回升;1940—1949 年受欢迎程度中等。仅仅比较 1900—1910 和 1940—1949 时期的学生,将会得出算术课程中的保险教学在过去的 50 年中减少了很多。另一方面,将该问题划分为 10 年一个时期进行研究的人会得出不同的结论,即算术课程中的保险教学趋势经历了沉浮,当前的趋势是再次上升。在两个结论中,哪个更加准确是不言而喻的。

6. 内容总结。教育史的许多论文和其他研究都包括进行最后综合的一章,这一章通常包括总结、结论、评价或评论、启发意义和建议。这些对于作者和读者都很有帮助。一个好的总结并不是对大量事实的机械再现,而是选择最有意义的资料进行适当阐释并对其相互关系进行清晰描述。结论呈现的是对研究中包含的结论的概括。获得结论的过程已经在本章前面讨论过了。

评价或评论本身就需要我们特别注意。学生在确立一个明确的标准或评价标准的时候应该特别谨慎。在佩拉吉亚·哈根霍夫(M·

Pelagia Hagenhoff)修女的《弗里德里克·威廉·福斯特的教育哲学》（*The Educational Philosophy of Friedrich Wilhelm Foerster*）（美国天主教大学博士学位论文，华盛顿特区：美国天主教大学 1946 年版，第 217—227 页）中，我们可以发现这方面的一个例子。作者从天主教哲学角度评价福斯特的教育观点。不管是否赞同作者的基本假设，无疑都会发现她是从自己的取向出发来评价福斯特思想的。

　　因此，明确评价中运用的标准非常重要。为了使评价能让更多人接受，作者必须采用公认有效的评价标准。不能简单地用今天的实践来评价过去的教育家。尽管公认很难将一个人、一种思想、实践或事件放到当时的背景中，但是，在评价很久以前的教育著作和思想时，必须运用当时的条件和标准。想进一步了解如何做到这一点，读者可以参阅派厄斯·J·巴斯（Pius J. Barth）的《圣方济会的教育和西班牙北美殖民地的社会秩序》（*Franciscan Education and the Social Order in Spanish North America*（1502—1821））（芝加哥大学 1945 年度博士学位论文，第 341—371 页）。巴斯博士"根据与圣方济会教育机构接触的人受到影响而在行为方式上有所修正"，着手评价圣方济会修士的教育贡献。在他提到的与其评价有关的情况中，有一点是参考了面向印第安人的特拉特洛尔可圣方济会学院（Franciscan College of Tlaltelolco）的卓越校友。根据 1569 年胡安·德·奥万多（Juan de Ovando）提供的官方证据，这些校友中的许多人作为拉丁文学者堪比萨拉曼卡大学（Salamanca university）和阿尔卡拉大学（Alcalá university）的校友。而且，1537 和 1550 年，安东尼奥·德·门多萨（Antonio de Mendoza）①两次访问圣十字学院（Holy Cross College）并向皇帝查理五世（Emperor Charles V）报告称，他测试学生的结果显示他们在拉丁语和其他科目的学习中都很先进。巴斯还援引当时其他访问者的的言论支持门多萨的调查报告。有一次，一些土著学生竟然"鲁莽地"纠正牧师的拉丁语法错误。为了巩固该观点，作者引用 16 世纪墨西哥著名历史学家弗雷·

---

　　① 安东尼奥·德·门多萨（1490—1552），新西班牙的第一任总督（1535—1550），秘鲁第二任总督（1551—1552）。——译者注

贝纳迪诺·德·萨哈冈（Fray Bernardino de Sahagun，O. F. M.）的话，大意是说，在 40 年时间里，圣十字学院的在校生和毕业生通过把神学翻译成通俗易懂的语言，从而帮助圣方济会改变了土著人的信仰，这样也就实现了圣方济会当初培养他们的目的。读者应该注意到，巴斯运用了当时的证据评价圣方济会修士作为教育者所取得的成就。为了避免使人获得圣方济会取得了连续不断的成功的印象，作者列举了在教育印第安人中一些糟糕的做法。而且，似乎是为了反驳可能出现的对其偏见的批评，他对 16 和 17 世纪关于圣方济会成功使大量的人改变信仰的统计数据都持怀疑态度。总之，巴斯得出的结论是圣方济会修士的教育努力是成功的，因为他们改变了北美印第安人的行为和生活方式。对这种成就的评价，如前所述，建立在当时的观察者所确立的标准之上。

启发意义和建议从结论中引申而来。根据本章前面已经讨论过的类推原理，启发意义由未来行动计划组成。一个恰当的例子是罗兹·R·斯特布里（Rhodes R. Stabley）在《关于美国教育的报纸社论》（*Newpaper Editorials on American Education*）（费城：宾夕法尼亚大学博士学位论文，1941 年，第 279—282 页）中阐发的意义。在对收集的报纸进行了彻底研究以后，斯特布里博士得出了这样的结论：社论中所表达的教育态度反映了明显的"时代特征"、地区和政治利益以及控制权的变化。因此，他建议读者应该避免过度地受到单独一份报纸的立场影响，特别是在那些超越地区利益的教育问题上。相反，读者应该比较国内其他地方出版并反映不同政治观点的报纸所采取的立场，从而使他可以发现在某一份报纸上相对的偏见。另一个切题的意义是关于编辑和教育家之间的合作，从而将特殊利益的危害性影响降到最低，减少对教育发展的误读和误解，加强相互欣赏和尊重。考查斯特布里博士的论文，会发现他提出的意义和建议与论文的相关性和合理性。

7. 历史背景章节。在许多对教育的非历史研究中，作者通常以论题的历史背景或关于他所研究主题的前期文献的综述而开始其研究。许多作者没有把这项工作太当回事，将历史章节的准备当做是一个令人厌烦的烦琐事，倾向于花最少的力气去处理。结果，他们以来自于不可靠来源的资料填塞纸面。如果要写历史,不管篇幅长短,就要按照公认的方法进行。这并不是说,一位非历史著作的作者为了撰写关于历史的一章就要运用本章所勾勒的所有技术;然而,他应该领会历史研究方法并在小范围内运用其精髓。举个例子来说明这个观点。

让我们假设一个学生要准备一份关于体育在当前美国中学课程中地位的研究报告。为了将他的主题放在一个恰当的历史背景中,这个学生肯定希望对中学体育的发展脉络作个概述。在这个阶段,重要的是考虑选择原始资料的标准。当然,在这种情况下,我们不能指望学生去搜集一手资料,需要做的是选择可靠的二手资料。查阅教育史著作实际上没有任何意义,因为它们除了包含空洞的框架,剩下的就仅仅是一些信息碎片。很显然,人们往往倾向于选择一本好的教科书,比如卡伯莱的《美国的公共教育》,作为研究的起点。但是,不管是卡伯莱、奈特还是其他公认的优秀作者,都没有提供关于体育的多少背景资料。它们主要有助于大概地和从总体上理解塑造当代美国中等教育的力量和事件。就此而言,该学生也不会在I·L·坎德尔的《中等教育史》这样专门的教科书,甚至是埃尔默·E·布朗的《我国中学的形成》这样更专门的著作中获得关于体育的启发。转向关于体育的历史著作,这个学生将会在埃米特·A·赖斯的《体育简史》中发现关于美国中学的部分章节;在弗雷德·E·李奥纳多和乔治·B·阿弗莱克的《体育史导论》中发现各种或相关或无关的资料。诺尔马·施文德纳的《美国体育史》中没有关于中学的专门章节,索引也没有大用,但学生将会发现散布在整本书中的一些有用的事实。在赖斯、李奥纳多和艾弗莱克以及施文德纳书中搜集的所有资料,都必须由上面提到的著作中关于美国中等教育的背景资料来补充,因为体育史中的资料很少放到它们的历史参照系中进行阐释。如此,仅仅写关于美国中学体育发展的一个章节,这个学生就会发现他必须运用各种各样的二手资料,而后才能进行令人满意的论述。由于缺乏专门著作,这项工作在该例子中特别必要。

一般而言,如果有大量的专门研究,那么,学生在运用它们的时候应该与卓越的教科书和综合性著作结合起来。如果可能的话,关于论题的某一时期的状况他至少应该参考2本出版物,这样就可以运用资

188

料互证原则。各种各样有效的二手资料,特别是研究专著,将有助于撰写出可靠的历史回顾。需要记住的根本的一点是,一位历史写作者,哪怕是一章的写作者,他应该避开教科书的诱惑,应该避免得出不能得到现有证据支持的归纳。

8. 主题文献综述。关于一个主题的文献综述,本书涉及很少,因为这不是历史研究的一个步骤。文献综述提供了前人关于某教育问题的研究所运用的方法和获得结果的资料。然而,考虑到这些研究属于过去这一事实,运用史学方法的一些原则或许可以使它们获得历史意义。如果学生想保证所收集的一个时期中的研究成果具有代表性,那他必须按照前面描述的程序辨别出某种趋势并得出结论。没有任何充分的理由说明为什么可以不这样做。一个有意义的文献综述将比搜集一堆明显无关的资料具有更大的实践价值。在某种意义上,作者能够对他所感兴趣的具体领域已经做过的研究进行合理的历史论述。

结　论

关于将史学方法运用到教育问题研究的这一冗长章节终于已接近尾声。或许,最好的总结就是,重复在整个这一章中经常重申的几个原则。如果不是来自于真实的一手资料,或者在某种情况下来自确凿的二手资料,一个事实就不能得到证明。数据必须用其当用,不能过度运用;得出想象性推论是危险的。研究者务求在搜集资料时全面彻底,在评价时小心谨慎,在解释时慎重公正,在综合时游刃有余。最好让我们记住格雷·C·博伊斯(Gray C. Boyce)的话:"资料沉默时,智者也无言。"(when the sources are silent, the wisw do noy speak)(《美国的中世纪教育研究》,载 S·哈里森·汤姆森主编:《美国和加拿大中世纪与文艺复兴研究进展》,博尔德:科罗拉多大学出版社 1947 年版,第 26页)。H·G·古德的话也同样有益:"教育史就是历史,它们有着相同的目的,接受同样的标准,使用相似的资料,运用相同的批判和建构过程。"(《教育中的历史研究》,《教育研究公报》1930 年第 4 期,第 9 页)

不要认为本章讨论的教育研究中的史学方法是由分离的部分或阶

段组成的,尽管本章出于组织的方便以这种方式呈现。实际上,史学方法是一个整体,学生随着不断的实践,将会越来越有效地运用它。那时,他将会以一种整体的方式进行各种运用,可以想见他也会以同样的方式进行叙述。尽管我们曾经反复敦促学生要质疑、核对、衡量和评价他正在处理的资料,但是,不能就此推论在历史研究中始终如一的质疑政策是最有益的。诚然,科学方法鼓励质疑,但它也告诉我们,当确凿的证据保证得出一个结论时,质疑应该被合理的确定性所取代。保留态度在历史研究中是一种优点,但是,永久的怀疑主义将导致优柔寡断,并最终陷入困顿。通过审慎运用科学史学的那些经过验证的原则,就能达致中庸之道(golden mean)。

第六章　做笔记和文献标记

191　　成功的历史写作,在很大程度上依靠学习者有目的地阅读并准确记录资料的能力。不管一个人多么好地掌握史学的理论和方法,除非他在这种工艺上勤奋苦干,否则便很难整理出有价值的历史文献。这个看起来无关紧要的做笔记的程序,必须在资料的收集、评价和阐释整个阶段引起学习者重视。不要将任何东西托付给记忆,哪怕是那些对问题有意义的、最微不足道的事实。

笔　记

　　本章将简要论述阅读、做笔记和文献标记的一些通行做法。本章无须如前一章一样进行长篇大论,学习者会发现厄尔·W·道(Earle W. Dow)的《历史研究中笔记系统的原则》(*Principles of a Note-system for Historical Studies*)和其他一些更好的研究指南中有关于该问题的详尽论述。根据塞西尔·B·威廉斯(Cecil B. Williams)和阿兰·H·斯蒂文森(Alan H. Stevenson)在《研究指南》(*A Research Manual*)中的看法,做笔记"就是一个选择的过程,通过它读者或听者将资料整理成在不久或遥远的将来可用的形式"。但是,在描述做笔记之前,有必要先讲一下有助于研究的阅读技巧。

192　　*阅读的程序*

　　对学习者来说,没有必要等到所有参考书目都搜集齐以后才开始阅读资料。实际上,从长远来看,越早开始阅读资料对他越好。他的知识随着阅读而增加,就可以更好地判断未来增加的参考书目的适切性和准确性。

许多学习者会有这样的印象,如果一本书列入了对他们的主题有用的书目清单,那么,就必须从头到尾彻底地阅读这本书。一般来说,事实并非如此,特别是在准备课程报告时。然而,确定是否要彻底阅读一本书主要根据主题的性质。撰写弗朗西斯·培根教育哲学的学生应该尽量毫无遗漏地阅读《新工具》(*Novum Organum*)和《学问的进展》①(*The Advancement of Learning*),否则,虽不能说不可能但是很难呈现对培根思想的准确描述。另一方面,一些资料性著作,例如,传记、百科全书、期刊论文、综合性的教育史和专著等,只需要阅读与主题有关的内容。

克伦普(Crump)建议学生开发"快速泛读的能力",在历史研究中"这是一种有力的工具和有价值的才能"。[《历史和历史研究》(*History and Historical Research*),第 81 页]。确实,泛读技巧是克服查看大量原始资料这一障碍的必要条件。学习者应该养成查看一本书的内容目录和索引来确定自己感兴趣的标题的习惯。通过记录下应该阅读的页码,学习者可以避免再去寻找最初泛读时已经确定的那些容易遗忘的资料。接下来稍慢一些的阅读将帮助学习者记住资料,并准备誊写到笔记上。应该强调的是,泛读并非没有缺陷。首先,阅读速度太快会导致不能发现重要的资料;第二,学习者会受到与主题有关的枝枝节节的吸引而分心,最终浪费了宝贵的时间;有时候相反,学习者通过这种方式会找到感兴趣的、充实其报告的资料。第三,如克伦普所指出的,泛读是危险的,因为"读者一旦形成快速阅读,不是字斟句酌、甚至不是一句一句阅读,而是一页一页或一段一段阅读的习惯,有时就丧失了慢慢地深度阅读的能力。"

在阅读时,学习者应该记下事实性资料和所思所想。读完资料后,

---

① 培根的《新工具》的最早中译本,关琪桐译,上海:商务印书馆 1936 年版。《学问的进展》共 2 卷,该书中译本由刘运同译,上海:上海人民出版社 2007 年版。——译者注

他应该核对笔记是否准确完整。这样，他就不会过了很长时间再回过来到原始资料中核对笔记。

引文的记录

笔记有好多种。看起来，最明显的一种笔记是直接引用。在任何情况下，这种逐字逐句的记录必须放到引号里。初学者往往喜欢大量引用，但是，只有在资料非常重要或作者的措辞极为精妙的情况下才可以这样做。在引文中间，某句话开始部分被省略掉需用"……"表示，历史学家插入引文的解释性语言要放到括号中。要表明资料的作者应该为不正确的拼写、措辞或语言用法负责，通常的做法是在括号中写一个"sic!"，在后面跟上被认为不准确的词语或句子。重要的是，引文的运用必须与它在原始资料中一样的精确。

在大多数情况下，学习者想要用自己的话表达他在原始资料中所读到的东西。他可能运用的程序是摘要、归纳、改述、缩写或概括。这些术语在意义上有一些技术性差异——学习者可以在研究指南中发现它们的定义——但是，在这里这种差别无关紧要。重要的是，学习者确实运用了自己的措辞。即使是在自己的缩写中，来自于原始资料的表述也必须用引号引起来。读者插补的评论应该放到括号中，以与资料作者的观点相区别。

大多数历史学家在尺寸不等的活页纸上做笔记，在 3×5 厘米的卡片上记录参考文献资料。有些学生会发现活页夹笔记本用起来很方便，但是，不能确定他们把笔记记在活页笔记本上就能获益，因为这些活页不能随心所欲地进行重新整理。一般来说，将每个事实都单独记录在一张纸上是个好办法，尽管这样会浪费一些空间。在一张纸上挤上太多条目，容易在考虑次级标题时造成遗漏。最好只用纸的一面，因为纸的背面很容易被忽略。每张纸都应该有一个与最初的提纲的主题或次级标题一致的标题，这样便于学习者在进行综合前重新组合笔记。没必要在每一张上都插入关于记录原始资料的、完整的参考书目信息。有些作者把这些信息写在来自于同一资料的第一页笔记上，并给每一页加上标题或其他辨识符号以免放乱。参考资料的页码通常放在笔记

194

的左侧。如果有不同尺寸和颜色的活页或卡片，学习者可以用为特定主题或次级标题分配特定颜色或尺寸的方法使之简化。各种颜色的索引标签在这方面也同样有用。

剽窃的危险

前面已经提到，作者在借用他人的话用引号时必须特别谨慎。甚至在运用出版物中的事实和思想时，这一点也同样重要。忽视了这一点，作者就有可能被指控为剽窃。波特·G·佩林（Porter G. Perrin）将剽窃界定为"将别人已经写出的资料据为己有"。［见《英语写作指南和索引》(*Writer's Guide and Index to English*)，芝加哥：斯科特和福斯曼，1942 年版，第 650 页。］剽窃的材料是否只是几句话并没有什么差别，重要的是其中所包含的伦理原则。学习者剽窃的动机多种多样。有些人明显是不诚实；有些人大概是要考验导师辨别借用来的资料的能力；有些人成为剽窃者是因为没有时间做创造性研究；有些人是没有写研究报告或分析问题的能力；还有一些人没有意识到不注明出处的借用是错误的。隐藏在这些情况中的是大多数高等教育机构中盛行的评级狂热。由于剽窃或多或少地有些普遍，因此，学生明显没有意识到：不经允许随意借用如同犯罪一样，迟早会被一些警觉的导师抓个正着。学生应当去导师那里坦诚地讨论他的问题，并争取更多的帮助。他还应当参考研究手册寻求有用的建议。这本书恰好论述的是历史研究方法在教育领域中的应用，其目的是提供最大限度的指导并培育成功完成研究计划所必需的信心。在结束这一主题之前，还应提及这样一个事实：学生不是唯一堕入剽窃习惯的人群。不幸却真实存在的事实是，很多学科领域中的作者都严重忽略了文献伦理和合法实践。同样不幸的是，很少有人有足够的胆量去揭露和谴责这些情况。剽窃的发生毫无疑问损坏了研究的声誉，就如一句一再被提起的话所言：所谓博士学位论文就是拷贝没有人读过、也不会有人愿意去读的书。据说，已故的布兰德·马修斯（Brander Matthews）曾经这样区别剽窃与独创："第一个运用奇闻秘史的人就是独创；第二个这样做的人就是剽窃；第三个人就是缺乏创造性；第四个人就是从民族共同的宝库中提取。"

195

196

据说,已故的尼古拉斯·默里·巴特勒(Nicholas Murray)又增加了这样一句话:"不错,第五个人就是研究。"[引自埃德加·W·奈特的《通过学位取得成功》(*Getting Ahead by Degrees*),《学校与社会》第53卷(1941年4月26日),第523页]最后,听说19世纪美国历史学家乔治·班克罗夫特(George Bancroft)从其著作中删除了脚注,原因是其他历史学家在运用他的资料时并没有给予他应有的荣誉。

参考书目资料

参考书目卡片应该包含一本书的如下信息:作者全名、书的完整标题、卷数、版本(如果不是第一版)、出版地、出版者、出版日期。有些学院还要求学生标记书的页码。来自于期刊论文的参考条目应该包含如下信息:作者全名、文章的完整标题、期刊名、卷数、出版年月和页码范围。有些机构还要求提供期刊号。百科全书中的文章应该包括:作者全名、文章的完整标题、百科全书名称、卷数、出版日期和页码范围。对于由多位作者完成的出版物应该包括:最多三位作者的全名,其他作者可以加"et al."表示。一位作者被收录到他人撰写或主编的书中的一章应该包括:作者全名、章标题、页码范围、书的作者或主编的名字,以及一本书所需要的其他信息。除了参考书目资料外,学习者还应该附一个对书或文章内容的简要介绍、它对于研究目的的价值、某些独特的观点或偏见,如果可以辨别的话。关于这种注解的样本,学习者可以参考本书前面的参考书目。参考书目的评论必须言简意赅。有时候,还可以插入真正的机智妙语。例如,汤姆·B·琼斯这样描述U·S·N·怀斯中尉(Lt. Wise, U. S. N.)的《外国佬》(*Los Gringos*,纽约:1849年版):"怀斯从来没有听说过'睦邻政策'。这是一本不可能的书。他本应交由军事法庭审判。"[见《南美洲的重新发现》(*South America Rediscovered*),明尼阿波利斯:明尼苏达大学出版社1949年版,第257页。]

另外一点指导可以帮助学习者节省时间,并增强准确性。在参考书目卡片的一角记下图书馆的索书号,将保证学习者在需要重复利用时快速找到它。但是,这一信息不要出现在研究的最终参考目录中。

一部手稿或其他珍贵的原始资料的馆藏地点应该在最终的参考书目中详细注明,这将会使其他研究者能够获得该资料。

文献标记方法

所有运用科学研究程序的著作都必须标明引用或改述的话,以及不为众人所知的文献资料的准确出处。提供文献证明的功能,也是为作者解决历史问题提供支持。通常运用各种形式的脚注来标明资料来源、提供解释性资料,详细说明文中叙述的限制条件。

脚注

学习者经常困惑什么时候必须运用注释性证据。霍基特制定了一个基本规则,即研究报告的撰写者应该"为他文章论述的每一句话、每一个事实、每一个观点或结论(除自己观点之外的)都注明权威性或来源。"(《美国历史研究导论》,第 117 页)然而,众所周知的明显事实,如马萨诸塞州《老骗子撒旦法案》的日期,就不用注释。在多个资料来自于同一个来源的情况下,没有必要都加上注释;学习者只需在段末加一个注释,最好是说明呈现的资料都来自某一个来源。最好的做法是注释越充分越好。正如霍基特所说的:"因注释过多犯错总比注释过少强。"(第 118 页)学习者也应该注意,不要运用其他作者的注释或来自于原始资料的引文而不加应有的说明。这种方法的范例可以在历史学专著和更精良的教科书中发现。例如,爱德华兹和里奇在《美国社会秩序中的学校》(第 80—81 页)中,引用戴达姆市 1685 年资助学校的方案。然而,因为他们没有考察一手资料,而是引用了二手资料中如下的论述:"戴达姆档案,第 5 卷,第 164 页,转引自乔治·勒罗伊·杰克逊(George Leroy Jackson)《马萨诸塞殖民地学校资助的发展》(*The Development of School Support in Colonial Massachusetts*),第 45—46 页。"这里再次引用霍基特的话:"只通过二手资料引用一个资料,而在引文形式中又不表明来自二手资料,那是一种不诚实。"(前述同处)

注释可以以各种各样的方式来呈现。有些人喜欢将它们放在每页

198

下面；有些人喜欢放在每章的末尾；有些人则喜欢放在研究的末尾。注释的编号同样也可以有不同的方式——每页连续编号或整个报告连续编号。有些作者喜欢将注释直接放在需要解释的话的后面。这种注释系统适合于希望加快打字进度的那些人。在所有这些情况中，都应该用横线把注释与原文分开。

　　本书的注释计划在这里需要稍加说明。为了节省时间和篇幅，作者决定将注释以括号括起来放在句中或句尾。这种方法的好处是论述后直接跟着出处。但是，如果运用过度，这种系统有可能打断读者的思路。关于如何运用这种注释工具的权威论述，学习者可以参考沃德·G·里德(Ward G. Reeder)的《如何写论文》(*How to Write A Thesis*)(伊利诺伊州，布卢明顿：公立学校出版公司1925年版，第62—63页)。如前章所述，当一本参考书目第一次出现在注释中时，应该注明其所有关键信息。后面再出现时，只以由作者和标题，或仅仅由作者组成的简略形式就足以辨明文献的出处。许多作者喜欢在第一个注释之后的所有同源注释中用标准缩略语代替作者和书名。例如，紧随已经给出完整参考书目信息的注释出现的第一个注释可以省略所有的辨识信息，而直接用"ibid"(ibidem 的缩写，拉丁文"同样"的意思)。如果注释的内容与前一条注释不是出自同一页，那就必须要加入页码。如果在第一次引用的某一文献与该文献再次出现之间被其他的一些注释打断，作者可以在文献题目处运用"op. cit."(opere citato，拉丁文"在前面所引用的书中"的意思)。但是，在该缩略语前面必须加上作者姓名。而且，只要存在混淆的可能，如同一作者的多本著作被引用，那就应该加上具体的书目。第三个缩略语是"loc. cit."(loco citato，拉丁文"前述同处"的意思)，在与前面引用的注释同一出处和同一页码的注释中代替书目和作者。如果在注释中最后一次提到该书目和作者到现在半打纸已经过去了，那么，这里最好还是重复一下作者的姓名和书名。

　　想要得到关于注释的更详细的建议，学习者可以阅读下面这些著作：埃莉诺·M·威特默(Eleanor M. Witmer)和埃塞尔·M·费格利(Ethel M. Feagley)的《参考文献初学者指南》(*A Beginners Guide to Bibliography*)(第三版，纽约：哥伦比亚大学师范学院图书馆，1947年

199

版);塞西尔·B·威廉斯(Cecil B. Williams)和阿兰·H·斯蒂文森
(Allan H. Steenson)的《研究手册》(*A Research Manual*)(纽约:哈珀,
1940 年版);利维亚·阿佩尔(Livia Appel)的《社会科学中的文献引用》
(*Bibliographical Citation in the Social Sciences*)(麦迪逊:威斯康星大
学出版社 1940 年版),在吉尔伯特·J·加拉汉的《史学方法指南》(纽
约:福特汉姆大学出版社 1945 年版)中又作为附录;以及 G· 路易斯·
古夫因(G. Louis Goughin)的《参考文献的基本形式》(*Basic Reference
Forms*)(纽约:克罗夫茨,1941 年版)。在关于研究的教科书和论文准
备指南中,也能发现有用的线索。

　　在注释中,参考文献各要素的排列顺序不是一个大问题。学习者
可以仿照历史专著或期刊中的形式。任何一种方式只要包括所有关键
要素且自始至终遵循,就没有任何理由去反对它。然而,许多大学发布
排版格式手册,明确规定所提交的课程报告和论文的引文注释顺序及
其他程序。学习者理应遵循他所在机构手册中所制定的规则。

200

第七章　陈述的方法

终于到了学习者必须动手将所有数据和阐释整合成统一文稿的时候了。换言之,研究者现在变成了写作者。有时候,这个转换是很困难的。有的学生可能看到几页白纸"盯着他"而恐慌;也有的学生一天天地推迟写作任务,直到最后期限很有威胁地越来越近。一位历史作家不会有理由恐惧写作过程,特别是当他不奢望一动笔就写出完美流畅作品的时候。众所周知,整个文学史上那些伟大作家都是写作,修改,再写作,再修改。很少有人不经过对手稿大部分内容的反复修改,就能创作出文学名著。因此,当学习者准备将报告提交给教师前忽然发现必须改变其中的部分内容时,不要感到出了差错。

在着手撰写前,学习者应该确定他已经完成了所有必要的前期工作。例如,搜集、评价和阐释原始资料;对所收集的事实有了充分了解并能理解它们之间的相互关系;而且要确定对研究结论已经非常明确。所有的笔记和引用现在可以根据提炼过的写作框架中各组成部分进行分类。这个框架就成了撰写报告时的工作蓝图。将这些笔记以某种方式做一下标签,那是非常有帮助的,可以避免乱放。最好的工作地点是在一张大桌子上,可以把所有笔记摆在上面。这样,学生就可以一眼看到与某个小标题相关的大部分笔记。运用综合法反复考察这些笔记,可以形成思路。在着手写作之前,最好先消化反思这些资料。

着手写作

学习者这时候应该开始尽量流畅的写作,将每一个小标题都论述到极致。有些写作者喜欢每一页纸上只写一段,以便留有空间进行增加或修改。在这个阶段,丝毫不要注意文体或文章的其他细枝末节。唯一重要的是,学习者尽量毫无障碍地写出初稿。

引文

正如霍凯特(Hockett)所强调的,重要的是避免频繁的一系列引用:"初学者往往误以为写作就是将引用的段落拼凑在一起,就像将珠子穿起来一样。"学习者应该尽量少用很长的引文;相反,应该养成谨慎改述所运用资料的习惯。同时,他也有机会表达对所讨论思想的想法。如此,历史叙述就会变得流畅而轻快。除了创造了一篇包含太多他人著作而很少有个人见解的报告外,过度引用的学习者给人的印象是无非将许多作者的观点罗列出来而已。不幸的是,许多专业教育研究者有时候也会做这种屈尊的事情。例如,在一本为人熟知的关于美国教育哲学流派的教科书中,随意使用了许多思想家的长引文,而编者的话语却相对很少。这并不是说,文选在文献资料中没有一席之地;毫无疑问,它们发挥着重要的功能,而且本书前面章节中也列出了大量文选。然而,教科书完全是另一回事;打算以教科书形式呈现某一主题的作者应该以间隔恰当的引文形式进行连贯的论述,这也正是学生所期望的。这里再次引用霍凯特的话:"在专著中大量使用引文,相当于将一堆原始资料呈现在读者面前。"对写作者另一个有益的提醒,就是要尽量避免插入个人偏见。这一点在本书前面已经述及,此不赘述。

初稿和终稿

初稿的主要目的是供学生修改和定稿。这意味着,他必须努力使他的报告逻辑清晰,就像教师所做的一样,从一般到特殊,从已知到未知。这也正是一个好机会去核对引文、事实及其他细节,因为当我们从笔记上抄写这些资料的时候很可能会出差错。

现在,到了报告最后阶段的准备。写作者阅读初稿,在需要进一步研究或修改的页面做出笔记。然后,开始系统修改报告初稿,对文体进行修饰和使内容更加生动。再次核对引文,并以适当形式加入脚注。

他也需要加入报告所需要的所有要素——前言、结语、参考文献和其他附录。

简而言之,写作者必须表明他已经充分消化了所运用的原始资料,并有能力以读者感兴趣和易于理解的方式呈现出来。舍曼·肯特(Sherman Kent)说:"历史写作是一项个体的创造活动;不是简单地将从原始资料中获得的资料片段拼凑起来。"(《历史写作》,第 39 页)一项杰出的历史写作,就像研究本身一样,会使最谨慎和正直的人感到异常满意。

作为一个整体的报告

在最后的检查中将报告作为一个整体进行考虑,无论对本科生还是研究生来说都是非常有益的。在本书中没有必要就扉页、前言、内容目录和导言问题给出详尽的建议,因为在论文手册和一般关于写作的指导书中已经讨论得非常充分了。关于报告这一方面的问题,学习者可以很方便地参考霍凯特的著作《美国史研究导论》(*Introduction to Research in American History*)第 130—132 页。与研究中那些创造性的部分相比,这些问题显得有些机械,只要提醒学习者不应该忽略这些问题就够了。

文本的细分

接下来,注意力应该指向文本是否妥当。除非研究计划非常简短,否则文本应该分成章节。尽管如此,写作者还可以继续将内容划分为许多小标题。他必须力求写得简洁明了。也就是说,必须运用明确界定的术语并保持前后一致,删除不相关的资料(废话)。重要的细节应该运用写作中各种强调技巧明确凸显出来。正如内文斯(Nevins)所言:"好的历史著作就像一幅精良的地图。上面会有许多细节,但重要的特征总会以大号字体凸现出来。"[见《历史大师论文集》(*Masters' Essays in History*)第 9 页]模棱两可的句子会使读者如坠云雾,因而应该从文本中删除。在这一方面,应该特别注意那些在以前时代含义不同的表述。如本书前面所述，"public school"一词在 19 世纪大部分时间里与今天的用法并不一致。同样地，英国和美国对这个词，以及其他词如 "approved school"的理解也不一致。为了保持论文的流畅有趣，学习者应该避免运用陈词滥调。他应该尽量运用语法、拼写和标点的惯用法；应该避免纠结的句子结构；应该删除部分矛盾的论述；应该在事实断言、观点和结论上加入必要的限定性话语；应该保证引文的精确性；应该核对注释的恰切性；应该在每一章结论部分提供一个简明的总结，在报告的末尾提供一个总的评价性总结；应该保持整篇报告的逻辑连贯性。

在整个研究后面附录的参考文献中，应该包括关于内容及其运用价值的简单介绍。有注释的参考文献的例子，可以在本书前面章节中找到。一般历史学家更喜欢关于原始资料的评论性论述，而不是正规的参考文献。学习者可以选择对自己和读者最便利的参考文献形式。不管参考文献是何种形式，都只应该包括研究报告中确实引用过的材料。学生中有这样一种趋势，那就是用那些他们不仅没有用到、甚至没有看过的标题来"填塞"研究。那些曾经参考过但在报告中并未引用的文献，可以附录在主要参考文献之后。还可以加上第三类参考文献，也就是那些读者可能感兴趣、但作者并未见到的文献标题。

报告的技术性细节

下面这些关于报告技术性细节的论述，大部分是针对准备教育史的本科生或研究生课程研究报告的学生，而不是教育史著作或博士学位论文的作者。

1. 一般形式

a. 用钢笔在纸张的单面上清晰书写。行与行之间要间隔适当，并在纸面左边留下足够页边距。

b. 如果报告是打印稿，那么应该设置双倍行距。用 8.5×11 英寸的纸张。在左边留下 1.25 英寸的页边距，页眉和页脚留 1 英寸的页边距。

c. 不管是手写还是打印，都要留一个复印本，以防丢失或放错手稿。

  d. 报告应该封在文件夹中，外面写上学生的姓名、班级、提交日期和教师姓名。

  2. 扉页信息

  a. 报告的完整标题。

  b. 学生和教师姓名。

  c. 课程编号和上课时间。

  d. 提交日期。

  3. 内容目录

  a. 应该包括章标题和主要的小标题。

  b. 注明与每一标题或小标题对应的页码。

  4. 前言

  a. 学生应该表明这个题目与他感兴趣的领域的关系，或者他为何对此特别感兴趣。

  b. 阐明选择某个题目的其他原因。

  5. 页码

  a. 前言通常用罗马数字，而正文一般用阿拉伯数字。

  b. 整篇报告应该连续编码。

  6. 脚注

  a. 应该每页单独编码或每一章连续编码。（详见前面关于脚注的讨论）

  b. 如果需要的话，脚注可以全部放在每章末尾。

  7. 概括与结论

  a. 概括是对报告中提出的有重要意义的细节的简要重述。

  b. 结论应该表明学习者对所研究的题目的评价、对后来教育思想或实践的影响或对未来的意义。他也可以提及来自于研究结果的某些特别的价值、知识或观点。如果学习者在他的研究中丝毫没有获益，他应该指出原因所在。

207

  8. 参考文献

  a. 如果学习者采用清单形式，他应该按照字母顺序安排文献，并对文献进行简要说明。

b. 如果大量运用原始资料,应该将它们与二手资料分开。在这种情况下,既可以按照时间顺序,也可以按照字母顺序。这取决于哪种方法更便捷。

c. 参考的论文应该按照标题排列,除非按照时间顺序有很大的优势。

9. 附录

a. 对尚未出版或难见到的原始资料作摘录。

b. 如果是学生自己所作的翻译,应附上翻译资料的原文。

c. 报告中所用的外文引文的翻译。对于那些通常所用的语言,如法文和德文,一般并不需要这样做。

d. 其他对于研究而言有趣而相关的材料。

学生们经常问教师研究报告最少应该多长。回答这个问题并不容易。在科学和数学中,一些最重要的研究报告也不过 6 页或更短。总体来看,历史方面的报告有越来越长的趋势。可以毫不夸张地说,根据教学的经验,至少需要 12 页双倍行距的打印稿才可以写出一篇令人满意的学期研究报告。然而,学生们将会发现,要使他们自己的研究报告简洁明了非常困难。很自然,学位论文会更长。这个原则是想让写作者参考那些最好的研究和写作,从而确定自己报告的适宜长度。

第八章　教育史研究报告的评价

209　　　写作者对自己研究的有效性感兴趣是一件很自然的事情。准备课程报告的学生会从教师那里得到对其努力成果的评价。学位候选人的论文则由导师和评阅委员进行评价。专著作者会从学术性和专业性期刊上书评的作者，以及自己机构或其他机构同行的反馈中看到对自己著作的评价。做教育史研究的人考虑一下区分著作水平高下的通常标准，那将是非常有帮助的。这样，写作者就会明确知道别人期望他怎样做。

学期报告的标准

　　学期或课程报告，是研究者在经过一段时间对一个较小范围内明确界定的课题，或就一个可以进行思想创造和较宽泛的综合课题研究后对研究发现的呈现。一般情况下，不管是本科生还是研究生，都不要求他们大量运用原始资料。另一方面，也不希望他们过度依靠教科书和百科全书资料。对于一个学期报告的写作者而言，最好是广泛运用专著材料和学术论文，在教科书的运用上要特别节制，除非是介绍本研究所涉及领域的情况。对于希望写促进教育发展演变的人物之思想的学生来说，原始资料是不可或缺的。例如，研究托马斯·杰斐逊的教育哲学，就以阅读和引证相关书信、教育法案和这位美国第三任总统的其他教育思想论述为先决条件。这些在杰斐逊文集和其他关于这位弗吉尼亚教育哲学家的专著中很容易搜集到。当然，学习者找到其他教育家对杰斐逊思想的评价、其思想的当代命运和过世后的影响是很明智

210

的。为了搜集这些信息,学习者需要参考各种专著,甚至是优秀的教科书。对于那些著述等身的教育家,学习者在考察过与课题有关的重要的著作目录后,可以只选择这位教育家最有代表性、最典型和最有影响的著作进行深入分析。例如,研究威廉·钱德勒·巴格莱的教育思想就必须以阅读《教育中的决定论》(*Determinism in Education*)、《教育过程》(*The Educative Process*)、《教育、犯罪和社会进步》(*Education, Crime, and Social Progress*)和《教育与新人》(*Education and Emergent Man*),以及他关于要素主义教育的论文为基础。更高年级的学习者、特别是研究生,还应该涉猎巴格莱的其他著作以窥其教育思想的痕迹。关于外国教育家思想的课程论文,例如,夸美纽斯、裴斯泰洛齐和赫尔巴特,以他们著作的优秀译本为基础就不会有问题。作为一条普遍规则,研究生的论文应该比本科生的报告体现更高的研究水平;也就是说,应该运用更加多样的资料,应该更多地依靠一手资料,并且应该表现出更成熟的阐释和评价。

学期报告检查表

在这里提供的检查表是作者用来评价所任教班级提交的报告的,包括本科生和研究生。

211

纽约大学教育学院教育史学期报告检查表

威廉·W·布里克曼博士
教育历史学与哲学系

姓名：_____

课程：_____

报告题目：_____

提交日期：_____

Ⅰ．资料

1. 一手资料的运用	经常	偶尔	很少	从未
2. 二手资料的选择	很好	一般		较差
3. 三手著作的应用	是		否	

II．资料的处理

1. 资料的考证	经常	偶尔	很少	从未
2. 事实的解释				
3. 事实间的关系				

III．报告整体

1. 逻辑结构	很好	一般	较差
2. 文体的清晰性			
3. 行文的简洁性			
4. 引文的精确性			
5. 引证的充分性			
6. 总结与评价			
7. 参考文献的注解			

评语：＿＿＿＿＿＿＿＿＿＿＿＿＿＿＿＿＿＿＿＿＿＿＿＿＿＿

＿＿＿＿＿＿＿＿＿＿＿＿＿＿＿＿＿＿＿＿＿＿＿＿＿＿＿＿＿＿＿＿

＿＿＿＿＿＿＿＿＿＿＿＿＿＿＿＿＿＿＿＿＿＿＿＿＿＿＿＿＿＿＿＿

等级＿＿＿＿＿＿＿＿＿

212

硕士和博士学位论文的标准

美国研究生教育中出现的一个可悲情况是，近年来许多机构偏离了对硕士学位论文的要求。除了对于学生的内在价值外——获取、评价、阐释和组织资料方面的科学方法的实际训练——硕士学位论文也和博士学位论文一样作为在更大范围内运用研究方法的训练场。不幸的是，在教育学院中，那些在专家指导下偏离硕士学位论文写作的人在面对博士学位论文这个艰巨任务时，就会在退缩的和漫无目的的活动中浪费宝贵时间。硕士学位论文应该超出一份颇受赞誉的学期报告或一篇微型博士论文的水平。它应该根据可靠的一手资料和最好的专著材料,对一个明确界定的问题进行透彻的分析。找不出任何教育学上的理由,鼓励硕士学位候选人选择那些已被胜任的研究者进行了深入探讨的、宽泛的题目进行写作,也不鼓励他们大量运用二手资料(经常是教科书)。不管是否继续攻读高一级学位,这类研究对学习者的价值极小。高等教育的责任是提高研究水平,而不是去贬损它。指导硕士学位论文的研究生院导师应该坚持始终如一地谨慎应用历史学准则。

硕士学位论文与博士学位论文的区别,不仅在于研究方法论,而且在于研究的广度和深度上。人们期望,博士学位候选人能对他所研究的历史问题的理解做出显著贡献。研究生院喜欢要求对教育研究做出"有独创性的"贡献。事实上,只要候选人能够谨慎搜集和考证资料,对问题进行了透彻分析,阐释中逻辑连贯且敏锐,结论客观得当,由此就可以说做出了"有独创性的"贡献,尽管该论题或其中部分此前已经有人做过。科学的研究方法意味着,经常检验和重新检验其他研究者在以前某个时间探究该领域所获得的结果。然而,在某个研究已经做得极其卓越或研究结论已经被本领域权威广泛接受的情况下,应该注意不要鼓励学生重复选题。简而言之,批准博士学位论文选题的程序最好有些弹性。

在教育史博士学位论文评价中,另一方面的问题是指导委员会(sponsoring committee)和评阅委员会(reading committee)的性质。当没有历史训练背景的教授们接受了教育史博士学位论文的选题后,科学的史学研究方法就不能得到坚持。由于一个不便在此详述的原因,教育学院中许多其他学科的教授自认为他们是教育史内行,至少熟知他们专业的历史背景。教数学的教授或许比学院中其他人更熟知他学科的历史背景,但是,事实仍然是他极度缺乏教育史学研究方法。在许多机构中,这种人成为研究他们学科历史的博士学位论文的指导者。没有理由说这些教授为什么不能担任该论文的指导者或评阅人,但当他承担起指导准备历史论文的学生的职责时,却很少看到他能给予多少学术上的帮助。而且,还有这样的情况,即审阅历史研究的论文委员会成员中竟然没有一个历史学家。这种状况造成的后果是一篇博士学位论文还达不到硕士学位论文的标准。作者就知道这样一个例子。博

213

士学位论文候选人主要根据二手资料（包括教科书）进行研究，甚至没有提到与其选题相关的优秀专著。它明显缺乏一手资料，而且研究题目过于宽泛以至于浅尝辄止。

高水平教育史学者应具备的品质

在本书的最后，简要讨论一下教育史领域高水平研究者所应具备的品质是有价值的。加拉汉在他的《史学方法指南》这本书（第43—54页）中深入透彻地谈到，称职的历史学家应该具备以下特征：探究和呈现真理的热诚，正确判断的能力，客观的态度，非比寻常的耐性和毅力，还有一种理智上的警觉，使他可以捕捉和运用任何有助于掌握他课题的资料。而且，"可靠的记忆力，更不用说良好的判断和建构性想象力，是历史写作技艺不可或缺的条件。"（第130页）此外，还应该加上追求完美、精确和透彻的热情；从外语来源中提取资料的能力。用弗里德里克·S·克莱因（Frederic S. Klein）在《历史研究方法》（*Research Methods in History*）中的话说：鉴于"线索可能被隐藏或销毁到比最富有想象力的小说都设想不到的程度"，历史研究者必须能够"做比夏洛克·福尔摩斯（Sherlock Holmes）①还要复杂的侦探工作"。（第42页）简而言之，他必须变成一只在图书馆寻踪的警犬、一位名副其实追踪文献资料的侦探。不能忘记的还有谦虚和谦卑，这是学者最真实的品质。这里，让我们一起来看一下格雷·C·博伊斯的金玉良言："资料沉默时，智者也无言"，那是有益的。

这些品质是所有历史写作技艺的实践者都应该具备的。此外，教育史研究者还应该具备良好的通史、宗教史、社会学史、心理学史、经济学史和哲学史知识，因为许多课题与这些领域密切相关。不用说，他们还应该精通从古至今的教育史的一般和特殊方面的知识。如果一个人不曾面对课堂教学的甘苦，不曾与儿童、青少年和家长联系，不曾与督

---

① 福尔摩斯，英国作家柯南·道尔爵士塑造的小说人物，已成为当代足智多谋的侦探典型。——译者注

学、行政官员和教育委员会有过合作或冲突,以及其他一些帮助历史学家理解和领会教育内在发展的经验,那么,他就很难进行真正精确而有意义的教育史研究,特别是美国教育史研究。然而,尽管这些教育经验对于从事教育史研究的学生来说是非常值得拥有的,但是,不能也不应该把它们作为薄弱的史学方法的补偿。

最后,作者希望本书中所描述的原则和程序能帮助学生以及其他关注教育史的人更好地理解这个知识和探究的领域。或许,这本专著能鼓励那些严肃认真的学生从事这个令人着迷的领域的研究。这个领域是整个教育学科中少数几个有资格拥有学术身份的学科之一。教育史的复兴让人期待已久。现在到了重申它在教育学院研究方案中的地位的时候了,既作为教师教育中一门合法的课程内容,又作为一个专门的研究领域。如果想要使他们自己的学科获得任何地位的话,教育史的这种双面性质必须得到教育专家的承认。重视教育史的这种双重角色,适当强调它研究问题的科学和逻辑方面,从长远来看将把它从当前作为陈列无趣又无用的事实的仓库这个恶名中解放出来。如果本书能够成功地吓跑那些认为教育史是“一件容易的事情”、就如一个不问嗜好任何人都可以徜徉其中的场所的人,他们从此不再从事教育史的教学和写作,那么本书存在的价值也就不言而喻了。

人名与主题索引

Harvey, Thomas W. , 347

Heidelberg University, 197

Herbart, Johann Friedrich, 18, 112, 299, 341, 445

Higher education, 44, 67, 90, 95, 151, 189, 190, 197, 201, 226, 232, 233, 240, 283, 289, 290, 296, 389, 392, 402, 467, 471, 492

    Cambridge University, 173

    doctoral dissertations on, 322

    federal and statc aid to, 59

    France, 155

    German, 185

    Greek, 233

    Harvard, 171

    land grant colleges, 199

    medieval, 139, 181, 439, 440, 454, 465, 494, 496, 503

    Yale, 385

History, teaching of, 131

Horn Book, 227

India, 47, 49, 136, 169, 184, 206, 230

Indiana, 429

Indians, education of in U. S. , 154, 478

Infant education, 200

    (*See also Pre-school education*)

Institutional history, universities and colleges, 78, 82, 283, 389

    Cambridge University, 173

    Harvard, 171

    Oxford university, 158

    Yale University, 385

    Spanish universities, 499

Quintilian, Marcus Fabius, 115, 397, 433, 442

Ratio Studiorum, 395, 413, 427

Ratke, Wolfgang, 112, 446

Reading, study of, 192, 276, 497

    in seventeenth and eighteenth centuries, 192

    teaching methods, 108

Reconstruction period, 396

    influence on education, 145

    South, 488

Religious education, 57, 97, 212, 447, 470

    during thirteenth century, 156

    in public schools, 117

    (*See also Catholic education*; *Jewish education*; *Lutheran education*; *Methodist education*)

Renaissance educators, 17, 244

    (*See also European educators*; *German educators*; *Italian educators*)

Research, historical, 510, 597

    in education, 598, 642

Rome, education in, 115, 147, 238

Rousseau, Jean Jacques, 18, 112, 113, 114, 366, 446, 457

Rush, Benjamin, 120

Russia, 18, 119, 334

Sarmiento, Domingo F., 451

Salzmann, Christian G., 446

Scandinavia, 294

School books, 297, 301, 306

    early American, 426

220

附 录

修正主义与教育史研究[①]
(*Revisionism and the Study of the History of Education*)

　　教育史(the History of Education)是历史学的一个分支,它研究学校和其他像宗教组织这样教导青年和成年人的社会机构的思想、实践、设施、人员、行政管理、组织以及其他方面和问题。对这个词更狭隘也更实用的解释,那就是研究与家庭和学校中的教导有关的所有问题发展的学科。但是,这并不意味着,论述教育机构或思想的历史可以忽略社会的其他方面。因为在学校与社会其他部分之间存在着相互作用和相互关系,所以,历史学家在建构和呈现论述的时候必须考虑这一事实。不考虑教育作为其中一部分的更宽广的社会和文化背景就进行教育写作,那既不准确也不安全。

　　从时间跨度上看,如同人类学家和人种学家所研究的那样,教育史从遥远的原始社会或文字出现以前的社会一直到当代。从地域跨度上看,它涵盖了全世界各个地方的所有区域单位。简而言之,教育史所关注的是影响所有个体的思想和行为的所有方面(在所有时代和所有地方)曾经说过和做过的所有事情。

　　很明显,一个人、甚至一个团队都不可能了解整个教育史。一个人所能做的,就是要持续不断地进行研究,拓展知识的领域,减少这个学科中无知的领地。出于实用的考虑,教育史学家必须在遵循选择性原则的基础上呈现陈述。他在进行选择时保持客观性的程度,成为他的

---

① 本文以 1964 年 3 月 11 日在约翰斯·霍普金斯大学教育系的一次讲演为基础。

历史叙述客观性的一个指标。

研究教育史有不同的方法。一种研究或写作的方法就是按照从原始人到当今的顺序，一个时代接一个时代、一个国家接一个国家地进行。作为一个通则，这种写法的内容包括古代希腊和罗马、朱迪亚(Judea)①、希腊化时期、早期基督教、伊斯兰教、西欧和中欧的中世纪、文艺复兴、宗教改革、天主教反宗教改革以及17到20世纪现代欧洲的发展。这大致上就是教育史的经典课程。在有些通史著作中，还包括原始人、印度和中国；而在美国出版的著作中，则增加了这个国家的教育发展。在大多数情况下，非洲、中亚和东南亚、中美和南美洲、加拿大、澳大利亚和新西兰在通史中都没有涉及。然而，近年来，随着"同一个世界"(One World)彼此联系和依赖的思想越来越深入人心，特别是因为联合国教科文组织对中西文化关系的强调，教育史领域的教师和作者中出现了一种趋势，即开始考虑一些原先被忽略的课题。但是，这样做的人还微乎其微。我们说得多做得少。当然，依然保持对亚洲、非洲和拉丁美洲教育的无知状态，那是越来越不可能和不明智的。

对亚洲教育的无知，在今天我们与亚洲人民的关系中对我们没有什么好处。教育史教学的一个目标，就是要将我们的无知减少到可以进行推理、验证假设和得出结论的程度。教育史教学的功能，不仅仅是阅读教科书和文献著作甚或是写论文。我们自身必须对曾经发生过什么知道得更多，因为"过去的就是序幕"(what is past, is prologue)。②我们不应该被过去决定，但是，我们应该知道发生了什么，因为"对过去无知的人注定要重蹈覆辙"。

撰写某个地域的教育史，例如，一个地区、一个国家、一个省、一个州、一个城市或一个乡村社区，那也是可能的。在这种情况下，必须要指出它们与其他地域之间的关系。教育史叙述也可以写单个学校、教

---

① 古巴勒斯坦的南部地区，包括今巴勒斯坦的南部地区和约旦的西南部地区。——译者注

② 这句话源自莎士比亚戏剧《暴风雨》的第二幕的场景一。意思是过去已经发生的一切导致今天事件的发生，就像戏剧中的序幕一样。——译者注

育思想、教学方法、通识课程、专门学科问题、教育问题、行政和督导制度，以及教育过程的其他任何方面。此外，曾经对教育思想或实践产生影响并作出贡献的教师、教育家和其他人的传记，也是教育史适当的资料来源。简而言之，实际上与学校、教师和儿童、青少年有关的事情没有什么是与教育史不相容的。比较教育，或者说是对两个或更多国家的教育制度或问题进行的研究，是建立在教育史的内容和方法基础上的。要充分了解某个国家当前的教育状况，就必须考虑其教育机构、实践和思想在宏观历史背景上的演进。

　　教育史研究也可以使研究者个人沉浸在历史上伟大教育家的生活和时代、他们的著作和思想、他们对当时和后来时代的影响之中。通过这种方式，教师和教育家就会分享过去不久的年代中那些成熟的思想，并感到自己是伟大教育传统链条中的一环。这种意识将有助于更深入地理解教育著作的专业特性。过去有影响的教育家，例如，柏拉图、昆体良、维多里诺、夸美纽斯、卢梭、裴斯泰洛齐、赫尔巴特、福禄培尔和杜威——这些人代表的仅仅是从几个时代的教育史上的抽样。还有其他一些人值得认真研究，包括虽然不是教师或专业教育家，但发表了意义重大的教育言论或对教育产生了影响的那些人。有必要记住的另一点是，任何时代和任何地域都有卓越的教育家。本世纪的思想家，例如，凯兴斯泰纳、德可乐利、泰戈尔、马卡连柯及其他人，也不应该被忽视。大多数人、特别是教育史的修正主义者确实忽略了他们。

　　人们普遍认为，教育史学始于 18 世纪后期，或者最多再往前推一个世纪。事实上，在西塞罗的《论发明》（De Inventione）和《论演说家》（De Oratore）以及昆体良的《雄辩术原理》（Institutio Oratoria）中，就已经可以发现教育史学的雏形。在汉朝的中国（公元前 206 年到公元 220 年）就已经有各种记录教育历史方面的努力，1060 年成书的《新唐书》①全面阐述了公元 618 到 907 年唐朝官员的教育。除了一位研究中国教

---

　　①《新唐书》是记载中国唐代历史的纪传体史书。二百二十五卷，包括本纪十卷、志五十卷、表十五卷、列传一百五十卷。北宋宋祁、欧阳修等撰，宋仁宗嘉祐五年（1060年）全书完成，由曾公亮进呈。——译者注

育史的英国历史学家外，所有的教育史学家都忽略了这些。在西方世界，迈蒙尼德（Maimonides）①的《密西那—托拉》（*Mishneh Torah*）一书以按照时间顺序论述犹太宗教教育传统中的拉比教师开始，主要是利用了《塔木德》（*Talmud*）中《上帝的道德》（*Ethics of the Fathers*）第一章中的年表。在 15 世纪的文艺复兴时期，利奥纳德·布鲁尼（Leonard Bruni）②和弗拉维奥·比昂多（Flavio Biondo）③在他们关于罗马和意大利其他地区的著作中，提到了教育历史背景。16 世纪，在意大利和其他地方开始出现教育机构史著作。作者有机会在梵蒂冈图书馆目录厅的开放书架上参考这些著作。

据作者所知，最早的非意大利文教育史著作之一是罗伯特·古利特（Robert Goulet）1517 年出版的研究巴黎大学起源的小书。这本书不久前刚刚再版。

引起 16 世纪后期教育史文献繁荣的一个因素，是牛津和剑桥大学关于谁建立在先的争论。由伊丽莎白女王（Queen Elizabeth）访问牛津和剑桥而引起的争论的结果是大量著作（牛津历史学家出版 380 部，剑桥学者仅 110 部）的问世。

在客观的教育史学演进中，另一个里程碑是 1567 年德国人雅各布斯·米登道夫（Jacobus Mittendorfius）出版的《基督教大学史》（*Academiarum Orbis Christiani Libri Duo*），描述了从古代到当时欧洲大学的高等教育史。应该注意的是，它的时间是 1567 年。所有这些事实在我们思考教育史中修正主义的一些思想时将会获得意义。

现在，让我们看一些 17 和 18 世纪那些对教育史学科发展做出贡献的作者。17 世纪赫姆斯塔德大学的伟大的司法作家赫尔曼·康林（Hermann Conring）撰写了《古代的大学》（*De Antiquitati bus Academicis*），是一部有关从古希腊到 17 世纪高等教育史的完整而翔

---

① 迈蒙尼德（1135—1204），犹太哲学家、法学家、医生。——译者注

② 利奥纳德·布鲁尼（1370—1444），意大利人文主义者、历史学家和政治家。——译者注

③ 弗拉维奥·比昂多（1392—1463），意大利文艺复兴时期的人文主义历史学家，是最早将人类历史划分为古代、中世纪和现代的历史学家之一。——译者注

实的著作。1739 年版本中的参考文献对西方世界截至 18 世纪的所有
高等教育史著作进行了注解。德国人并不是唯一沿着这条思路研究的
人。1686 年,著名的克劳德·弗罗莱神父(Abbé Claude Fleury) ①著的
《论研究的选择与方法》(Traité du choix et la méthode des études),被
保罗·孟禄和 I·L·坎德尔称为"在一般意义上或许是最早的真正的
教育史著作"。弗罗莱还写过 36 卷本的《教会史 :1691—1738》
(Histoire Ecclésiastique,1691—1738),其中包括大学的历史。

在我们自己的历史传统中,应该提到的是,在科顿·马瑟(Cotton
Mather) 1700 年左右出版的《美国教会史》(Magnalia Christi
Americana)中,可以发现新英格兰高等教育的历史。

我们有各种各样的 18 世纪著作,其中一些源于卢梭和古典主义者
的追随者之间的意识形态冲突。1762 年问世的《爱弥儿》令欧洲思想界
大为惊愕。因为古典主义者不喜欢卢梭忽视传统的思想,他们攻击他、
巴泽多、坎普(Campe)以及其他人,理由是 18 世纪的现代学校远不如
希腊—罗马的学校。他们著书立说(可以称为比较教育史),这些著作
激起了对教育史的更进一步的研究。

让我们再提一本早期著作,1843 年由西奥多·弗里茨(Théodore
Fritz)出版的《教育和教学制度及其简史》(Esquisse d'un système
complet d'instruction et d' éducation et de leur histoire)。这里有一件
有趣的事情。美国教育史中的一部早期著作是德罗比布留斯
(Philobiblius)的《教育的历史与进步》(History and Progress of
Education),该书由 19 世纪伟大的教育学者亨利·巴纳德写了一篇长
达 20 页的充满赞誉的序言。纯属偶然,作者于一周内在纽约城师范学
院图书馆阅读了弗里茨和德罗比布留斯的著作。他发现,在后者的著
作中有好多页的内容与弗里茨书中的内容雷同。鉴于弗里茨写作在
前,他就假设后者抄袭了欧洲人。因此,他转而去查阅参考书目,位列
榜首的就是弗里茨的著作。因此,德罗比布留斯肯定知道弗里茨的著
作,而且肯定用过它。很明显,他忘记了加引号并在脚注中注明出处。

---

① 克劳德·弗罗莱(1640—1723),法国教会史学家。——译者注

或许在一个世纪前引用没必要注明出处,但应该考虑来自弗里茨的材料是翻译过来的这一事实。翻译本身就表明是有意为之。当一个人翻译另一个人的著作时,这就是一种双动模式(double action)。抄袭或许是无意的,而翻译并抄袭就是另一回事了。巴纳德没有意识到这些,那真是太糟糕了。

研究历史有很多乐趣,我们的修正主义者朋友从来都没有享受到——因为他们进入这个学科太晚,而且也没有花费足够的时间进行研究。他们的基本思想是,历史学家一直在研究社会、思想和文化史,而教育史就是其中一部分。因此,他们自认为如果不是非常胜任,那也有足够能力研究教育史。他们主张自己教授教育史的权利,因为根据他们的学术标准,研究教育史的教育学者算不得什么学者。他们指称,教育史学家是卡伯莱所开创的传统的追随者。同时指出,卡伯莱的主要著作包括《州立学校管理》(*State School Administration*)、《公立学校管理》(*Public School Administration*)、《郡县学校管理》(*County School Administration*)。结果,他的《美国的公共教育》和《教育史》,以及多卷本的《读本》(*Readings*)都沾染了浓厚的行政管理主义色彩。因此,在修正主义者看来,卡伯莱未能对教育史学的发展产生恰当的影响。但是,他们忘记卡伯莱1904年发表带有注释严密的教育史参考书目的第二版涉及了6种语言的参考文献。①

我们历史学界的朋友看起来有这样的印象,一个人应该了解的是普通历史,对教育只要瞥一眼就够了,就可以作为教育史学家。他们用一个很奇怪的方式来定义教育史:教育史就是美国教育。那么,英国教育怎么样?北非和中东教育怎么样?等等。1963年,在费城召开的美国历史协会(American Historical Association)的年会上,作者问来自某著名大学的历史和教育学教授,为什么美国历史协会和美国教育史协会(History of Education Society)的联合会议一味地讨论美国教育史呢?为什么没有会议讨论欧洲或非洲,或者东南亚的教育史呢?他的

---

① 卡伯莱(Ellwood P. Cubberley):《教育史讲授纲要》(*Syllabus of Lectures on the History of Education*)(第二版),纽约,1904年版。

回答是,历史学家还没有开始研究这些地区。这样一种回答代表的要么是无知,要么是傲慢,要么是两者兼而有之。

我们这些一直进行教育史教学的人已经意识到这样一个事实:教育史的教学并不恰当。我们对自己的表现、自己的研究、自己的教学和激励学生进行研究都不满意。我们对自己的一些同事也不满意。但尽管如此,这种不满也没有什么新鲜的,詹姆斯·D·科尔纳(James D. koerner)、詹姆斯·B·科南特(James B. Conant)、伯纳德·贝林(Bernard Bailyn)、威尔逊·史密斯(Wilson Smith)、蒂莫西·史密斯(Timothy Smith)和很多明显被认为是教育史学者的人,最近已经发现了这一问题。

在 1933 年出版的《学校与社会》(*School and Society*)中的一篇文章中,埃德加·B·韦斯利(Edgar B. Wesley)列举了为什么教育史在当时差强人意的五个原因:一是教师很难在教育史学科中看到任何的直接价值;二是普通历史学家忽略了教育史,要么是因为缺乏资助,要么是害怕被贴上"教育学者"(educationists)的标签;三是教育史文献大多数出自没有受过史学方法和分析训练者之手;四是教育史大多数由同样没有受过训练的人进行教学;五是教育史的极端宽广性导致单个教师不能将精力聚焦在具体问题上。这些抱怨是非常有道理的。

让我们来看第四点。谁是这些未受过训练的人呢?当文理学院寻找讲授教育学的人时,他们经常是拜访一位退休的中学校长、中学教师或督学,而这些人或许有、也或许没有硕士学位,当然也就没有受过学术训练。就是这样的人被委以教授教育史、教育心理学、教学方法、特殊教育方法和实习教学的重任。这并不是一副讽刺画。这种做法致使教育史、教育哲学和教育心理学受到了损毁。这些人不太喜欢教授教育心理学,因为"心理学"一词有些让他们担心。然而,他们一点都不担心历史或哲学,因为毕竟每个人都认为自己是哲学家。当这些人谈论他们自己的思想时,他们漫无边际、丝毫没有学科思维和论证确凿的资料来源,不管是在历史还是哲学方面。他们照本宣科,将书本中的内容灌输给学生——学生反过来再将书本内容返还回去。这就是所谓的高等教育。

这种事情的发生是有原因的，而且并不完全是教育学者的错。首先，这些不合格的学者就不应该继续留在文理学院。

232 　　普通历史学家忽视的不是教育史，而是教育史学。许多历史书籍中都有一章或一部分是关于教育的——资料来自哪里呢？让我们检视一下阿瑟·M·施莱辛格（Arthur M. Schlesinger）的《美国政治和社会发展：1852—1933》（*Political and Social Growth of the United States，1852—1933*）。该书中关于教育以及对教育评价的资料来自坎德尔的《美国教育二十五年》，其中的每一章都是出自教育学者之手；当施莱辛格的著作在1935年面世时，爱德华·G·德克斯特的《美国教育史》已经相当陈旧了；卡伯莱的著作（现在的修正主义运动将卡伯莱作为教育史学中的死对头，而在30年前施莱辛格可是很受用）；查尔斯·富兰克林·特文（Charles Franklin Thwing）的《美国和德国的大学》（*The American and German University*）和《南北战争以来的美国高等教育史》（*A History of Higher Education in the United States since the Civil War*）；托马斯·伍迪的《美国女子教育史》两卷本，世界上绝无仅有的一部著作；埃德加·华莱士·奈特的博士学位论文《重建时期对南部教育的影响》和他的著作《美国教育》。这些著作全部出自教育学者之手。换言之，普通历史学家、社会历史学家和思想史学家从教育学者那里获取知识。他为什么不去寻求原始资料呢？很明显，他满足于依靠教育史学家的学识。

　　让我们来看另外一个证据：塞缪尔·埃利奥特·莫里森（Samuel Eliot Morison）和亨利·斯蒂尔·康马杰（Henry Steele Commager）合著的《美利坚共和国的成长》（*The Growth of the American Republic*）①（第三版）。莫里森是一位伟大的历史学家，也是批评教育的常客。早在贝斯特（Bestor）之前，他就已经撰文批评教育，并以其才华和智慧用一个短语就谴责了两千年的教育工作。在《美利坚共和国的成长》的参考书目（第704页）中，莫里森和康马杰作为权威引用的孟禄的《美国教

---

① 《美利坚共和国的成长》中译本，南开大学历史系美国史研究室译，天津：天津人民出版社1980年版。——译者注

育百科全书》(*Cyclopaedia of American Education*)压根就不存在。正确标题应该是《教育百科全书》(*Cyclopedia of Education*)，但是，我们将忽略这个有关准确性问题的例子。莫里森和康马杰斥之为"毫无价值"。在初等和中等教育方面，他们推荐了 3 个"不可或缺"的文本，它们是：卡伯莱的《美国公共教育》、理查德·G·布恩(Richard G. Boone)和爱德华·G·德克斯特的历史著作。布恩关于美国教育史的著作是同类著作中最薄弱的一本，或许是第一本的缘故。奇怪的是，被称为美国教育史学破坏者的卡伯莱在美国教育批评者看来竟然是"不可或缺的"。埃尔默·埃尔斯沃斯·布朗的《我国中学的形成》是"有用的"；伍迪的《美国女子教育史》是"不可或缺的"；奈特的《美国南部的公共教育》是"关于该主题最重要的学术著作"。而且，"特温(Thwing)关于高等教育的两卷本著作在该领域近乎是绝无仅有的"。这些观点所表达的对教育学者的认可是今天的修正主义者会承认的。

对教育的最重要的批评者阿瑟·贝斯特(Arthur Bestor)在其《教育的荒地》(*Educational Wastelands*)中，从教育学者约翰·布鲁巴克的著作《亨利·巴纳德论教育》中引用了亨利·巴纳德的言论。他还引用了卡伯莱在《美国公共教育》中引用过的一份文件。奇怪的是，贝斯特作为一位研究 19 世纪中期乌托邦思想的卓越专家，在写到教育问题的时候竟避开了原始文献。

著名文学评论家霍华德·曼福德·琼斯(Howard Mumford Jones)1927 年在《美国和法国文化》(*American and French Culture*)中批判了美国教育，但是，他必须依靠布恩的《美国教育》获取所需的知识。然后，他又引用了斯托克维尔(Stockwell)《罗得岛州公共教育史》(*History of Public Education in Rhode Island*)中的内容，就像布恩引用的一样。琼斯的书是一本专著，而不是教科书。在论述德威特·克林顿(Dewitt Clinton)时引用了德克斯特和菲茨帕特里克，在论述新英格兰中学的出现时引用了格里泽尔(Grizzell)和欣斯代尔，还有其他教育史学家，卡伯莱、卡伯莱和卡伯莱。

艾丽斯·费尔特·泰勒(Alice Felt Tyler)是一位不错的历史学家，在其《自由的酵素：1860 年前美国社会史的阶段》(*Freedom's*

233

Ferment：*Phases of American Social History to* 1860)中,有一章大约40多页是关于"教育与美国信仰"。他从二手资料中引用了一些文献,并引用了波林·霍尔姆斯(Pauline Holmes)和乔治·赫夫纳(George Heafner)的教育史专著,克劳德·埃格森(Claude Eggertsen)和其他人未出版的论文。在参考书目中,至少包括一打教育史学家的书和专著。殖民地史专家柯蒂斯·P·内特尔斯在他的《美国文明的根基》(1963)①中写到,卡伯莱的《美国公共教育》和德克斯特的书是"卓越的文本"(第 490 页)。他还引用了其他教育学者的著作。

234 路易斯·哈伦(Louis Harlan)的《隔离与不平等:滨海七州反种族主义公立学校运动:1901—1915》(*Separate and Unequal*：*Public School Campaigns on Racism in Seven Seaboard States*，1901—1915)是出自历史学家之手的专著,其中引用了奈特、弗莱彻·哈珀·斯威夫特、戈登·C·李(Gordon C. Lee)和贺拉斯·曼·邦德(Horace Mann Bond)。后者的两项研究被称为是"不可或缺的"。我们又一次看到历史学家对教育史学家的依赖。

梅里尔·詹森(Merrill Jensen)是《英语历史文献》(*English Historical documents*)系列中《1776 年前美国历史文献》(*American Historical Documents to* 1776)的主编。他称奈特的著作"非常有用",称孟禄和其他人的著作为"非常有用的通史著作",认为乔治·马丁的《马萨诸塞州公立学校制度的演进》是"对新英格兰教育最好的研究之一",而克伯屈的《新尼德兰和殖民地纽约的荷兰学校》和肯普的《海外福音宣传会对殖民地纽约学校的资助》是"详尽的研究"。这位卓越的历史学家错误地认为,新尼德兰教育的研究者是威廉·H·克伯屈(William H. Kirkpatrick)。

两位修正主义者理查德·霍夫斯塔特(Richard Hofstadter)和瓦尔特·P·梅茨格(Walter P. Metzger)合作写了一本优秀的专著《美国学术自由的发展》(*The Development of Academic Freedom in the United*

---

① 在本书英文本第 77 页,作者布里克曼在论及内特尔斯的这本书时,用的书名为"The Roots of American Civilization"。——译者注

States)。他们参考的第一本教育史研究是克拉拉·P·麦克马洪(Clara P. McMahon)的《15 世纪英格兰的教育》(*Education in Fifteenth-Century England*)。他们还引用了罗伯特·萨顿(Robert Sutton)未出版的关于美国学术自由概念史的论文、奈特的著作；在殖民地政府的教育立法和管理方面进行了著名研究的埃尔西·沃辛顿·克卢斯·帕森斯(Elsie Worthington Clews Parsons)、E·C·埃利奥特(E. C. Elliott)和 M·M·钱伯斯、赛迪·贝尔(Sadie Bell)、路易斯·斯诺(Louis Snow)、唐纳德·G·图克斯伯里、哈里·G·古德、E·I·F·威廉斯(E. I. F. Williams)、R·弗里曼·伯茨和查尔斯·特温，这些人都是货真价实的教育学者。

理查德·J·斯托尔(Richard J. Storr)曾帮助准备一本小册子《教育在美国历史中的作用》(*The Role of Education in American History*)，该书 1957 年 5 月由教育促进基金会(Fund of the Advancement of Education)资助并出版。就是这本书激起了作者对卓越历史学家走出自己的领域后的公正、透彻和学术水平的好奇心。斯托尔是一流的历史学者，他的博士学位论文写的是美国研究生院的早期历史。这部专著很明显运用了欣斯代尔、考利、斯诺、图克斯伯里、古德、伯茨、特温和其他人的著作——这些人都是教育学者，也都是著名人物。此外，斯托尔还运用了两个学术地位并不高的人的著作，B·J·霍顿(B. J. Horton)的研究生院史和埃尔伯特·沃恩·威尔斯(Elbert Vaughan Wills)的《美国高等教育的成长》(*The Growth of American Higher Education*)。

在前面提到的那本小册子中，作者提及的是这些人的著作，例如，保罗·H·巴克(Paul H. Buck)、克拉伦斯·H·福斯特(Clarence H. Faust)、理查德·霍夫斯塔特、阿瑟·M·施莱辛格和理查德·J·斯托尔。除斯托尔和霍夫斯塔特外，这些人中没有一个是教育史领域的人。我们不反对任何人在教育史领域写作，只要他能像在自己的历史领域中一样坚持同样严格的学术标准。学者们承认，"这群人中没有一个可以称为美国教育史专家(根本就没有这样的专家)"，(那么托马斯·伍迪和华莱士·内特怎么样呢?)，"尽管有几个人也写过关于美国教育的

235

不凡的著作,而且在研究美国教育问题时充满了同情和理解"。顺便说一下,在创作这本小册子的第一次会议上,出席的人包括:伯纳德·贝林、默尔·柯蒂、拉尔夫·加布里埃尔、理查德·霍夫斯塔特、弗兰西斯·凯佩尔(Francis Keppel)和拉尔夫·泰勒(Ralph Tyler)。为什么忽略了教育史学家? 例如,I·L·坎德尔。受邀的这些人一致确信,"相对于它在美国社会发展中的重要性而言,这个国家不管是学校内还是学校外的教育史都被美国历史学家忽略了,这很让人羞愧。"而且,"我们同样坚信,有缺陷的历史知识已经对当前美国教育危机中的课程计划、政策形成和教育机构的管理产生了消极的影响。"这些话表明根本没有教育史知识,因为普通历史学家还没有进行写作。斯托尔博士说:"几乎在四分之三个世纪里,作为一个由普通历史学家探究和思考的学科,美国教育史曾经拥有一个充满希望的未来和一个令人失望的现实。"这句话的基调是:在普通历史学家考虑着手研究之前,不曾有过真正的教育史。

通览整部著作,这种观念比比皆是。伯纳德·贝林的《美国社会形成过程中的教育》(*Education in the Forming of American Society*)是一部不容忽视的著作,其中聚焦了一些被忽略的问题。该书之所以闻名,是因为其中给卡伯莱贴上了教育史学术大敌的标签,以及一句近年来被广为引用的话。在贝林看来,教育史中一个普遍的误解是"过去是现在的缩影"(the past is the present writ small)。然而,这并不是在教育史领域研究的其他人所持有的观念。该怎么称呼麦克马洪关于 15 世纪教育的著作? 该如何称呼伍迪的《早期社会的生活和教育》——洋洋 900 页的关于古代社会的教育史,大量运用拉丁文和希腊文原始资料以及德文和法文二手资料? 我们何曾见过普通历史学家的著作表现出如此卓越的语言能力? 伍迪通晓更多语言,如俄文和捷克文。遗憾的是,他不懂中文,我想许多聪明的修正主义者可以因此而谴责他。但是,首先修正主义者自己应该学学这些语言。修正主义者是因为太年老而无力开始学习吗? 他们过去确实通过了德文和法文阅读测试,但是,他们很明显没有进一步提高技能,而技能不用就会荒废。至此,为了能写出非美国的教育史,他们也应该通晓拉丁文、西班牙文、葡萄牙

236

文、丹麦文和荷兰文，更不用说克罗地亚文、俄文、波兰文、现代希腊文，如果可能的话，还包括芬兰文和匈牙利文。阿拉伯文、(东非)斯瓦西里文或一些其他的语言如何？这是同一个世界。修正主义者为何如此偏狭？难道唯一有价值的教育史真的只有他们所撰写的美国教育史吗？

如果听起来作者有些失望，那是因为他读这本书时期望太高。贝林的书中确实有一些很好的思想，但也确实有一些不符合历史事实的错误，因为研究不够充分。

贝林还在约翰·沃尔顿(John Walton)和詹姆斯·L·基西(James L. Kuethe)主编的《教育学科》(*The Discipline of Education*)中写过一篇文章。在"一些历史说明"中，他提及了卡伯莱、孟禄、亨利·苏扎洛和克伯屈。"他们都是有伟大成就的人，但是，他们的态度慎重稳健：节制、条理、不苟言笑。他们曾经瞥见这片充满希望的领域，并充满热情地从事研究。作为新教伦理的化身，他们成为令人难以置信的、成功的学术资本家。直到第一次世界大战之前，他们是一个巨大的教育产业的首领。"(第125—126页)而且，"他们宣称教育学完全是一门科学，它的方法应该是科学的。"(第126页)他进一步写到："杜威在哲学中，沃德和斯莫尔(Small)在社会学中，以师范学院的保罗·孟禄为核心的一批人在教育史研究中，都迫不及待地在教育领域运用约翰斯·霍普金斯大学历史科学大师的严格方法。"(第128页)"通过科学方法可以运用于教育领域这一证据的强化，如果不是已经运用的话，这些教育家寻求他们的学科获得完全独立的学术学科地位。"然后，他指出："以通过机构独立而寻求获得学术尊重和思想成熟的行为为开端，以彼此的隔离终结，最终导致了传统学科与教育学之间联系的弱化，在学术生活之流中垒砌起了堤坝，其结果是两者都受到了损害。"(第129—130页)

贝林叙述了一个"枯竭"的过程。这与他前面段落中所提到的"不苟言笑"是相同的。"普通历史学家发现主流教育史的形成如此受到先入为主的特定目的的限制，结果远远落后于整个学科的学术前沿，这个学科看起来就像一个让人迷惑的大大的问号。"(第131页)

在贝林看来，"这些作者深深陷入当前的教育问题中，并且深信历史中蕴藏着对这些问题有意义的资料，因为熟知历史曾经的结局，他们在过去找到了支持这个结论的早期证据。他们找到了他们所寻找的东西,因此,他们的历史叙述不是旧事物中生发出新事物,不熟悉的事物中生发出熟悉的事物,而是两个永恒不变的因素之间的斗争,一个注定要失败,另一个则注定会成功。成功的、必须成功的是他们所熟知的公共教育的概念和实践:这个胜利就是免费的、公共资助的、公共管理的机构的胜利。这个机构作为国家制度的一部分,分为初等、中等和大学三个层次的教育。具有前瞻性的、正确的、体现历史必然的一方,与混合着自私和顽固的传统主义的另一方,两者进行了旷日持久的斗争。二十世纪三四十年代,由贺拉斯·曼、亨利·巴纳德、卡尔文·威利以及这个著名团体中其他人领导的伟大的改革运动,将这个斗争推向了高潮并取得了胜利。"(第 132 页)

这真是过于简单化的杰作。在这段文章中,我们看不到卡伯莱或孟禄。后者曾写过美国的私立教派学校。贝林的评论中对此却只字未提。甚至是卡伯莱,也在他关于教育管理的资料集中提到了私立学校。有的人可能会赞同贝林的看法,我们这个国家的私立教育史没有得到适当的和充分的呈现。但是,没有人会以此来谴责卡伯莱或孟禄。

孟禄对比较教育也很感兴趣。修正主义者对比较教育史感兴趣吗?他们对宾夕法尼亚州的德国根源感兴趣吗?对新阿姆斯特丹或新瑞典的欧洲根源感兴趣吗?他们对文化和教育史上的"新世界"的西班牙和葡萄牙起源感兴趣吗?一小部分历史学家,比如约翰·塔特(John Tate)写过这方面的东西,此外谁还写过?

我们也应该看看威尔逊·史密斯对贝林的评价。他以一种非常温和的方式将贝林降了几级。但与此同时,他又过度推崇和赞扬贝林。贝林在他的 17 世纪经济史研究领域是一位优秀的、研究深入的学者,但是,他对教育史却没有决定权。当我们阅读修正主义者的著作时,会感觉到他们谦虚不足。谦逊是学术研究的一种最重要的品质。格雷·C·博伊斯说得好:"资料沉默时,智者也无言。"换言之,如果一个人对这个学科缺乏充分了解,那么他应该克制自己不要发表意见。

作者冒昧地请大家注意贝林在《学校与社会》(1964 年 3 月 21 日)上发表的一篇文章——《科南特、柯纳与教育史》(Conant, Koerner and the History of Education)。在这篇文章中,他提到了科南特为什么将教育史教授界定为对教育感兴趣的历史学教授问题。一个知识分子最基本的贡献是接近知识的本源。然而，科南特并没有搞清楚教育史学家是谁。很明显，他接受了二手资料，这一事实就使他远离了目标。

詹姆斯·D·柯纳原来是基础教育委员会（Council for Basic Education）的主席。该组织赖以建立的原则的要素主义从来都没有存在过，或者在这个新组织发现它之前已经有对教育的各种批评了。

柯纳写过教育史方面的著作。他著作中的坏人是哥伦比亚大学师范学院的R·弗里曼·伯茨，《学院的发展历程》（*The College Charts Iis Course*）一书的作者。只有柯纳没有听说过这本书！他运用了《教育文化史》（*A Cultural History of Education*）①的一个旧版本，声称他所访问过的大学的学生说这本书是一本写得很糟糕的书——"枯燥无趣、单调且缺乏幽默感。"这种措辞在某种程度上又出现在了修正主义者的著作中。作者对伯茨颇为了解，曾以不赞同的口气评论过伯茨的著作《美国教育中的宗教传统》（*The American Tradition of Religion in Education*），但很尊重伯茨的能力。我们不赞同的事实或许意味着，一方是对的，另一方是错的。然而，伯茨是一个正直且博学的人。他或许不是最权威的历史学家——但谁是呢？

为什么不找找看柯纳著作的好的方面呢？纸张和装帧都很精良。排版印刷也很好。所有的东西都很好——但除了内容，至少是关于教育史的部分。

让我以两句或许有益的引文来做个总结。一句引文来自乌利奇的《作为人文研究的专业教育学》（*Professional Education as a Humane Study*）："在充分了解两方面之前，我们不能将一种研究运用于另一种研究。这意味着，没有对哲学和历史两者的熟知，就不能教授教育哲学。历史学、心理学、统计学、社会学或其他学科也同样如此。"（第143页）

最后一句引文来自乔达诺·布鲁诺（Giordano Bruno）："无知是这个世界上最轻松的科学，因为它可以不劳而获和使大脑免于沉思。"（这来自二手资料）

---

① 即伯茨的《西方教育文化史》（*A Cultural History of Western Education*）。——译者注

布朗大学教授的免税特权
(*Tax-Exempt Privileges for Professors of Brown University*)

众所周知,许多主宰教师教育课程的人认为,教育史是非常不实用、研究古物、相当无趣、不得不在忍耐中坚持的科目,现在要么与更有用的基础学科融合,要么完全被挤出,要么由普通历史学学者来教授。没有人尝试去对这些断言进行评价。我更愿意证明,这些关于不实用的指控是极端的夸大其词。下面这个案例研究将证明,历史研究方法最近如何运用于财政这个非常实用的问题的。

因宗教宽容精神而闻名的布朗大学殖民地特许状中,有一个关于教授免于国家征收的各种税赋的条款如下:

> ……为了更好地鼓励这个学院的发展,我们务必承认、制定法律实施并宣布,应该充分地赋予它美国学院和欧洲大学所享有的同样的特权、尊严和豁免权。特此承认、制定法律实施并宣布:学院的财产,目前位于或身在殖民地的校长和教授的财产、人身和家庭,以及居住在学院中的教师和学生,将免于所有税赋、担任陪审员和卑微的服务工作。而且,上述人员也将免于冲锋陷阵、强征劳力和服兵役,除非国家遭到外敌入侵。①

校长和教授被免于"所有税赋",很快就引起"整个州对这个问题不愉快的讨论,无疑也使很多人不再同情大学"。② 在1772年6月的一次例会上,"所有税赋"的表述被认为仅仅是"殖民地征收的税赋"之意。③

相应地,公民要求评估镇长和教授的财产并征收镇年度税,这一程序在随后两年不断反复。④ 当镇里的估税员接受了特许状的免税条款并拒

---

① 雷本·A·吉尔德(Reuben A. Guild):《布朗大学史》(*History of Brown University, with Illustrative Documents*),普罗维登斯:布朗大学出版社1867年版,第138页。1764年所授予的特许状全文出现于第132—139页。吉尔德曾是布朗大学的图书馆员。

②《布朗大学史》,第139页。

③《布朗大学史》,第139—140页。

④《布朗大学史》,第140页。

绝征收校长詹姆斯·曼宁（James Manning）和教授大卫·豪厄尔（David Howell）的税赋时，《普罗维登斯报》（*Providence Gazette*）在 1774 年 2 月 5 日和 12 日、4 月 16 日和 30 日、5 月 28 日刊载了关于该问题的争论。①

事情闹到这种地步，以至于曼宁校长承认他的学校受到了"巨大灾难的威胁……这事起因于一个有关税赋的争论；只有上帝才知道争论何时结束"。② 下面这个文件可以表明，镇上人的决定是让布朗大学员工交税。

> 为了让普罗维登斯镇人民满意，我们这些已经在下面签名的人现在宣布并将我们真实的想法公之于众，在这镇上的大学的财产（校舍建筑、校长的房子和花园以及大学用来作为草坪的土地除外），连同校长和教授的人身及财产，按照法律规定必须要缴纳同样比率的税收，这样才公平。因此，我们向集合在镇会议上的享有公民权的人承诺，我们将竭尽赋予我们的公共的和私人的权利，促使镇上向上述人员和财产征收的所有税收在未来能够如期缴纳。我们在 1774 年 4 月 19 日，特签署此文件，以资证明。③

尽管有人提出召开一个特别镇会议由估税员拒绝这一行动，最后还是更冷静的头脑占了上风，结果是在随后很长时间都没有试图向大学征税。独立战争的爆发以及"校长曼宁给各阶层的人施加巨大的个人影响，对这个结果来说或许有着不小的影响"。④

当许多公民看到所有人的财产为了战争而被征收重税的时候，为什么大学教授可以享受经济特权呢？因此，在南北战争期间，市镇居民和大学师生之间由税收引起的恶感再度抬头。

1862 年 3 月 4 日，纽波特市议会通过的决议将事态发展带到了顶点，该决议要求市议员"努力修改或废除布朗大学特许状中关于校长和

243

---

① 《布朗大学史》，第 140 页。

② 给约翰·里兰德（John Ryland）牧师的信，1744 年 5 月 27 日。载雷本·A·吉尔德（Reuben A. Guild）：《詹姆斯·曼宁生活、时代和通信，以及布朗大学早期历史》（*Life, Times, and Correspondence of James Manning, and the Early History of Brown University*），波士顿：古德和林肯图书公司 1864 年版，第 233 页。

③ 《布朗大学史》，第 140 页。

④ 《布朗大学史》，第 140 页。

教授财产免于收税的条款"。该议会声称,在他们看来这种免税很不合理,特别是在当前形势下,为了支持政府和维护团结,所有财产都必须和可能被征收重税。① 同日,该决议提交给了司法委员会;8 月 26 日,由南金斯顿的参议员小伊丽莎·雷诺兹·波特(Elisha Reynolds Potter, Jr.)将该委员会的报告提交给了参议院。

在立法机构中,没有人比参议员波特更胜任调查教育税收问题了。他毕业于哈佛大学,是金斯顿学院的古典语言教师、律师、州的总资政、联邦大会代表、国会中的辉格党员、罗得岛州最高法院的副大法官。他精通拉丁文、法文和意大利文文献,同时还是一部资料翔实的纳拉干塞特族历史著作的作者。波特关于罗得岛教育史的演讲最初是在 1851年 2 月的罗得岛历史协会会议上作的,在 1875 年仍被认为有必要重印。② 他最早出版的一本著作是给罗得岛议会中的宗教团体委员会作

---

① 南金斯顿司法委员会参议员伊利沙·R·波特(Elisha R. Potter)提交给罗得岛参议院的报告:《立法机关允许永久免税的权利》(*Right of a Legislature to Grant a Perpetual Exemption from Taxation*),1862 年 8 月 26 日。附于《1862 年 8 月特别会议通过的罗得岛和普罗维登斯种植园全体大会法案与决议》(*Acts and Resolves of the General Assembly*, *ot the State of Rhode Island and the Providence Plantations*, *Passed at the Special Session*, *August* 1862)之后,普罗维登斯:安东尼图书公司 1862年版,第 1 页。后面引文中简称为《波特报告》(Potter Report)。

② 关于波特的传记日期,见亨利·巴纳德(Henry Barnard)的论文,载查尔斯·E·波特(Charles E. Potter)主编:《波特家族谱系及其美国的后裔》(*Genealogies of the Potter Families and Their Descendants in America*),波士顿:马奇图书公司 1888 年版,第 34—37 页;西德尼·S·里德(Sideney S. Rider):《伊利沙·雷诺兹·波特著作阐明的历史研究与教育劳动》(*Historical Research and Educational Labor Illustrated in the Work of Elisha Reynalds Potter*),普罗维登斯:富兰克林图书公司 1901 年版;"小伊利沙·雷诺兹·波特"(Elisha Reynalds Potter [Jr.]),载《阿普尔顿美国传记百科全书》,第 5 卷,纽约:阿普尔顿图书公司 1888 年版,第 89 页;威尔·S·孟禄:"伊利沙·雷诺兹·波特"(*Elisha Reynalds Potter*),载保罗·孟禄主编:《教育百科全书》第 5 卷,纽约:麦克米伦图书有限公司 1913 年版,第 19 页;《美国国会传记名录:1774—1927》(*Biographical Directory of the American Congress*:1774—1927),华盛顿特区:美国政府出版局 1928 年版,第 1425 页;伊迪丝·R·布兰查德(Edith R. Blanchard):"伊利沙·雷诺兹·波特"(*Elisha Reynalds Potter*),载《美国传记辞典》(*Dictionary of American Biography*),第 15 卷,纽约:查尔斯·斯克莱布诺之子图书公司 1935 年版,第 126—127 页。

的报告，谈到了教会财产的税收问题。在波特的专业教育经历中，包括
追随亨利·巴纳德思想的州公立学校专员（1849—1854 年）[1]、为立法
机构准备教育年度报告[2]、《罗得岛杂志》的编辑[3]、创办了州立师范学
校[4]、合作创办了罗得岛教学协会。波特还曾作为亨利·巴纳德在州教
育厅的助手和伙伴，创办了不朽的《美国教育杂志》，两人之间的私人通
信超过四分之一个世纪。尽管他不是"一个非常富裕的人"，但他"总是
拥有充足的手段，以向广泛社区里那些贫困忧伤的人慷慨捐助和亲切
咨询而闻名。"[5]这就是那个发布报告改变了布朗大学教授经济地位的
人的教育背景。

波特确信，州有权废除大学的特许状，"除非考虑到特许状是与法

244

---

① "波特委员确实是一位杰出的官员。"查尔斯·卡罗尔（Charles Carroll）：《罗得
岛州的公共教育》（*Public Education in Rhode Island*），普罗维登斯：罗得岛州教育董
事会，1918 年，第 173 页。

② "罗得岛州公立学校与公立教育报告和文档"（*Reports and Documents upon
Public School and Education in the State of Rhode Island*），普罗维登斯：诺尔斯和安
东尼图书公司 1855 年版。特别有趣的是，他的报告《公立学校的圣经与祈祷》（*The
Bible and Prayer in Public Schools*，1854）是一份 200 页的研究，"解决了整个问题，并
且引用证据和事例作了透彻的论证。即使在今天，也很难看到比它更富有启发意义、
论点更公平的关于这个问题的研究"。托马斯·斯托克维尔（Thomas B. Stockwell）：
《1894 年罗得岛公立学校委员的报告》（*Report of the Commissioner of Public Schools
of Rhode Island*，1894），载《州教育董事会第 25 次年度报告》（*Twenty-fifth Annual
Report of the State Board of Education*），普罗维登斯：弗里曼图书公司 1895 年版，第
245 页。巴纳德将这份报告推荐给他《美国教育杂志》（*Ameirican Journal of
Edcuation*）的读者，并且在 1874 年建议"他的挚友"在杂志上重印。然而，这个建议未
引起足够重视。理查德·E·瑟斯菲尔德：《亨利·巴纳德的〈美国教育杂志〉》（*Henry
Barnard's Ameirican Journal of Edcuation*），巴尔的摩：约翰斯·霍普金斯大学出版
社 1945 年版，第 219—220 页。

③ 这里指波特 1851 和 1852 年发布的年度报告。1852—1853 年，他是创始人、编
者和主要的撰稿人。

④ 根据巴纳德的观点，波特最初赞成布朗大学成为提供专业教师培训的机构，
"因为给予了机构及其教授法人特权和豁免权"，所以，州也期望进行合作。查尔斯·
E·波特主编：《波特家族谱系及其美国的后裔》，第 35 页。

⑤ 伊迪丝·R. 布兰查德："伊利沙·雷诺兹·波特"，载《美国传记辞典》，第 35
页。

人的协议，因而州和美国宪法中的条款禁止州干预。"①根据他的判断，在1764年并不认为特许状是一种协议的环境"非常重要"，因为"在决定文本应该怎样进行解释时，同时的解释总是很重要的"②。"该特许状在制定的时候被认为是一种协议吗？大学在当时拥有不受立法机构废除适用美国宪法条款权支配的地位吗？如果在当时特许状不被认为是一种协议，那么它当时制定的时候是否可以？"③

为了更好的理解，我们来看看波特更长的推理过程：

> 当然，在独立战争之前，在没有任何宪法限制之前，我们的立法机构拥有对特许状的充分权力，拥有特许状的学院知道这个权力属于立法机构，并且服从这种情况。即使特许状是一种协议，废除协议的权力也是协议的一部分，这是他们获得特权的条件。如果特许状是协议，这种可废除性是协议的一部分，那就不能适用美国宪法更改其条款。如果在当时不被认为是一种协议，那宪法中的条款就可以完全适用吗？在当时特许状并不被认为是一种协议，看起来不会有多少可质疑的。即使当时宪法已经制定，起草者也少有可能会想象到特许状会被认为是协议的情况应该在被制止范围之内。④

这里应该注意的是，波特在引文中和报告其他部分所得出的结论是以推理而不是以可证和可引的事实为基础的。

学习历史学的学生很容易就会发现这个案例与1819年达特默思学院案的相似之处。波特预计到对他的解释的批评，因此，他先批评了高级法院的判决：

> 在读案例报告的时候，我们不可避免地发现为学院辩护的法律顾问的勤勉和能力，以及为国家辩护的法律顾问的三心二意或明显的缺乏兴趣。我们只能解释为，立法机构法案中的条款如此

①《波特报告》，第2页。
②《波特报告》，第2页。
③《波特报告》，第3页。
④《波特报告》，第4页。

让人反对,以至于法律顾问都不愿急切地为其辩护。从案件本质上平等出发,法院也急切地宣布法案无效,但这样做所确立下的原则连他们自己都对其未来的运用缺乏预见。[①]

1863 年 2 月,州议会在获得大学同意的情况下通过了一个法案,将免税特权限制在最多是价值 10000 美元的不动产范围内:

> 该法案限制了布朗大学校长和教授的财产、人身和家庭免税的权利。

州议会通过如下条款来实施该法案:

条款一,位于普罗维登斯的布朗大学法人代表同意该协议。该大学当前的校长和教授及其继任者的财产、人身和家庭,从此以后将不再享有包括其财产、人身和家庭在内的 10000 美元以上物品的免税权。

条款二,选举法人的选票由州秘书长密封并确认有效,证明该法人是由该大学的校长和教授授权,代表该大学的校长和教授。当该选票作为档案放在州秘书处办公室的时候,法人同意该法案将被认为并作为未来也同意的证据。[②]

当时,大学中的历史学家也赞成废除"特许状中这个令人反感的条款",[③]并指出巴纳斯·西尔斯(Barnas Sears)校长也曾经支持这个法案,因为在他看来学校未来的好处比眼前的任何利益更可取。

> 他很合理地指出,那些有能力交税的富裕教授而非那些即使有财产也微乎其微的人才是免税的主要受益者。他更进一步指出,在我们这样的共和国形式政府下的一个公共机构,如果缺乏它依靠其恩惠和同情而生存的公众的善意,那么它也不会繁荣昌盛。另一方面,他争辩说,州议会从来没有向学院拨过款,这给城镇和州带来了持久的好处,因此,立法者一方任何想干预教授们已经享受了几个世纪的权利和特权的举动,都将是徒劳而不正义的。[④]

---

① 《波特报告》,第 7 页。
② 《波特报告》,第 143—144 页。
③ 《波特报告》,第 143 页。
④ 《波特报告》,第 143 页。

校长和教职人员的支持态度以及布朗大学董事会的赞同,大大降低了外界的反感,使得"大学和公众之间的关系空前友好"。① 考虑到大学特许状的存在,布朗大学法人对该法案的一致赞同使其生效:

> 罗得岛州议会在 1863 年 2 月 11 日开会的时候曾经通过一个法案,主要条款如下:位于普罗维登斯的布朗大学法人代表同意,该大学当前的校长和教授及其继任者的财产、人身和家庭,从此以后将不再享有包括其财产、人身和家庭在内的 10000 美元以上物品的免税权。

然而,布朗大学由其创建者建立并享有州政府赋予的自有特权,长期以来一直完全依靠私人捐赠;一个高尚的目标将所有这些人团结在一起,那就是在罗得岛州内创立一所促进宗教和学问的大学。他们的这种慈善精神的影响将会传播到国内外,而且永远不会消失。

而且,在这个州的议会和州与大学的公民的真诚善意与和谐合作中,那些影响能够而且将会产生最愉快的扩散和延续。

再者,如前述法案的规定,州议会已经表达了大学校长和教授将承担一部分特许状规定曾经免税的税收的观点,而且该法案也因为大学法人的认可而生效,从而重申和维护了特许状的神圣不可侵犯。

所以,为了表明我们尊重议会合理愿望的诚意,在上述法案中表达如下:

> 兹经由校长和教授授权并代表校长和教授的布朗大学法人投票并宣称,赞同罗得岛州议会在最近会议上通过的上述法案,特此由法人的秘书在州秘书办公室将选票盖法人章后密封,作为法人同意的证据。②

这样,"一个争论不休的难题愉快地解决了,而特许状也原封未动。"③现在,布朗大学和普罗维登斯社区和平相处。

这种平静一直持续到 1949 年,直到北金斯顿的估税员将一份财产

---

① 《波特报告》,第 143 页。
② 《波特报告》,第 144 页。
③ 《波特报告》,第 145 页。根据达特默思学院判例中美国最高法院的决定,1863年法案是否具有宪法性质,这是个公开的问题。

征收税单交给布朗大学助理教授。他认为,特许状中的条款仅仅包括
"教授"——也就是正教授,而非助理教授。布朗大学将这一征税申请
上诉到了罗得岛州最高法院。

处理这类问题可以有几种方法。首先,我们可以求助于词典资源,
如卡特·V·古德主编的《教育词典》(*Dicationary of Education*)。①
其中,将"教授"(professor)定义为"高等学府中的一种最高的学术等
级。在这些人中通常有些公认的不同的等级,从高到低依次为正教授
(也称教授)、副教授和助理教授"②;紧随其后的"助理教授条目写着:参
见教授条"。很明显,从专业的角度看,助理教授和其他更高的学术等
级在头衔上并没有区别。这种称呼与将少将称为将军、将辅助主教称
为主教、将助理法官称为法官的广泛趋势是一致的。《美国英语词典》
(*Dictionary of American English*)将"教授"定义为:"教师或指导者,
特别是学院或大学中的。"③

如此可以确定,根据当前和上个世纪的用法可以将助理教授称为
教授。为了确定 18 世纪助理教授的地位,必须学习这种学术等级史。
关于美国一般高等教育史的著作,如查尔斯·F·特温的著作,或是专
门的制度史,如塞缪尔·E·莫里森的著作,都没有发现关于该主题的
答案。至此我们可以确定,助理教授这一等级是在 19 世纪初期创
立的。

应该进一步探究 18 世纪及其以前对教授的定义。佛斯里努斯
(Forcellinus)将"教授"定义为公开教授七艺的人。④ 词源学词典通常

① 卡特·V·古德(Carter V. Good)主编:《教育词典》(*Dictionary of Education*),纽
约:麦格劳—希尔图书公司 1945 年版。
② 《教育词典》,第 310 页。
③ W·A·克雷吉(W. A. Craigie)、J·R·赫尔伯特(J. R. Hulbert)主编:《历史
原理美语词典》(*Dictionary of American English on Historical Principles*),第 3 卷,
1942、1839 年版。
④ 埃吉迪厄斯·佛斯里努斯(Aegidius Forcellinus):《拉丁文词典》(*Totius
Latinitatis Lexicon*),1833 年第三版,第 507 页。这一定义看起来来自于西奥多修斯
(Theodosius)和查士丁尼(Justinian)。

将"教授"一词追溯到昆体良和苏埃托尼乌斯（Suetonius）①。在他的《文法学家》（De Grammaticis）中，后者以"教授"来称呼修辞学家和文法学家。而在古希腊，文法学家是初级学校教师！②

248　　　关于"教授"一词最系统的研究，可能当属尼斯特勒姆（Nyström）的论文。③ 追溯到罗马帝国时期，"教授"一词被用来指称文法和修辞学校（中等学校）中的教师，在昆体良的著作中指国家资助的教师，尼斯特勒姆又引用了后来的许多用法，所有这些都表明"教授"是对低于大学一级的教师的称呼。德尔图良（Tertullian）④写道："中小学教授不应该沉迷于各种各样的偶像崇拜。"⑤毫无疑问，这位教父在批评中学教师时，可能也包括他们的小学同事，因为"ludimagister"在古罗马指小学教师。⑥ "教授"这一头衔也运用于中世纪修道院中的教师身上。⑦ 尽管有一个明显的趋势是指最高级学校的教师，但是，大约从 16 世纪上半叶开始，不管是在拉丁文还是德文文献中，"教授"一词曾经是拉丁文中

---

① 苏埃托尼乌斯（公元 75—150），古罗马历史学家、传记作家。——译者注

② 肯尼斯·J·弗里曼：《希腊的学校》（第三版），伦敦：麦克米伦图书有限公司 1922 年版，第 50 页。

③ 索尔姆·尼斯特勒姆：《1300—1400 年间德国的学校：机构、教学和学生的历史研究》（Die deutsche Schulterminologie in der Periode 1300—1400, I. Schulanstalten, Lehrer und Schüler：Wortgershichtliche Studie）（赫尔辛基大学博士论文，芬兰文学社，1915 年），第 121—124 页。

④ 德尔图良（约公元 160—220），是基督教著名的神学家和哲学家。——译者注

⑤ 德尔图良：《论偶像崇拜》（De Idolatria），转引自尼斯特勒姆：《1300—1400 年间德国的学校：机构、教学和学生的历史研究》，第 121 页。

⑥ "小学教师"（Ludimagister），载保罗·孟禄主编：《教育百科全书》，第 4 卷，纽约：麦克米伦图书有限公司 1913 年版，第 92 页。比较弗里德里克·伊比（Frederick Eby）、查尔斯·F·阿罗伍德（Charles F. Arrowood）：《教育的历史与哲学：古代和中世纪》（The History and Philosophy of Education：Ancient and Medieval），纽约：普伦蒂斯—霍尔图书公司 1940 年版，第 536 页。

⑦ 尼斯特勒姆：《1300—1400 年间德国的学校：机构、教学和学生的历史研究》，第 121—122 页。他从普法夫（Pfaff）的《符腾堡教育史》（Geschichte des gelehrten Unterrichtswesens in Württemberg）第 4 页中引用了 13 世纪波本豪森修道院的文献，其中两个教授年轻人进行修道训练的僧侣被称为"僧侣教授"（Professores monasterii），第 122 页。

等学校教师的统称。① 最后,还有证据表明,16 到 18 世纪期间,骑士学校、耶稣会学校和文科中学等低于大学的机构,也称呼其教师为"教授"。② 而且,也不应该忘记,在 19 世纪的美国,中学教师也经常被称为"教授"。如果从历史的先例中能得出什么观点的话,那就是"教授"在传统上是"教师"的同义词。因此,助理教授享受教授职位的特权不存在任何问题。

通过对"教授"这一头衔的历史梳理,奥伯尔(Oberle)指出,在中世纪"博士"和"硕士"也与"教授"是同义语,在 19 世纪的文献中是指所授予的最高的学术头衔,而不管机构的类型或大学的地位。③ 在这里,有必要回忆一下德语国家中关于"正教授"(ordentlicher Professor)与"副教授"(ausserordentlicher Professor)的区别。尽管后者最多相当于美国大学中的副教授或助理教授的级别,没有在大学议会中投票的权利,但是,两者都同样享受教授的头衔。

在离开运用语言学方法解决该问题之前,值得一提的是 1774 年第一个巴伐利亚州学校条例(Bavarian school ordinance)用"教授"一词来称呼所有的中学教师。④ 毫无疑问,这更加有助于我们得出这一事实,即在布朗大学特许状颁发的同一时期,德国大学中的教师(不管等级如何)享受与地位最高的教授这一头衔相同的特权。特许状中关于布朗大学教授应该享有与欧洲大学教授"相同的特权、尊严和豁免权"的条款可以由此得以解释。如果欧洲大学没有在教师中划分等级,那就没有理由认为布朗大学特许状会这么做。所以,北金斯顿估税员的解释是站不住脚的。

249

---

① 《1300—1400 年间德国的学校:机构、教学和学生的历史研究》,第 122 页。

② 《1300—1400 年间德国的学校:机构、教学和学生的历史研究》,第 123—124 页。

③ W. 奥伯尔(W. oberle):"教授"(*Professor*),载恩斯特 · M · 罗洛夫(Ernst M. Roloff):《教育学词典》(*Lexikon der Pädagogik*)第 4 卷,弗赖堡:赫尔德图书公司 1915 年版,第 75 页。

④ 《教育学词典》第 4 卷,第 75 页。这条法令的准确用词是:"Alle Lehrer an den höheren Schulen werden Professoren genannt"(所有中学教师都被称为教授),应该注意的是,höheren Schulen 是"中学"的德文表达方式。对照坎德尔(I. L. Kandel):《比较教育》(*Comparative Education*),波士顿:霍顿—米夫林图书公司 1933 年版,第 723 页。

在诉讼发生时，通常会寻找法律上的先例。最方便的是关于法庭诉讼案件的汇编中并没有一个类似的案例。① 仅剩的唯一一个解决布朗大学副教授税收地位的方法就是查阅档案。

在其公开出版物中，布朗大学是怎么样看待副教授的？1842 年的目录仍然是用拉丁文出版的，列出了威廉·甘默尔（Gulielmus Gammell），他被确定为教授中的"副教授"（professor adjutatus）。② 后来的一个目录将威廉·甘默尔（William Gammell）作为纯文学副教授，③从 1835 年到 1837 年他一直拥有这一尊称。在 1863 年之前，也就是修改后的特许状生效前，另外的两位副教授是詹姆斯·罗宾森·博伊斯（Willams Robinson Boise）和约翰·拉金·波伦（John Larkin Poland）。直到 1876 年，下一位副教授才出现在教职人员名单中。值得注意的是，第一位副教授是在 1889 年任命的。其他的教师等级出现的日期分别为：兼职教授（adjunct professor）出现在 1815 年；教师（instructor）出现在 1884 年；讲师（lecturer）出现在 1850 年；助教（assistant）出现在 1852 年；助理讲师（assistant instructor）出现在 1862 年。

在 1863 年之前和之后的布朗大学所有目录中，"副教授"一直是列在"教授"这一条目下。因此，我们可以得出这样的结论：布朗大学一直将副教授看作是享有与其他专业等级相同威望和特权的等级。

看起来唯一美中不足的是，吉尔德（Guild）所言副教授确实交过镇上的税。④ 然而，埃德蒙·S·摩根（Edmund S. Morgan）对交税名单的

---

① 参阅爱德华·C. 埃利奥特（Edward C. Elliott）和 M·M·钱伯斯（M. M. Chambers）：《学院和法院》（*The Colleges and the Courts*），纽约：卡耐基教学促进基金会，1936 年，及其系列著作——钱伯斯：《学院与法院，1936—1940》和《学院与法院，1941—1945》（1946 年）。

②《普罗维登斯布朗大学目录》（*Catalogus Senatus Academici—in Universitate Brunensi Providentias…*），波士顿：杜顿和温特沃斯图书公司 1842 年版，第 5 页。

③《布朗大学的历史目录：1764—1904》（*Historical Catalogue of Brown University*，1764—1904），普罗维登斯：布朗大学出版社 1905 年版，第 38 页。

④ 雷本·吉尔德（Reuben A. Guild）：《布朗大学的早期历史》（*Early History of Brown University*），普罗维登斯：作家出版社 1896 年版，第 544 页。

研究以及后来布朗大学历史系所作的研究,都没有发现吉尔德说这话时任何交税的副教授的名字。只有一个助理教授交了"微不足道的个人财产税",直到成为正教授他仍然这么做。①

在州最高法院审判前,布朗大学代理律师列举了一大串成员名单,在 1900 到 1950 年间他们作为副教授曾经免于税收。② 他又指出,州立法机构已经在不区分教授等级的情况下反复重新制定免税条款。③ 1950 年 3 月 20 日,州最高法院作出了判决,支持了布朗大学的诉讼请求。④

对判决结果的不满使州估税员决定上诉。然而,在该上诉被审理之前,大学当局决定不在法庭上与地方社区的要求抗辩。采取这一行动,并不是因为任何对上诉结果的担忧。大学希望的是表明与城镇和乡村合作减轻地方财政负担的意愿。由于布朗大学的许多教师居住在邻近的普罗维登斯,长期的免税已经成为令那些地区居民烦恼的来源。鉴于所知道的没有任何一所其他大学的师生享有这种免税特权,大学当局也不愿继续坚持将这种做法无限延伸下去。因此,布朗大学法人向罗得岛州立法机构提交了请愿书,要求终止新聘任的教授的免税权,但仍然保留那些一直在大学服务并在以前享受着免税权的人的这种特权。⑤ 这一请愿书符合"公共利益,也符合维护大学在其服务的社区中声誉的利益。"⑥

至少从现在看来,这个决定很明显地结束了社区和教授关于布朗大学特许状免税条款上的争论。总结一下在冲突达到高潮的时候怎样

---

① "埃德蒙·S·摩根致作者"(*Edmund S. Morgan to the writer*),1950 年 2 月 27 日。

② "哈罗德·B·坦纳致作者"(*Harold B. Tanner to the writer*),1950 年 5 月 17 日。

③ 《普罗维登斯杂志》(*Providence Journal*),1950 年 3 月 21 日。

④ 《普罗维登斯杂志》(*Providence Journal*),1950 年 3 月 21 日。

⑤ "布朗大学研究生院院长巴纳比·C·基尼致作者"(*Barnaby C. Keeney, Dean, Graduate School, Brown University, to the writer*),1950 年 10 月 23 日,《普罗维登斯杂志》,1950 年 10 月 22 日。

⑥ "巴纳比·C·基尼致作者",1950 年 11 月 17 日。据《普罗维登斯杂志》,布朗大学的法人代表"把了为支持州而提议的改变视为一种善意的姿态"。

一步一步确立起副教授的权利和特权的,那将是恰当的。

当前和此前的世纪中,美国和欧洲的语言用法毫无疑问地表明,"副教授"被认为是"教授"的一种。通观一下所引用的一些例子,可以得出一个雄辩的结论:不仅助理教授之下的学术等级包含在教授职位中,它甚至延伸到包括中学教师。文献证据表明,布朗大学并没有正式在助理教授和更高的教授职位等级作区分。即使采用最合理的怀疑主义态度,就像这位估税员争辩说助理教授等级在特许状生效的时候还不存在,也可以根据美国联邦最高法院关于针对电影产业的反托拉斯诉讼判决进行类推。根据这个判决,电影、报纸和无线电都属于新闻出版,其自由受到《宪法第一修正案》(the First Amendment)的保护。

教育史经常会在启迪当代教育问题和帮助解决争论上体现其实用价值。刚才叙述的案例研究,只不过勾勒出了解决一个涉及每年 2 万美元的问题的大致过程。与大学的整个预算相比这不是个大数目,但是,引用一下丹尼尔·韦伯斯特(Daniel Webster)①的话,有些人需要它。

在教育史教学中培育历史研究的理想和实践,看起来比多数人怀疑的拥有更多的实践意义。或许,如果更多的学生和教师精通研究的技艺,那么对历史思想事实的误述和误解就会更少。那些了解并热爱研究过程的人将会找到运用它的机会。

强调教育史的实用价值,作者并不希望表明这是教授该学科的最根本的考虑。实际上,作者认为,教育史无需拥有实用价值以赢得作为教师教育课程中一门恰当学科的地位。文化和专业的原因使教育史成为教师背景中一个有价值的部分。除了其内在价值之外,可以说这个被诽谤和辱骂的教育史学科也附带地拥有实用价值。

---

① 丹尼尔·韦伯斯特(1782—1852),美国著名的政治家、法学家和律师,曾 3 次担任美国国务卿。——译者注

教育史学的理论视角和批判视角①

（*Theoritical and Critical Perspectives on Educational Historiography*）

定义

因为"教育史"（educational history）是"历史"（history）这个范围更
广的术语的一部分，我们首先就来界定一下这个常用词。　　　　　*255*

或许，有多少个作者就有多少关于历史的定义。在古代，西塞罗认
为，历史"是生活的老师"、"是时代的见证人"。在哈利卡纳苏斯的狄奥
尼修斯（Dionysius of Halicarnassus）看来，"历史是通过实例教授的哲
学"。在 19 世纪，托马斯·卡莱尔（Thomas Carlyle）认为，历史是"无数
传记中的精华"，无疑，它重点记述的是那些伟大人物的生活。"历史是
过去的政治，政治是当前的历史"这样的说法，不管是引自爱德华·奥
古斯都·弗里曼（Edward Augustus Freeman）还是引自约翰·罗伯特
·西利爵士（Sir John Robert Seeley），经常出现在关于历史本质的著作
中。在最近的思想家中，约翰·伯里（John B. Bury）指出，历史是"一门
不折不扣的科学"，而查尔斯·欧曼爵士（Sir Charles Oman）曾将历史
解释为"一系列的事件"。亨利·皮雷纳（Henri Pirenne）将历史看作
"生活在社会中的人的行为和成就的故事"②，约翰·赫伊津哈（Johan
Huizinga）则认为历史是"一种文明对自己叙述过去的精神形式"。最
后，在詹姆斯·哈维·罗宾森（James Harvey Robinson）看来，历史是
"人类出现在地球上以来曾经做过的或思考过的所有事情的痕迹和遗
迹"。

还有其他的定义——带着怀疑的甚至是冷嘲热讽的味道。在伏尔
泰看来，历史是"商定的寓言"，是利用死人上演的一系列骗局；在爱德

---

① 这篇论文将构成作者未来的著作《教育史学》中的一章。

② 引自课堂笔记，赖纳（G. J. Renier）：《历史：它的目的和方法》（*Hisrory：Its
Purpose and Method*），波士顿：比康出版公司 1950 年版，第 35 页。

华·吉本(Edward Gibbon)看来，历史是"对人类的犯罪、愚蠢和不幸的记录"；卡农·金斯利(Canon Kingsley)说历史是"一连串的谎言"。最后，还有亨利·福德(Henry Ford)在1919年提出的令人难忘的说法："历史就是一堆废话"(history is bunk)。

提供了古代和当代各国学者关于历史定义的样本后，我们现在就可以着手提出我们的定义了。从某一角度来看，历史是人类从其出现在地球上开始，作为个体和群体所遇到的所有事情的总和。这个浩瀚的过去也包括曾经说过的所有事情——口头的、绘画的和记述的全部传说——还有曾经影响过人类的所有自然和动物生命的发展变化。另一种精确描述"历史"一词含义的方法包括的范围相当有限。这种定义假定了解过去曾经发生过什么是不可能的事。因此，它认为历史是世代流传下来的关于事件的认识。有时，人们将包罗万象的定义称为大写的历史(History)，将后者称为小写的历史(history)。从一种正式的方式看，第二个概念或许可以称为以书面的形式对包括人和社会在内的过去的重大事件和思想进行系统的、已证实的和解释性的陈述。

历史基本特征的第三个方面关注的是人们学习过去的过程。在此，我们到"历史"一词发源的希腊文中去寻求启发。翻阅一下著名的《利德尔和斯科特希腊词典》(*Liddell and Scott Greek lexicon*)，会发现"历史"的希腊文词源是"historia"，即通过探究获得学问、知识和信息之意。这意味着，历史是探究以前曾经发生过什么的研究过程或方法。根据该词典，第二个意思是"对已经学到的知识的叙述，即历史叙事"。这与把历史看作陈述的第二个定义非常相似。"Historia"也是一个现代希腊文，来源于动词"historéo"，即"通过探究进行学习"。其词根是动词"eido"，指去看、去了解的意思。"Histor"是个名词，指博学的人。

值得注意的一个有趣的事实是，绝大多数欧洲语言都运用了希腊语的变形："historia"(拉丁语、西班牙语、葡萄牙语和瑞典语)，"historie"(丹麦语)，"storia"(意大利语)和"istoriya"(俄语)。同样值得一提的是几个例外，例如，"Geschichte"(德语)和"geschiedenis"(荷兰语)。然而，在这些例子中，来自于这些动词的名词是"将要发生"的意思。也就是说，在发生(happening)、叙述(已经发生的)和历史之间有一个平行的语义学上的线索。

　　总结一下,我们有三种关于"历史"的基本定义。一是事实;二是对事实的一部分的认识或信息;三是获得事实的探究过程或方法。为了说起来和记起来更方便,我们可以称其为"3R":1. 现实(Realism);2. 记录(Record);3. 研究(Research)。但是,在结束这个简短的讨论之前,或许指出"历史"这个词的第四种用法也是适当的。

　　历史用于某种引起明显变化的特定事件或行为,有些人认为这种变化非常新奇从而值得记录下来。在这类用法中,包括这种情况:一位歌剧男高音歌唱家唱的《鲁道夫》(*Rodolfo*)被另一位超越任何其他人表演的歌唱家所超越。那么,这位超越的歌唱家就被人们称为"创造了历史"(made history)。这种类型的历史建构,也一直是那些记忆扮演重要角色的其他领域的特征,例如,政治和体育运动。不能忘记的是那些有滋有味地描述他们的怀旧大学(University of Nostalgia),因校友在欧扎克山脉西南建造了第一个学生会摩天大楼而"创造了历史"。

　　注意一下"教育史学"(historiography),也就是"历史写作"(the writing of history)这个词也是有益的。这是一个很有用的词,尽管看起来它并不是那么的时髦。

　　就像"历史"一词一样,"教育"的定义从古至今也是取决于作者的创造天赋。与本论文目的相符的一个定义是:在一个有组织的机构中,例如,家庭、学校和教会,塑造一个人或一个群体的思想、态度和行为的环境及社会过程的总和。这个词的词源再次成为一个很好的向导。经常运用的由威廉·史密斯爵士主编的词典将作为词源的"educatio"定义为"抚养、养育、教育"(rearing, ringing up, education),并注明是由西塞罗、昆体良和塔西佗这些在教育史中深受尊崇的人所使用的。"educator"就是"抚养者、养育者"(rearer, bringer up)。这两个名词都是从动词"educare"演变来的,意为"引出、训练,从身体和心理两方面养育儿童,特别是在心理方面"①。可以假定,在古罗马,"educare"最早是指父母养育孩子的努力,后来才用来指学校中的活动。

---

　　① 在教育文献中,我们经常会读到"education",来自于"educere"(引导),也就是从无知到有知。但是,这个拉丁语词最根本的意思是"导引或引出",是一种动作。

　　根据以上框架，我们可以将教育史界定为是历史学的一个分支，它关注过去的那些重大事件和思想，这些事件和思想是关于社会中各年龄人的性格形成以及事实、思想和技巧是如何传授给他们的。这个宽泛的定义包括人们在各种正式机构中所做的所有工作，也包括对个人和群体的各种非正式的影响。因此，一个包罗万象的教育史不仅应该记述学校，也应该记述家庭、交流媒介、教会、青年俱乐部或团体，以及人们之间其他任何形式的相互作用。查尔斯·A·比尔德（Charles A. Beard）曾经说过："历史包括文化的所有阶段，它是过去、现在和将来，直到永远的所有人物和事件的绝对总体。"①换一下说法，这句话也适用于包罗万象的教育史定义。这个领域探索在社会中培育一个人的过程所涉及的各种各样的因素——意识形态、行政管理、组织、人员、方法论、学习内容、教学材料以及问题和争议。

　　当然，所有这些是让人望而生畏的。不用太丰富的想象力就会明白，不管是对一个研究者还是对一个史学团队来说，撰写所有时代的教育发展都是一项不可能的任务。人们怎样去了解在遥远地方的遥远过去存在过，而他们的活动从来没有留下踪迹的家庭、宗教团体和兄弟会组织中发生过什么呢？无疑，"一个人不能看到或听到所有的事情"。②那么，很明显，考虑一个范围缩小的教育史定义更加现实，即教育史致力于研究和论述机构中教学和学习的所有方面，这些机构主要是中小学和大学，但有时候也包括家庭。

　　教育史也必须考虑学校和社会之间相互作用的关系。这意味着，学校受到社会、文化、政治经济和精神力量的影响，同时反过来又作用于它们。忽略了教育作为其中一部分的多方面背景的教育史叙述是片面的，因而也是不准确的。

　　前面已经提到过，教育史是历史的一个分支。历史这个宽泛的领

---

① 查尔斯·A·比尔德（Charles A. Beard）：《人类事务论》（*The Discussion of Human Affairs*），纽约：麦克米伦图书有限公司1936年版，第76页。
② 黑格尔（George W. F. Hegel）：《历史哲学》（*The Philosophy of History*），纽约：多弗尔图书公司1936年版，第1页。

域经常被划分为政治、经济、社会、军事、思想和文化史等不同类型。教育史也可以划分为社会史、文化史或思想史，或者其他在许多人看来可以自成一类的历史。这样，教育史就获得了与其他学科同等的地位，例如，音乐史、哲学史、军事史、艺术史、建筑史、图书馆史、教会史；或者科学史、技术史和医学史，包括各个学习领域的专业。由此可见，每一个专业和分科都有大量可以用公认的思想和科学步骤进行研究的历史知识。① 实际上，有人或许会提出什么是历史这个古老问题。任何历史都必须是关于什么的历史，也就是说，是关于某个知识分支的历史。通史是对知识所有方面的综合论述，因此，作者会在那些他不擅长的领域变得肤浅和容易犯错。当然，承认史学史，即历史写作的历史这一学科是一件很容易的事。②

　　直到最近，美国的许多普通历史作者都忽视了教育史作为一门学科的存在，主要是因为它与教育领域有关。历史学家历来都已经或多或少令人满意地研究了过去的教育或已经将其纳入了研究视野中。然而，在他们自己的史学著作中，普通历史学家很少打破政治—经济—外交史这个有限循环，实际上是忽略了教育史。不过，有时候会发现因为与更广泛的历史领域有些关系而提到教育史。因此，阿瑟·O·洛夫乔伊（Arthur O. Lovejoy）指出，教育史是他的兴趣范围内的十二个学科之一。③

----

　　① 美国物理协会同时也是物理史和物理哲学的中心。该协会刚列出了二级专业名单，包括核物理学史、裂变物理学史、量子物理学史。参见物理学史与物理哲学中心的《业务通讯》（*Newsletter*），第 3 期（1967 年 7 月），第 1、3、5 页。

　　② 请回想一下詹姆斯·T·肖特威尔（James T. Shotwell）的《史学史导论》（*Introduction to the History of History*），1922 年版。

　　③ 阿瑟·A·洛夫乔伊（Arthur O. Lovejoy）：《思想史论文集》（*Essays in the History of Ideas*），纽约：普特南出版社 1960 年版，第 1—2 页。这句话出现在《思想的历史学》（*The Historiography of Ideas*）这篇论文中，该文最早出现在 1938 年。埃克奇（Arthur A. Ekirch）用心智史（intellectual history）这个词，不仅包括思想，而且涵盖"……帮助支持思想生活的机构的历史——学校、教会、图书馆和博物馆等。"埃克奇：《美国心智史》（*American Intellectual History*）第二版，华盛顿特区：美国历史协会，1967 年，第 1 页。

范围和内容

　　教育史的范围可以回溯到人类生命出现在地球上的时期,特别是到有人类活动最早记录的和可见的证据的时期。换言之,教育史包括所有时期和所有地区培养人类的思想、实践、计划、问题和活动。

　　很明显,单个人的心智、甚至是一群人的心智无法学到教育史应该知道的所有知识。一个人能尽力做的,就是在教育史一般领域里广泛阅读,然后集中在某一历史时期,最后再在其中限定明确的范围内实施研究计划。这样,每个学生都将能够增加我们的知识,减少我们未知的领域。

　　我们可以根据多种多样的途径从事教育史研究。一个整体的纵览,通常是以教科书形式,可以从未开化的人的教育到今天,涉及各种各样的时期和国家。从传统上来看,这样的一个计划包括古希腊、古罗马和希腊化时期的亚历山大;朱迪亚、基督教的起源、教父时代;伊斯兰教的起源和阿拉伯学术的传播;西欧的中世纪时期;文艺复兴、宗教改革和天主教的反宗教改革;科学、技术和贸易的影响;18世纪的思想、政治和社会革命;19世纪国家主义、社会主义和其他意识形态的传播;20世纪社会—文化变革进程的加速。这差不多就是我们常见的为满足学习教育史课程的学生需求而编写的标准教科书的提纲。

　　教育史教科书在内容上也会有变化。有些会用几章或几个小标题来写原始教育、印度、中国和最近的苏美尔文明(Sumerian civilization)。那些准备在某个国家使用的教科书通常会增加一章或更多关于该地区教育发展的内容。绝大多数的研究要么完全省略了,或勉强注意到世界上其他地区的教育史:非洲、澳大利亚和新西兰、加拿大、中非和南非、远东、东南亚和太平洋诸岛。将全世界都包括进来,很有可能会使事实细节碎片化,并流于肤浅。或许,为了获得一个整体纵览,我们所需要的应该是一个多卷本著作,或者一本教育史百科全书。实际上,这样的著作在上个世纪就已经出版了。①

　　了解迄今被教育史学家所忽略的那些地区的过去和现在的教育知识,这一需要自第二次世界大战后变得强烈起来。对"同一个世界"(the One world)观念的逐渐接受,特别是在东西文化之间搭建桥梁的必要性,鼓舞很多作家冒险进入这些学术领域。然而,由于语言的限制和其他一些原因,想的和说的还远比做的丰富。近年来,在一般教育史著作中受到重点关注的是苏联。虽然在人造地球卫星一号升空前,就已经有了对俄国和苏联教育史的研究,但是,关于苏联教育的写作确实经历了不断积累的过程。着眼未来,可以毫不夸张地说,教育史学家将会对他们通史著作的内容进行某种重新评价。让我们继续保持传统上对占地球一大部分的非洲、亚洲和拉丁美洲教育的无知状态的借口无疑会越来越少。这种无知在国际关系中并没有给西欧和北美人民带来好处。教育史知识的传播之所以是必要的,不仅是因其自身之故,而且还因为它可能更好地增进国际理解。

　　教育史的内容涵盖时间上和空间上广阔的范围。历史学家可以选择或大或小的一个具体地域进行写作。当他这样做时,他必须时刻记住,每一个国家或地区都与其他邻近的甚至是遥远的其他国家或地区有一些关系。因此,撰写北卡罗来纳州教育史的作者不能忽略受过苏格兰—爱尔兰教育的人民从欧洲经过宾夕法尼亚和其他殖民地到达南部的迁移。任何一个欧洲国家 19 世纪的教育史都与德国的教育史交

262

------

　　① 参见卡尔·冯·劳默尔(Karl von Raumer):《教育学史》(*Geschichte der Padagogik*),5 卷本,古特斯洛:贝塔斯曼图书公司 1880—1897 年版,从文艺复兴到 1800 年;K·A·施密特(Karl A. Schmidt)主编:《从起源到我们时代的教育史》(*Geschichte der Erziehung vom Anfang bis auf unsere Zeit*),10 卷本,斯图加特:科达图书公司 1884—1902 年版;卡尔·施密特:《教育史》(*Geschichte der Padagogik*)(第三版),4 卷本,科腾:舍特勒图书公司 1873—1876 年版;弗兰克·P·格莱夫斯(Frank P. Graves):《教育史》(*A Historu of Education*),3 卷本,纽约:麦克米伦图书有限公司 1909—1913 年版。劳默尔著作的第一版是在 1843—1855 年间出版的,施密特的著作随后在 1860—1862 年间出版。孟禄主编的《教育百科全书》5 卷本(纽约:麦克米伦图书有限公司 1911—1913 年版)称得上是一部教育史大百科,这个词曾经被用来形容亨利·巴纳德的著作。

织在一起。

可以记述一所学校的历史——伦敦的威斯敏斯特公学;可以写一种教育理论——纽曼的大学思想;可以写一种教学方法——拉丁文的口语教学法;可以写一般课程——文艺复兴时期的学校教授什么;可以写不同等级的学校——法国 19 世纪的中学;可以写一个具体学科——数学的教学法;可以写学校管理、组织、督导和自主的制度;可以写一位思想家或实践家——夸美纽斯;或者可以写一个教育问题或争论——教会、国家和学校的关系。家庭生活、宗教、政治、文化和社会其他方面的教育活动,都可以从历史角度进行研究。简而言之,没有与人类的教学和形成有关的事是在教育史之外的,不管是在一个机构中或者通过非正式的程序进行。

有两点告诫必须要注意。第一,不能太野心勃勃,想竭力穷尽时间、空间和活动。与我们所见的教科书中的宽泛综合不同,如果想获得一定的深度,历史学家必须将自己的努力限定在一个更谦虚的范围。第二,就像已经表明的,每一个研究课题都与其他问题有关系,对于有意义的教育史写作而言,一个适当的历史背景是必要的。

与其他历史领域的关系

对所有人来说,从字面上一看就知道教育史领域很明显是一般历史的一部分。但是,应该的事情并不总是显而易见的,有时候显而易见的事情也还需要反复讨论。前面已经指出,根据亚瑟·O·洛夫乔伊和亚瑟·A·埃克奇这些学者提供的证据,教育史与思想史和心智史有关系。我们将用几个更具体的细节来表明这一点。考察一下《思想史杂志》(*Journal of the History of Ideas*)就会发现,有关教育思想的文章在其中占有一席之地。思想的范围包括有关各种主题的各种类型的思想——自由、美好、和平、政府、知识——以及各种机构,比如家庭、教会和学校。一部综合的思想史再也不能像它忽略自然思想史那样忽略教育思想史。柏拉图、亚里士多德、托马斯·阿奎那、洛克、卢梭、托马斯·杰斐逊、赫伯特·斯宾塞和约翰·杜威的思想是世界思想史的一部分,同时他们在教育史上也占有一席之地。表明教育在思想史上地

263

位的一个例子或许是塞缪尔·E·莫里森著作中的 3 章——占其著作
一大块的内容是关于 17 世纪新英格兰地区的学习——初等学校、中等
学校和哈佛大学中的学习。①

　　后来,I·L·坎德尔认为,"一般来看,教育史是世界文化史的一部
分"。② 在历史和教育领域的其他人也意识到这种关系,因为教育服务
于文化在代际之间的传承。因此,再次重申,教育作为某一历史时期或
民族文化的构成要素,是文化史研究的一个合乎逻辑的组成部分。普
通历史学家承认这一事实的一个例子是,普里泽夫德·史密斯
(Preserved Smith)在其关于 16 到 18 世纪文化史的不朽著作中将教育
包括其中。③ 另一个例子是,在一本关于拜占庭文明的历史著作中有一
章是教育。④ 相关的例子,还有拉塞尔·B·奈(Russel B. Nye)用非常
翔实的两章论述了从独立战争到 1830 年间美国文化的发展。⑤ 当然,
并非所有的通史或专史著作都如此重视教育。有些著作只是偶尔简要
提及其历史,而另一些著作甚至是完全忽视它。没有任何可辩护的理
由,可以说明为什么有些历史学者有意或无意地忽略作为某个国家或
时期文化代际传递根本手段的教育的发展。

　　爱德华兹和里奇曾经指出过"教育史和广阔的社会史之间的密切

---

　　① 塞缪尔·E·莫里森(Samuel F. Morison):《新英格兰殖民地的精神生活》(*The
Intellectual Life of Colonial New England*),纽约:纽约大学出版社 1956 年版,第
27—112 页。

　　② I·L·坎德尔:《美国教育史研究》(*Research in the History of American
Education*),《学校与社会》,1947 年 8 月 9 日,第 66 期,第 100 页。

　　③ 普里泽夫德·史密斯(Preserved Smith):《现代文化史》(*A History of Modern
Culture*),纽约:霍尔特出版社,第 1 卷,1930 年版,第 315—355 页;第 2 卷,1934 年版,
第 402—449 页。

　　④ 乔治亚·巴克勒(Georgia Buckler):《拜占庭:东罗马文明导论》(*Byzantim*:*An
Introduction to East Rome Civilization*),牛津:克拉伦登出版社 1948 年版,第 200—
220 页。

　　⑤ 拉塞尔·B·奈(Russel B. Nye):《新国家的文化生活:1776—1830》(*The
Cultural Life of the New Nation*:1776—1830),纽约:哈珀图书公司 1960 年版,第
130—194 页。

264　关系"。① 而且,在关于美国和欧洲教育发展的才华横溢的研究中,阿道夫·E·迈耶更加明确地说:"教育史……就是社会史。"②在一般历史学家中,也出现一个将教育史归入社会史之下的趋势,哈佛大学的美国史文献导引中的用法就是例证。③ 在一些专著中,也可以找到这种例子。关于南北战争前北卡罗莱纳州社会史的一项研究,就包含关于公立学校、私立学校和学院的教育方法和大量关于州立大学的内容。④ 另一部学术水平相当的著作,艾丽斯·费尔特·泰勒(Alice Felt Tyler)关于美国其他地区社会史的研究中也用了大量篇幅研究教育。⑤

　　同样,并非所有社会历史学家都研究学校、大学和教育发展的其他方面。作为社会中的一个机构,作为促进社会发展和延续的主要媒介,教育的合理的权利要求引起社会史作者的注意。特别是自 19 世纪以来,教育与社会的关系已经被证明在人类生活中具有决定性意义。社会结构、社会平等和社会流动的问题和争论,已经成为讨论现代教育的核心问题。学校与社会相互作用这个基本问题是教育理论中的永恒问题,对实施教育活动的机构很少或根本没有专业兴趣的思想界来说,这个问题也是非常有意义的。

　　再举几个例子,来证明教育史是怎样与在一般历史这个名称下的其他学科发生关系的。文学史关注书本的、心智的和社会的力量,以及人类与教育的联系不难建立。作为意识到这种关系的一个例证,我们

---

① 牛顿·爱德华兹(Newton Edwards)和赫尔曼·G·里奇(Herman G, Richey):《美国社会秩序中的学校》(*The School in the American Social Order*)第二版,波士顿:霍顿—米夫林图书公司 1963 年版,第 12 页。

② 阿道夫·E·迈耶(Adolphe E. Meyer):《美国人的教育史》(*An Educational History of the American People*),纽约:麦克格雷—希尔图书公司 1957 年版,第 11 页。在 1967 年第二版第 9 页中,用稍微变化了措辞表达了的同样的思想。

③ 奥斯卡·汉德林(Oscar Handlin)等:《哈佛美国史导引》(*Harvard Guide to American History*),剑桥:哈佛大学出版社 1954 年版,第 285—287 页。

④ 盖恩·G·约翰逊(Guion G. Johnson):《内战前的北卡罗莱纳:社会史》(*Ante-Bellum North Carolina: A History of Social*),查佩尔希尔:北卡罗莱纳大学出版社 1937 年版,第 259—330 页。

⑤ 艾丽斯·F·泰勒(Alice F. Tyler):《自由的发酵:1860 年前的美国社会史》(*Freedom's Ferment: Phases of American Social History to 1860*),明尼阿波里斯:明尼苏达大学出版社 1944 年版,第 227—264 页。

可以举赖特(Wright)关于殖民地新西兰文学研究中关于教育的 3 章。①同样有趣的是,在《剑桥英语文学参考书目》(*Cambridge Bibliography of English Literature*)的 4 卷本中都包括教育。② 在关于文学史的通史和专史著作中,可以找到很多类似的例子。

教育史与哲学史的关系,通过许多标准教科书中对柏拉图、洛克和卢梭教育思想的讨论得到了证明。③ 在一本更专业的著作中,贾勒特(Jarrett)研究了中世纪和文艺复兴时期的教育哲学。④ 教育史包括历史上从柏拉图到杜威的教育理论和教育家,措辞都非常相似。这其中的许多理论家也关注其他的哲学问题,因此,在哲学史中也有一席之地。一个完全彻底的哲学史应该包括相当篇幅的教育史。

心理学和教育学之间的相互关系意味着什么,应该是不言自明的。两者都关注学习者和学习过程。许多著名的教育家,例如,洛克、赫尔巴特和桑代克,也出现在心理学史中。在波林(Boring)关于实验心理学史的论述中,可以看到这一点。⑤

根据乔治·萨顿(George Sarton)的解释,科学史近似于学习的历史。他关于"系统化的积极知识"⑥的不朽著作时间跨度是从荷马时代

---

① 托马斯·G·赖特(Thomas G. Wright):《早期新西兰的文学文化:1620—1730》(*Literary Culture in Early New England*:1620—1730),纽黑文:耶鲁大学出版社 1920 年版。

② F·W·贝特森(F. W. Bateson)等:《剑桥英语文学参考书目》(*Cambridge Bibliography of English Literature*),4 卷本,纽约:麦克米伦图书有限公司 1941 年版。举例来说,第二卷,第 364—380 页。

③ 弗兰克·梯利(Frank Thilly)和莱杰·伍德(Ledger Wood):《哲学史》(*History of Philosophy*),纽约:霍尔特图书公司 1961 年版。

④ 比德·贾勒特(Bede Jarrett):《中世纪的社会理论》(*Social Theories of the Middle Ages*),威斯敏斯特:纽曼书店 1926 年版,第 31—68 页。

⑤ 埃德温·G·波林(Edwin G. Boring):《实验心理学史》(*A History of Experimental Psychology*)第二版,纽约:阿普尔顿—世纪—克劳夫茨图书有限公司 1950 年版。

⑥ 乔治·萨顿(George Sarton):《科学史入门》(*Introduction to the History of Science*),华盛顿特区:卡内基基金会,1927—1948 年,第一卷,第 3 页。也可比较乔治·萨顿:《科学史和新人文主义》(*The History of Science and New Humanism*),印第安纳州,布卢明顿:印第安纳大学出版社 1962 年版。

到 15 世纪,其中很少注意政治史和经济史,但却考虑到了宗教史、哲学史和音乐史。教育史也在他的著作中经常提到的大学中得以体现,大学是许多科学进步诞生的地方。同样有趣的是,在萨顿的科学史参考书目导引中,关于"特殊科学的历史"的著作中列出了教育文献。这个伟大的权威建议,科学史专家应该考察高等教育史。"建议研究科学家之生活和著作的学者,去查阅这位科学家曾经作为其中一员的大学和学院的历史。"①在关于科学史的专门著作中,我们应该注意布鲁克·欣德尔(Brooke Hindle)关于美国 18 世纪科学史的研究,其中他分析了学院师生的贡献。② 塞西莉亚·梅特勒(Cecelia Mettler)关于医学史的详尽研究中,也有关于医学教育史的内容。③ 埃里克·阿什比爵士(Sir Eric Ashby)主要是论述 19 世纪英格兰技术教育的论文,收录在查尔斯·辛格(Charles Singer)关于技术史的百科全书式研究中。④

还有更多历史的分支学科——政治史、经济史和外交史。此外,还有语言史、音乐史、艺术史、建筑史、人类学和人种学史、农业史、地理学史、考察和旅游史、图书馆和图书史、贸易史、商业史、宗教史、传教史、战争史、和平史,等等。假以时日,而且有充分的参考书目,我们可以确立起教育史与所有这些分支之间的关系,尽管这种关系有时是脆弱的。在这些学科中,有些学科与教育史的联系比其他学科更加明显。我们可以写构成某一教育时期课程的学科的历史。这样,地理、宗教和语言教学的历史就可以得到教育史学家的充分研究。战争与和平的历史包括通过语言进行交流,例如,在宣传资料中。因此,这是一个教育过程,人类冲突与和谐发展的一些时期是教育史学家探究的无可非议的

---

① 乔治·萨顿:《科学史导论》(*A Guide to the History of Science*),沃尔瑟姆:克罗尼卡·波塔尼卡出版公司 1952 年版,第 192 页。

② 布鲁克·欣德尔(Brooke Hindle):《革命时期美国的科学探索:1735—1789 年》(*The Pursuit of Science in Revolutionary America*:1735—1789),查佩尔希尔:北卡罗莱纳大学出版社 1956 年版,第 80—101 页。

③ 塞西莉亚·C·梅特勒(Cecelia C. Mettler):《医学史》(*History of Medicine*),费城:布莱基斯顿图书公司 1947 年版,第 32—39 页。

④ 埃里克·阿什比(Eric Ashby):《技术时代的教育》(*Education for an Age of Technology*),第 5 卷,纽约:牛津大学出版社 1958 年版,第 776—798 页。

课题。

　　还有必要注意一下教育史与史学史和历史哲学的关系。应该明确，教育史学代表着史学史的一个方面。这一事实在汤普森(Thompson)和霍姆(Holm)的力作中得到了证实。此书中提到了中世纪大学史和两本最完全的关于巴黎大学史文件汇编的作者海因里希·苏索·德尼弗尔(Heinrich Suso Denifle)。① 然而，该研究对教育史学史的其他方面却鲜着笔墨——没有提到劳默尔、黑斯廷斯·拉什达尔、格奥尔格·考夫曼或者是韦森特·德·拉·弗恩特(Vicente de La Fuente)，所有这些人都在关于 19 世纪高等教育史的研究中贡献过重要的多卷本研究成果。为了对汤普森和霍姆公平，必须提到他们在书中有一章是关于新的柏林大学师生在促进新史学研究和教学中所扮演的重要角色，特别提到了巴尔托尔特·格奥尔格·尼布尔(Barthold Georg Niebuhr)和奥波德·冯·兰克(Leopold von Ranke)。但这是作为一门大学学科的历史的历史，而不是关于大学的著作的历史。

　　历史哲学(philosophy of history)这个词不好界定，许多作者看起来似乎是有意回避给出一个定义。贾丁纳让我们了解了这个词意义的变化，从以奥斯瓦尔多·斯宾格勒和阿诺德·汤因比著作为代表的一种"沉思和系统化"，转变为一种关于"分析历史程序、类型和词语"的探究。② 在阿尔弗雷德·斯特恩(Alfred Stern)看来，历史哲学是"理解历史并将其整合进人类整个经验中的所有努力的总和……"③根据这些阐释，可以推断，历史哲学也包括教育史哲学，它寻求对研究和写作的目标和过程的澄清、理解及提高其精确性。对历史意义的寻求与对教育史意义的寻求是密切相关的，因为后者是前者的一部分。

---

　　① 詹姆斯·W·汤普森(James Westfall Thompson)和伯纳德·J·霍姆(Bernard Holm)：《历史写作史》(*A History of Historical Writing*)，第 2 卷，纽约：麦克米伦图书有限公司 1942 年版，第 544—545 页。

　　② 参见帕特里克·加德纳(Patrick Gardiner)主编：《历史理论》(*Theories of History*)，格伦科：自由出版公司 1959 年版，第 8 页。

　　③ 阿尔弗雷德·斯特恩(Alfred Stern)：《历史哲学与价值问题》(*Philosophy of History and the Problem of Values*)，加利福尼亚：穆顿图书公司 1962 年版，第 39 页。

与社会科学和人文学科的关系

社会科学研究委员会（Social Science Research Council）下属的史学委员会（Commttee of Historiography）在 1954 年的一份报告宣称，不需要"多少争论"就可以证明"历史学可视为一门社会科学"[①]；同时进一步表明各种各样的社会科学是如何与历史研究联系起来的。同样，也可以用相似的方法将教育史与各种社会科学联系起来。如果历史学属于社会科学，那么根据血亲关系推理，教育史学也属于社会科学。然而，这一论证违背了将教育史排除在历史学之外以及将教育学排除在社会科学之外的普遍趋势。[②] 许多"应该如此"的事实，并不必然意味着它是符合逻辑的。例如，社会学是一门公认的并受到尊重的社会科学，其中就包括教育在内（如教育社会学）。一个更新的词语是"行为科学"（behavioral science），看起来也应该涵括教育，但这个词决不是一个普遍用法。因感觉到自己的学科被排斥在社会科学和行为科学之外而感到受到轻视的教育学者的一个安慰是，物理学家和生物学家——"真正"的科学家——经常表达对社会科学的科学本质的怀疑。

尽管如此，教育或教育史是否是一门社会科学或许并不太重要。重要的是，教育史与各种社会科学有联系。人类学，即研究原始社会或未开化的人类的科学和文化的学科，是由与教育史有直接关系的一些学科问题所构成的。值得注意的是，原始社会的人类关系和文化传递构成了文化人类学和人种学的基本内容，同时也是教育史研究的一部分，这一点可以在很多教育史教科书和专著中看到。最近，文化人类学方法在发达社会中运用，例如，分析社区、国家性格和文化对人格的影

[①] 史学委员会（Committee on Historgraphy）：《历史研究中的社会科学》（*The Social Schences in Historical Study*），纽约：社会科学研究委员会，1954 年，第 21 页。也可比较福克·达夫林（Folke Dovring）：《作为社会科学的历史学》（*History as a Social Science*），海牙：马蒂纳斯·奈霍夫图书公司 1960 年版。

[②] 尽管教育被纳入了《社会科学百科全书》（*Encyclopaedia of the Social Sciences*），但并没有得到社会科学研究委员会（Social Science Research Council）的明确承认。

响，与现代教育史学家和在研究中运用历史和社会科学方法的比较教育专家有明显的相关。还应该考虑的是人类语言学，它分析早期人类对口语、绘画和书写等交流形式的运用。有些人将考古学放在人类学之下，它也对教育史学家很有用，藉此可以发现关于人及其生活和文化的新的知识来源。

并非所有的经济学、特别是其理论部分，都与教育史学家有着直接关系。然而，他的教育史学科可以在经济力量对人类行为和活动的理解上受益。尽管经济因素并不是人类活动背后唯一的动机，但它确实扮演着重要的角色。自动化、失业、经济衰退和不景气会对学校产生许多影响，因为它们影响教育预算和所学习的职业课程。经济学和教育史的相互关系在爱德华兹和里奇的《美国社会秩序中的学校》和卡尔顿的专著中有明显表现。[①] 近年来，随着一些新的国家的出现，注意力集中在了有关国家发展、人力资源和教育的经济计划的重要性上。教育史学家很合逻辑地对这一时期的经济学感兴趣。

社会学广泛的研究领域与人口学和社会心理学等社会科学联系密切，主要研究社会中的群体和机构的结构、组织、功能和变化过程。更具体地说，它主要关注这样一些知识领域，例如，交流、宣传、青少年犯罪、民族关系和城市问题。所有这些问题以及社会学中的其他问题都与教育领域有关系，因而也与教育史有关。我们可以举少年犯再教育和公立学校反种族隔离运动的历史维度作为例子。家庭结构的变化牵涉到儿童教养的变化，这一过程适用于进行历史研究。而且，对一个地域或一个历史时期教育史的充分考虑，要求对社会学资料和概念进行分析。

人口学或者说对人口的本质和变化过程进行的综合研究，给教育史学家提供了有价值的资料。首先，它对人口统计数据的搜集和阐释，可能与历史视角下的教育发展和问题相互关联。它也研究一个时期中

---

① 弗兰克·T·卡尔顿（Frank T. Carlton）:《经济对美国教育进步的影响:1820—1850》(*Economic Influnces upon Educational Progress in the United States*, 1820—1850)，麦迪逊:威斯康星大学出版社 1908 年版。

引起人口变化的社会—经济和其他因素，其最后的假设对教育具有意义。当然，与人口学有关的是社会统计学，对这个学科的基本了解对教育史学家也会有用。

社会心理学关注个体在社会中的行为和态度的发展，文化与人格的相互关系，还有信念以及人类关系这样的问题。因为这些领域看起来大多与社会学的内容重叠，所以，在此无需赘述它与教育史的相关性。

作为对各级政府的各个方面的研究，政治科学代表着对教育史学家来说一个非常重要的领域。国家与社会、家庭和学校的关系是所有研究教育问题的人最关心的。必须考虑政治意识形态或意识形态，因为它们与学校的目标、管理政策、教学内容和人员有着直接关系。研究美国教育发展却对民主制度没有明确的概念，或者研究苏联教育却对共产主义政治思想和实践一无所知，这几乎是不可能的。政治学家就像社会学家一样，研究政策制定和决策的过程，这些在教育领域也是很有意义的问题。作为政治学分支的比较政府学（subdivision of comparative goverment），对那些在研究中运用比较方法的教育史学家和那些研究当代比较教育的学者也非常有用。

最后，让我们注意一下社会和文化地理学。环境对社会和文化的影响不应该被教育史学家忽视，特别是考虑到教育也受到地理环境影响这一事实。我们可以想一想墨西哥高地和峡谷学校课程表的差异，位于海滨的一所大学对海洋学的研究，位于俄克拉荷马州和德克萨斯州的大学中的法学院对石油工程的强调，以及慕尼黑工业大学的酿造系。

至此，有一点应该是很清楚的，教育史不是一个孤岛，而是与各种社会科学有着密切关系的。教育史领域的实践者需要以跨学科的态度从这些学科中学习很多东西。而且，这些领域及其分支的教学都可以从历史角度进行研究。

我们现在来看人文学科这个领域：语言、文学、美术、音乐、哲学和宗教。由乔治·W·皮尔逊（George W. Pierson）担任主席的美国历史协会（American Historical Association）的一个委员会最近的报告，强调历史"从根本上说是一门人文学科",因为它强调个性和个体选择,承认信仰和道德价值的重要性。如此,历史就与哲学、文学和宗教相关。而且,历史满足人们对知识的基本需求,"……这样一来,既受到了教育又获得了愉悦"。① 冒着被指责重复的危险,让我们强调教育史作为普通历史一个组成部分的地位,有权要求被看作一门人文学科。读了委员会说的下面一段话,很难不将其运用于教育史:"它对个体和作为整体的社会的关注,它对许多艺术、学科和职业的重视,它与广阔的人类经验和多彩的人类机构的相关,它对自豪的人之起落沉浮的记述,所有这些使得历史和文学一起成为我们时代最宽广而富有深刻教育性的两门学科。"②当然,史学史作为一门"有启发性的"学科,即人文学科在教育史的范围之内。

许多教育史学家,例如,坎德尔、乌利奇和伍迪,对于自由教育和人文价值的浓厚兴趣是教育史与人文学科相近的另一表现。这些作者的著作不仅表明他们熟识人类自古至今的文学知识,而且表明他们意识到人类理想和抱负在教育演进中的重要性。作为具体的例证,我们可以回忆一下乌利奇博士主编的文选《三千年教育智慧》,有些内容选自圣经以及老子、薄迦梵歌和伊本·赫勒敦等的著作;还有他的《美国教育的危机与希望》(*Crisis and Hope in American Education*,1951)和《作为人文研究的专业教育》(*professional Education as a Humane Study*,1956),以及最近由他主编的《教育与人类思想》(*Education and the Idea of Mankind*,1964)。

教育史学家可以大大受益于人文学科。获得阅读某种语言的知识,就是向他打开了某个国家的思想和文献的宝库。会讲某些语言,就使他可以与来自其他文化的代表交流关于过去和现在的思想。语言自身的演变——比如词语的语义变化——经常能提供引起教育兴趣的线索。许多语言学家本身也是语言教师,从而也成为语言教学史研究的

272

---

① 乔治·W·皮尔逊(George W. Pierson)等:《历史的本质》(*The Nature of History*),美国历史协会:《业务通讯》(*Newsletter*),第2期(1964年4月),第5页。

② 美国历史协会:《业务通讯》,第2期(1964年4月),第6页。

对象。

文学，不管是国内的还是国外的，都对教育史学家理解过去的教育帮助很大。一个时代的诗歌、小说、戏剧和散文随笔，在不同的精确程度上反映了这个时代的教育状况。对学生来说，在这些著作中可以发现值得研究的线索。查尔斯·狄更斯（Charles Dickens）的任何一部小说，比如《艰难时世》（*Hard Times*），都会使那些有好奇心的历史学家透彻研究 19 世纪英格兰穷人的教育。阅读亨利希·曼（Heinrich Mann）①的《垃圾教授》（*Professor Unrat*），或许会成为分析 20 世纪初德国社会的中等学校教师社会地位的开端。精通文学知识使学生能够分析伟大作家的教育思想，例如，歌德（Goethe）或托尔斯泰（Tolstoi）。最后，教育史研究能够有助于对文学史的理解，鲍德温（Baldwin）在英国时期什叶派中等教育背景下对莎士比亚所受教育的缜密分析和弗莱彻（Fletcher）研究弥尔顿在 17 世纪所受的中等和高等教育的专著就是典型代表。②

哲学与教育史的关系，已经在前面的心智史和观念史标题下进行了讨论。教育史学家可以在这个领域特别是哲学史中，学到某个时期占主导地位的思考模式及其与教育的关系。许多哲学家曾经论述过教育问题，其他一些哲学家的学说曾经对教育产生过影响。就像在文学和其他领域一样，哲学家们自身所受的教育也成为教育史研究的对象。而且，不能忘记教育哲学史是哲学史的一个组成部分。

如果想要充分理解过去时代的教育或当前时代许多有争论的教育问题，那么，教育史学家就必须研究宗教领域。教育思想和指导会出现

---

① 亨利希·曼（1871—1950），20 世纪上半叶德国最杰出的批判现实主义作家之一。著名作家托马斯·曼的哥哥。文学史研究中习惯将这对兄弟作家合称"曼氏兄弟"。——译者注

② T·W·鲍德温（T. W. Baldwin）：《威廉·莎士比亚的拉丁语很少希腊语更少》（*William Shakespeare's Smalle Latine & Lesse Greeke*），2 卷本，伊利诺斯州，厄巴纳：伊利诺斯大学出版社 1944 年版。哈里斯·F·弗莱彻（harris F. Fletcher）：《约翰·弥尔顿思想的发展》（*The Intellectual Development of John Milton*），2 卷本，伊利诺斯州，厄巴纳：伊利诺斯大学出版社 1956—1961 年版。

在宗教经典中,而许多宗教领袖曾经是教育理论家。如果不了解宗教教义和教会组织,那就不能理解宗教教育的历史和教会在教育中的作用。作为宗教史与教育史相互关系的例子,我们可以举出两本著作:赫西(Hussey)对拜占庭时期教会与教育的研究,[1]以及罗伊(Reu)关于16世纪路德教会教育的详尽无遗的文献汇编。[2]

美术和音乐自古至今都是中小学和大学的学科,有大量论文和专著形式的文献,从教学内容、教学方法、教学材料和教学人员的角度对这些领域进行了广泛的历史研究。而且,教育史学家还可以深入研究美术和音乐在某一个时期或某些人的文化发展中所起的作用。

与其他教育领域的关系

如前所述,教育包含着一个广阔的领域。在它的许多分支学科中,与教育史有关的有:教育哲学、教育社会学、比较教育学、国际教育、课程、教育心理学、教育管理学和教育研究。首先,所有这些领域都有关于发展历程的记录,从而也就成为教育史研究的一部分;其次,教育史学家必须了解所有这些学科,才能明智地进行研究和写作。

教育哲学史研究在一定的社会——文化背景下的过去的各种理论。如果仅仅根据卢梭自己的著作研究他的教育思想,那是不完整的。还需要将这些著作与当时时代的潮流和趋势并置。此外,还应该把它们放到历史的框架中,厘清卢梭从其前辈那里借用了什么,又对其后继者产生了什么影响。康德的那句被频繁引用的格言:"没有历史的理论是空洞的;没有理论的历史是盲目的"(Theory without history is empty; history without theory is blind),概括了历史与哲学的关系。

---

① 琼·M·赫西(Joan M. Hussey):《拜占庭帝国的教会与学习:867—1185》(*Church and Learning in the Byzantine Empire*, 867—1185),伦敦:牛津大学出版社1937年版。

② 约翰·M·罗伊(Johann M. Reu)主编:《1530到1600年德国新教教会的宗教课程史资料》(*Quellen zur Geschichte des kirchlichen Unterrichts in der evangelischen Kirche Deutschlands zwischen* 1530 *und* 1600),8卷本,居特斯洛:贝塔斯曼图书公司1904—1935年版。

教育社会学(educational sociology)或者社会学家喜欢叫的社会教育学(sociology of education)，对历史学家非常具有启发性，特别是教育在种族、宗教和少数民族向上的社会流动中的作用、城市环境中各群体之间的相互关系、公共意见和压力集团在教育事务中的作用等问题上。所有这些问题都有一个历史的维度，就像教育社会学作为一个整体也有历史的维度一样。

比较教育被许多专家看作是教育史向当今的延伸。这两个领域的研究方法和资料都非常相似。因此，不论是研究过去还是研究现在，研究者都必须要依靠原始资料。对某个国家当代教育制度或教育问题图景的可靠描述，需要建立在历史基础之上。如果不了解《1944年教育法》和托马斯·阿诺德(Thomas Arnold)博士的影响，就不能很好地理解最近英国关于11岁选拔考试和公学(独立学校)存在权利的争论。如果在对某一教育问题的比较分析中涉及两个或多个国家，那么，就需要了解其历史根源和教育中的跨文化关系。最后，比较教育史是这两个领域相关关系的另一例证。

近几十年来，国际教育(international education)领域逐渐引起人们的关注，它主要研究思想、出版物和人员跨越地域边界的迁移。最常见的结果，就是在关于人的教育和形成方面的思想和程序的交流。国际教育的历史连同其师生交换的内容、来自几个国家的学生和教职员形成的机构，包含两个或更多国家的合作文化精神，自然足以成为教育史研究的对象。当代国际教育的任何一方面辅以历史背景将能更好地理解。

课程领域极其适合进行历史分析。首先，从幼儿园到博士后的各级教育都会教授各种各样的内容。反过来，每一门学科都通过各种各样的方法和通过不同的媒介材料进行教授。课程的存在就预设了教师的存在，教师则必须受教育、选拔、评价并付薪酬。课程的这些方面都会在遵循教育史研究程序中受益。从研究者角度看，他必须对从历史角度进行研究的学科问题有清晰的认识。

教育心理学之所以与教育史有关，是因为它包含智力、学习、记忆、遗忘和测验这样一些问题，而所有这些问题都有一个历史背景。作为一个整体的教育心理学史,也已经成为心理学家和历史学家关注的对象。

　　教育管理涵盖教学人员、组织、督导、资助和公共关系等问题。教育史学家想要透彻阐释一个教育制度的运作,就应该熟悉这个领域。而且,教育管理的每一个方面都可以放在适当的历史背景中成为教育史研究的课题。

　　最后考虑的是教育研究领域。教育领域中所有探究都可以放到这一标题下。教育史是教育研究的这样一个分支,它专注于对历史文献和其他证据进行系统的批判性考察,以呈现关于教育某一方面的符合逻辑的和有意义的陈述。

　　考虑到上面提到的各种各样的学科和分支学科,人们可能会被一种知识碎片化的感觉所淹没。关于这一点,可以引用弗朗西斯·培根一句相关的话:"让这成为一个普遍规则,那就是知识以线索和脉络而不是以被分割和分裂的方式接受,从而使知识的连续性和完整性得以保存。"[①]教育史的一个基本任务就是去关联和统合知识。

　　近年来,关于教育或其分支是否可以被看作一门学科的争论越来越激烈。[②] 如果其支持者能够遵守那些作为充分建立起来并广为承认的学科之特征的严格的学术标准,那不用探究这个问题的正反两方面,也至少能强调教育史是一门学科。有时候,还会出现教育史是否是一

276

---

　　① 弗朗西斯·培根(Francis Bacon):《学问的进步》(*The Advancement of Learning*),威廉·A·赖特(William A. Wright)主编,第五版,牛津:克拉伦敦出版社1926年版,第129页。培根的著作最早于1605年出版。

　　② 参见约翰·沃尔顿(John Walton)和詹姆斯·L·基西(James L. Kueche)主编:《教育学科》(*The Discipline of Education*),麦迪逊:威斯康星大学出版社1963年版,特别是伯纳德·贝林(Bernard Bailyn)的《作为学科的教育:一些历史的注释》(*Education as a Discipline: Some Historical Notes*),第125—139页,以及威尔森·史密斯(Wilson Smith)的《评论》(*Comments*),第139—144页。《教育专业独特的知识体系》(*The Body of Knowledge Unique to the Profession of Education*),华盛顿特区:皮·兰木达·西塔图书公司1966年版,特别是克拉拉·P·麦克马洪(Clara P. McMahon):《历史与独特的专业知识部分》(*History and the Body of Knowledge Unique to the Profession*),第71—88页。

门独立或自治学科的问题。在本章中,已呈现了充分证据,证明教育史来源于其他知识领域并有助于它们,它在或多或少的程度上与许多研究的领域相互关联。作为普通历史的一个分支,教育史是其他分支的亲戚,并拥有与人文学科、社会科学和其他学术分支相同的因素。

教育史的价值与用途

教育史是一个学术领域的人文学科,同时又是教师和管理者教育中的一门课程。尽管前面已经证明了很多,在这里再对其价值进行说明。

作为一个学术领域,教育史的研究必须遵守史学的客观原则和程序,同时要考虑到与其他知识领域的关系。学者特别是展望未来的学者能运用可靠的一手资料,对它们进行分析和评价,并以逻辑实证的方式将新发现的资料呈现出来。绝大部分资料是在人类可能的范围内,应该通过其书面语言来阅读。教育史领域给那些渴望探究一个非常有趣且有意义的学术分支的人提供了一个难得的机遇和挑战。

学习教育史的学生,准备成为教师或教育管理者的人,还有渴望理解教育在人类发展中的作用的那些人,可以获得一个综合的知识体系,这个体系提供了关于当前教育制度发展的真实资料和清晰阐释,并通过各种社会力量和人类文化的所有方面展现各种正规教育和非正规教育机构之间的相互关系。就此而言,教育史有资格成为一门真正的学科,像政治科学、经济学、社会学、生物学、文学和其他学科一样,成为人们理解人和社会发展的基础。

对于未来教师来说,教育史还有更多价值。教育史可以使他理解当前的教育态势,以及教育的问题、复杂性、争论和危机,因为所有这些都有历史的根源。只有鲁莽而煽情的历史学家,才会宣称他的学科能够提供解决当前问题的方案。然而,可以这么说,拥有可靠的教育史知识,再加上对确立起事实链条的方法的理解,对于获得解决问题的方案是大有助益的。了解国家政府资助公立教育的历史背景记录,可以给州或某个城市的决策者提供事实框架,提供其决定干预地方学校的可能性。政府或许从来没有明显施压的事实,虽然不能保证未来也如此,

277

但可以表明资助并不必然是控制的同义语。

教育史可以给教育中的各个专业提供历史背景。例如,教育心理学专家知道他有许多的前辈,其中有些人至今仍有话对他说。意识到历史的意义,可以在学生、专业人员和学者中培养一种对自己成就的谦逊感——这是一个真正的学习者和学者必须具备的特质。另一个可能的结果是,形成尊重与崇敬教师的态度,不管是亲身教你的教师还是你阅读过其著作的教师。尊重与崇敬或许已不是社会的特征。然而,没有任何可辩护的理由说明它们为何不应成为学术和专业共同体的特质。

与这一点相联系,使我们想起教育史不仅包含着时间,而且也包含着空间。许多国家过去教育中的人物、思想、事件都包括在这个广泛范围之中。我们知道,别的国家曾经对自己和其他国家教育的发展做出过贡献。因此,我们就会尊重那些在教育史领域工作从而培养人们对其他人欣赏态度的人。

其他一些作者,还有本人,已经反复强调过内在于教育史研究的其他价值。教师和管理者可以从专业上深入到过去那些成熟的教育思想家和领导者中,从柏拉图开始,经过夸美纽斯和裴斯泰洛齐,到阿尔弗雷德·诺斯·怀特海。这样,教育官员就会意识到这个专业自始至终的连续性。教育史还可以使我们领悟到过去和现在的教师职业在塑造学校和社会中所发挥的作用和功能。

教育史是比较教育和国际教育的基础,其重要性近年来越来越得到人们的认可。通过教育史、比较教育和国际教育的价值的结合,就形成了立体的教育图景——过去、现在和国际。当然,这些价值在教育史这一门学科中也能最大程度地实现。

现在,让我用一些例子来概括一下教育史价值问题的要点。

教育史可以使学者—教育家、教师和普通公众在与过去教育的关系中理解当前的教育实践和问题,因为教育中没有任何东西的出现是全新的(de novo)。历史的视角能使当代的教育学家根据另一个标准,即时间的检验,来评价当前的教育情况和建议。熟悉发生于其他实践和其他国家的问题,也可以有助于我们产生一种与其他文化的认同感,

278

避免教育著作中的孤立感和极端的独一无二感。这种知识也会带给教育者谦逊的态度，也就是说，确信他未曾仅凭自己的创造能力发现或创造一种思想或实践。即使他在创造新的原理或程序的时候没有意识到有先行者，也很有可能有某人在某地的某时已经有了同样的或相似的思想。例如，当代一个欠发达国家成人扫盲方面的专家弗兰克·C·劳巴赫(Frank C. Laubach)，因创造了"人人都要教"(Each one teach one)的原则而备受赞誉。事实上，这个思想已经有两千年了，在巴比伦塔木德(Babylonian Talmud)①中就已经发现了。研究教育史的另一价值是，可以获得对其他教师和学者的崇敬态度，实际上也就是对知识本身的崇敬。任何认真的学生肯定会被需要学习的知识之浩瀚和发现知识并将其从遥远的时期传递到现在的大量的教师和学者所起的作用所震撼。通过研究，无论是以阅读书籍的方式还是以探究问题的方式，一个人可以进入到学术的世界，并能更清楚地看到自己在教育进程中的地位。

现在这个时代，教育变革有许多新的花样。如果想要把真正的改革与"时尚和虚饰"区别开来，将这些花样置于历史的审视和其他形式的评价之下是有帮助的。正因为如此，深思熟虑的教师和教育家就不容易仅仅因为看起来现代和时髦，而被一些标语和观点所迷惑。

在国际背景下进行的教育史研究，会有助于在文化和教育领域培养一种国际间相互依赖的感情。人们开始相信，教育思想和程序不是某一个国家或人民所独有的，一个国家曾经借用了其他国家的教育思想和做法，并且反过来又对一个或更多其他国家的教育产生影响。教育史反对教育中的排他主义和沙文主义态度。

已故的埃德加·W·奈特提出，教育史这个学科之所以有价值，是因为它使教师、管理者和其他关心教育的人避免历史上所犯的错误。这是一个吸引人的观点，有必要说几句赞成的话，特别是因为历史是到达现在的向导。然而，如果把历史作为解决当今教育问题的唯一向导，

---

① 《巴比伦塔木德》(*Babylonnian Talmud*)，"Tractate Ketuvot"，编页码 103b；"Tractate Baba Metzia"，编页码 85b。

那就错了。其他的因素和力量，例如，政治、经济、社会、文化和宗教，也影响着特定时期的教育状况。看起来，能避免犯历史上的错误的是广阔的知识、创造性的想象力、敏锐的洞察力和一个可信赖的顾问委员会，而且还有——好运气。

教育领域的专家或科学家，或者人们常常称为的教育学家（educationist），还可以实现上面列举的那些方面之外的其他价值。任何一个具体教育领域（如初等学校课程、教育理论或外语教学方法）的专家，必须在了解普通教育史之外精通其专业的历史。如果他竟然对这样的历史发展无知或毫无意识，那么他就不是真正的专家。

教育史或比较教育专家必须非常熟悉一般教育史，必须对某一时期或更多时期有透彻的学术知识，必须沉浸于用几种语言撰写的其专业领域的文献中。致力于教育史研究的学者并不仅仅是因为可以从研究中获得任何工具性价值，而是因为学术本身和为自己及他人带来的启迪。如果这样做的话，那他也能给教育带来好处。

教育史学者必须具备的素质

关于教育史领域的本质及其实践者必须具有的素质，已经在前面几页中说了一些。现在我们进行更具体的阐述。

首先，未来的教育史学家应该拥有全面的、健全的自由教育，例如，在一个博雅学院中通过个人的阅读计划、通过有意义的旅行、以及通过对话和文化经历中所获得的那种教育。从学科内容的角度来看，自由教育包括文学和美学心理学、艺术、数学和科学、哲学和宗教思想的知识和鉴赏。一个基本的必要条件是，拥有对自古至今的世界（包括美国或其他国家）历史的深刻认识和理解所构成的专业背景。除了这个基础外，未来的教育史学家还应该拥有教育哲学、教育心理学、方法论和教育管理学这些基础领域的知识。在中小学的教学经历一般也很有帮助，尽管一些杰出的教育史学家很少或没有在大学以下的学校任教过。

教育史学者必须透彻了解世界范围内教育发展的历史，当然完全可以理解，其中包括本国教育史。他的知识应该包括人物、思想、机构、事件和实践。希望教育史学者了解所有时代所有国家的教育，那是不可能的。他应该对所有时期那些公认的重要的教育地区有一些深入了解。至于其他的地区，有个大概了解也就够了。同时，他应该知道到哪里去寻找详细资料。

281　　除了一般教育史之外，未来的教育史学家必须在原始文献资料的基础上至少精通教育史的某一部分。它可以是某个国家的教育史、某个世纪或其中一部分的教育史、或是某一个教育时期、或是一个教育问题。因为比较教育和教育史的内容非常相近，所以，看起来教育史学者精通研究外国教育制度和问题的背景与理论也是很明智的，特别是像法国、德国、英国、苏联和美国这样一些国家的教育状况。①

　　未来的教育史学家应该培养流畅地阅读理解和探究他研究的教育问题所需要的语言能力。从传统上看，法文和德文对大多数历史学家来说就够了，这些语言至今仍然对研究者非常重要。然而，对于那些渴望探究古代或中世纪教育史的人，那就不得不学习如何阅读希腊文、拉丁文。至于希伯来文、阿拉伯文、波斯文或其他一些不常用的语言，要取决于所研究的问题。有些课题可能需要两种或更多种语言。拉丁文仍然是研究近代早期，甚至是 19 世纪的一部分教育史所必不可少的语言。那些研究 19 和 20 世纪某些教育史课题的人，可能还要用到汉语、日语、土耳其语、俄语、西班牙语以及其他各种语言中的一种或几种。

　　我们应该记住，如果要深入研究美国教育史，那就需要能够阅读拉丁文，因为殖民地时期和 19 世纪关于高等教育的文献是用拉丁文书写的。要充分掌握外国对美国生活、文化和教育的影响，当然应该能够阅

---

　　① 关于成为教育史学家的准备和素质的讨论，参见威廉·H·伯恩海姆（William H. Burnham）和亨利·苏扎洛（Henry Suzzallo）：《作为一门专业学科的教育史》（*The History of Education as a Professional Subject*），纽约：哥伦比亚大学师范学院出版社 1908 年版；阿奇博尔德·W·安德森（Archibald W. Anderson）等：《教育学的理论基础：历史的、比较的、哲学的和社会的视角》（*The Theoretical Foundations of Education: Historical, Comparative, Philosophical, and Social*），厄巴纳：伊利诺斯大学教育学院，1951 年；历史学基础理论委员会（Committee on Historical Foundations）：《教育史在教师专业准备中的作用》（*The Role of the History of Education in the Professional Preparation of Teachers*），密执安州，安阿伯：全国教育学院教师学会，1957 年。

读法文和德文。要详尽叙述美国少数族群的教育活动，就不能不用到法文、德文、西班牙文、捷克文、希伯来文、依地文①、现代希腊文和其他语言书写的文献。

　　我们有权利期望，教育史学者在其研究计划中运用这些语言中的某一些。译著对我们大多数人来说已经够了。然而，因为译著与原始资料的论述在精确性上有所不同，历史学家应该在其原有的二三种语言能力中再增加更多种语言能力。已故的托马斯·伍迪自己十分精通欧洲语言，他建议青年教育史学者"每天花一个小时左右的时间获取阅读一两种新语言的知识"②。他很恰当地警告说："美国研究者语言能力的缺乏是与我们的孤立分不开的，需要尽快改正。"③只使用单一语言的特征情况，即使在当今国家之间不再像过去那么孤立的时代依然没有消失。不能把不能运用语言资料的指控仅仅加在美国历史学家——教育史和其他领域上。很多国家（如英国和苏联）广泛阅读教育史文献的人都会觉得，他们也很少运用源语言（origonal languages）资料。

　　那些更有经验的人或许更容易接受伍迪给青年学者的建议。学习阅读新的语言既不特别困难也不会耗费太多时间，特别是那些拉丁语系或日耳曼语系语言。用塞缪尔·E·莫里森的话说："如果已经掌握了拉丁文和法文，一个人就不需要再学习西班牙文、意大利文或葡萄牙文课程以获得阅读这些语言的知识。"④甚至是伍迪所建议的教育史学者能"不太费力"就掌握说一门语言的能力，也是可以考虑的。口语能力是比较教育学者在其工作领域的必备条件，它对于历史学家与国外同行讨论问题和从国外的档案馆、图书馆及书店发现难得的资料，也是非常有用的。

　　再说教育史学者必须掌握历史研究方法并基本理解历史哲学，或

---

　　① 依地文（yiddish），一种为犹太人使用的国际语言文字。——译者注

　　② 托马斯·伍迪（Thomas Woody）：《纯洁的领域》（*Fields That Are White*），《教育史杂志》（*History of Education Journal*），1950 年秋，第 13 页。

　　③ 托马斯·伍迪：《纯洁的领域》，《教育史杂志》，1950 年秋，第 13 页。

　　④ 塞缪尔·E·莫里森（Samuel E. Morison）：《现代民主中的古代经典》（*The Ancient Classics in a Modern Democracy*），伦敦：牛津大学出版社 1939 年版，第 13 页。

许是多余的。此外,他还应该具有史学史的知识,特别是关于教育史学演变的知识。

283　　教育史学者应该熟悉他的领域内各个方面的参考文献——综合类著作、专著、资料集、参考书以及主要语言中的参考书目。还要强调他应该熟悉历史的广泛领域中的一般文献和参考书目。

　　分析教育史学者应该具备的素质,可能让很多人望而生畏。我们承认,并非所有专家都拥有这样的教育背景。拥有这些素质的那些人也并不是被授予哲学博士学位而获得的。他们通过坚持阅读计划、坚持在图书馆和档案馆研究、坚持讲演和研讨,总之通过一生的学术研究拥有了这些素质。我们必须有一种标准意识,即使并非所有人都能达到,但它给我们提供了一个目标,一个自我提高的激励。

　　一个人要么经常从事学术研究,要么他就不是学者。这里提出的培养教育史学家的建议来自于个人的思想和经验,可以理解的是这个人也从其他人那里学到很多。这个指导准则并不是某个学术或专业团体代表的共识,因此,它们也绝不是权威的。然而,作者相信,它们对于保持教育史的学术水平来说是至关重要的。有了这样的一批学者,相信任何怀疑教育史学术地位的问题都注定不会成为学术问题。

关于教育史的批评和论争

　　19世纪以来,关于教育史的本质、功能和价值已经有相当多的出版物。其中,许多见闻广博且启迪思考,有些则咬文嚼字而枯燥乏味。接下来,我们将试着分析一些关于教育史的内容、教学、功能和写作这些有争议的问题的、内容比较充实的著作。

　　在1908年甚至更早的时候,克拉克大学教育学和学校卫生学教授
284　威廉·H·伯恩海姆就抱怨教育史课程"通常是狭隘又不充分的",[①]主要是因为能够看到的教科书提供的是一些孤立的资料和二流教育家的思想,缺乏广阔的历史背景和对因果关系的展现。他要求,用"作为文

---

① 威廉·H·伯恩海姆:《教育史》,载伯恩海姆和苏扎洛主编:《作为一门专业学科的教育史》,第4页。

化史一部分的教育运动与文化发展关系"①的研究来取代这种初级的方法。他继续强调说："将教育作为孤立现象进行研究，未能注意它更广阔的文化方法，已经很自然地导致忽视许多重要因素，并使那些即使受过训练的作者也局限于狭隘的教育学视野。"②在伯恩海姆看来，被教科书作者忽略的最重要因素是家庭、教会、工业、社会、政治和游戏场。他还举出了被这样的"教育史学家"所"明显"忽视的教育的"特殊媒介"："……父母、牧师、教师、商人、工匠、战士、水手、社会团体和组织、行会、俱乐部、劳动工会；图书、地图、仪器、发明、报纸和期刊；以及所有各种各样的社会和科学机构。"③在建设性方面，伯恩海姆建议，"应该在与社会、工业状况以及理想的联系中研究某个时期的学校；在与当时的文学、艺术和政治运动的联系中研究教育运动；在与流行的哲学、心理学、宗教和伦理思想的联系中研究教育思想；在与所有这些的联系中来研究教育著作的作者。"④教学和写作水平的提高，将填平"我们一般教育史的鸿沟和缺陷"，"如果想要极其有趣、有活力且真实，那就要考虑教育的更宽阔的社会和文化方面。"⑤伯恩海姆反对那种认为"他的观点就是教育史要无所不知"的指责，反击说他的教育史观点"是有必要让学习教育史的学生承认自己知识和能力的不足，而且应该足够专业从而在自己的工作中保持诚实"⑥。

从他为构成新教育史的课程所列的阅读书目，就可以明显地看出伯恩海姆是严肃认真的。在希腊教育这门课程中，他提供了英语的基本阅读资料和专著，例如，洛伦茨·格拉斯伯格（Lorenz Grasberger）的三卷本《古典时代的教育与教学》（*Erziehung und Unterricht im Klassischen Alterthum*）、保罗·吉拉德（Paul Girard）的《雅典的教育》（*L'éducation athénienne*）。

从他的文章、参考文献和历史代表作《伟大的教师与精神健康》

285

---

① 伯恩海姆：《教育史》，载《作为一门专业学科的教育史》，第5页。
② 伯恩海姆：《教育史》，载《作为一门专业学科的教育史》，第12—13页。
③ 伯恩海姆：《教育史》，载《作为一门专业学科的教育史》，第13—14页。
④ 伯恩海姆：《教育史》，载《作为一门专业学科的教育史》，第9页。
⑤ 伯恩海姆：《教育史》，载《作为一门专业学科的教育史》，第18—19页。
⑥ 伯恩海姆：《教育史》，载《作为一门专业学科的教育史》，第19页。

(*Great Teachers and Mental Health*)①来判断，伯恩海姆一生的荣誉应该是可靠的。因此，当读到他对 18 世纪后期以来的教育史学史的批判时，多少还是有些震惊。针对 1779 年到 1813 年间出版的 4 本著作，他写道："我没有见过这些早期历史著作，但是，他们的立场很自然是狭隘意义上的教育学的。"②除了其落伍的外推法外，伯恩海姆没有提供任何实质性证据。这可能是过分热情地想证明一个观点的案例，或者是智者之失。不管怎样，伯恩海姆对当时的教育史的批评得到了哥伦比亚大学师范学院教育哲学教授亨利·苏扎洛的响应。苏扎洛的不满是，"普通的教育史课程就是一个拼接物，其各自的碎片反映出了对这门学科或多或少是孤立的、特殊态度的影响"，"……构成我们教育史的材料看起来像是随手拿来的，而没有运用任何研究来满足我们的合理需求。"③

　　在英国一位著名教育史学家的一本小书中，可以发现对 20 世纪初期教育史教学和写作悲惨境地的进一步确证。在伦敦大学教育学教授约翰·W·亚当森看来，教育史的一些作者"……在校长的教诲中发现了它的主要目的，并且将研究作为一种纯粹的专业兴趣"。④ 在这些作者中，《论教育改革家》的作者罗伯特·H·奎克被认为是最好的一位。

286

---

　　① 纽约：阿普尔顿图书公司 1926 年版。副标题是"对七位教育卫生学家：苏格拉底、耶稣、罗杰·培根、维多里诺、瓦伦汀·特罗岑多夫(Valentin Trotzendorf)、夸美纽斯和斯坦利·霍尔的研究"。这本著作的主题和同时期出版的《正常心灵》(*The Normal Mind*)(纽约：阿普尔顿图书公司 1924 年版)、《完整人格》(*The Wholesome Personality*)(纽约：阿普尔顿图书公司 1934 年版)表明伯恩海姆致力于精神卫生研究。

　　② 伯恩海姆：《教育史》，载伯恩海姆和苏扎洛主编：《作为一门专业学科的教育史》，第 5 页。

　　③ 亨利·苏扎洛：《教育史的专业用途》(*The Professional Use of the History of Education*)，载伯恩海姆和苏扎洛主编：《作为一门专业学科的教育史》，第 49 页。苏扎洛还写过一本教育史专著：《马萨诸塞州地方学校督导的兴起：学校委员会，1635—1827》(*The Rise of Local School Supervision in Massachusetts：The School Committee，1635—1827*)，纽约：哥伦比亚大学师范学院出版社 1906 年版。

　　④ 约翰·W·亚当森(John W. Adamson)：《教育史导论》(*A Guide to the History of Education*)，伦敦：基督教知识促进会，1920 年，第 3 页。

因为这些作者的"……目的在于寻求启发,他们很自然就成了最不讲求史实的。他们依然对研究的要求漠不关心;他们满足于重复那些老生常谈的故事。在他们看来,他们的论题是由一系列传记组成的,这些传记对于专业教师提供了启发,或许在专业程序上也提供了一些有用的线索。在他们的记录中,'教育家'完成或多或少是自愿承担的任务的成败与围绕着他们的日常生活的力量和事件毫不相干。"①大西洋两岸的批评可能未必是决定性的,却独立地为彼此提供了支持。

关于从 1918 到 1950 年代早期教育史作为一个研究和写作领域在美国所受到的批评,哥伦比亚大学师范学院教授劳伦斯·A·克雷明(Lawrence A. Cremin)已经作了详尽的梳理和分析。因此,就不需要去重复这项资料翔实的研究。20 世纪 20 年代,主要的批评是认为教育史缺乏实用价值,因而不能满足培养教师的课程之需求。② 克雷明提到了 1918 到 1933 年间哥伦比亚大学师范学院教育史博士论文数量的明显下降,以证明教育史研究兴趣被测验、统计和相关运动所取代,"……在教育心理学和教育管理中热衷于运用科学的、统计学的研究。"③1933到 1941 年间,美国生活中出现了新的社会力量,社会和教育对教育史的兴趣复兴,与其相随的是批评的"显著减少",或许是因为"不断的出版新的、更好的著作供教育史课程之用"。④ 第二次世界大战以来,"有组织的专业兴趣和活动非常活跃",现在的教育史协会和它创办的《教育史季刊》(*History of Education Quarterly*)(原来的《教育史杂志》)

---

① 约翰·W·亚当森:《教育史导论》,第 4 页。

② 劳伦斯·A·克雷明(Lawrence A. Cremin):《作为一个研究领域的教育史在美国的新发展》(*The Recent Development of the History of Edcuation as a Field of Study in the United States*),《教育史杂志》,1955 年秋,第 7 期,第 8—11 页。这篇论文被历史基础委员会重印,载《教育史在教师专业准备中的作用》(*The Role of the History of Edcuation in the Professional Preparation f Teachers*),第 1—35 页。

③ 克雷明:《作为一个研究领域的教育史在美国的新发展》,《教育史杂志》,1955 年秋,第 7 期,第 21 页。

④ 克雷明:《作为一个研究领域的教育史在美国的新发展》,《教育史杂志》,1955 年秋,第 7 期,第 31 页。

287 就是证明。① 即使是这样的发展,也没能平息 20 世纪 50—60 年代反对的声音。在一些教育史学家的书信和口头声援下,作者在 1964 年表达过对"……我们的表现、我们的研究、我们的教学和激励学生去研究"的不满。② 这一态度来自于教学和研究仍然需要沿着正确的学术道路提高的感觉。20 世纪 50 年代中期以后出现的其他一些批评因一些古怪的考虑而变得复杂,最终发展为一场论争。下面将对它进行探讨。

最近关于教育史的争论,要追溯到 1954 年 12 月 11—12 日在纽约城召开的一个十三人会议。与会者大多是公认的美国史学家。这次会议由克拉伦斯·H·福斯特召集,他是教育促进基金会主席,也是乔纳森·爱德华兹(Jonathan Edwards)著作的合编者。"……目的是讨论研究教育功能的必要性,不仅是其制度形式,而且是在曾经塑造成长中的一代的思想和人格的所有影响方面"。③ 在非历史学家中,有两位教育学家,即哈佛大学教育研究生院院长弗朗西斯·凯佩尔(Francis Keppel)和教育心理学家拉尔夫·W·泰勒,后者的职业生涯的绝大部分时间是在芝加哥大学教育学院和行为科学高级研究中心度过的。这次会议没有美国教育史教授参加。

尽管与会者中没有人宣称是美国教育史专家,但是,其中有些人在这个领域已经有了或将要贡献重要的著作。例如,默尔·柯蒂是《美国

---

① 克雷明:《作为一个研究领域的教育史在美国的新发展》,《教育史杂志》,1955年秋,第 7 期,第 34 页。

② 威廉·W·布里克曼(William W. Brickman):《修正主义与教育史研究》(*Revisionism and the History of Education*),《教育史季刊》(*History of Education Quarterly*),第 4 期(1964 年 12 月),第 215 页。

③ 保罗·H·巴克(Paul H. Buck):"序言"(Preface),载保罗·H·巴克等:《教育在美国历史中的作用》(*The Role of Education in American History*),纽约:教育促进基金会,1957 年,第 1 页。参加这次会议的历史学家,包括哈佛大学荣誉退休的史学教授阿瑟·M·施莱辛格(Arthur M. Schlesinger)和他的两个博士——哈佛大学的普罗沃斯特·巴克(Provost Buck)和威斯康星大学历史学教授默尔·柯蒂(Merle Curti)。施莱辛格的另外两名博士:芝加哥大学历史学副教授理查德·J·斯托尔(Richard J. Storr)及明尼苏达大学史学和教育学教授蒂莫西·L·史密斯(Timothy L. Smith)后期也加入。

教育家的社会观念》这本学术著作的作者，书中探讨了托马斯·杰斐逊、贺拉斯·曼、布克·T·华盛顿、威廉·T·哈里斯和其他教育家对美国社会的影响；他同时也是《威斯康星大学史》这本权威著作的合作者，该书是高等教育史的典范之作。就像会议主席保罗·H·巴克所描述的，"……所有人在其研究中都既同情又理解美国教育的问题"，因此，"……可以把他们作为一个评判委员会，他们成熟的判断和观点会在基金会的政策和方案的形成中提供支持。"①巴克说："与会者一致认为，相对于在美国社会发展中的重要性，这个国家的教育史，不管是教室里的还是教室外的，都令人羞愧地被美国历史学家忽视了"，而且"对这种历史的有缺陷的认识，已经在当前美国教育危机中的课程计划、政策形成和教育机构管理中产生了消极影响"。②

这次会议的资料在一位新成员理查德·J·斯托尔（Richard J. Storr）的帮助下于1957年出版，他是芝加哥大学的史学教授，也是关于美国早期研究生教育史的卓越专著的作者。其修订版加上"教育在美国历史上的作用委员会"（Committee on the Role of the Education in American History）的阐述，包括最初会议的与会者和其他一些人的阐释，在1965年合并出版。

概括而言，1957年的文献承认"历史系的学者"令人羞愧而遗憾地忽略了教育史研究。作为对他们过失的一种忏悔，委员会中的历史学家及他们的同行提出了研究建议和帮助学者撰写专著的具体安排，这些建议和安排中蕴含的事实与洞见将在教科书和为大众撰写的著作中得到实现。在这些论述中，至少有一种思想值得分析："大量的（教育史）专著本身并不引人注意，而且与其他诸如政治史、宪政史、经济史、宗教史、思想史和社会史的学科相比，其文献的欠缺程度令人震惊"，③首先学者太注重数量。当然，他们不能将数量等同于质量。并非所有的历史论文和专著在学术方面都无可指摘，这一点通过考察《美国历史评论》（*American Historical Review*）、《现代历史杂志》（*Journal of*

---

① 巴克："序言"，载《教育在美国历史中的作用》，第1页。
② 巴克："序言"，载《教育在美国历史中的作用》，第1—2页。
③ 巴克："序言"，载《教育在美国历史中的作用》，第3—4页。

Modern History），以及欧洲的同类杂志中刊登的评论就很清楚了。但是，特别有趣的是这一暗示：如果历史系的学者没有撰写这些专著的话，这方面的专著就不存在了。在这份文件中，通篇未提大量关于美国教育史方面的专著的存在。该委员会对于相关文献的存在这一事实根本没有承认。在这些文献中，劳伦斯·A·克雷明、埃德加·W·奈特、罗伯特·F·西博尔特、弗莱彻·H·斯威夫特和托马斯·伍德等很多人都贡献了专题研究。文件中模糊提到的"专题研究"的"不引人注意"和"欠缺程度令人震惊"等特点，在数量和质量方面都没有得到证明。

在这一方面，很明显，一个世纪以来，历史系的史学家在他们自己的学术专著、资料汇编和教科书中，一直广泛运用教育系和教育学院的教育史学家撰写的专著。在他们著作附录的参考文献中，这些历史学家经常将教育史学家所撰写的专著和其他著作称为是"非常宝贵的"、"不可或缺的"、"非常有用的"、"卓越的"和"透彻的"。不仅如此，他们还依靠教育史学家所撰写的教科书。

这些观点作者在前面已经进行了充分证明。[①] 然而，我还想再提 3 个例子，主要是因为它们包括"教育在美国历史上的作用委员会"（Committee on the Role of Education in American History）的成员。在一本论述美国政治和社会 80 年历史的著作中，[②]资深学者阿瑟·M·施莱辛格列出了如下著作来支持其有关教育章节的背景：I·L·坎德尔的《美国教育二十五年》（1924 年版），每一章都是由教育史学家所写；埃德温·G·德克斯特的《美国教育史》（1904 年版），早已陈旧但在 1935 年对施莱辛格仍然有用；埃尔伍德·P·卡伯莱的《美国公共教育》（1919 年第一版）；查尔斯·F·特温的《内战以来的美国高等教育史》（1906 年版）和《美国和德国的大学》（1928 年版）；埃德加·W·奈特在哥伦比亚大学师范学院的博士学位论文《重建对南部教育的影响》（1913 年）和《南部的公共教育》（1922 年版）；托马斯·伍迪的《美国女子教育史》两卷本（1929 年版），该著作的学术水平此后五十年都无人超

---

① 布里克曼：《修正主义与教育史研究》，第 216—219 页。

② 阿瑟·M·施莱辛格《美国政治和社会发展：1852—1933》（*Political and Social Growth of the United States*），纽约：麦克米伦图书有限公司 1935 年版。

越。很明显，哈佛大学历史学教授施莱辛格肯定已经发现，这些著作和教科书对于撰写美国政治和社会发展框架中的教育既令人难忘又非常充分。

　　第二个例子是理查德·霍夫斯塔特和瓦尔特·P·梅茨格关于美国大学学术自由史的研究，他们两人都是哥伦比亚大学历史学教授，一起参加了1954年的会议。霍夫斯塔特直到1964年都是该委员会的成员，而梅茨格不是。总之，这里的评论主要适用于该著作的前半部分，也就是由霍夫斯塔特所写的部分。其中引用的包括克拉拉·P·麦克马洪的《15世纪英格兰的教育》（1947年版）、罗伯特·B·萨顿在密苏里大学未出版的博士学位论文《美国学术自由观念的欧洲和美国背景：1500—1914》（*European and American Backgrounds of the American Concepts of Academic Freedom*, 1500—1914）、埃德加·W·奈特的《1860年前美国南部的教育史文献》第一卷（1949年版）、埃尔西·W·克卢斯在哥伦比亚大学师范学院的博士学位论文《殖民地政府的教育立法与行政》（1899年）、爱德华·C·埃里奥特和M·M·钱伯斯主编的《美国大学和学院的宪章与基本法》（1934年版）、赛迪·贝尔在宾夕法尼亚大学的博士学位论文《教会、州与弗吉尼亚的教育》（1930年）、路易斯·F·斯诺的《美国学院的课程》（1907年版）、唐纳德·G·图克斯伯里的《内战前美国学院和大学的建立》（1932年版）、哈里·G·古德的《本杰明·拉什及其对美国教育的贡献》（*Benjamin Rush and His Services to American Education*）（1918年版）、E·I·F·威廉斯（E. I. F. Williams）的《贺拉斯·曼：教育政治家》（1937年版）、R·弗里曼·伯茨的《学院的发展历程》（1939年版）。梅茨格在第二部分主要引用了查尔斯·F·特温的《美国高等教育史》（1906年版）和其他一些著作。①

　　霍夫斯塔特和梅茨格的研究在会议结束后委员会文件发布前出版。前者的姓名作为作者之一，出现在《教育在美国历史上的作用》上。

291

---

　　① 理查德·霍夫斯塔特（Richard Hofstadter）和瓦尔特·P·梅茨格（Walter P. Metzger）：《美国学术自由的发展》（*The Development Academic Freedom in the United States*），纽约：哥伦比亚大学出版社1955年版，第71、72、116—118、122、127、145、193—194、210、218、220、221、226、312页。

在其叙述中，看不到哪怕一点对教育史学家（即教育系和教育学院中的那些人）的专题文献可用性的怀疑——从这些人的著作中，可以获得对学术研究有用的资料和洞察力。

第三个例子出自该委员会的另一位成员、芝加哥大学历史学教授理查德·J·斯托尔笔下。他关于美国研究生院的"史前史"（Urgeschichte）的权威性著作①是由其在哈佛大学完成的博士学位论文基础上修改而成的，导师是阿瑟·M·施莱辛格。这本书参考了大量教育史学家的著作，其中包括：艾伦·O·汉森的《18世纪的自由主义与美国教育》(1926年版)，查尔斯·A·贝内特(Charles A. Bennett)的《1870年前的手工与工业教育史》(*A History of Manual and Industrial Education up to* 1870, 1926)和杰西·B·西尔斯(Jesse B. Sears)的《美国高等教育史上的慈善捐赠》(*Philanthropy in the History of American Higher Educaiton*, 1922)。和在霍夫斯塔特案例中一样，他的书的出版日期与他成为该委员会成员的日期非常接近，他没有提及任何出自教育史学家之手的、充分而又能足以引人注意的史学文献。不管怎样，该委员会1965年出版的文件修订版中，删除了关于专题著作的数量和性质的结论性词句。它没有进行任何形式推理的基础。

教育在美国历史上的作用委员会出版的文件1965年版本《教育与美国历史》(*Education and American History*)中，记录了该委员会中增加的成员：哈佛大学历史学教授伯纳德·贝林、哥伦比亚大学师范学院的劳伦斯·A·克雷明、明尼苏达大学历史学与教育学教授蒂莫西·L·史密斯。其中删除了感情浓烈的话语，并列举了该委员会在丰富美国教育史的教学、研究和写作方面所采取的建设性措施。然而，该委员会依然未能避免一般化概括，它没有试图以确凿的证据来证实这种概括，或许它根本无法证实。例如，它曾这样宣称："教育学教授及其学生们"创造的作品主要是面向教师和管理者的教科书，其中"学校教育(schooling)而不是教育(education)受到了更多的重视。因此，普通历

292

————————————

① 理查德·J·斯托尔(Richard J. Storr)：《美国研究生教育的开端》(*The Beginnings of Graduate Education in America*)，芝加哥：芝加哥大学出版社1953年版。

史学者的兴趣只是偶尔并且是不充分地通过探究正规教育的一部分，并在史学专业的外围进行研究而得到满足。"①这里并未试图证明非历史系学者所从事的教育史研究的狭隘性。至于指责教育史研究不能充分地服务于普通历史专业，读者可以回顾前面几页中关于"真正"的历史学家运用教育学教授的研究著作和教科书的证据。在它看来，教育学教授有能力胜任史学研究的声明，从最好的方面来看是可疑的，从最坏的方面来看则是不正当的。

　　无疑，该委员会的意图是好的，而且其成员也都是学者。它的活动结出了善果，表现为资助出版并激励青年学者进行研究。然而，另一方面，它自己的陈述并不总是达到其成员声称的学术标准，思考的状态也低于人们想要的客观水平。相关的另一点是，该委员会忽略了这一事实：它将教育史领域等同于美国教育史的狭小范围，但教育史领域其实有自己的专题文献。这些专题文献是精通各个国家教育发展的教育史学家在对源语言文献细致研究基础上完成的。虽然专攻其他国家历史的普通历史学家拥有阅读外语的能力，但是，我们很少在美国史学家的著作中发现参考非英语的文献。让我们自我提醒：外国也有关于美国史的原始资料和大量关于美国史的——普通的、政治的、文化的、文学的和教育的——有趣而有意义的二手资料。②

　　教育在美国历史上的作用委员会会议的一个有益结果是，1960年伯纳德·贝林的《美国社会形成过程中的教育》的出版并得到广泛的传播，其中分析了"研究美国早期教育史的必要性和机会"。③ 当时，贝林是哈佛大学的历史学副教授，也在教育研究生院开设教育史课程。他在这本简明的著作中以一个精心构思的富有挑战性的假设，对论题进行了透彻研究。贝林主要依靠所挑选的几本文献和二手著作，在对教

293

　　① 教育在美国历史上的作用委员会（Committee on the Role of Education in American History）：《教育与美国历史》（*Education and American History*），纽约：教育促进基金会，1965年，第12页。

　　② 例子可参见威廉·W·布里克曼：《外国有关美国教育史著作的历史考查》（*An Historical Survey of Foreign Writings on American Educational History*），《教育史》（*Pädagogica Historica*），1962年第2期，第5—21页。

　　③ 伯纳德·贝林（Bernard Bailyn）：《美国社会形成过程中的教育》（*Education in the Forming of American Society*），纽约：兰登书屋1960年版，第3页。

育史学的历史背景进行了极不充分的勾勒后，鲜明地批判美国殖民地时期的教育史是由"教育传教士"写作的，这些人将教育看作在"正规教育机构"中实施的，这反映了他们的专业兴趣。他指出了这些作者的一系列错误："对历史的缩减和省略"、对过去的"尚古主义"和"对过去的优越感夸大了他们所描述的对象的离奇和不真实"。① 根据主要来自埃尔伍德·佩特森·卡伯莱的《美国公共教育》(1919,1934)的例子，使他作出这样的判断：当前依然盛行着对殖民时期教育的"随意的、不合理的处理"，主要是来源于将教育看作"正规教育"的狭隘概念。归纳一下他的批评，在贝林看来，对美国教育史的这些作者来说，"……过去仅仅是现在的缩影"。② 从贝林假设的追随者们引用它的频率来判断，这一措辞肯定被认为是恰当的。

　　在他的阐释性论文中，首先就是一个综合性的参考文献的述评，贝林提出了拓展美国教育史领域，使其涵括社会其他机构的建设性建议，例如，家庭、教会、社区和经济组织。从整体来看，贝林的教育史学著作③见闻广博、充满善意且文笔很好。另一方面，他有意拿某些教育史

---

　　① 贝林：《美国社会形成过程中的教育》，第11—12页。

　　② 贝林：《美国社会形成过程中的教育》，第9页。

　　③ 参见伯纳德·贝林：《作为学科的教育学：一些历史的注释》，载沃尔顿和基西主编：《教育学科》，第125—139页。威尔森·史密斯所做的"评论"是一种温和的批评，但总体上是赏识的。重复、解释或探究贝林假设的著作主要有：劳伦斯·A·克雷明的《埃尔伍德·佩特森·卡伯莱的奇妙世界：美国教育史学论文集》(*The Wonderful World of Ellwood Patterson Cubberley：An Essay on the Historiography of American Education*)，纽约：哥伦比亚大学师范学院出版社1965年版；默尔·博罗曼(Merle Borrowman)的《历史的功用》(*The Uses of History*)，载D·B·高温(D. B. Gowin)和辛西亚·理查德森(Cynthia Richardson)主编：《五个领域与教师教育》(*Five Fields and Teacher Education*)，伊萨卡：康奈尔大学出版社1965年版，第117—129页；戴维·泰亚克(David Tyack)《教育史与教师准备：再评价》(*The History of Education and the Preparation of Teachers：A Reappraisal*)，《教师教育杂志》(*Journal of Teacher Education*)第16期，第427—431页；以及查尔斯·伯吉斯(Charles Burgess)的《教育史》(*Hitory of Education*)，《教育研究评论》(*Review of Educational Research*)第37期，第23—24、29—30页。弗里德里克·鲁道夫(Frederick Rudolph)在《美国学院和大学史》(*The American College and University：A History*)中也表达了有趣的思想，纽约：克诺夫图书公司1962年版，第497—499、504—506页

学家示众,因为他们犯过一些错误,但他并没有考虑他们的全部著作。他也没有运用在其殖民地经济史和独立战争史中所发现的那种细致透彻的资料论证,在这两个领域中他曾出版过卓越的学术著作。而且,贝林关于教育史文献的评论或许对初学者有所帮助,但对学者的价值非常有限,主要是因为他并没有充分运用明确的批判性分析,特别是根据他在阐释性论文中阐明的批评准则进行分析。①

　　与教育在美国社会中的作用委员会相联系的观点,特别是由伯纳德·贝林和劳伦斯·A·克雷明详细表达的观点被称为"修正主义"(revisionism)。其支持者将其看作是"……以 20 世纪中期的眼光重新体验过往的努力;它意味着,保存更多的真实,揭发骗人的和虚构的真诚努力。"②人们可以支持、赞同——甚至证明——作为修正主义立场之基础的目的和理想。当然,其支持者绝大多数都是在学术上有造诣的人。他们不得不说出的话总是非常有趣的,而且对那些关心教育史领域的所有人而言经常是有益的。

　　然而,令人烦扰的是修正主义者没能成功地将学术标准运用到批判教育史的著作中。他们中的许多人在缺乏一个学者所必需的充分准备和严密思考的情况下,就贸然离开自己的领域进入到陌生的土壤。其中,太多的人认为教育史是一片没有人烟的土地,但是,他们忘记了等待轻率之人的常常是陷阱和地雷。将教育史的作者看作是沉溺于过

---

　　① 更多关于贝林对教育史学论争文献贡献的评论,参见布里克曼:《修正主义与教育史研究》,第 219—222 页。也可参见 H· 格雷厄姆·刘易斯(H. Graham Lewis):《贝林和克雷明论卡伯莱与教育史》(*Beilyn and Cremin on Cubberley and History of Education*),《教育理论》(*Educational Theory*)第 17 期(1967 年 1 月),第 56—59 页。两位非历史系史学家的教育作者曾经严厉批评过教育史的课程和文献,他们是:詹姆斯·B·科南特(James B. Conant),《美国教师教育》(*The Education of American Teachers*),纽约:麦克格雷-希尔图书公司 1963 年版;詹姆斯·D·柯纳(James D. Koerner),《美国教师的错误教育》(*The Miseducation of American Teachers*),波士顿:霍顿-米夫林图书公司 1963 年版。关于对他们观点的分析,参见布里克曼的《科南特、柯纳与教育史》(*Conant, Koerner, and the History of Education*),《学校与社会》(*School and Society*)第 92 期(1964 年 3 月 21 日),第 135—139 页。

　　② 查尔斯·伯吉斯:《教育史》,第 29 页。

于简单化的、过时的、专业中心的、救世主式的教育和历史概念的乌合之众，这种认识很难作为将学术训练从一个领域迁移到另一领域的证明。缺乏对史学史和美国与欧洲教育历史关系的充分考虑，使人很难对所谓的新（或新新）教育史学产生信心。①

修正主义者特别强调，将教育史学家与那些他们所谓的专业历史学家，也就是在历史系教学的人和历史学的主流派区别开来。② 任何一个在任何深度上阅读文献的人，都会发现一般历史学家对教育学家主编的期刊所做出的贡献，③相反亦然。美国历史协会和教育史协会的部分会员是重合的。一些年前，美国教育史协会曾经在美国历史协会的年会上实施过一个项目。正在教育学院攻读哲学博士或教育学博士的教育史的高年级学生，都曾经在历史系修习研究生课程和参与研讨。但是，相互性却非常少。

许多教育史学家欢迎一般历史学家对这个学术领域兴趣的复兴。他们所期望的是专业历史学家应该保持他们的学术水平，而不要将这个领域作为副业，可以随意地捡起放下。教育史不是儿童的游戏，它有悠久的历史，对其从业者有着严格的要求。1958 年，在哈佛大学召开的关于文理学院中的教育史会议报告中这样写道："许多历史学家……感觉到，他们自己的专业化水平（通常不包括教育）在处理像教育史如此复杂的学科时明显准备不足"。④ 许多修正主义历史学家低估了教育史性质和内容的学术本质。他们不是以开放的心态探究问题，而是沿着

296

① 比较威尔森·史密斯（Wilson Smith）：《美国教育的新史学家》(*The New Historian of American Education*)，《哈佛教育评论》(*Harvard Educational Review*)，第 51 期（1961 年春），第 136—143 页。

② 贝林：《美国社会形成过程中的教育》，第 9 页；贝林：《作为学科的教育》，载约翰·沃尔顿和詹姆斯·L·基西主编的《教育学科》，第 131 页；蒂亚克（Tyack），载《教育学科》，第 428 页。

③ 举例来说，拉尔夫·H·加布里埃尔（Ralph H. Gabriel）：《历史的观念》(*Ideas in History*)，《教育史杂志》，第 2 期（1951 年夏），第 97—106 页。

④ 约翰·赫佐格（John Herzog）：《教育史与文科课程》(*History of Education and the Liberal Arts Curriculum*)，《哈佛大学教育研究生院公报》(*Harvard Graduate School of Education Bulletin*)，第 3 期（1958 年 6 月），第 19 页。

肤浅的归纳和无根据的论断这条道路前进。描述性词语不管其措辞是多么恰切,都不能在学术上作为证据的替代物。

在历史和教育史这两个领域都赢得了尊重的学者罗伯特·乌利奇的一句明智的话,在这里可以作为结语:"在充分了解两方面之前,我们不能将一种研究运用于另一种研究。这意味着,没有对哲学和历史两者的熟知,就不能教授教育哲学。对于历史学、心理学、统计学、社会学或其他学科,也同样如此。"①

---

① 罗伯特·乌利奇(Robert Ulich):《作为一种人文研究的专业教育学》(*Professional Education as a Humane Study*),纽约:麦克米伦图书有限公司 1956 年版,第 143 页。

美国教育史学研究与著述的早期发展^①

(*Early Development of Research and Writing of Educational Historiography in the United States*)

要确定作为学习、著述和研究之学科的教育史学的开端，即使确实可能，那也是毫不轻松的。在对学科起源和早期历史进行可信报告之前，必须进行大量的研究。但是，之前的大部分研究者都偏离了这一目标。

欧洲的背景

教育史学的作者们倾向于认为，直到 18 世纪末，人们才真正开始研究教育史。因此，伯恩海姆以曼格尔斯多夫（Mangelsdorf）1779 年的著作^②作为其历史框架的开端，就如同海根穆塞（Heigenmooser）的文献目录一样。^③按照威尔曼（Willmann）的观点，教育史是应对 18 世纪新的教育运动而诞生的^④，而布鲁宁拉伯（Brunnengräber）则将教育史作为一门科学的起源追溯至 19 世纪早期的浪漫主义与黑格尔主义的影

---

① 这篇论文将作为一章出现在作者将要出版的《教育史学》中。

② 威廉·H·伯恩海姆、亨利·苏扎洛：《作为一门专业学科的教育史》，纽约：哥伦比亚大学师范学院出版社 1908 年版，第 5 页。

③ J·海根穆塞（J. Heigenmooser）：“教育史”（*Geschichte der Pädagogik*），载厄恩斯特·M·罗洛夫（Ernst M. Roloff）主编：《教育学词典》（*Lexikon der Pädgogik*），第 3 卷，弗赖堡：赫尔德图书公司 1914 年版，第 1059 页。

④ 奥图·威尔曼（Otto Willmann）：“教育史”（*Historische Pädagogik*），载威廉·赖因（William Rein）主编《教育百科全书》（*Encyklopadisches Handbuch der Pädgogik*）（第 2 版），第 4 卷，朗根萨尔察：拜尔图书公司 1906 年版，第 396 页。

响。①另一方面,孟禄和坎德尔展示了更多审慎的证据。他们认为,"直到 18 世纪末,教育思想史与实践史研究才受到认真的关注",主要是因为对过往历史的普遍兴趣、强调当代进步的渴望以及反对教育中新的革命趋势的运动②。而且,他们确实提到,随着大学和其他机构的发展,以及"对教育的哲学阐释"③,研究者已经对教育进行了历史研究。

298

然而,看起来没有任何理由忽略 18 世纪之前对教育史所做出的贡献。事实上,很多审慎的研究和论著可以追溯到 17 世纪早期。人们也可能把教育史研究追溯到文艺复兴时期,在这个时期对古代文化遗产的关切成为思想主流。例如,在著作《当代意大利成就录》(*rerum tempore in Italia gestarum suo commentarius*)中,利奥纳多·布鲁尼(Leonardo Bruni)认为是他的老师、曼纽尔·赫里索洛拉斯(Manuel Chrysoloras)将希腊文研究引进了意大利。④在撰写于 1448—1458 年间并于 1474 年出版的《意大利图解》(*Italia Illustrata*)中,作者弗拉维奥·比昂多(Flavio Biondo or Flavius Blondus)致力于研究古希腊、古罗马文学复兴史,其中也包括了对维多里诺(Vittorino da Feltre)和维罗纳的格里诺(Guarino da Verona)所创办学校的阐释。⑤ 有理由将教

---

① H·布隆纳格莱贝尔(H. Brunnengräber):《教育与教育科学史》(*Geschichte der Erziehung und Erziehungswissenschaft: A. Historische Pädagogik*),载约瑟夫·施皮勒(Josef Spieler)主编《当代教育百科全书》(*Lexikon der Pädagogik der Gegenwart*),第 1 卷,弗赖堡:赫尔德图书公司 1930 年版,第 917 页。

② 保罗·孟禄、I·L·坎德尔:"教育史",载保罗·孟禄主编:《教育百科全书》,第 3 卷,纽约:麦克米伦图书有限公司 1912 年版,第 294 页。

③ 保罗·孟禄、I·L·坎德尔:"教育史",载孟禄主编:《教育百科全书》,第 3 卷,第 293 页。

④ 比较华莱士·K·弗格森(Wallace K. Ferguson):《历史思想中的文艺复兴》(*The Renaiassance in Historical Thought*),波士顿:霍顿—米夫林图书公司 1948 年版,第 22 页。

⑤ 弗格森:《历史思想中的文艺复兴》,第 22—23 页。

育史学的边界回溯至古代史，在中国尤其如此。①

　　毫无疑问，对文艺复兴及后来几个世纪的历史文献进行细致的研究，将揭示教育史不同阶段的其他处理方式，因为它处于综合性的通史范围内。冒险猜测教育史学的起源是很不安全的，除非我们对过去的史学论著进行过全面彻底的研究，而且可能还需要对早期教育学、哲学、神学著作进行全面的研究②。

　　参考赫尔曼·康林（Hermann Conring）的《关于古代学术的论文六篇》（*De antiquitatibus academicis dissertationes sex*）③，可以达到一些有价值的目的。作为严肃而系统之教育史的可能源头④，这本书的第一版出版于1651年。最平和地说，"康林是一个兴趣广泛和多样的学者"⑤。更准确地说，这位朱莉亚学院（Academia Julia）或赫姆斯塔德大学（University of Helmstedt）博学的自然哲学、医学和政治学教授，在其有生之年（1606—1681）展现了自己在神学、文献学、法学、经济学、自然科学、医学、统计学、政治科学和历史学方面的杰出才能。尤其在德

----

　　① 霍华德·S·高尔特（Howard S. Galt）：《中国教育制度史：走向五代的终结（公元906年）》（*History of Chinese Educational Institutions：To the End of the Five Dynasties，A. D. 906*），第1卷，伦敦：普罗赛因图书公司1952年版。

　　② 昆体良（Quintilian）的《雄辩术原理》（*Institutio Oratoria*）第五卷对古希腊和罗马的文献进行了历史考察。这种呈现也可以看作是教育史。西塞罗（Cicero）的《论发明》（*De Inventione*）第1卷稍为笼统地论及了属于教育史范畴的问题。

　　③ 现在作者使用的是第3版，由克里斯托弗·A.·休曼（Christoph A. Heumann）编辑和扩充。赫尔曼·康林（Hermann Coring）：《古代学术论文七篇》（*De antiquitatibus academicis dissertationes septem*），哥廷根：哥廷根大学出版社1739年版。

　　④ 尽管该学科大约有20部著作先于康林，但依然可以作出这一表述。事实上，约瑟夫斯（Josephus a Pinu）的《整个基督教世界的学术目录》（*Catalogus academicarum totius orbis Christiani*）于1541年出现于维腾堡。参阅休曼：《历史学术目录》（*Bibliotheca historica academica*），哥廷根：哥廷根大学出版社1739年版，第1—11页。康林著作的第一版目录在第11页。本书作者并未看到过上述任何著作，除了康林著作的第三版。而休曼关于高等教育史的文献目录最初就是与康林的著作合在一起的。

　　⑤ 詹姆斯·W.·汤普森、伯纳德·J·霍尔姆：《历史写作史》，第2卷，纽约：麦克米伦图书有限公司1942年版，第47页。

国法律史方面,康林的成就广受人们的赞誉,被认为是该领域的奠基人。他的史学著作如此出色,以至于他被视为 17 世纪德国两位卓越的新教历史学家之一。①1637 至 1640 年间,以讲稿形式发表于赫姆斯塔德大学的《古代的学术》(*De antiquitatibus academicis*),探讨的是高等教育史。康林以丰富翔实、切中肯綮的文献资料,描述了始自古希腊时期的学术教育的发展。用休曼(Heumann)的话来说,康林"在他的时代是出类拔萃的",他"出色地"完成了任务。② 如果我们承认的话,那么至少在这一时期,可以合理地将康林视为系统的、学术的教育史学的奠基人③,可以看出这一学科开创时表现出良好的预兆。但不幸的是,由于受到各种各样环境因素的影响,这种优势地位在后续几个世纪中没有被保持下来。

教育史著作中的下一个重要里程碑,很明显是《论研究的选择与方法》(*Traite du choix et de la methode des etudes*)。该书于 1675 年动笔,1686 年完成,作者是法国皇室家庭教师克劳德·弗罗莱神父。他精通多个领域,特别是在其具有里程碑意义的教会史研究中享有盛誉。④孟禄和坎德尔认为,弗罗莱的这本书"就其本身而论可能是最早的教育史"⑤,它实际上是对教育原则、方法、课程的批判性考察,以对教育史的

300

---

① 汤普森、霍尔姆:《历史写作史》,第 2 卷,第 46 页。另一位学者是莱布尼兹(Leibniz)。

② 休曼:"绪论"(praefatio),载康林《古代学术论文七篇》,第 iii 页。

③ 1657 年,康林还写过一部篇幅大的《论罗马和君士坦丁堡的自由教育》(*Dissertatio ad L. I. Codic. Theodos. De studiis liberalibus urbis Romae et Constantinopoleos*)。康林对高等教育史的这一贡献,发表于阿尔伯特·亨利(Albertus Henricus)主编的:《古罗马的瑰宝》(*Novus thesaurus antiquitatum Romanarum*),第 3 卷,威尼斯:复活节的圣徒约翰出版社 1735 年版,第 1199—1232 页。

④ 克劳德·弗罗莱(Claud Fleury):《教会史》(*Historire ecclesiastique*),第 36 卷,巴黎:艾默里图书公司 1691—1720 年版。

⑤ 孟禄、坎德尔:"教育史",载孟禄主编:《教育百科全书》,第 3 卷。

一种未经文献证明的审视开始①。弗罗莱简要讨论了希腊人、罗马人、早期基督教徒、法兰克人、阿拉伯人、经院哲学、中世纪大学、文艺复兴，以及教育的当代发展状态。十分有趣的是，其中分配给教育史的狭小空间的主要份额所涉及的是中世纪大学。根据一位19世纪弗罗莱短篇著作编者的观点，"波舒哀（Bossuet）注重人类的物质历史，而弗罗莱更注重人类的精神历史"②。弗罗莱对教育史的探讨很难证明这种夸大的论断的正当性；事实上，较之康林著作所显示出的学术水准，弗罗莱的著作要逊色一些。孟禄和坎德尔给出了更恰当的但却略欠赏识的描

301

———————————

① 《论研究的选择与方法》(*The text of the Traite*) 的文本可参见《弗罗莱神父作品》(*Oeuvres de l' Abbé Fleury*)，第1卷，路易斯·爱默·马丁（Louis Aimé-Martin）主编，巴黎：勒菲弗图书公司1844年版，第73—268页。关于教育史的部分在75—151页，标题为"研究的起源和进展"(*De l'origine et progrès des études*)。弗朗索瓦·加凯里（Francois Gaquère）在《克劳德·弗罗莱的生活与作品（1640—1723）》(*La vie et les oeuvres de Claude Fleury*，1640—1723)，巴黎大学博士学位论文，巴黎：吉格德图书公司1925年版，第九章中讨论了《论研究的选择与方法》。更详尽的研究，参见加斯东·达提戈（Gaston Dartigues）的《弗罗莱神父的〈论研究的选择与方法〉研究：历史的回顾与评论》(*Le Traité des études de l'abbé Claude Fleury*（1686：*Examen historique et critique*))，图卢兹大学博士学位论文，巴黎：钱皮恩图书公司1921年版，第92—101页论及了该著作在法国的声誉。关于弗罗莱的生活、著作和思想的总结，可参见 F·布森（F. Buisson）主编的《教育学与小学教育新词典》(*Nouveau Dictionnaire de Pédagogie et d'Instruction Primaire*)，巴黎：爱舍特图书公司1911年版，第638页。作者没有找到 S·基布尔（S. Keble）翻译的《论研究的选择与方法》1695年的版本。最近的研究是雷蒙德·E·万纳（Raymond E. Wanner）的《作为教育史学家和思想家的克劳德·弗罗莱（1640—1723）》(*Claude Fleury as an Educational Hitoriographer and Thinker*，1640—1723)，宾夕法尼亚大学博士学位论文，1971年；海牙：马蒂纳斯·奈霍夫图书公司1975年版。

② 路易斯·爱默·马丁：《弗罗莱神父作品》，第73—268页。这段表述曾被错误地归功于卡奎尔（Gaquère）；阿米蒂奇（W. H. G. Armytage）的《教育史作为英格兰的一门大学学科》(*The History of Education as a Subject of University Study in England*)，《教育史杂志》，1950年春，第85页。路易斯·爱默·马丁以华丽的语言从整体上描述了《论选择与研究方法》："短小精悍，但内容翔实，体现了卓越的学术水平和品位……，这本迷人而博学的著作的创作灵感来自于对柏拉图的阅读，其写作则受到了费内隆（Fenelon）和波舒哀的影响。《理想国》中的道德观念通过《福音书》而得以拓展和人性化。"（出处如前）

述:"只是一个概略"①。但这不应导致人们贬低作为教育史作家的弗罗莱。在其浩瀚的教会史中,包含了很多可信的、论及巴黎大学发展的章节②,以及其他论述高等教育史发展阶段的内容③。

与弗罗莱的《论研究的选择与方法》几乎同时代出现的是罗斯托克大学和基尔大学教授丹尼尔·乔治·莫霍夫(Daniel Georg Morhof,1639—1691)④的《博学者、文学、哲学与实践》(*Polyhistor*, *literarius*, *philosophicus et practicus*)。这部著作探讨了文学、哲学和科学史,以及史学和图书馆,第一卷中则有一部分内容集中于教育专题史⑤。莫霍夫是"他那个时代最有才智的人、真正的大学问家、德国文学史学的先驱"⑥。

---

① 孟禄、坎德尔:"教育史",载孟禄主编:《教育百科全书》,第3卷。

② C·弗罗莱、P·法布尔(P. Fabre):《三十六卷教会史的内容目录》(*Table générale des matières contenues dans les XXXVI volumes de l'Histiorire ecclésiastique*),巴黎:文学协会,1774年。在该书索引的第779—780页,有大量论述巴黎大学的参考文献,在弗罗莱36卷教会史的数卷中都可见到这些讨论。另外,该书第283—285页列出了巴黎神学院史的参考文献。

③ C·弗罗莱、P·法布尔:《三十六卷教会史的内容目录》,第265、779页。"论教会史"(*Discours sur l'histoire ecclésiastique*),重印于路易斯·爱默·马丁主编的《神父弗罗莱的作品》(*Oeuvres de l'Abbé Fleury*),第2卷,第218—260页。在其中,弗罗莱呈现了大学影响知识与教养的资料翔实的历史。

④ 丹尼尔·乔治·莫霍夫(Daniel George Morhof):《博学者、文学、哲学与实践》(*Polyhistor*, *literarius*, *philosophicus et practicus*)第三版,3卷本,吕贝克:伯克曼图书公司1732年版。无法找到1678—1692年出版的第一版的两卷本。

⑤ 丹尼尔·乔治·莫霍夫:《博学者、文学、哲学与实践》,第1卷,第419—478页。作者在英语文献中能够找到的、唯一提到莫霍夫对教育史贡献的是维尔斯(Elbert V. Wills)在《亨利·伊曼纽尔·施密特:美国教育史的先驱》(*Henry Immanuel Schmidt: Pioneer American Historian of Education*)中的一段简短论述,《社会研究》(*Social Study*),第40卷(1949年4月),第151页。

⑥ 阿帕德·斯坦纳(Arpad Steiner):《巴洛克时期学者的镜子》(*A Mirror for Scholars of the Baroque*),《思想史杂志》(*Journal of the History of Ideas*),第1卷(1940年6月),第322页。对莫霍夫的相对全面的研究,参见玛丽·科恩(Marie Kern):《丹尼尔·格奥尔格·莫霍夫》(*Daniel Georg Morhof*),弗莱堡大学博士论文,莱比锡:哈拉索韦茨图书公司1928年版。科恩提到了(第95页)莫霍夫在教育史方面更早的一个专门研究:《德语语言与诗歌教学:起源、发展与原则》(*unterricht von der teutschen sprache und Poesie*, *deren Uhrsprung*, *Fortgang und Leitsätzen*…),基尔,1682年。

302

　　按照孟禄和坎德尔的观点，18世纪"出现了很多单独的学院或学校史，但是，没有连贯的教育史"①。作为例证，他们提到了 G·鲁多维柯斯（G. Ludovicus）的《中学校长及著名学者传记》（*Historia Rectorum Gymnasiorum, Scholarumque celebriorum*）（莱比锡：1708—1711）和彼得曼（Biedermann）的《学习用品的历史与现状》（*Acta Scholastica, Altes und Neues von Schulsachen*）（哈勒：1752—1755）。还应该提到科顿·马瑟在《美国的伟大著作》（*Magnalia Christi Americana*）的第四本书中对哈佛学院的历史阐释；或者《新英格兰教会史》（*the Ecclesiastical History of New England*，1702）②，这是美国教育史写作的早期努力。

　　反对新的教育理念与实践、尤其是巴泽多所代表的理念与实践这一动机，是"通常被视为第一部教育史著作的……曼格尔斯多夫的《几千年教育言行录》（*Versuch einer Darstellung dessen was seit Jahrtausenden im Betreff des Erziehungswesens gesagt und gethan worden ist*）（莱比锡：1779）"③得以出版的原因。鲁考夫（Fr. E. Ruhkopf）的《基督教引进至今的德国学校与教育制度史》（*Geschichte des Schul- Und Erziehungswesens in Deutschland von der Einführung des Christenthums bis auf die neuesten Zeiten*）（不莱梅：1794）④的目的

---

　　① 孟禄、坎德尔："教育史"，载孟禄主编：《教育百科全书》，第3卷。

　　② 重印在柯顿·马瑟（Cotton Mather）：《哈佛学院史》（*The History of Harvard College*），《老南部小册子》（*Old South Leaflets*），第184期；《哈佛学院的前两位校长》（*The First Two Presidents of Harvard College*），《老南部小册子》，第185期，波士顿：南部工作董事会，未注明出版日期。

　　③ 孟禄、坎德尔："教育史"，载孟禄主编：《教育百科全书》，第3卷。也可比较伯恩海姆和苏扎洛的前述著作。曼格尔斯多夫（C. E. Mangelsdorf）曾在巴泽多（Basedow）位于德绍的泛爱学校工作过。关于他们之间的争论，可参见 A·平洛赫（A. Pinloche）的《18世纪德国的教育改革：巴泽多的泛爱主义》（*La réforme de l' éducaiton en Allemagne au huitiéme siécle：Basedow et le Philanthropisme*），巴黎：科林图书公司1889年版，第141—142页。曼格尔斯多夫发表了论战文章，其中一篇文章的标题为：《晚安，巴泽多》（*Gute Nacht, Basedow*），莱比锡，1777年版。

　　④ 比较孟禄、坎德尔："教育史"，载孟禄主编：《教育百科全书》，第3卷。这本书没有用处。

可能更宽阔,但其视野有限。18世纪出版的教育史的最后一本主要著作是尼迈尔(A. H. Niemeyer)的《教育和教学的原则与通史》(*Grundsätze der Erziehung und des Unterrichts mit Überblick der allgemeinen Geschichte der Erziehung und des Unterrichts*)①。

需要警惕的是,聚焦于德国可能很容易忽略其他国家。例如,意大利许多学识渊博的人对教育史有着非常浓厚的兴趣,这可以从罗斯米尼(Carlo de' Rosmini)的著作《伟大教师维多里诺门徒的生活与著作》(*Idea dell'ottimo precettore nella vita e disciplina di Vittorino da Feltre e de' suoi discepoli*)②中推论出来,这是一个由众多学术性文献支撑的相当繁琐的研究。该著作发表于1801年,内含是对维多里诺40位门徒生活和著作的概括性介绍。如果能够对意大利和其他国家历史文献更广泛的搜索,那么,可能会发现被当前所忽略的教育史学链条中的其他环节。

再回到德国,教育史方面的下一部重要著作看起来是哥廷根大学哲学教授克里斯夫·迈纳斯(Christoph Meiners)的《欧洲大陆大学的起源与发展史》(*Geschichte der Entstehung und Entwickelung der hohen Schulen unsers Erdtheils*)③。这是一部以一手资料为基础的、内容广泛的高等教育史④。迈纳斯在前言中写道:我们之前提到的休曼高等教育史的参考文献是不完整的,其所引用的著作还不到他的一半⑤。

---

① 哈勒,1796年版。这本书也没有用处。

② 巴萨诺:蒂波格莱费·雷蒙蒂尼安娜图书公司1801年版。

③ 克里斯托夫·迈纳斯(Christoph Meiners):《欧洲大陆大学的起源与发展》(*Geschichte der Entstehung und Entwickelung der hohen Schulen unsers Erdtheils*),4卷本,哥廷根:罗沃尔图书公司1802—1805年版。

④ 这不是迈纳斯教育史方面的第一本著作。大约10年前,他写了《中世纪与当今的风俗与法规、法律与行业、贸易与宗教、科学与学校的历史比较及其启示》(*Historische Vergleichung der Sitten und Verfassungen, der Gesetze und Gewerbe, des Handels und der Religion, der Wissenschaften und Lehranstalten des Mittelalters mit denen unseres Jahrhunderts in Rücksicht auf die Vorteile und Nachteileder Aufklärung*),汉诺威,1793年版。作者没有见到这本书。

⑤ 迈纳斯:《欧洲大陆大学的起源与发展》,第2—3页。

在这一时期，教育史学方面受到最大关注的作者是施瓦茨（Friedrich Heinrich Christian Schwarz，1776—1857）。他是一位路德派牧师，同时也是一位校长和巡视员，还是海德堡大学的神学教授①。他的贡献是在 1813 年将《从古至今的教育史》（*Geschichte der Erziehung in ihrem Eusammenhang unter den V lkern von alten Zeiten her bis auf s neueste*）加进其《教育理论》（*Erziehungslehre*）中，最初是以四卷本发表于 1802 年②。对施瓦茨而言，教育史作为历史学的一个分支，在运用过往经验理解当前时是有用的③。出于某些原因，或许是因为缺乏充分的研究，一位学者将他冠以"教育史学创始人"（founder of educational historiography）的头衔④。

孟禄和坎德尔的文章无疑是各种语言中最完整的教育史学发展大纲，其中提到了大量的著作，主要是德文著作，这些著作几乎贯穿了整个 19 世纪⑤。在 19 世纪 40 年代，"大多数的教育理论著作都以历史论述为先导"⑥。很明显，从过往历史中寻求支持的观念开始在非历史著

① 阿农（Anon）：《弗里德里希·海因里希·克里斯蒂安·施瓦茨（1776—1857）》（*Friedrich Heinrich Christian Schwarz*，1776—1857），保罗·孟禄主编：《教育大百科》，第五卷，纽约：麦克米伦图书有限公司 1913 年版，第 291—292 页。

② 孟禄、坎德尔："教育史"，载孟禄主编：《教育百科全书》，第 3 卷。1829 年的版本是由史学卷开始的。不幸的是，这本书没有用处。

③ 孟禄、坎德尔："教育史"，载孟禄主编：《教育百科全书》，第 3 卷。

④ 格奥尔格·波利茨希（Georg Politsch）：《弗里德里希·海因里希·克里斯蒂安·施瓦茨：教育史学的创始人》（*Friedrich Heinrich Christain Schwarz，der Begründer der Pädagogischen Geschichtsschreibung*），吉森大学博士论文，达姆施塔特：伍德图书公司出版，1929 年版。下面这句话可以看作是波利茨希对其学科背景不熟悉的一个例证："教育史学是一个几乎完全未知的领域。"（第 1 页）他的教育史学发展概略以曼格尔斯多夫为开端。从总体上说，这是一本研究不充分的著作。

⑤ 孟禄、坎德尔："教育史"，载孟禄主编：《教育百科全书》，第 3 卷，第 295 页。例如，卡普（A. Kapp）：《教育的过去、现在与未来》（*Commentatio de historia educationis et per nostram aetatem culta et in posterum colenda*）（1834）；克拉默（Fr. Cramer）：《古代教育史》（*Geschichte der Erziehung und des Unterrichts in Altertum*）（1832，1839）和《中世纪尼德兰教育史》（*Geschichte der Erziehung und des Unterrichts in den Niederlanden während des Mittelalters*）（1843）。

⑥ 孟禄、坎德尔："教育史"，载孟禄主编：《教育百科全书》，第 3 卷，第 295 页。

作中扎根。随着时间的推移,黑格尔学派的历史哲学开始对教育史作者产生影响①。

大约 19 世纪中期以来,这些卓越的学者撰写了众多多卷本著作。劳默尔的《文艺复兴至今的教育史》(*Geschichte der Pädagogik vom Wiederaufblühen klassischer studien bis auf unsere Zeit*,1847),主要是对文艺复兴以来大约四个世纪教育的传记体研究。在孟禄和坎德尔看来,"……比之其他著作,这本书对以英文撰写的教育史产生了更大的影响"②。检索亨利·巴纳德的《美国教育杂志》以及其他一些早期的美国教育史教科书的内容,就可以支持这一论断。卡尔·施密特(Karl Schmidt)的《在与世界历史发展和人民的文化生活有机联系中的教育史:1860—1862》(*Geschichte der Pädagogik dargestellt in weltgeschichtlicher Entwickelung und im organischen Zusammenhange mit dem Kulturleben der Völker*,1860—1862)一定是相当有趣的,因为它将教育置于广泛的文化和国际视野下进行研究。

最后,直到 19 世纪末,最具综合性的教育史考察是由施密德(K. A. Schmid)及其合作者共同完成的《从古至今的教育史:1884—1902》(*Geschichte der Erziehung vom Anfang an bis auf unsere Zeit*,1884—1902)③。很明显,如同普通史学一样,教育史学兴盛于 19 世纪的德国。无论在数量上还是在质量上,其他国家的教育史写作都无法与那些德国的著作相媲美④。考虑到专著的多样性和教育学期刊中论文的数量优势,人们一定会得出结论:在过去的一个世纪,德国尊享了教育史写作的黄金期。

---

① 孟禄、坎德尔:"教育史",载孟禄主编:《教育百科全书》,第 3 卷,第 293 页。也可比较布隆纳格莱贝尔的《教育与教育科学史》。

② 孟禄、坎德尔:"教育史",载孟禄主编:《教育百科全书》,第 3 卷,第 295 页。

③ 孟禄、坎德尔:"教育史",载孟禄主编:《教育百科全书》,第 3 卷,第 293 页。

④ 关于英文本的教育史学,参见阿米蒂奇的《教育史作为英格兰的一门大学学科》,《教育史杂志》,1950 年春季,第 85—94 页。

美国的开端

　　美国人关于教育史的写作好像是从科顿·马瑟（Corton Mather）开始的，但直到 19 世纪第二个 25 年之前，这个主题并没有引起太多的注意。即使到了那时，起步也非常缓慢。除了零星的关于某个机构的历史外，例如，本杰明·皮尔斯（Benjamin Peirce）的《哈佛学院史》（*A History of Harvard College*，1833）、乔赛亚·昆西（Josiah Quincy）的《哈佛大学史》（*The History of Harvard University*，1840）、埃比尼泽·鲍德温的《1838 年前的耶鲁学院史》（*History of Yale College to 1838*，1841）和纳撒尼尔·菲什·穆尔（Nathaniel Fish Moore）的《哥伦比亚学院史略》（*An Historical Sketch of Columbia College*，1846），从 19 世纪早期到中期好像很少有著作出版。[①] 有人或许会发现在期刊上刊登的研究某个时期的论文，[②]但是，绝大多数作者忙于其他更受关注的、更有趣的主题。

　　随着公立学校复兴的开始、对欧洲（特别是普鲁士）教育学的浓厚兴趣、师范学校的开办、教育报刊杂志的兴起，给教育史的应用带来了良机。然而，事实并非如此，除了几个例子外。在 19 世纪前期的教育领导者的演讲和论文中，想要找到他们感兴趣并了解教育历史的任何迹象都是徒劳的。在包括亨利·巴纳德关于师范学校的文集[③]在内的各种著作中，只有一本包含了进行教育史教学的明确建议。库克

---

　　① 威尔·S·孟禄（Will S. Monroe）：《教育参考书目》（*Bibliography of Education*），纽约：阿普尔顿图书公司 1897 年版。

　　② 例如，纽约城市大学东方语言学教授艾萨克·诺德海姆（Isaac Nordheimer）：《塔木德与拉比》（*The Talmud and the Rabbies*），《美国圣经知识库》（*American Biblical Repository*），第 2 期（1839 年 10 月），第 261—192 页。这篇文章的主要内容是公元 135 年到公元 500 年的犹太学校概况。作者也承认主要根据约斯特（Jost）的《以色列民族的历史》（*Geschichte des israelitischen Volkes*）撰著的。

　　③ 亨利·巴纳德：《师范学校及为教师的专业教育设计的其他机构、部门和手段》（*Normal School and Other Institutions, Agencies, and Means Designed for the Professional Education of Teachers*），第一部分：“美国和英国地区”（*United States and British Povinces*），哈特福德：凯斯—蒂法尼图书公司 1851 年版。

(Cook)很明显是考查了 1820 年以来的教育文献。① 他认为,托马斯·H·加劳德特(Thomas H. Gallaudet)以"一位父亲"的笔名,发表在 1825 年 1 月 5 日的《康涅狄格观察员》(*Connecticut Observer*)上的《教师学院评论》(*Remarks on Seminaries for Teachers*),提出了"将教育史作为课程的一部分的微弱建议(确实是极其微弱,但是仍然是个建议)。"② 库克引用了加劳德特的原话作为证据:

> 让这个机构拥有一个图书馆,收藏着在教育这一主题下所能获得的所有语言的理论和实践的著作……让他们(即未来的教师们)定期参加关于教育主题的讲座;阅读最好的著作……③

完全读懂库克对加劳德特的话的阐释,需要相当丰富的想象力。

库克认为,詹姆斯·高登·卡特(James Gordon Carter)以笔名(富兰克林)发表在 1825 年 2 月 10 日和 15 日《波士顿爱国者》(*Boston Patriot*)上的《教师教育机构概要》(*Outline of an Institution for the Education of Teachers*)中提出的建议,对教育史具有特别的意义,但是,库克的观点并未提供可信的依据。卡特建议,教师培训机构的图书馆应该"包括散落在世界历史上的教育科学的事实"。④ 库克将这句话解读为:"……教育史作为人们所期望的教师培训的一部分,得到了更大胆的建议"。⑤ 然而,证据本身并不支持这一推论。

第一次明确提出教育史作为一门课程的,很明显是加尔文·埃利斯·斯托(Calvin Ellis Stowe)在《师范学校与教师学院》(*Normal Schools and Teachers' Seminaries*)中的建议。斯托说,师范学校的课程应该包括公立学校的所有学科、心灵哲学、"儿童智力和道德发展的独特性"、

---

① H·莫兰·库克(H. Moreland Cook):《教育史在美国作为一门专业课程的历史》(*History of the History of Education as a Professional Course of Study in the United States*),纽约大学未出版的教育学博士学位论文,1916 年。文中有许多透彻合理的、精心的、大体上准确的和经常带有批判性的论述。

② H·莫兰·库克:《教育史在美国作为一门专业课程的历史》,第 6 页。

③《加劳德特论巴纳德》(*Gallaudet in Barnard*),第 41 页。

④《卡特论巴纳德》(*Carter in Barnard*),第 82 页。

⑤ 库克:《教育史在美国作为一门专业课程的历史》,第 7 页。

教学的艺术和其他一些学科：

> 教育史,包括不同时代和国家的教育制度的准确概要,孕育教育制度的环境,它们得以建立的原则,它们力图实现的目的,它们的成功和失败,它们的延续和改变,它们对个人与国家特性影响的程度,它们在多大程度上是源于创立者预先考虑的计划,它们是否保护人的智力、美德和幸福,如果不是,原因是什么,等等。①

307

最后是一个带有明确的方法指示的确定的建议。事实上,很少有当代的教育史课程自称如此宽泛的目的,或者划定如此广阔的范围。在阐释为什么教育史应当成为教师培训工作的构成部分时,斯托指出,所有想要成功的专业人员都必须总结其前人的经验：

> 在所有的科学和艺术中,我们都承认其相应历史的价值。没有任何一个给予这些历史以价值的情况,不完全适用于教育史。然而,说来也怪,教育史竟然完全被我们忽略了;在英语中竟然没有一本研究这一主题的著作;确实,几乎没有引导人们对这个非常有趣的主题进行探究的提示或线索。②

由于社会通过法律已经组织并维系了多种对社会进步富有影响力的公立学校制度,因此,这些经验记录应该被证明是富有启发意义的。"我们可以在对我们前人的路线、探索和发现完全茫然无知的情况下就在这片无垠的海面上起航吗?"③斯托继续写道,教育科学的年幼状态应该对缺乏以英文写作的教育史负责。然而,"不能假装没有写作教育史的资料"。④ 在提到从古至今的教育史拥有与文明史(civil history)一样丰富的资料后,斯托总结道："如果教师学院(Teachers' Seminaries)能够

---

① 卡尔文·E·斯托(Calvin E. Stowe):《公立学校与教师学院》(*Common Schools and Teachers' Seminaries*),波士顿:马什—卡彭—莱昂和韦布图书有限公司 1839 年版,第 85 页。相同的句子还出现在第 100—101 页。这本书的第二部分是"师范学校与教师学院"(*Normal Schools and Teachers' Seminaries*),也由美国基督教博物馆 1839 年 7 月出版,第 90—128 页。

② 斯托:《公立学校与教师学院》,第 101 页。

③ 斯托:《公立学校与教师学院》,第 101 页。

④ 斯托:《公立学校与教师学院》,第 103 页。

激发兴趣并提供材料,以使人们成功地追求这个学术分支,那么它们得到的将不仅仅是偿还它们建立和维持的费用。"[1]

毫无疑问,斯托关于教育史价值的观点堪与那些最热情的专家匹敌。可以猜测,斯托在他 1836—1837 年出国考察时就已经梳理了德国的教育史著作,尽管《欧洲公立小学教育报告》(*Report on Elementary Public Instruction in Europe*)[2]中丝毫没有体现。该报告于 1837 年 12 月提交给了俄亥俄州议会。州立师范学校也没有采纳斯托关于教育史教学的建议。1838 年 5 月 27 日,马萨诸塞州教育委员会规划的师范学校教学课程中也没有提到教育史教学。[3] 位于列克星敦(后来迁至弗雷明汉)的第一所州立师范学校中,校长塞勒斯·皮尔斯(Cyrus Peirce)在其教育学讲演中曾偶尔提到"亚里士多德、柏拉图和苏格拉底"的教学能力,或"古代学校的费伦伯格、裴斯泰洛齐、阿博特和霍尔等"[4]。但是,这些似乎就是师范学校早期学生学习的教育史。

尽管马萨诸塞州教育委员会曾在 1849 年 12 月 13 日采纳了一系

308

---

① 斯托:《公立学校与教师学院》,第 103 页。

② 这份报告构成了斯托的《公立学校与教师学院》的第一部分。

③ 有关这份课程计划的文本,见艾伯特·G·博伊登(Albert G. Boyden):《马萨诸塞州布里奇沃特师范学校 1876 年 7 月前的历史与校友录》(*History and Alumni Record of the State Normal School*, *Brigewarter*, *Mass.*, *to July* 1876),波士顿,马萨诸塞州:诺伊斯和斯诺图书公司 1876 年版,第 15 页。

④ 引自该师范学校最早的班级中一位学生玛丽·斯威夫特(Mary Swift)的演讲笔记。参见阿瑟·O·诺顿主编:《美国的第一所师范学校:塞勒斯·皮尔斯和玛丽·斯威夫特的日记》(*The First State Normal University in America*:*The Journal of Cyrus Peirce and Mary Swift*),剑桥,马萨诸塞州:哈佛大学出版社 1926 年版,第 87、118 页。1839 年 8 月 3 日,皮尔斯(Peirce)先生作了题为《师范学校:它的起源以及教育委员会和所有教育之友对它的期望》(*Normal School*, *Their Origin and the Expectations of the Board of Education and to the Friends of Educaion in General*)的演讲。该演讲的笔记在第 82—83 页。该书中还包括皮尔斯 1841 年 1 月 1 日给亨利·巴纳德的书信,信中勾勒了列克星敦课程的框架,以及贺拉斯·曼的《第一所师范学校的历史、规章和课程:叙述与文献》(*History*, *Regulations and Curriculum of the First Normal Schools*:*Narrative and Documents*),该文首刊于 1839 年 2 月 1 日的《公共学校杂志》(*Common School Journal*)。这两个文献中都没有提到教育史。

列关于州立师范学校教学课程的规定,并特别强调"教学的艺术及其模式,应该包括……该艺术的历史和进展,及其在我们教育制度中的运用"①,但是,很明显没有采取任何行动将这个规定付诸实践。1866 年 1月 9 日,该委员会确立的课程中包括"教学的理论和艺术",但没有教育史。② 当亨利·巴纳德作为联邦教育长官编制他的第一份州立师范学校报告的时候③,没有任何迹象表明最早的师范学校——弗雷明汉姆、布里奇沃特或塞勒姆教授过教育史。在这些学校中,第一个教授教育史学科的明显例证是 1876 年的布里奇沃特,该校制定了一个规定要求:"拓展教育类课程,涵括各学科主题的预备,教育史和教育主题的论文。"④

　　在康涅狄格州,公立学校督学亨利·巴纳德制定了将教育史纳入新英格兰州立师范学校的明确计划。在 1850 年提交给康涅狄格州议会的第五年度报告中,巴纳德提出:

　　　　除了在学校的组织、教学和纪律方面某些问题上的一些熟悉且实用的建议外,还应该提供关于教育和学校历史的讲座……⑤

他希望,学生们根据他们过去的经验和以其他方式,"在关于教育和学校历史的著作中"考察教育的主题,而后展开研究。这种探究的结果"将成为口头讨论和书面论文的主题,这种讨论和论文将成为师范学校常规工作的一个组成部分"⑥。简而言之,巴纳德这位曾经勤勉学习教

---

　　① 引自博伊登:《马萨诸塞州布里奇沃特师范学校 1876 年 7 月前的历史与校友录》,第 18 页。

　　② 博伊登:《马萨诸塞州布里奇沃特师范学校 1876 年 7 月前的历史与校友录》,第 19 页。

　　③ 美国教育部:《教育委员会主席报告,1867》(*Report of the Commissioner of Education*,……1867),华盛顿特区:美国政府出版局,1868 年。

　　④ 博伊登:《马萨诸塞州布里奇沃特师范学校 1876 年 7 月前的历史与校友录》,128页。也可比较 H·莫兰·库克:《教育史在美国作为一门专业课程的历史》,第 11 页。

　　⑤ 巴纳德:《师范学校及为教师的专业教育设计的其他机构、部门和手段》,第 32 页。

　　⑥ 巴纳德:《师范学校及为教师的专业教育设计的其他机构、部门和手段》,第 32 页。

育史的学生①,规划了将教育史作为教师必须学习的一门不可或缺的课程的蓝图。但是,没有任何迹象表明,巴纳德的建议在新英格兰州立师范学校得到了实施,尽管他是校长。

　　库克"细致考察了新英格兰文法中学、卡特的美国第一所师范学校、霍尔的私立师范学校和美国纽约州特洛伊市的爱玛·威拉德学校"②,没有发现关于教育史是它们课程的一部分的任何迹象。至少到19世纪中期,教育史看起来还没有进入师范学校或文法学校的教学方案中。几个原因闪进了脑海。直到1842年,第一本美国教育史教科书才出版,在1859年前都没有其他著作问世。还应该记住的是,当时的师范学校是中学水平,他们的学生不得不将有限的时间花在学习学术科目上。这意味着,课程中几乎没有机会进行拓展的专业学习,教育史在教师看来肯定是离他们的日常活动非常遥远。另一个原因颇有点传统的恶性循环的味道。很明显,几乎没有人有能力在师范学校教授这一学科,因为他们自己在学院中就没有学过。总之,可以合理地认为,在师范学校教师中拥有广博的教育史知识、崇尚学术并能成功地胜任教学的人凤毛麟角。

　　尽管早期师范学校大部分忽略了教育史,但该学科甚至在其渗透

①　从"教育的历史视角:尊严与堕落的显示"(*An Historical View of Education*: *Showing Its Dignity and Degradation*)这份演讲中也可以看出,贺拉斯·曼也关注教育史,但他关于该学科的知识不如巴纳德那么广博。在其演讲中存在很多错误。参见贺拉斯·曼:《教育演讲集》(*Lectures on Educaion*),波士顿:福尔图书公司1848年版,第220页。

②　H·莫兰·库克:《教育史在美国作为一门专业课程的历史》,第9页。库克拒绝"明确地"说教育史被忽略了,"因为关于教育史在这些学校的课程计划中的证据是沉默的。"这似乎无需在意,我们可以明确地假设,如果在课程计划中没有提到这门课程,那就很有可能没有教授。在库克看来,"很明显,在纽约文法中学——纽约州立师范学校的前身的课程方案中,并没有包含教育史这门学科"。(第10页)塞缪尔·R·霍尔(Samuel R. Hall)领导的菲利普斯教师学校的1832年课程计划中列出了26门学科,但没有教育史。"霍尔先生,一个学术'多面手',肯定被认为是既博学又不倦的"。克劳德·M·菲斯(Claude M. Fuess):《一所新英格兰的老学校:安多弗的菲利普斯文法中学史》(*An Old New England School*:*A History of Philips Academy*, *Andover*),波士顿:霍顿—米夫林图书公司1917年版,第209页。

进师范学校和学校之前就在中学中教授了。在第一本关于美国教育史的专著中，布恩（Boone）写道："在卡南代瓜文法中学（Canandaigua Academy）用在学习学校经济学、教学方法和教育理论史上的时间，在20年里没有被任何师范学校所超越。"①不管是在其脚注还是章末的参考书目中，布恩都没有提供证实这一论断的线索。考察一下1832年纽约州立大学董事会年度报告②，发现卡南代瓜（安大略县）、圣劳伦斯（圣罗伦斯县）和牛津（切纳哥县）的文法中学都有教授教学原理的报告，但是，在该报告和对后来年度报告的合理抽样中，都没有关于这些文法学校中教授教育史的任何线索。即便是在1834年州立法机构投票拓展州立文法学校系统提供的教育学课程后，情况还是如此。大约在1830年，根据1834年年度报告的记载，卡南代瓜文法学校创办了教师系（teachers' department），③所有班级每周集会5个晚上。其中三个晚上背诵霍尔的《关于学校管理的演讲》，而其他晚上则考虑其他教育问题。后者的方法看起来近似于研讨班（seminar）的程序。所有的学生都带来书写的论文，在时间允许的情况下尽量宣读，接着教师给以评论和说明，然后就是"相互交谈"。"对教师和班级来说，这种夜晚的练习极其有趣且受益匪浅"。④ 在讨论的这些主题中，就有"裴斯泰洛齐和他的教学模式"。⑤ 现在，可以想象学生和教师——以这种方式学到了一些教育史知识。也很有可能在卡南代瓜文法学校比在当时美国的其他教育机构讨论了更多的教育主题。但是，仍然没有充分证据支持布恩关于该文法学校确实教授了"教育理论史"的论点。

---

① 理查德·G·布恩（Richard G. Boone）：《美国教育》（*Education in the United States*），纽约：阿普尔顿图书公司1889年版，第136页。

②《纽约州立大学董事会年度报告》（*Annual Report of the Regents of the University of the State of New York*），纽约州，奥尔巴尼：克罗斯维尔，范本塞森＆伯特图书有限公司1833年版，第8页。

③《纽约州立大学董事会年度报告》（*Annual Report of the Regents of the University of the State of New York*），纽约州，奥尔巴尼：克罗斯维尔，范本塞森＆伯特图书有限公司1835年版，第65页。

④《纽约州立大学董事会年度报告》（1935），第66页。

⑤《纽约州立大学董事会年度报告》（1935），第66页。

如果布恩探究过 19 世纪 40 年代一些中学的教学，他或许会提出更有说服力的数据。根据我们所看到的，费城中心中学在 19 世纪 40 年代中期将教育史纳入了其课程方案，这逃脱了所有教育史作者的眼睛。因此，詹姆斯·马尔赫恩（James Mulhern）虽然写过一本关于费城中学发展的详尽专著①，但他也没有指出这一事实，尽管他的参考书目中包含 1845—1912 年这一时期。② 现在可以肯定的是，该作者并没有通过任何特别的文献方法获得这一资料。在随意地查找了几卷各种小册子后，他碰巧看到了由约翰·S·哈特（John S. Hart）校长准备的费城中心中学 1845—1846 年的年度报告。哈特是 19 世纪美国教育史文献中一个熟悉的身影。

哈特在评论了他学校中学习的课程后，记录下"如果可以与既定的安排不冲突，应该提供那些遭到省略的、但却特别值得提供的课程。"③他意识到，教授学生"他们自己州的历史"和"他们自己城市其他各种公共机构的性质和历史"④的重要性，以及它们与其他课程的关系。在时间不足和教材缺乏的双重困难下，哈特和他的教职人员进行讲演，学生则回家写下这些讲演的"提纲"。"在这一年中，我亲自撰写教材，并为好几个班级的学生开设了费城公立学校历史讲座这门特殊课程。"⑤在 1846 年 7 月 13—14 日的公开考试目录中，包括了"公立学校史"这门课程。⑥

此外，哈特为"公立学校女教师、女子文法学校的高年级学生，主要

---

① 詹姆斯·马尔赫恩（James Mulhern）：《宾夕法尼亚州中等教育史》（*A History of Secondary Education in Pennsylvania*），宾夕法尼亚州，费城：作家出版社 1933 年版。

② 马尔赫恩：《宾夕法尼亚州中等教育史》，第 630—631 页。

③ 约翰·S·哈特（john S. Hart）：《1846 年 7 月 16 日学年末费城中心学校年度报告》（*Annual Report of the Central School of Philadelphia for the Year Ending July 16, 1846*），费城：克里斯—马克里图书公司 1846 年版，第 62 页。

④ 哈特：《1846 年 7 月 16 日学年末费城中心学校年度报告》，第 62 页。

⑤ 哈特：《1846 年 7 月 16 日学年末费城中心学校年度报告》，第 63 页。在第 64 页上，这门课程的名称为"费城公立学校史"（History of the Public Schools of Philadelphia）。

⑥ 哈特：《1846 年 7 月 16 日学年末费城中心学校年度报告》，第 108—109 页。

是那些想做教师的学生"组织了星期六课程。① 在职教师只要获得他们主管的同意就可以自愿参加,而"女子文法学校的所有学生只要年满 12 周岁并获得所在学校的主任教师和巡视委员会的推荐也可参加"。② 教学由中心中学的"教授"分担。哈特讲授"公立学校史"这门课程。③

313

　　值得注意的是,早在 1845 年④,教育史尽管范围非常有限,但已经在一所中学讲授,与其说是为了培养教师,毋宁说是作为学生社会文化准备的一部分。仅此就已经是一项伟大的成就,顺便说一下,这一成就仅持续到哈特任校长时期。一个包括家庭作业和期末考试的独特课程,这或许就是这个国家第一个系统的教育史课程。⑤ 同样有意义的是,该课程的范围很明显是非常广泛的,在周六面向在职教师和未来教师开设。这里,还有一个宣称最早进行教育史教学的更好的主张。应该注意到,12 岁的儿童已经被认为有能力接受教育史教学了。没有对这些课程的真正评价,就像后来师范学校和学院中提供的那些课程没有评价一样。约翰·S·哈特不仅是一位校长,而且也是道德、心理和政治科学系的教授。他也教授英语文学史这门星期六课程。从所有证据、包括他后来在教育学上取得的成就来看,他肯定能够胜任开创教育史教学的任务。其他的不说,单就他考虑到了为在一个有限的、同时又非常广泛的框架内学习教育史提供便利的必要性而言,他就应该得到极大的赞誉。

　　教育史开始作为师范学校的一门学科始于 1859 年的伊利诺斯州

----

　　① 哈特:《1846 年 7 月 16 日学年末费城中心学校年度报告》,第 67 页。
　　② 哈特:《1846 年 7 月 16 日学年末费城中心学校年度报告》,第 67 页。
　　③ 哈特:《1846 年 7 月 16 日学年末费城中心学校年度报告》,第 68 页。
　　④ 查阅 1845—1846 年之前的年度报告,没有发现任何在该领域更早的教学。
　　⑤ 不言而喻,在人们能够确切作出结论之前有必要进行进一步研究。一项针对一个世纪来遍布全国的 10 种学校制度的研究,显示出一些中学提供了教育学方面的课程。但教育学并不经常作为固定的课程来提供。教育史则没有任何地方提及。参见道格拉斯·E·劳森(Douglas E. Lawson)的《城市学校系统中课程的演进》(*Curiculum Development in City School Systems*),芝加哥:芝加哥大学出版社 1940 年版,第 22、54 页。

立师范大学。查阅该校的机构目录和历史,没有发现这方面更早的线索。① 查尔斯·E·霍维(Charles E. Hovey)校长同时在 1859—1860 年兼任"教育的历史、科学和方法的教师"。② 课程方案中列出他在第二学年教授 25 周、第三学年教授 27 周的"教育的历史与方法"课程。③ 具体来说,"该系(即教学理论与艺术系)的第五、第六和第七学期都要学习教育的科学、方法和历史课程"。这门课程由五部分组成,其中一部分是"教育制度和方法史:卓越教师的传记"。④ 没有关于这门学科时间分配的资料。

　　同样在 1859 年,在新泽西州特伦敦举行的美国师范学校协会 (American Normal Schools Association)的第一次年会上,出现了支持教育史的观点。在讨论师范学校理想的课程时,来自塞勒姆师范学校的阿尔菲厄斯·克罗斯比(Alpheus Crosby)教授号召"大家注意富有启发性且令人鼓舞的教育史"。⑤ 在他看来,"适用于美国师范学校的课程方案中最重要的三个部分",首先就应该包括"教育、体育、智育和德育的哲学、历史和艺术"。⑥ 著名的理查德·爱德华兹(Richard Edwards)教授在其论文中构建了教师教育课程的框架。他认为,除了其他学科之外,应该重视"教育史和教育传记,考虑到后者特有的激发热情的作用,因此应该受到特别的重视"。⑦ 值得注意的是,在他的课程方案中还有比较教育的迹象,"各州和我国其他一些著名城市,如果可

---

　　① 在 1857—1858 年伊利诺斯师范大学所列出的课程方案中,并没有提及教育史。

　　② 《1860 年 6 月 29 日学年末的美国州立师范大学目录》(*Catalogue of the State Normal University for the Academic Year Ending June* 29,1860),伊利诺斯州,皮奥瑞亚:内森图书公司 1860 年版,第 5 页。

　　③ 《1860 年 6 月 29 日学年末的美国州立师范大学目录》,第 15 页。

　　④ 《1860 年 6 月 29 日学年末的美国州立师范大学目录》,第 16 页。

　　⑤ 美国师范学校协会(American Normal Schools Association):《美国师范学校:它们的理论、工作和成效》(*American Normal School:Their Theory,Their Workings,and Their Results*),纽约:巴恩斯和伯尔图书公司 1860 年版,第 27 页。

　　⑥ 《美国师范学校:它们的理论、工作和成效》,第 28 页。

　　⑦ 《美国师范学校:它们的理论、工作和成效》,第 83 页。

能也包括其他国家的学校法律、督导和管理公立学校的各种模式。"①
1851年，尼古拉斯·蒂林哈斯特（Nicholas Tillinghast）在一封信中也
给亨利·巴纳德提过类似的建议。他提出了一个4年的师范学校课
程，"新教师"通过它将熟悉"所有国家在教学上已经做过什么、各种不
同的教学方法、在教学的科学和艺术上那些最杰出头脑的思想……"②

315　　　　　后来在1866年，威诺那（明尼苏达）州立师范学校校长威廉·F·
费尔普斯（William F. Phelps）在全国教师协会（National Teachers'
Association）上发表讲话，建议给未来的小学教师讲授教育史。③ 巴纳
德作为联邦教育部门长官为1867年起草的第一份报告中包括威诺那
课程的框架，其中一个组成部分就是教育史④，但没有关于这种教学何
时开始的任何线索。克拉布（Crabb）认为，这种教学始于1865年⑤，而
且"或许教育史最早是作为一门师范学校课程出现的"。⑥ 这种观点，就
像伊利诺斯州立师范大学的证据所表明的那样是不正确的。同样不符
合事实的是库克的观点，他总结道："密执安州的伊斯兰提州立师范学
校是第一所为其学生提供（教育史）课程的师范学校。"⑦因为这发生在

----

① 《美国师范学校：它们的理论、工作和成效》，第83—84页。
② 《蒂林哈斯特论巴纳德》，第66页。关于这个建议，库克询问到"这是一个关于教育史课程必要性的线索吗？"（第17页）这看起来更像是关于教育史课程必要性的线索。
③ 《全国教师协会的会议记录和讲演，……1866》（Proceedings and Lectures of the National Teachers' Association，……1866），纽约州，奥尔巴尼：纽约教师出版社1867年版，第135页。
④ 《教育委员会委员长报告，……1867》（Report of the Commissioner of Education，……1867），第762页。
⑤ 艾尔弗雷德·L·克拉布（Alfred L. Crabb）：《教育类课程介绍目录中运用的术语及结构研究》（A Study in the Nomenclature and Mechanics Employed in Catalogue Presentations of Courses in Education），田纳西州，纳什维尔：乔治·皮博迪师范学院出版社1926年版，第10页。
⑥ 克拉布：《教育类课程介绍目录中运用的术语及结构研究》，第11页。
⑦ 库克：《教育史在美国作为一门专业课程的历史》，第10页。当库克说"师范学校的课程中没有提及教育史"时，他很明显误读了美国首任教育局长巴纳德的第一份年度报告。实际上，巴纳德的报告确实提到了伊利诺斯州立师范大学、威诺那和其他机构中的教育史课程。

1868—1869 年①该机构组织其第一个四年制课程计划时,所以,很难称得上是"第一"。

　　早期一些支持在师范学校中进行教育史教学的思想的传播或许推动了教育史课程在 19 世纪 60 年代的零星出现。前面已经提到了伊利诺斯州立师范大学、威诺那和伊斯兰提的师范学校。巴纳德 1867 年的报告表明,在奥斯威戈师范和培训学校中,"学校史"以及教育哲学、学校法律、学校组织和其他专业科目已经出现在了高年级课程中。② 在位于恩波里亚的堪萨斯州立师范学校 1867 年的课程中,提供"教育制度和教育方法的历史,杰出教师的传记"③的教学;与此同时,位于巴尔的摩的马里兰州立师范学校在"课程中相对严格的专业部分"也包括"公立学校和国民教育的历史"。④ 在考察了 1840 年以来的师范学校课程目录的基础上,库克发现,"可以肯定地得出,教育史作为一门独特的学科在 19 世纪 80 年代以前都不能保证其受尊重的地位"。⑤ 至少有一所著名的学校,即位于奥尔巴尼的纽约州立师范学校直到 1890 年才设立教育史学科。⑥ 库克将师范学校忽略教育史归因于:"第一,完全缺乏组织良好的教科书;第二,师范学校建立之初学术课程占主导的事实;第三,缺乏可以胜任教育史教学的教师;第四,课程纯粹的职业特点使得任何像教育史这样复杂的学科脱离了它们的目的。"⑦就像我们将要表明的那样,其实有几本"有组织的教科书"和更多其他材料可以用于教育史教学。很明显,在师范学校圈子里也已经了解了一些外文或是英文的教育史著作。对此感兴趣的是像爱德华兹、费尔普斯和霍维这样的领导,而普通校长和"教授"很明显没有分享这种热情。或许,他们太

---

　　① 丹尼尔·帕特南(Daniel Putnam):《位于密执安州伊斯兰提的密执安州立师范学校史,1849—1899》(*A History of the Michigan State Normal School…at Ypsilanti, Michigan*,1848—1899),密执安州,伊斯兰提:作家出版社 1899 年版,第 55 页。

　　②《教育委员会委员长报告,……1867》,第 716 页。

　　③《教育委员会委员长报告,……1867》,第 773 页。

　　④《教育委员会委员长报告,……1867》,第 780 页。

　　⑤ 库克:《教育史在美国作为一门专业课程的历史》,第 32 页。

　　⑥ 库克:《教育史在美国作为一门专业课程的历史》,第 14 页。

　　⑦ 库克:《教育史在美国作为一门专业课程的历史》,第 32—33 页。

沉迷于眼前的实用性课程，而毫不欣赏文化性课程。又或许，他们中的有些人曾经寻找非常容易的教学材料，或者他们对于在班级面前保持活跃并没有信心。尽管如此，教育史成为师范学校课程方案中一个组成部分用了很长的时间，几乎到了 19 世纪末。①

19 世纪的文献开发得很慢，直到 1850 年，图书馆运动的一位领袖乔治·利弗莫尔(George Livermore)还控诉："和他同时代的学者都不能找到写作《新英格兰启蒙书》(New England Primer)历史的充分资料，而 C·C·朱伊特(C.C. Jewett)则更毫无顾忌地说，没有一个美国图书馆可以满足任何一个知识分支的学生的需要。"②一个有抱负的学者想要满足这种历史嗜好，那是一个非常昂贵的计划。③

1852 年出现的《清教徒和耶稣会教育制度的比较》(*The Educational Systems of the Puritans and Jesuits Compared*)的研究可以作为一个例外，作者是耶鲁学院的道德哲学教授诺亚·波特(Noah Porter)④。这本 90 页的论文表明了作者的研究证据，有些文献来自法文原始资料。波特的动机或许不是单纯出于研究；他经常不遗余力地批评耶稣会和其他牧师：

> 没有什么比这一点从过去的历史中看得更清楚，只要影响罗马教会的问题在这个国家出现，公共媒体就会感觉到影响力强大的罗马教牧师就将其嘘成沉默，或者通过贿赂促成卑鄙的顺从和

---

① J·P·戈迪(J. P. Gordy)的非常有用的研究《美国师范学校观念的出现与发展》(*Rise and Growth of the Normal-School Idea in the United States*)，美国教育局的《1891 年第 8 号信息公告》，华盛顿特区：美国政府出版局，1891 年)，没有提到整个世纪的师范学校中有过教育史教学。

② 杰西·H·谢拉(Jesse H. Shera)：《公共图书馆的奠基》(*Foundation of the Public Library*)，芝加哥：芝加哥大学出版社 1949 年版，第 208 页。

③ "普雷斯科特(Prescott)赞同这个观点，他认为美国历史学家如果希望在历史主题上广泛写作的话，就被迫建立个人图书馆；班克罗夫特(Bancroft)比较贫穷，他发现自己在撰写他的早期著作时不得不花费和美国总统的工资一样多的钱。"(同上)

④ 诺亚·波特(Noah Porter)：《清教徒和耶稣会教育制度的比较》(*The Education Systems of the Puritans and Jesuits Compared*)，纽约：伍德图书公司 1852 年版。这是"为西部大学和神学教育促进会所写的一篇论文"。

空洞的谄媚。①

这样的话在后世并非陌生,但很少有历史学如此有力的抨击。在波特的时代,我们不应该忘记新教与天主教的关系问题正如火如荼。

先驱者:亨利·Ⅰ·史密斯

非常有趣的是,美国第一本教育史著作在 1842 年出自一位与师范学校运动没有关系的人之手。作者亨利·伊曼纽尔·史密斯(Henry Immanuel Smith),有时也被称为施米特(Schmidt),同时任宾夕法尼亚学院现代语言学教授和位于葛底斯堡神学院德国语言与文学教授。他的《教育史:从古代到现代》(*History of Education*:*Ancient and Modern*)是他的名为《教育》(*Education*)的两卷本著作的第一部分。② 在前言中,史密斯说他"在英文中没有发现任何相似的研究存在"③,他主要的资料来自于施瓦茨的《教育理论》(*Erziehungslehre*)。④ 实际上,他甚至称自己的研究是"他(指施瓦茨)的教育史的缩写"。⑤ 史密斯对德国的了解对他决定研究教育史大有帮助。作为哈珀家族图书馆(Harper's Family Library)的第 156 号藏书,这本小书到 1858 年时印刷了第十版⑥,而且很明显是面向大众的。⑦ 史密斯宣称,他的目的如下:

如果作者有充分自知之明的话,那么他唯一的目的就是行善;

---

① 波特:《清教徒和耶稣会教育制度的比较》,第 88—89 页。

② H·I·史密斯(H. I. Smith):《教育》(*Education*),第一部分:"教育史"(*History of Education*),第二部分:"文化与教学的计划"(*A Plan of Culture and Instruction*),纽约:哈珀图书公司 1842 年版。关于史密斯的传记资料,参见维尔斯:《亨利·伊曼纽尔·施密特:美国教育史的先驱》,第 150—156 页。

③ 史密斯:《教育》,第 iv 页。

④ 史密斯:《教育》,第 iv—v 页。

⑤ 史密斯:《教育》,第 v 页。在同一页中,史密斯承认他的著作"大量引用了"施瓦茨(Schwarz)的历史著作,而且基本上"随心所欲的"进行了翻译和删减。

⑥ 维尔斯:《亨利·伊曼纽尔·施密特:美国教育史的先驱》,第 156 页。维尔斯用的是"版本"(edition)。

⑦ 史密斯大胆地"吹嘘这本教育史将会被教育界的朋友和普通大众所接受……"比较《教育》,第 iv 页。

318

他对上帝的祈祷是,希望这一谦卑的努力至少在某种程度上可以增进他的国家的利益,促进成长中的一代的福祉和颂扬他的造物主的名字。①

孟禄和坎德尔认为,史密斯的贡献"或许是英文中最早的系统研究",称它"对教育发展进行了令人信服的研究,比后来出版的许多著作都要优秀"。② 同时代和后来的历史学家及教师却并不这样看史密斯的著作。他们中许多人认为它相当肤浅,而且因为史密斯重复地宣称依赖施瓦茨而很明显使他们产生了疏离感。这本 156 页的著作从"远古时代的教育"开始,由于缺乏可靠的"远古时代文献的遗迹"③,作者避免了在此方面进行推测。虽然后来的作者都不愿这样做,史密斯还是轻松地接连呈现了印度、中国、日本、巴比伦、迦勒底、米堤亚、波斯、腓尼基和迦太基、吕底亚、弗里吉亚、西塞亚、埃塞俄比亚、埃及、以色列、希腊、罗马、基督教徒、阿拉伯、中世纪、文艺复兴和宗教改革,以及 16 世纪直到 19 世纪费希特的教育著作。有几点让人特别感兴趣的是,它引用了色诺芬的《居鲁士的教育》(*Cyropaedia*)、阿里斯托芬的《云》(*The Clouds*)和昆体良的《雄辩术原理》;参考了"中世纪最重要的、或许可以说是唯一一个教育学作家文森特·德·博韦(Vincentius de Beauvais)的成果";④提到了许多教育学者,如维韦斯(Vives),其中很多人在后来的教育史教科书中仍然鲜见;⑤讨论的重点是裴斯泰洛齐。⑥

作为整本著作基础的是对基督教道德的颂扬。⑦ 史密斯预先假定

---

① 史密斯:《教育》,第 vi 页。

② 孟禄、坎德尔:"教育史",载孟禄主编:《教育百科全书》,第 3 卷,第 296 页。

③ 史密斯:《教育》,第 13 页。

④ 史密斯:《教育》,第 120 页。

⑤ 简要讨论的著名人物包括夸美纽斯、洛克、弗兰克、卢梭和巴泽多。卢梭是史密斯批判的对象。史密斯:《教育》,第 151 页。

⑥ "在这里,我们的教育史,就像说明过去一样,实际上已经到达终点。"史密斯:《教育》,第 159 页。

⑦ 史密斯将教育史看作是"在基督教影响下,耶稣时代以后,教育史就成了基督教育的历史"。(史密斯:《教育》,第 107 页)在著作的最后,他总结道:"基督教必须驾驭、指导和渗透到这个万能王国自由人的整个教育中,否则,我们只不过是在因为公共腐败而覆国的共和国名单中又增加了一个而已。"(史密斯:《教育》,第 169 页)

他的读者熟知巴比伦和埃及的宗教制度,但是,他确实提供了对各种古代人的宗教、文化、文明、文学、艺术和习俗的介绍。非常有趣的是,史密斯避免使用"宗教改革"(Reformation)一词,而是用"从罗马教皇束缚下解放的福音"(The Gospel Emancipated from Papal Bondage)来称呼这一时期。① 但是,尽管他用了一段文字来讨论耶稣会,但他竟然没有提到马丁·路德。

　　进一步分析史密斯的《教育》就会发现,尽管他的写作从根本上来说受到了《圣经》传统的影响②,但是,他也意识到了现代的研究,就像他参考了威廉·琼斯爵士(Sir William Jones)和其他人的哲学成果这一事实所表明的那样。③ 然而,总体来说,他的著作充斥着模糊的推测、归纳和推论,而不是明确的资料。考虑到史密斯已经意识到必须运用原始资料这一事实——或许他是直接从施瓦茨的著作中翻译过来的,这不完全相关——人们应该因为他理解了后来的许多作者都没有意识到的问题而给予他荣誉。从这个角度来看,孟禄和坎德尔关于他著作的判断或许是合理的。然而,从整体来看,正规的教育史学在19世纪并没有获得一个良好的开端。

320

学者:亨利·巴纳德

　　对于美国教育史学的发展来说,更重要的是亨利·巴纳德的著作、资料集和其他努力。1842年,这位伟大的教育学者和领导公布了一个关于"国家教育,或者美国的学校和其他公共教育机构的历史和改进的"著作计划,其内容远比题目显示的还要广泛。④ 巴纳德接受了担任

----

　　① 史密斯:《教育》,第118页。

　　② 举例来说,史密斯:《教育》,第23页。

　　③ 史密斯:《教育》,第15页。

　　④ 理查德·E.瑟斯菲尔德(Richard E. Thursfield):《亨利·巴纳德的〈美国教育杂志〉》(Henry Barnard's "American Journal of Education"),巴尔的摩:约翰·霍普金斯出版社1945年版,第93页。关于该计划的公告也"由《宾夕法尼亚州公立学校杂志》(The Common School Journal of the State of Pennsylvania)的编辑约翰·S.哈特(John S. Hart)批准编辑出版"。(同上)瑟斯菲尔德同时提到了卡尔文·E.斯托1840年6写给巴纳德的信,表明前者"早在1840年"就致力于撰写教育通史。但是,没有记录表明斯托完成了他的著作。

罗得岛州公立学校委员会的职务,而使该计划暂时搁浅。然而,看起来他并没有放弃他的计划,因为在 1845 年给罗得岛州议会的报告中,巴纳德列举了一系列值得探讨的"教育领域",其中就包括:"教师协会——它们的历史、它们的组织和管理的线索";"师范学校——它们在欧洲的历史,同时述及马萨诸塞州和纽约的师范学校";以及"学校图书馆——它们的历史,同时提供其中收藏的最重要学科的图书目录和索引"①。可以肯定地假设,如果有时间的话,巴纳德肯定会亲自沉浸在这些主题的研究中。在同一报告中,还有一份明显是由巴纳德准备的关于"罗得岛州关于公立学校立法的历史和现状"②的附录和一份相关的文件文本。

321 　　摘录一下巴纳德怎么认识史密斯的著作,也很有启发性。在同一份报告的"教育文库"的注解中,有着明显是巴纳德对这本书的简要评价:

> 这本书大体上是施瓦茨伟大的德文著作的缩略本,值得细心精读。这不仅是因为它关于该主题的历史视角,而且也因为它讨论了应该被所有教育制度所认可的普遍原则。③

然而,在介绍美国的第二本同类著作,即德罗比布留斯的《教育的历史和进步》(*History and Progress of Education*)时,巴纳德改变了他慷慨的评价,或许是因为当时他对教育史学的认识已经更进一步。他并没有质疑作者参考了"施瓦茨的非常简略且不完善的小册子"。④

　　1849 年美国教学协会(American Institute of Instruction)的一份会议记录的注释很明显地表明,巴纳德一直怀着撰写一本原创性的教育史著作的抱负:

---

① 亨利·巴纳德:《关于罗得岛州公立学校的状况和改进的报告……1845》(*Report on the Condition and Improvement of the Public Schools of Rhode Island*,……1845),罗得岛州,普罗维登斯:克兰斯顿图书公司 1846 年版,第 91 页。

②《关于罗得岛州公立学校的状况和改进的报告……1845》,第 97—112 页。

③《关于罗得岛州公立学校的状况和改进的报告……1845》,第 93 页。

④ 费罗比布留斯(Philobiblius),即莱纳斯·P·布罗克特(Linus P. Brockett):《教育的历史和进步》(*History and Progress of Education*),纽约:巴恩斯和伯尔图书公司 1895 年版,第 5 页。

据称,康涅狄格州的亨利·巴纳德计划编写"教育史",会议决议是我们对巴纳德编写教育史的能力充满信心,而且我们将会尽最大的努力提供任何的帮助。①

巴纳德没有机会实现这个抱负。另一方面,通过他的 31 卷的《美国教育杂志》(1855—1881)的鼓励,他肯定比任何一个美国人对教育史研究和写作的促进都要大。该杂志将近三分之一的版面给了美国和外国的教育史。②

充分论述巴纳德对教育史的贡献是多余的。瑟斯菲尔德的学术著作③中,有两个文献翔实的章节讨论了巴纳德对美国和外国教育史著述写作和出版所产生的影响。

在巴纳德人生的许多时期,他都曾试图编写一本综合性的美国教育史。1859 年,他的一位朋友如是说:

> 完整的美国教育的历史至今还没有写出;让我们寄希望于这位长期以来致力于编写它的这位杰出学者(尊敬的亨利·巴纳德),他的生命和健康足以让他完成这项工作,而且我们相信他会不负他的盛名。④

尽管巴纳德并没有完成这项写作工作,但是,他发表在《美国教育杂志》上的资料"提供了关于美国从殖民地到大约 1880 年教育发展的、无与伦比的一手和二手资料集"。⑤

然而,这并不是说,这位伟大教育家仅仅是原始资料的编纂者,尽管这种劳动也很重要。从他的《康涅狄格州公立学校的历史》(*History of Common Schools in Connecticut*)可见,他也是一位历史学者。在瑟斯菲尔德看来,这是巴纳德"严谨的学术态度的一个例证"。⑥ 更具体地

322

---

① 美国教学协会(American Institute of Instruction):《讲演……1849》(*Lectures ……1849*),波士顿:蒂克娜,里德 & 菲尔德图书有限公司 1850 年版,第 vi—vii 页。

② 瑟斯菲尔德:《亨利·巴纳德的〈美国教育杂志〉》,第 95 页。

③ 瑟斯菲尔德:《亨利·巴纳德的〈美国教育杂志〉》,第 92—182 页。

④ 费罗比布留斯:《教育的历史和进步》,第 6 页。

⑤ 瑟斯菲尔德:《亨利·巴纳德的〈美国教育杂志〉》,第 93 页。

⑥ 瑟斯菲尔德:《亨利·巴纳德的〈美国教育杂志〉》,第 97 页。这一"历史"多年来断续发表在《美国教育杂志》上。

说，"勤勉地收集资料，细致地审查出处，对相互矛盾的二手陈述证据的呈现和衡量，无不展现了编辑者作为历史学家的能力和客观态度"。①

《美国教育杂志》的内容包括范围极其广泛的教育史和传记②，不仅是关于美国的教育工作，而且是关于国外的教育工作。通过用英文最完整地向读者呈现"外国教育思想和经验"，③巴纳德"成为最早将欧洲的教育经验介绍到美国，并供美国教育家思考如何塑造美国教育的传达者"。④ 很明显，他经常运用英国、德国、法国和其他国家出版的一手资料和二手著作。在他勤勉寻找相关资料的过程中，他还设法考查了一些可能会让读者感兴趣和受益的优秀出版物。⑤

应该说明一下同时代人和后来的权威如何评价巴纳德的杂志对于教育史的价值。对于教育史学科的一位学生来说，"这是目前在我们的语言中关于教育史的最有价值的工作"。⑥ 在 1904 年写给威尔·S·孟禄的信中，美国教育长官威廉·T·哈里斯称该杂志是"伪装在《美国教育杂志》这一名称之下的教育史百科全书"。⑦ 布恩的美国第一本《美国教育》教科书承认了《美国教育杂志》的价值，认为它是自己著作的历史资料的主要来源。⑧ 在后来的作者中，伊比评价说：通过《美国教育杂志》，巴纳德"大大培养了对教育科学和历史的理智探究"。⑨ 值得注意

---

① 瑟斯菲尔德：《亨利·巴纳德的〈美国教育杂志〉》，第 97 页。

② 瑟斯菲尔德：《亨利·巴纳德的〈美国教育杂志〉》，第 173—178 页。也可参见《巴纳德〈美国教育杂志〉分析索引》，华盛顿特区：美国政府印刷局，1892 年。

③ 瑟斯菲尔德：《亨利·巴纳德的〈美国教育杂志〉》，第 137 页。

④ 瑟斯菲尔德：《亨利·巴纳德的〈美国教育杂志〉》，第 136 页。

⑤ 瑟斯菲尔德：《亨利·巴纳德的〈美国教育杂志〉》，第 168 页。除此之外，还可以增加更多。很清楚，巴纳德对国外的许多卓越著作并不熟悉。

⑥ 奥斯卡·布朗宁（Oscar Browning）："教育"（Education），载《不列颠百科全书》（第九版），第 7 卷，第 679 页。英国人布朗宁承认，"在英国，尽管我们没有教育史研究者，但我们有大量关于该学科的文献，然而它几乎全部应该归功于美国"。巴纳德的《美国教育杂志》显然是他作出这一判断的基础。

⑦ 引自瑟斯菲尔德：《亨利·巴纳德的〈美国教育杂志〉》，第 269 页。

⑧ 理查德·G·布恩：《美国教育》，第 7 页。

⑨ 弗里德里克·伊比（Frederick Eby）：《德克萨斯州的教育发展》（The Development of Education in Texas），纽约：麦克米伦图书有限公司 1925 年版，第 49 页。

的是卡伯莱的评价。他如此评论《美国教育杂志》：

> 仍然是一个关于教育资料和传记的宝库，涵括了从最早时期
> 到 1870 年几乎所有时期的教育史。它给了那些曾经长期孤立的
> 以及那些从英国遗产中慢慢演化出一种完全本土的教育制度的美
> 国教育家一种关于其他国家历史发展的观念，以及一种关于其他
> 国家和地区最近的教育发展和实践的有用知识。①

有趣的是，孟禄和坎德尔一方面将巴纳德的《美国教育杂志》描述
为"大体上涵括了整个教育史"，一方面又强调编者"要么将其贡献建立
在德国资料上，要么部分地翻译了冯·劳默尔的著作"。他们继续说，
"《德国的教师和教育家》(*German Teachers and Educators*)是《德国教
育改革家》(*German Educational Reformers*)的拓展，主要是搜集了《美
国教育杂志》上的资料并于 1863 年单独出版。这或许是英文中第一本
教育史著作"。②

费罗比布留斯(莱纳斯·P·布罗克特)和其他人

美国第二本教育史教科书是《教育的历史和进步》(*History and
Progress of Education*)，作者是费罗比布留斯(Philobiblius)，这是亨
利·巴纳德的编辑同事和朋友莱纳斯·P·布罗克特(Linus P.
Brockett)的笔名。该书扉页上表明，这本 310 页的著作"是面向教师和
学生的一本手册"，出版于 1860 年，尽管注册日期为 1859 年。在表明
其著作的目的时，作者强调说：

> 在我们的语言中教育史领域几乎完全杳无人迹，我们相信施
> 密特的非常简略而不完善的小书是声称致力于该论题的那些只能

---

① 埃尔伍德·P·卡伯莱(Ellwood P. Cubberley)：《美国公共教育》(*Public
Education in the United States*)修订版，波士顿：霍顿-米夫林图书公司 1934 年版，第
229 页。

② 孟禄、坎德尔："教育史"，载孟禄主编：《教育百科全书》，第 3 卷，第 296 页。最
后一点看来是个错误，主要是因为作者讨论过史密斯的《教育》(1842)。但没有任何地
方提到费罗比布留斯的《教育的历史和进步》(1859)。

用英文阅读的人可以获得的唯一著作。①

他将弗里茨、德·利安西(De Riancy)、德·威利维尔(De Viriville)、施瓦茨和尼迈尔的德文和法文著作描述为"有价值的"，但对美国学生来说尚显不足，因为它们已经过时并且强调欧洲。作为资料的来源，布罗克特运用了巴纳德的《美国教育杂志》、其他教育期刊和他在参考书目中提到的各种著作。为自己缺乏直接引文进行辩护，他坚决地主张附录的参考书目既充分又谦逊，而"华而不实的一系列脚注提到的著作，一千个读者中也没有一个会去参考"②。他继续辩解说，幸运的是，他确实曾经去过巴纳德的"珍贵的图书馆，这是美国该专业资料最全面的图书馆"③。

除了布罗克特深表感谢的"许多帮助"进而"好心支持"外，巴纳德还为这本新的教育史教科书贡献了 10 页的导言。这位当时的威斯康星大学校长提出了如下假设：

325

> 在人类努力的所有领域中，没有一个像教育这样如此需要初步的历史知识。④

正如巴纳德所言，

> 国民教育同时是国民性格的原因和结果；相应地，教育史成为理解人类历史和其中的每个民族的唯一可靠而完美的钥匙——判断它促进还是妨碍人类进步的永恒标准。⑤

研究教育史的另一个原因是：

> 没有一个人类努力的领域比教育的编年史更闪耀着勤勉、天赋和天才的光辉，不管成功与失败，因此，也就没有任何一个领域比教育能从参考过去中得到更多改进当今的资料。⑥

---

① 孟禄、坎德尔："教育史"，载孟禄主编：《教育百科全书》，第 3 卷，第 5 页。
② 孟禄、坎德尔："教育史"，载孟禄主编：《教育百科全书》，第 3 卷，第 7 页。
③ 孟禄、坎德尔："教育史"，载孟禄主编：《教育百科全书》，第 3 卷，第 7—8 页。
④ 孟禄、坎德尔："教育史"，载孟禄主编：《教育百科全书》，第 3 卷，第 17 页。
⑤ 孟禄、坎德尔："教育史"，载孟禄主编：《教育百科全书》，第 3 卷，第 17 页。
⑥ 孟禄、坎德尔："教育史"，载孟禄主编：《教育百科全书》，第 3 卷，第 17—18 页。

实践中的教师如果"特别缺乏从充分的教育史知识中获益的能力"①,那么,就注定要重复过去的错误,成为前人已经尝试过并早已抛弃的实践的"浪费时间的重新发现"②的牺牲品。针对 20 世纪对"新教育"或"现代教育"的批判,巴纳德觉得这种教育学的新颖性被大大高估了:

> 我们正在进行的教学中"现代改革"的整个体系,不仅是一件非常有用的工作,而且其支持者自鸣得意。但是,我确实可以毫不夸张地说,我们会发现,早在 70 多年前,一小群热情而艰苦的教师就已经在酝酿、经常讨论并努力实践它了。这些教师与裴斯泰洛齐一起在布格多夫和伊佛东进行了伟大的工作。③

充分意识到"教育中的那些重要问题既与人类生活和行动的所有重要问题相同,又与它们紧密地交织在一起而相互影响"④,巴纳德没有幻想布罗克特著作的透彻性和深度。他的认可是基于这样一个事实,即该书充分完整地保证所讨论观点的"准确性","并能使读者对主导的教育实践问题形成公正而明智的判断"。⑤ 对于"那些更努力的学生……它或许可以激励他们进行更深入的探究"。⑥ 最后,"作为美国的教育史领域的先驱之作,它理所当然地值得善意对待并得到应有的荣誉"。⑦

可以从巴纳德的引言评论中得出几点推论。很明显,他对当时的教育家中的一维的、当前中心的和孤立主义的思维方式非常不满,这一特征在一个不可知论的时代比一个据说是持同一个世界的态度的当今,至少在理论上更加符合逻辑和值得辩护。然而,巴纳德的话在今天也完全适用,因为许多教育学家对于教育史、比较教育、外语阅读的悦纳,如同对七艺(Seven Liberal Arts)、心智训练和形而上学的悦纳

326

---

① 孟禄、坎德尔:"教育史",载孟禄主编:《教育百科全书》,第 3 卷,第 20 页。
② 孟禄、坎德尔:"教育史",载孟禄主编:《教育百科全书》,第 3 卷,第 21 页。
③ 孟禄、坎德尔:"教育史",载孟禄主编:《教育百科全书》,第 3 卷,第 22—23 页。
④ 孟禄、坎德尔:"教育史",载孟禄主编:《教育百科全书》,第 3 卷,第 23 页。
⑤ 孟禄、坎德尔:"教育史",载孟禄主编:《教育百科全书》,第 3 卷,第 23—24 页。
⑥ 孟禄、坎德尔:"教育史",载孟禄主编:《教育百科全书》,第 3 卷,第 24 页。
⑦ 孟禄、坎德尔:"教育史",载孟禄主编:《教育百科全书》,第 3 卷,第 24 页。

一样。

而且，巴纳德将教育史视为人类文明发展的一个阶段，因此，可以说他预料到了当前教育史学科教学中流行的重点。他所关心的是帮助学生公正而明智地思考"主要的教育实践问题"，这表明他接受了关于教育史功能的"超现代"（ultra-modern）观点。最后，当他说"激励进一步探究"的时候，我们可以看到他这句话中希望学生进行研究的意思。

分析巴纳德的导言，会发现这位在他所处时代的卓越教育家已经意识到了他所介绍的教育史这门学科的许多价值，但是，他雄辩的辩护却没有应有的批判性。与教育史的其他支持者一样，巴纳德变得如此狂热以致很明显丧失了看待该学科的客观眼光。实用功能需要的背景和研究能力是远远超过一般学生在一两门肤浅的课程中所能获得的能力。另一方面，更容易实现的目标在文化价值和专业意识领域，而这两点巴纳德及其后继者并未给以特别的强调。

327 布罗克特的著作之所以得到极度关注，原因在于他的努力代表了美国教育学家试图在一本书中全面呈现教育历史的第一次努力。这本书得到了他所处时代最重要的教育史学家的赞许，这一事实是必须认真对待它的另一个原因。同时，还不应该忘记这本书很可能全面超越了 H·I·史密斯的著作，是到 1874 年时教育史领域唯一的著作。

应该考虑一下这本作为美国教育史学里程碑的著作的内容。它的24 章涵盖了广阔的范围——"远古时代的理智和体育训练"，印度、埃及、巴比伦—亚述、波斯、希伯莱、希腊、罗马、阿拉伯、被征服前的墨西哥和秘鲁、基督教、中世纪、文艺复兴和宗教改革、裴斯泰洛齐的追随者和当时欧洲、非洲、亚洲、澳大利亚以及北美和南美的教育。所有这些在大间距宽边距字体还比较大的 270 页的文本中。因此，许多内容从本质上看必定是肤浅的。然而，巴纳德给予了足够宽容的理解，并且暗示那些渴望了解更多内容的人应该自己去做研究。

在第一句话中，布罗克特①就犯了一个无数教育学作者曾经犯过并

---

① 据威尔·S·孟禄说，布罗克特曾经在乔治城学院担任了几年的教授。参见"莱纳斯·P·布罗克特"，载孟禄主编：《教育百科全书》，第 1 卷，第 451 页。

且现在仍然在犯的错误。他从拉丁文"educo"（引出或导出）①引导出"教育"一词，这不同于拉丁文词源学家强调将其词源追溯到"educare"，而不是"educere"（educo），而"educare"的意思是养育或培养（to raise or to rear）。在一个拉丁文作为中学和大学主要课程的时代，犯这样的错误看起来有些奇怪。

关于教育的定义，布罗克特承认有广义与狭义之分，但很明显是因为简练的原因，他将论述主要限制在"理智的训练"上②。然而，他不时地评论宗教、科学和其他文化领域。

布罗克特倾向于笼统而仓促地下结论，与原始资料非常不一致，这使得他很难在跨文化教育的名人堂中为自己赢得一席之地。他说，印度教徒的宇宙创世说"荒谬而幼稚，他们的历史绝大多数都是神话式的"；③关于中国的研究大部分都是"由长长的人名或书名名单组成，很少有学生能理解其意义"；④日本尽管有比中国先进的教育制度、"令人尊敬的"科学院和专业学校，并且精通许多科学和艺术，但也拥有"本质上最混杂而残忍的宗教，它迎合于对每一个欲望的放纵，煽动最血腥和残忍的牺牲"；⑤包含在"《密西拿》（Mischna）、《托拉犹太律法》（the Thora）和《革马拉》（the Gemara）"中犹太教法学博士对《圣经》的评论，绝大多数都"是关于这个神圣文本的最荒谬和愚蠢的思考，他们的研究对人们不仅无益而且有害"。⑥

不要说布罗克特根深蒂固地不欣赏过去的教育努力。他用了几页的篇幅来赞美穆斯林教育和文化的优越⑦，尽管带有一贯的对于外国习俗的谴责，但他尽量寻找赞扬的话来描述墨西哥阿兹特克（Mexican

---

① 布罗克特：《教育的历史和进步》，第 25 页。

② 布罗克特：《教育的历史和进步》，第 26 页。

③ 布罗克特：《教育的历史和进步》，第 32—33 页。

④ 布罗克特：《教育的历史和进步》，第 44 页。

⑤ 布罗克特：《教育的历史和进步》，第 47 页。

⑥ 布罗克特：《教育的历史和进步》，第 59 页。通过这种严厉的贬损，布罗克特提出了半个多世纪后在弗兰克·P·格莱夫斯（Frank P. Graves）的《中世纪以前的教育史》（A History of Education before the Middle Ages）中流行的那种评论。

⑦ 布罗克特：《教育的历史和进步》，第 104—110 页。

Aztec)和秘鲁印加(Peruvian Inca)的教育努力和成果。①

也不能称布罗克特是一个说话拐弯抹角的人。只要他觉得应该实事求是的时候，他会坚决这样做。例如，关于中世纪早期的教育，他作了如下总结：

> ……中世纪的文盲僧侣所，正好足以将他们的图书馆中仅有的珍贵羊皮纸书上的记载抹掉，然后重新填上愚蠢的传说，那些是在烈酒作用下微醉的大脑的产物。②

能给予布罗克特著作的赞赏性评论是，作者对待宗教改革的态度是客观的，总结了16世纪的智力和科学成就③，并在比较教育方面做了一些努力。④

布罗克特关于美国教育在国际教育学背景中的相对地位所说的话值得引用，因为它并非与今天无关：

> 美国的高等教育不可与英国、法国和德国匹敌。我们的学院从数量上超过120所，尽管有更广阔的占地，而且经常是更多的捐赠，但除了少数例外，在课程教学的内容和彻底性上赶不上英国的大学学院、法国的国立高等学校和学院或德国的大学预科、实科学校和拉丁学校。除了哈佛大学、耶鲁大学和哥伦比亚大学之外，没有谁可以配得上真正的大学教育之名；即便是，这些大学的水平也远远低于欧洲大学。⑤

对更低层次教育水平的判断，布罗克特对美国给予了慷慨的赞誉：

> 但是，在初等教育的普及和开发一种高智力的活动方面，没有任何一个欧洲国家能与新英格兰地区的州和纽约相比。将这些州儿童入学率占整个人口的比例与实施义务教育的普鲁士、萨克森

---

① 布罗克特：《教育的历史和进步》，第111—118页。

② 布罗克特：《教育的历史和进步》，第140页。

③ 布罗克特：《教育的历史和进步》，第203—206页。其中大部分是人名名单，甚至没有提到这些人的贡献。布罗克特比后来的教科书更早运用了这一技巧。

④ 布罗克特：《教育的历史和进步》，第255—291页。这是关于当时全世界教育的简单介绍。

⑤ 布罗克特：《教育的历史和进步》，第281页。

和丹麦比较,将会无可争辩地表明它们的学校组织的效率。美国的教育尽管受到裴斯泰洛齐、费伦伯格及其同伴和追随者著作的影响,但很难说是按照裴斯泰洛齐的方法实施的。兰喀斯特的相互教学法或导生制曾经在这里非常流行,现在也已经被彻底抛弃了。①

正如前面所述的,布罗克特不是通过脚注注明资料来源,而是列出了参考书目来"表明我们在前文中所呈现的事实的来源"。② 在这个清单中,包括外国的一般历史和教育史著作、一般文学和游记著作、传记百科全书和词典,以及教育期刊和报告。这份二手著作参考书目看起来让人印象深刻,但是,我们怀疑布罗克特是否对其进行了充分的学术运用。任何一个熟悉欧洲教育史文献的人,如果不反对进行一些查对,就不难发现布罗克特著作中的许多页都是从其他出版物中未注明出处的借用或改述。③

330

在评价布罗克特著作的时候,记住这些是有益的,即它虽然没有实践巴纳德野心勃勃的宣传④,以及明显不及欧洲大陆同行的水平这一事实,但是,它确实代表着对美国教育史学提升的第一次尝试。⑤ 从最好的角度来看,它是一本关于全世界教育发展的综合性的、简便的总结,主要是以二手资料为基础的,而且有时会考虑到客观性的价值,在某种意义上这是当时时代的一个成就。从最坏的方面来看,它是欧洲更具有学术性的成果的苍白而肤浅的拷贝。无论如何,布罗克特的著作并不比它出版年代的教育领域一般著作更糟糕,甚至在有些方面更优秀。

---

① 布罗克特:《教育的历史和进步》,第 281—282 页。

② 布罗克特:《教育的历史和进步》,第 297 页。

③ 比较布罗克特的《教育的历史和进步》,第 194—195、198—199 页和特奥多尔·弗里茨(Théodore Fritz)的《教育史大纲》(Esquisse d'une histoire de l'éducation)的第 466—467、468—469 页。值得注意的是,弗里茨是布罗克特参考书目中的第一位。

④ 除了前面提到的错误归纳和简单化处理外,该书中还有一些事实性错误,参见《教育的历史和进步》第 59、224 页。

⑤ 如果巴纳德以单行本来编辑劳默尔的章节或其他更简洁的外国著作的译文,他在教育史写作方面应该会做得更多。对弗里茨的翻译应该会对美国学生的教育史研究提供更多的帮助。

毫无疑问，在教育史学科正式在师范学校和学院教授以前的年代，这本著作足以作为教育史的入门书，尽管不尽如人意。

前面已经提到巴纳德关于美国教育史的研究计划。时光流逝，而这位著名教育家仍然被编辑和行政事务缠身，其他人无疑开始计划沿着相同的路线进行研究。至少有一个关于这种计划的记录，弗里德里克·A·帕卡德(Fredrick A. Packard)的"美国公共教育史大纲展望"(*Prospect of an Outline History of Public Education in the United States*)。该计划预期用一本 600—800 页的著作浓缩整个世纪教育的历史发展。内容将以州为单位呈现，每个州有一个人负责其教育历史的阐述①。据我所知，从来没有出版过这样的著作。或许，最接近实现该计划的是 20 年后由美国教育局出版的各州教育史系列专著。

布罗克特的《教育的历史和进步》出版 15 年后，另外一本可以看作教育史教科书的著作出版。这就是 W·N·黑尔曼(W. N. Hailman)的《教育史十二讲》(*Twleve Lectures on the History of Pedagogy*)。作为《幼儿园文化》(*Kindergarten Culture*)和《直观教学》(*Object Teaching*)的作者，黑尔曼在 1873 年夏天给辛辛那提的教师机构作了这些讲座。内容涉及教育史的重要性、中国和日本的教育、古代世界和基督教，以及从培根到福禄培尔的许多教育家。很明显，中世纪的教育被遗漏了。

这本小书的作者建议它可以作为师范学校的教材，并称它的简洁使得它比那些"关于相同主题的更详尽的著作"更可取，因为它们"关注著作日期和微小的细节，而忽略了所讨论主题的主旨和根本精神"。②作为主要参考文献，黑尔曼提到了"巴纳德的学校杂志"，几本德国的二手著作和书中所讨论的教育家原著。其中有引文，但没有给出明确的出处。

---

① 《史密斯学院评议会 1863 年的年度报告》(*Annual Report of the Board of Regents of the Smithsonian Institution ……1863*)，华盛顿特区：美国政府出版局，1864 年。

② W·N·黑尔曼(W. N. Hailman)：《教育史十二讲》(*Twelve Lectures on the History of Pedagogy*)，纽约：美国图书公司 1874 年版，第 V 页。

在介绍布罗克特的《教育的历史和进步》时,黑尔曼重复了巴纳德的观点:

> 因此,那些对裴斯泰洛齐和福禄培尔的学说无知的教师证明,他们虽然是这些教育学英雄的同事,但他们的工作是徒劳无功的;可以说,如果他们即便能力弱一点,但致力于所讨论的这些学说的传播——成为裴斯泰洛齐和福禄培尔的使徒的话,那么,他们或许就成为这个行业中更有用的一员。①

而且,黑尔曼宣称,"如果将家庭和学校中的教育经验主义称为'是对天真无邪的谋杀者',确实不是夸张的说法"②。教育史知识"将会提高我们的效率和我们的专业自尊,同时它会根除我们所有自满卖弄、惰性和盲从独断权威的痕迹"③。熟悉过去的失败与成功,可以使教育者大为受益,"它将教我们一直保持向前看,绷紧每一根神经,以深思熟虑的努力去实现仍然遥远的理想"④。黑尔曼几乎用今天这门学科推崇者所提出的所有理由来赞誉教育史。

读了黑尔曼关于教育史范围的界定后,人们很自然会期望他会注意教育悠久历史的所有方面:

> 从最宽泛的意义上看,教育史就是人类发展的历史。⑤

然而,事实并非如此,因为:

> 在搜集希腊之前的资料时,几乎没有什么能引起我们的兴趣,在高加索人种之外同样如此。只有中国和日本的教育值得注意,然而,更多是因为我们在它们中发现几乎在所有方面都与我们明确的目的相悖。⑥

黑尔曼发现,没有必要建议进一步阅读。

关于教育史学早期发展的讨论,到 19 世纪最后的几十年就要结束

332

---

① 黑尔曼:《教育史十二讲》,第 9 页。
② 黑尔曼:《教育史十二讲》,第 10 页。
③ 黑尔曼:《教育史十二讲》,第 11 页。
④ 黑尔曼:《教育史十二讲》,第 11 页。
⑤ 黑尔曼:《教育史十二讲》,第 11 页。
⑥ 黑尔曼:《教育史十二讲》,第 12 页。

了。关于 19 世纪后期和 20 世纪以来的整个 70 多年里,有更丰富的内容值得去叙述和分析。美国从 1918 年到 1950 年代中期这一时期,已经由劳伦斯·A·克雷明进行了值得称赞的研究。[①] 希望现今的作者将有机会在以后呈现教育史学科在世界上其他国家的发展。

---

① 劳伦斯·A·克雷明:《作为一个研究领域的教育史在美国的新发展》,《教育史杂志》,第 7 期(1955 年秋季),第 1—35 页。

译后记

　　《教育史学:传统、理论和方法》是美国著名教育史学家和比较教育家威廉·W·布里克曼在西方学术界享有盛誉的一本著作。本著作现被列入山东教育出版社策划的《西方教育史经典名著译丛》——"十二五"国家重点图书出版规划项目、2012年度国家出版基金项目。我深切地期望,通过本著作的翻译出版,将在教育史学理论、技术和方法上有助于我国教育史专业研究者、教师和学生拓宽思路。

　　与布里克曼的《教育史学:理论、技术和方法》一书的缘分始于2000年。当时,我在华东师范大学教育系外国教育史专业攻读硕士研究生。单中惠教授为我们开设的《教育史学》这门课程,用的就是布里克曼的这本著作。我为这门课程写的作业《布里克曼教育史学观述评》一文还发表在《教育史研究》上。所以,这次单中惠和徐小洲教授组织翻译《西方教育史经典名著译丛》时,我毫不犹豫地选择了翻译《教育史学:理论、技术和方法》这本著作。

　　整个翻译的过程就像是与一位相识多年的老朋友进行对话和交流。在几年的翻译过程中,对话的场所也几经转移。最初是在曲阜师范大学教育学院四楼的办公室,后来又移到了浙江大学的教师公寓,在美国访学时又移到了波士顿的居室里。翻译本著作的过程是一个自我教育的过程。布里克曼在书中所阐述的严谨的史学研究和考证方法,对教育史研究者应该具备的基本素质和要求,所体现的广泛的语言背景和宽阔的学术视野,以及对教育史学科的学术责任感,都是对作为译者的我的一种鞭策。

　　翻译本著作的过程中,最令我难以从容应对的是书中除英语之外所涉及的丰富语种。布里克曼本人熟练掌握包括英语、希伯来语、俄语、法语、波兰语、德语、意大利语、荷兰语和南非荷兰语（Afrikaans）、拉丁语、希腊语在内的二十多种语言。由于缺乏这些语言的基本训练，本人虽广泛求助，总感觉差强人意。因此，译文中如有不妥之处，敬请方家批评指正。

在《教育史学：传统、理论和方法》一书即将出版之际，我们衷心感谢山东教育出版社领导对学术著作出版的大力支持，并对"西方教育史经典名著译丛"策划人蒋伟编审和本书责编牟逊的辛勤劳动表示真诚的谢意。

许建美

杭州师范大学教科院

2013 年 10 月